U0554861

供应链金融

（第4版）

宋华◎著

中国人民大学出版社
· 北京 ·

第4版序言

这些年来，随着全社会对供应链金融的关注和投入力度逐步增大，供应链金融在我国的发展取得了显著进步。首先，从制度体系的角度来看，各相关部门已经逐步完善了供应链金融的规章制度，这不仅体现在各类文件的发布和倡导上，也包括对供应链金融环境的净化措施。例如，国务院国有资产监督管理委员会于2021年发布的《关于认真贯彻落实〈保障中小企业款项支付条例〉进一步做深做实清理拖欠中小企业账款工作的通知》、银保监会于2022年发布的《企业集团财务公司管理办法》以及国务院办公厅于2022年发布的《关于进一步优化营商环境降低市场主体制度性交易成本的意见》等，都为促进供应链金融的有序发展提供了重要的保障。此外，近期围绕供应链金融业务的国家标准的出台，如中国物流与采购联合会推动的《数字化仓库基本要求》《数字化仓库评估规范》等，也为供应链金融的发展奠定了良好的基础。

其次，供应链金融在规模上已经有了显著的发展，其市场资产余额从2017年的18.5万亿元人民币快速增长到2021年的28.0万亿元人民币，年复合增长率为10.9%，预计到2026年将达到47.7万亿元人民币。这种增长不仅体现在数量上，更体现在质量上。供应链金融开始向管理含量较高的金融产品发展，如面向下游的信用融资、基于产业链优化的采购融资和订单融资，以及基于物的信用展开的存货仓单和运单融资等。这种转变使得供应链金融能够更好地适应复杂多变的市场环境，提高资金的使用效率和风险管理水平。

最后，供应链金融的数字化发展也取得了巨大的进步。数字信用已经成为发展供应链金融的共识，各行各业包括金融机构都把数字化和数字信用作为战略发展的方向。它们积极推动数字化建设，将数字化技术应用于信贷审核等环节，使得决策更加高效、准确。数据征信已经成为信贷审核的重要辅助手段，通过大数据和人工智能等技术对供应链中的风险进行更精准的评估和管理，降低了不确定性，进一步保障了产业链的稳定性。此外，数字化还推动了供应链金融在产品设计、风险管理、客户服务等方面的创新，更好地满足客户的需求，推动供应链金融的持续发展。

尽管如此，目前供应链金融仍然面临着诸多现实挑战，主要表现在：首先，从产业企业自身的角度看，大多数产业企业仍然在从事着简单的经营物流活动，而没有能够真正提升自身竞争力，没有能够向一体化供应链以及一体化物流方向拓展。一方面，供应链以及物流中的“流”没能实现，即将不同环节、不同活动和不同作业有机地关联起来；另一方面，没有站在客户的角度，帮助优化产业运行和物流分销、加速周转，而是停留在基础作业上，这就造成了这类企业往往增值率不高，企业生存发展的空间较小，再加上经营的不规范、财务数据的缺失，造成金融机构怕贷惜贷。其次，从金融端看，此前几年供应链金融落入了一种窠臼，即大多围绕应收应付等债权债务展开，特别是基于应付的信用流转成为供应链金融的标配产品，而围绕仓单、存货等要素的供应链金融并没有真正激活。2020年中国人民银行等八部委制定的《关于规范发展供应链金融 支持供应链产业链稳定循环和优化升级的意见》（银发〔2020〕226号文）所提及的“物的信用”没有真正确立起来，造成这种现象的原因在于，信用流转相对而言“简单”而“粗暴”，容易操作，而存货、仓单融资涉及一系列基础设施建设以及标准化建立，同时又需要多方协同配合，因此费时费力，而后者往往是物流行业开展供应链金融活动的主要形态。最后，从行业发展的角度看，目前供应链金融的发展仍然没有从根本上摆脱主体信用，特别是依赖于核心企业的支持，而银发〔2020〕226 号文中提到的数字化也没有真正形成。这几年物流行业网络货运平台的建设如火如荼，但是，物流的数字化不仅仅是网络货运平台的建设，而是涉及整个物流活动的物理数字化、单证数字化、行为数字化以及物流业务关系网络的数字化，这一综合性的数字化建设没有达成，供应链金融就不可能有实质性的突破。

因此，无论是从产品创新的维度，还是管理模式的重塑层面，供应链金融领域的发展都亟须我们重新审视与突破既有认知框架。正是基于这一洞察与理解，本次对本书内容进行了大幅度的修订与完善。在前三版的基础上，本版更新尤为凸显以下几大要点：首先，全面梳理并深度剖析了当前我国供应链金融制度层面的革新与发展。随着供应链金融在我国逐渐深入人心并蓬勃兴起，制度环境的变革始终是业界热烈讨论和期盼的核心议题。恰逢其时，近年来我国供应链金融无论是在监管架构上，还是在生态体系建设方面，都涌现出一系列崭新的实践策略与模式。因此，充分理解这些制度环境变迁的重要性不言而喻，新版特别增设了第十章，系统阐述我国供应链金融的制度环境。其次，中国供应链金融在发展历程中，在继承国际先进运营理念的同时，也不断创新、独树一帜地形成了具有本土特色的运作机制。鉴于此，新版全盘更新了关于供应链金融产品的探讨内容，旨在更加立体全面地展现当前中国在供应链金融实践中所采用的丰富多元模式。最后，过去 20 多年间，供应链金融领域孕育出了一批锐意创新、勇于探索的金融机构和企业翘楚，它们凭借新技术、新手段及新模式的运用，有力推动了供应链金融的前进步伐，并且更为高效、精准地服务于实体经济。因此，为生动呈现这一领域的前沿创新实践，本书几乎更新了全部相关案例资料，力求让读者能够一览无余地领略到供应链金融最鲜活的创新图景。

第 3 版序言

近些年来，伴随着供应链的智慧化，特别是信息通信技术对供应链运营的变革推动，供应链金融活动也开始呈现出与信息通信技术高度融合的趋势，并且使得供应链运营基础上的金融活动变得日益高效、智慧。供应链金融的智慧化与供应链智慧化是相同的，都是因为现代信息通信技术对于业务的再造而产生的高效过程。具有工具性、相互关联、智能化、自动化、整合性和创新性的融合性信息通信技术，诸如物联网、大数据、云计算、人工智能以及区块链等，推动了供应链运营和金融运营的变革，借助于综合性的信息、IT、自动化流程、分析技术以及活动的整合创新，使得两个领域高度融合，产生了供应链以及金融活动的决策智能化、主体生态化、活动服务化以及管理可视化，有效降低了产业活动以及金融活动中的信息不对称和道德风险问题，实现了用金融推动供应链生态发展；同时借助于供应链运营，实现了金融生态的拓展和增值。

现代供应链金融的一个特质是融合性信息通信技术在供应链金融中的全面运用，亦即各种功能迥异但是相互关联的信息通信技术组织成一个体系，为供应链金融活动全面赋能。供应链金融主要依托产业供应链运营，是一种集物流运作、商业运作和金融管理于一体的管理行为和过程，它将贸易中的买方、卖方、第三方物流以及金融机构紧密地联系在了一起，实现了用供应链物流盘活资金、同时用资金拉动供应链物流的作用。为了实现这一过程，就产生了不同类型和不同阶段的供应链金融运作，这些不同类型或阶段的供应链金融运作，可以从供应链及金融的结构特征、流程特征和信息特征三个方面加以区分。

第一，在结构特征上，传统的供应链金融是金融机构主导的金融业务，换言之，供应链金融产品的设计、提供和管理方都是商业银行或传统的金融机构，它们立足于核心企业的产业供应链及其信用，提供相应的供应链金融产品，诸如应收应付类业务（如保理、反向保理、反向采购、票据池融资等）、存货类业务（如仓单质押、存货融资等）、预付类业务（如保兑仓等）。在这一状态下，银行等传统金融机构并不直接参与供应链运营过程，充其量只是产业供应链运营的参与者，即为供应链中的企业提供资金、管理资金风险。而到了产业龙头企业推动的供应链金融阶段（俗称供应链金融 2.0 阶段），供应链金融的结构发生了很大的改变，供应链金融服务的推动者是产业中的核心企业，它们基于自身的供应链体系，结合金融机构、上下游企业以及第三方服务机构，为自己的上游或下游提供资金融通服务（注意不是直接提供资金，而是媒介信息服务，为金融机构有效控制风险和提供资金起到桥梁和管理作用）。然而，随着产业核心企业主导的供应链金融的逐步发展，这种类型的供应链金融又显现出了相应的局限性，首先，并非所有企业都能够搭建供应链金融服务体系，这是因为只有具有较强的资源和管理能力，在自身供应链体系相对完善的基础上，才能够推动供应链金融服务。而大多数企业，特别是中小企业自身的供应链体系尚未建成，此时由其去推动供应链金融显得有点力不从心。其次，第二个阶段的供应链金融往往只能服务于核心企业的一级供应商或一级客户，无法实现供应链金融服务在多级供应链中的穿透，即为供应商的 N 级供应商，或客户的 N 级客户服务。也正是因为如此，供应链金融发展到了第三个阶段，即以网络平台为基础的供应链金融阶段（也称互联网供应链金融或供应链金融 3.0 阶段）。这一阶段所形成的结构不再是“链条”式的供应链，而是平台，尤其是以互联网为技术手段的虚拟产业集群，即产业生态与网络平台生态之间的协同与合作。这种合作结构既包括上下游不同环节的垂直合作，也包括同类环节之间的横向合作，以及跨地区、跨行业的斜向合作，因此，供应链结构一方面趋向于松耦合，但是另一方面，供应链金融的组织者又具有较高的中心度，整个供应链结构呈现高度组织化的网状结构。这种网络平台生态化的供应链金融带来了管理上的巨大挑战，一方面，参与主体非常广泛，不仅涉及企业的直接上下游、金融机构和第三方，也涉及其他直接或间接参与者；另一方面，各个主体之间的活动也千差万别，涉及各种经营活动和金融行为，因此，如果没有良好的信息通信技术的赋能和支撑，这种网络平台化的供应链金融将难以为继。

第二，从供应链金融流程特征看，银行等传统金融机构主导的供应链金融主要关注的是资金流，即借贷资金是否用于真实的贷款意图、借方能否安全归还资金和利息，至于供应链中的交易过程和物流过程，金融机构由于不直接参与供应链活动，因此，并不能真正把握交易和物流的细节，这也就是为什么银行等金融机构对企业征信的基础主要是财务报表和抵质押的资产。而在供应链金融 2.0 阶段，供应链金融服务提供者主要是通过交易流和物流的把握来带动资金流，也就是在介入和管理买卖双方的交易过程以及物流运作过程的基础上，根据业务的特点和融资方在供应链运营中的地位和角色提供相应的资金融通服务。进入网络平台的供应链金融 3.0 阶段，由于网络的复杂性以及参与方的广泛性，供应链金融服务提供者无法直接介入所有的交易环节和物流运作，因此，要降低网络化供应链金融中存在的巨大风险，就需要在供应链能力管理、需求管理、客户关系管理、采购与供应商关系管理、服务与分销管理以及财务资金管理方面具有强大的能力，这些能力的形成必然需要借助于综合性的现代信息通信技术，以全方位地把握整个供应链网络的状况，否则，任何环节、任何活动管理的缺失都可能给金融活动带来巨大的风险。

第三，在信息特征方面，不同阶段的供应链金融在信息的广泛度和纵深度方面也有很大差异。在银行主导的供应链金融阶段，为了克服事前的信息不对称，金融机构主要关注的是财务信息和企业信用，而克服事中和事后的信息不对称的主要手段是抵押担保以及贷后风险控制。与之相反，在核心企业推动的供应链金融2.0阶段，事前信息不对称的管理主要凭借的是交易信息和融资方的交易信用，并且通过让融资方嵌入供应链运营过程，在控制其行为的基础上降低事中和事后的信息不对称。但是进入网络平台化的供应链金融3.0阶段，事前、事中和事后信息的广度和深度都发生了变化，事前信息就不仅仅是直接的交易信息和交易信用。因为供应链金融服务者并不直接参与所有的供应链运营活动，因此，要想全面地了解融资方的状况，就需要借助于各类信息通信技术获取更为客观和广泛的信息，以刻画融资方及其利益相关者真实的交易信用和信息。同样，在事中和事后管理中，也需要获取和把握各参与方的行为数据、业务数据以及相应的资产数据，这些数据的获得、整合、分析和决策也都需要综合性的信息通信技术的保障，只有通过这些信息通信技术的支撑，才能增强供应链金融的说服效应（Persuasive Effect，即信息介入性提高使得资金借贷的意愿提升）和信息效应（Informative Effect，即信息获得性提高加速了企业之间的学习过程，并帮助贷方做出合理的投资决策），增大资金借贷的可能性。

正是基于上述理解和认识，这次对本书做了较大修订。本书第1版撰写的时候（2014—2015年），中国的供应链金融正在发生运营模式从银行主导向核心企业推动的转型变革过程，因此，当时第1版反映了产业各个领域中核心企业如何与金融机构协同，开展供应链金融活动，帮助中小微企业解决运营资金问题。本书第1版出版后得到广大读者的鼓励和支持，出版一年内连续印刷了多次，并且获得了北京市第十四届哲学社会科学优秀成果奖一等奖。面对这些鼓励和首肯，我一直诚惶诚恐，但同时也深深感到需要及时地对中国的实践创新不断进行理论梳理和反映，才能不负广大读者的厚爱。此后（2017 年）考虑到物流领域供应链金融制度环境的改变，因此，在介绍了物流金融制度创新的基础上，我对本书进行了二次修订，形成了本书第 2 版。自 2017 年以来，如前所述，供应链金融无论是运营模式还是风险管理要素都发生了重大突破和革新，此外，供应链金融所受到的重视程度也达到了空前的程度。尽管此后，为了及时全面反映供应链金融的创新与发展，我又连续出版了《互联网供应链金融》（主要介绍平台化导向的供应链金融）以及《智慧供应链金融》（主要介绍科技驱动的供应链金融）两书，但是在中国人民大学出版社与我沟通本书第三次修订时，我还是觉得有必要全面阐述中国供应链金融的发展，以及全球供应链金融的发展态势。因此，第 3 版在凝练此前版本内容的基础上，新增了三章内容，即第七章“平台化的供应链金融”、第八章“数字化赋能的供应链金融”，以及第九章“全球供应链金融发展态势与模式”。希望这一修订能够让广大读者更好地把握供应链金融变革发展的脉络，以及未来进一步发展的方向和趋势。

第1版序言

自2012年我所写的《服务供应链》出版以来，我深感服务供应链的重要组成部分——供应链金融尚需要进一步研究和探索，当时在写完最后一章后总感觉还有许多问题尚未展开和深入，特别是伴随着这一课题引起理论界和实业界的高度关注后，该领域的探索成为全社会探讨的热点话题，然而以往的研究和探索过多地立足于商业银行的视角，而忽略了供应链金融深刻的产业基础，即供应链金融已经成为各产业寻求竞争力与可持续发展的重要管理变革，因此，这一话题不仅仅是银行的专利，也是所有产业领域共同探索的课题。与此同时，伴随着这些年调研和研究的深入，我常常感到这一热浪的背后有很多值得警惕和关注的问题，特别是在实践领域出现了一些“伪供应链金融”现象，或者说打着“互联网金融”和“供应链金融”的旗号，在做套利套汇的事情，完全脱离了产业与金融的互动关系，甚至有些地方或人士将这些从事“伪供应链金融”的企业看作发展服务经济以及拥抱新经济和互联网的先进代表。我记得2012年在上海参加一次供应链金融研讨会时，席间一位发言人大谈套利套汇是供应链金融的重要内容，声称“供应链金融能直接产生经济价值和收益”，闻悉这些言语，真有切齿拊心之感，因为金融活动如果不能真正服务于产业，促进产业和金融的协同发展，这样的金融哪怕被冠以再绚丽的名词，也是昙花一现的泡沫，终究会危害企业、危害产业，也危害社会。与此同时我也切实感到需要全面、客观、科学地分析探索供应链金融的发展规律，哪怕仅仅是粗浅的研究探索，正是这样一种感觉，促使我抓紧时间尽快完成书稿，并且尽我所能高质量地将本书呈现给读者，这种紧迫感和压力使我常常彻夜难眠。今天，在本书完成之际，但愿这份努力和成果能聊以自慰。

以互联网为基础的供应链金融的主要作用不仅仅在于金融手段创新，更在于发展和完善金融市场环境，更好地促进产业发展，特别是解决产业运行中中小企业或小微企业融资难的问题。《国务院关于进一步促进中小企业发展的若干意见》明确指出："中小企业是我国国民经济和社会发展的重要力量，促进中小企业发展，是保持国民经济平稳较快发展的重要基础，是关系民生和社会稳定的重大战略任务。"党的十八大报告明确提出要"支持小微企业特别是科技型小微企业发展"。特别是 2014 年 3 月 5 日李克强总理在《政府工作报告》中指出"促进互联网金融健康发展，完善金融监管协调机制，密切监测跨境资本流动，守住不发生系统性和区域性金融风险的底线。让金融成为一池活水，更好地浇灌小微企业、'三农'等实体经济之树"，正是在这一背景下，以互联网为基础的供应链金融成为目前与产业发展关系最为密切的金融形态。本书作为国家自然科学基金项目"产业供应链服务化条件下的服务外包决策与风险管理"（71272155）以及国家自然科学基金重点项目群"中国转型经济背景下企业创业机会与资源开发行为研究"（71232011）的阶段性研究成果以及中国人民大学研究品牌计划"中国企业生产性服务战略结构与模式研究"（11XNI002）的最终研究成果，对供应链金融的探索基于如下视角展开：

第一，如何通过创新性的手段解决中小企业贸易融资难问题是一个挑战。中小（或小微）企业融资难问题长期以来是阻扰企业发展的重要方面，这几年有日益突出的趋势，根据 2012 年国际信用保险及信用管理服务机构科法斯集团（Coface）在上海等多地针对中国内地“企业微观付款行为”发布的《2012 中国企业信用风险状况调查报告》，企业通过赊账销售已经成为最广泛的支付方式，比例已经从 2007 年调查样本企业的 54.1%上升至 2011 年的 89.5%，与之相对应，“一手交钱，一手交货”的货到付款的比例已经从 2007 年的 45.9%滑落至 2011 年的 10.5%，而平均赊销期限为 30 天的占 35.3%，为 60 天的占 39.3%，为 90 天的占 19%，现金流不足是造成中小企业经营困难的主要原因之一。内源性融资在很大程度上无法达到扩大再生产、提高企业竞争力的客观要求，就外源性融资而言，由于国内股票市场的准入门槛较高，很多中小企业受注册资本和公司股本总额的限制，根本无法进入主板市场。迄今为止，银行信贷是中小企业最主要的融资渠道。但是，中小企业也很难从商业银行那里获得贷款。由于中小（或小微）企业的资信状况较差、财务制度不健全、抗风险能力弱、缺乏足够的抵押担保，商业银行为了尽量减少呆账、坏账，基本不愿意向中小企业放贷，而是把重点放在了大型企业身上。从银企关系的角度讲，中小企业客观上需要信贷的资金支持，而商业银行又苦于中小企业条件不足而惜贷、惧贷，这就造成了企业间关系上的信用隔阂。要突破这种隔阂，就必须寻求新的融资模式。正是因为如此，如何依托商务交易数据，或者协同商务信息和数据，创新供应链金融方式，成为目前解决中小企业融资难问题的关键。

第二，如何防范系统性金融风险成为目前发展互联网金融需要高度关注的问题。以互联网为基础的供应链金融的实质是通过互联网金融促进产业有序、高效率发展，脱离了信息化的协同商务或电子商务的金融性活动就有可能演化成虚拟、纯粹的金融游戏。随着这两年互联网以及供应链金融的兴起，目前国内出现了“泛互联网金融”“泛供应链金融”现象，亦即以互联网金融、供应链金融的名义博取资金套利套汇的收益，不仅没有对产业实体经济产生正面影响，反而极大危害了经济的有序运行，也造成了互联网金融领域的混乱，诸如近一年出现的钢贸案件以及前期调研发现的套利套汇金融产生的虚假交易数据和进出口行为就是这种表现。因此，如何认识这些系统性的供应链金融风险，特别是产生这些投机性金融行为的制度、产业和环境因素，包括虚假的金融行为方式，成为保障供应链金融良性发展的关键，也是加强宏观管理的核心。

第三，如何建立有利于互联网供应链金融的生态系统是需要研究的焦点。供应链金融的发展有赖于生态系统的建立，这个生态系统既包括制度层面，也包括产业层面和微观层面。在制度层面，互联网供应链金融的发展需要产业政策、物流政策甚至法律方面的配套，诸如供应链金融尽管是基于电子商务和交易数据产生的金融行为，但是交易的对象仍然是具体的产品和业务，涉及动产质押及应收账款担保等活动，涉及的法律法规包括《物权法》、《担保法》及担保法司法解释、《合同法》、《动产抵押登记办法》和《应收账款质押登记办法》等。特别是2007年《物权法》对动产担保做出了诸多制度安排，如明确动产抵押效力、明确动产抵押登记原则、引入动产浮动抵押以及丰富权利质押内容等，这些都对推动供应链金融具有重大意义。在产业层面需要看到的是，供应链金融不仅是商业银行的行为，也是各产业创新的共同方向，亦即利用互联网或移动互联网、大数据，再造产业交易过程，并且推动金融活动的开展，因此，如何认识不同领域互联网供应链金融的运作以及相互关系，是另一个需要探索的生态系统。在微观层面，以互联网为基础的供应链金融涉及产业参与者、信息化平台、综合风险管理者以及资金流动性提供者，这四者之间如何协调、整合，成为互联网供应链金融的关键问题。

第四，互联网与大数据如何为供应链金融提供了技术保障和风险管控。以互联网为基础的供应链金融的核心在于通过信息化手段，立足供应链生态对需要融资的企业进行整体评估。整体评估是指供应链服务平台分别从行业、供应链以及企业和服务要素三个角度对客户企业进行系统的分析和评判，然后根据分析结果判断其是否符合接受服务的条件。

行业分析主要是考虑客户企业受宏观经济环境、政策和监管环境、行业状况、发展前景等因素的综合影响；供应链分析则主要评判客户所在供应链的行业前景与市场竞争地位、企业在供应链内部的地位，以及与其他企业间的合作情况等信息；企业基本信息的评价主要是了解其运营情况和生产实力是否具备履行供应链合作义务的能力，是否具备一定的盈利能力与营运效率，最为重要的就是掌握企业的资产结构和流动性信息，并针对流动性弱的资产进行融通可行性分析。显然，上述所有信息都有赖于企业之间基于互联网的信息交互与大数据的建立。事实上，供应链运行中每一笔交易、每一项物流活动甚至每一个信息沟通都是数据，通过筛选、整理、分析，所得出的结果不仅能用于得到简单、客观的结论，更能用于帮助提高企业经营决策效率，搜集起来的数据还可以被规划，引导供应链金融活动的产生。因此互联网与大数据成为目前供应链金融有效运行的可靠技术保障，其如何发挥作用，特别是如何运用于风险管控之中是需要探索的问题。

综上所述，基于互联网的供应链金融在一定程度上反映了制度的创新与需求的驱动，通过促进经济的集约化发展，成为经济结构转型的新动力。对基于互联网的供应链金融进行研究，重点在于发现其通过金融模式的创新对资金配置效率和金融服务质量产生的提升作用，从而为维持整体经济的稳步发展创造强大的动力。

对于本书的完成，在此要感谢国家自然科学基金委冯芷艳处长，以及香港冯氏集团的张家敏先生、林至颖先生和卢慧玲女士，他们为本书的写作提供了很多有益的意见和卓有成效的支持，每一次与他们的沟通和畅谈，都使我汲取了大量管理理论和企业实践的智慧，激起我思维的火花，也推动了我对这一领域的深入探索和再思考，同时也直接促成了本书的撰写与付梓，特别是在审阅阶段，卢慧玲女士逐字逐句校对和核定，对于本书高质量的呈现做了大量辛勤的工作。此外，我的恩师中南财经政法大学的彭星闾教授也给予了我极大的支持，我的博士生喻开也为我写作本书提供了大量帮助，甚至直接参与了其中两个章节的撰写。中国人民大学出版社的曹沁颖女士为本书的出版做了大量辛勤的工作，在此一并向他们表示由衷的感谢。

供应链金融是一个方兴未艾又具挑战的研究课题和领域，受作者能力的局限，特别是该领域的迅猛发展，书中难免有错误和不足之处，欢迎广大读者批评指正。

目　录

第 1 章

现代供应链金融：发展背景与内涵

随着网络化和数字化的推进，不同国家、地区甚至同一国内不同企业之间的比较优势，正在不断地被挖掘和加强。在这样的背景下，供应链研究和探索的重心逐渐转移到了提升资金流效率的供应链金融层面。在激烈的竞争环境中，充足的流动资金对于企业的意义日益重要，尤其是对于那些拥有良好发展机遇却受制于现金流的中小企业。这些企业通常没有像大型企业那样的财务资源，然而它们在供应链中却扮演着不可或缺的重要角色。尽管它们具备可观的发展潜力，但往往因为上下游优势企业的付款政策而面临现金短缺的问题。中小企业在供应链中的重要性凸显了解决它们融资难题的迫切性，而由此产生的挑战则包括重新理解供应链参与者及其关系的新方式，以及对金融和供应链物流交叉领域中组织间互动模式的深入研究。

长期以来，供应链一直被视为运营管理的核心要素之一。其强调通过在生产和流通企业之间建立有效衔接，以降低供应链中的总成本。这种协同不仅体现在企业之间的合作层面，还体现在生产、物流、销售和信息流程之间的全面互通层面。因此，供应链提升了企业间的一体化程度，使其从过去的点对点对接演变为全面的职能和流程对接。随着对供应链管理问题研究的不断深入，物流、信息流和商流方面的难题已逐步找到解决方法。然而，资金流问题逐渐成为制约供应链企业发展的瓶颈。资金问题只是供应链中财务难题的一部分，同时还涉及资本结构、资本成本以及资金周转周期等诸多问题。这些问题共同影响着供应链的绩效表现。面对在供应链中出现的金融财务问题，需要运用金融和财务手段加以理解和解决。

第1节　供应链金融产生的背景

供应链金融是坚实地立足于实体经济中的产业而诞生出来的金融活动，是供应链与金融两个领域交叉产生的创新。因此，供应链管理的发展与产业变革为供应链金融创新发展提供了重要的实践基础。

一、供应链金融运行中的微观基础

供应链金融是供应链管理的一个分支，供应链管理是指对整个供应链系统进行计划、协调、操作、控制和优化的各种活动和过程，按照中国国家标准《物流术语》（GB/T 18354－202）的定义，供应链是指生产与流通过程中，围绕核心企业的核心产品或服务，由所涉及的原材料供应商、制造商、分销商、零售商直到最终用户等形成的网链结构。而供应链管理则是从供应链整体目标出发，对供应链中采购、生产、销售各环节的商流、物流、信息流及资金流进行统一计划、组织、协调、控制的活动和过程。2017年国务院办公厅颁布的《关于积极推进供应链创新与应用的指导意见》将供应链管理界定为“是以客户需求为导向，以提高质量和效率为目标，以整合资源为手段，实现产品设计、采购、生产、销售、服务等全过程高效协同的组织形态。”随着信息技术的发展，供应链已发展到与互联网、物联网深度融合的智慧供应链新阶段。从上述定义可以看出，现代供应链管理的目标是以正确的价格来提供正确的商品，而且还要在正确的操作成本前提下，在正确的时间将正确的质量、正确的数量送到正确的地点，并使整个产业系统的所有权成本最小。从总体上看，现代供应链管理呈现出如下特征：

（1）追求快速响应。在市场需求日益多变和个性化的时代，如何能够敏锐地捕捉到客户或消费者的价值需求，灵活地配置资源和能力，低成本、高效完成产业运营，将适合的产品和服务传递到市场终端，这是供应链管理的目标。在供应链环境下，时间与速度已被看作是提高企业竞争优势的主要手段，一个环节的拖沓往往会影响整个供应链的运转。供应链中的各个企业通过各种手段实现它们之间物流、信息流的紧密连接，以达到对最终客户要求的快速响应、减少存货成本、提高供应链整体竞争水平。

（2）追求强劲与韧性。供应链运行往往会受到外部不同层面不确定因素的影响，这些因素既可以是管理失误、供应链运营失败，或者供应链参与方所为等因素，也可以包括自然灾害、地区冲突、大流行病等各类突发性事件。上述不同来源的不确定性必然会对企业以及产业产生巨大危害，影响和破坏供应链安全运行，使之达不到供应链管理的预期目标，造成供应链效率下降、成本增加，甚至导致供应链网络失败或解体。因此，为了抵御上述不利因素的影响，保证供应链运行稳定高效，就需要通过供应链管理保障强劲与韧性。最早提出供应链韧性的是英国学者克里斯托弗，他借鉴生态系统中弹性的定义，将韧性定义为供应链运营中断后，一个供应链系统恢复到原始状态或者迁移到一个新的、更令人满意状态的能力，包括柔性、适应性以及敏捷性。

（3）追求数字化和智能化。供应链管理涉及许多环节，需要环环紧扣。为了确保整体供应链的流程能紧密相连、运作高效协同，就需要通过数字化和智能化提升供应链管理的效率和效能。数字化和智能化之所以能改善供应链的效率、可靠性和灵活性，主要是基于以下原因：一是实时信息流。数字化和智能化技术使得供应链中的各个环节能够实时共享信息。这包括库存水平、订单状态、生产进度等等。实时信息流可以帮助供应链管理者做出更准确的决策，减少因信息不准确或滞后而导致的问题。二是减少人为错误。自动化和智能化的系统可以大大减少人为错误的发生。例如，在订单处理过程中，自动化的系统可以避免因人为输入错误而引发的问题，从而提高准确性。三是减少库存成本。数字化技术可以帮助供应链管理者更精确地预测需求，从而降低过高的库存水平。智能化的预测模型可以分析历史销售数据、市场趋势等因素，更准确地预测未来需求，从而避免库存积压，降低库存成本。四是提高生产效率。智能制造和自动化生产线可以优化生产过程，缩短生产周期，降低生产成本。通过数字化监控和调整生产线，可以及时识别并解决生产中的瓶颈和问题。五是快速适应市场变化。数字化和智能化的供应链能够更迅速地响应市场变化。当市场需求发生变化时，供应链管理者可以通过实时数据和智能分析，迅速调整供应链策略和计划，以满足新的市场需求。六是供应链可视化。数字化工具可以提供供应链的全面可视化，使管理者能够清晰地了解整个供应链的运作情况。这有助于发现潜在问题和瓶颈，并采取相应的措施。七是降低风险。数字化和智能化的供应链可以更好地应对风险。通过实时监控，供应链管理者可以迅速识别潜在的风险因素，例如供应中断、质量问题等，并采取措施降低这些风险的影响。

（4）追求绿色和可持续化。供应链的发展除了追求效率外，实现供应链全过程低碳绿色以及社会经济发展的可持续，也是一个重要的目标和方向。供应链绿色和可持续化不仅能够降低供应链运营中的碳排放，强化清洁采购、清洁生产和清洁分销，增强企业社会责任，而且能够通过绿色和可持续实践，强化自身管理水准，降低供应链风险水平，与利益相关者形成共生的生态循环系统，形成供应链竞争力。

从以上供应链管理呈现出的特点可以看出，供应链是一个复杂的经营和管理过程，其中涉及许多企业间的协调和交互活动，这些协调和交互活动的状况直接影响到了供应链的服务、质量和成效。在一般的供应链运营中，加工企业需要从原料企业购买原材料，将其加工成零件，然后出售给部件供应商，部件供应商生产部件后，销售给产成品企业，产成品企业再将其生产的产成品销给分销商和零售商，最终出售给消费者。在这一过程中，资金流是企业的生命源泉，因为资金流动能满足企业任何时刻的支付需求。企业资金的支出和收入发生在不同的时刻，这就产生了资金缺口。如图 1－1 所示，在企业下达订单与接收货物之间存在着资金缺口，一旦下游企业产生资金困难，就很难采购所需要的原料或产品；在接受存货和形成产品销售之间也存在着资金上的压力，因为库存管理活动需要资金支持，并产生库存持有成本；而在销售产品和实际接受下游客户支付的现金之间也形成了一定程度的资金缺口，形成了所谓的应收账款；在支付现金和实际接受现金之间产生了现金转换周期，从而对上游企业产生了资金上的压力，因为如果不能及时获得资金，就可能对企业的现金流产生不利影响，使正常的生产经营活动出现困难。

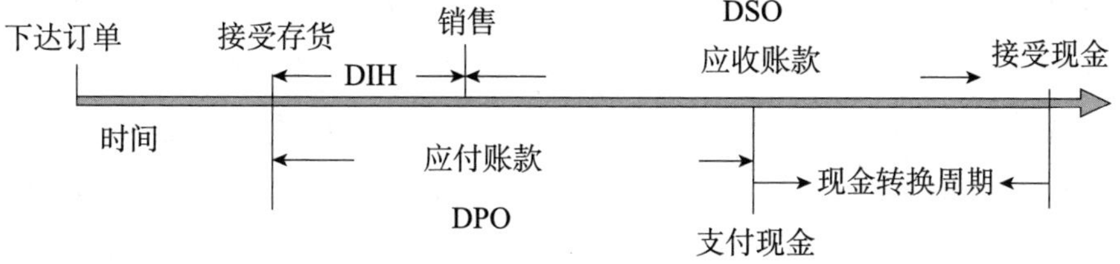

其中：
库存持有天数（DIH）=库存/（销售成本/365）
应收账款天数（DSO）=应收/（销售/365）
应付账款天数（DPO）=应付/（销售成本/365）
现金转换周期（CCP）=DSO+DIH−DPO

图 1－1　企业资金运营状况

从销售和贸易的视角看，为了缓解上述经营各阶段出现的资金缺口问题，供应链渠道中的参与企业往往会采用商业信用或者各类物流管理手段。但是这些手段的有效运用为企业带来了巨大挑战，并且其成效往往取决于买卖双方的规模和力量的对比。诸如当大型企业将自己的原材料或产品销售给小型企业时，往往会因为弹性支付产生信用、账单、收集和坏账等相应的代价，特别是在全球跨境贸易中，还会涉及报关、风险管理和其他各类复杂活动所产生的成本。同样地，当中小型企业将货物或产品销售给大型客户时，虽然运作成本较低，但是由于客户会延长现金支付，使得中小企业产生较为严重的现金流问题。

具体讲，供应链上的各企业为了缓解自身的资金缺口问题，往往会运用三种不同的运作方式：一是单方面延长支付，这种状况往往发生在强势下游客户对弱势供应商的交易状况中，诸如在贸易过程中要求延长账款支付周期至30天到60天较为普遍，这种方式虽然有利于下游客户企业的资金流动和效率，但是却为上游供应商带来了较大的资金障碍，为解决这一问题，反过来又加大了供应商的融资成本，最终使得供应商不是在生产和产品质量上下功夫，而是考虑如何解决资金问题。第二种在贸易中常常使用的方法是早期支付折扣计划，亦即如果下游客户能够提前支付货款，将会获得较好的交易价格。这种交易方式尽管也能解决上游的资金问题，但是存在着将折扣算入价格，从而提高了对下游客户的供货价格的可能。此外，在国际贸易中也会涉及复杂的手续，因为报关的价格需要与实际的交易价格相一致。在实际供应链运行中，还有一种物流管理方式被常常使用，这一方式既能提高供应链运行效率，又有效地解决了资金占压问题，即供应商管理库存（Vendor Managed Inventory，VMI）。VMI是一种以用户和供应商双方都获得最低成本为目的，在一个共同的协议下由供应商管理库存，并不断监督协议执行情况和修正协议内容，使库存管理得到持续改进的合作性策略。具体讲，买卖双方在一个共同确定的框架下，由供应商承担在下游企业仓库中的库存管理和代价，直到所供应的产品被下游客户使用时才进行所有权转移。这种合作性物流管理虽然能为交易双方带来收益，即一方面减少了下游客户的资金占压，保障了及时供货；另一方面，对供应商而言，有利于合理规划生产，避免呆库死库，并且及时了解客户信息。然而对上游供应商而言，不仅库存占压了资金，而且凭此获得融资较为困难，其原因在于商业银行难以对无法监控的库存进行贷款融资。正是因为上述这些状况，在传统的供应链运作过程中产生了一系列的资金问题，因此，如果不能有效地实现资金流与商流、物流和信息流的整合，供应链就会难以为继，这是供应链金融产生的微观基础。

二、供应链金融运行中的宏观基础

供应链中金融问题的产生除了微观层面因素外，产业方面的背景也是一种驱动力，从某种意义上讲，供应链金融是适应国际贸易新形势以及供应链产业链发展背景下的产物。

（一）国际贸易的全球化趋势催生了新的贸易融资模式

在经济全球化背景下，生产分工也呈现出全球化趋势。产品的研发、设计、加工、装配、销售越来越突破国家和地区的限制，实现了全球化大生产。产品的价值链可能由不同国家或地区的不同企业分工完成，企业成了全球化生产链条上的一环。

生产领域的国际分工必然导致贸易领域的全球化。随着科学技术的不断进步和各国对外开放程度的不断提高，流通领域中跨国交易的广度、深度和规模都在不断提升。贸易领域的全球化推动了世界市场的进一步完善，国际贸易开始从地区性的互惠互利向多边贸易体制转变，全球化大市场正在逐步形成。

国际贸易的全球化趋势在客观上带来了金融的全球化。金融的全球化促使资金在世界范围内的重新配置，使资本流向效益更高的国家和地区。与此同时，通过资本市场、金融机构、货币体系、金融政策与法律等金融要素的进一步同质化，全球金融市场日趋一体化。

就目前的趋势来看，生产链和供应链在全球化的背景下联系日趋紧密，生产链的全球化必然要求供应链上的金融服务的全球化。以此为基础，国际贸易的全球化趋势必然要求金融市场以供应链为中心提供更为灵活、成本更低、效率更高、风险可控的金融产品和融资模式。供应链融资正是在这种背景下应运而生的。

（二）产业链供应链韧性建设需要关注中小企业的融资问题

在不断发展的全球化进程中，近些年来出现了逆全球化的趋势，这一趋势推动着人们对供应链韧性问题的关注进一步增加。随着全球经济格局的变化，供应链的稳定性和弹性变得比以往任何时候都更为重要。在这一背景下，中小企业融资问题愈发凸显，成为影响产业链供应链韧性构建的不可或缺的重要环节。中小企业在全球供应链中扮演着举足轻重的角色，它们不仅为就业提供了重要渠道，而且在推动创新和经济增长方面也发挥着积极作用。然而，由于其规模相对较小，它们在面对市场波动、财务压力和外部冲击时往往更加脆弱。特别是在金融紧缩时期，中小企业更容易受到融资难题的困扰，这可能限制它们的发展和扩张。

从融资渠道来看，大多数中小企业主要采用的是内源性融资模式。然而，由于大多数中小企业属于劳动密集型企业，利润率水平不高，企业自身的资本积累能力不足，内源性融资在很大程度上无法达到扩大再生产、提高企业竞争力的客观要求。而从外源性融资方式来看，由于国内股票市场的准入门槛很高，很多中小企业受注册资本和公司股本总额的限制，根本无法进入主板市场。可以说，我国绝大多数中小企业还无法进入公开证券市场进行融资，这在很大程度上限制了中小企业的发展。

迄今为止，银行信贷是中小企业最主要的融资渠道。但是，中小企业也很难从商业银行那里获得贷款。由于中小企业的资信状况较差、财务制度不健全、抗风险能力弱、缺乏足够的抵押担保，商业银行为了尽量地减少呆账、坏账，基本不愿意向中小企业放贷，而是把重点放在了大型企业身上。从银企关系的角度讲，中小企业客观上需要信贷的资金支持，而商业银行又苦于中小企业条件不足而惜贷、惧贷，这就造成了企业间关系上的信用隔阂。要突破这种隔阂，就必须寻求新的融资模式。目前来看，供应链融资模式是解决这一问题最好的可尝试的方式之一。

（三）商业银行的发展以及金融业态的多样化需要新的业务生长点和利润来源

商业银行作为金融体系中的重要一环，如今也面临着商业模式创新的必要，从而推动了供应链金融的产生。目前，中国商业银行的利润来源主要靠存贷利差。据万德公司（Wind）统计，2022年上半年我国A股上市银行业收入结构中，利息净收入（存贷差）占74.32%，手续费及佣金收入占18.32%，投资净收益占6.41%，汇兑净收益占0.85%，其他收益占 0.10%。而发达国家的商业银行一半以上的利润来源均是中间业务收入。所谓中间业务，就是银行为客户办理各种委托代理业务，银行作为信用关系的中间人，既不是债务人，也不是债权人，它只提供金融服务，受托处理各类业务并从中抽取一定的服务费用和佣金。从中不难发现，国内商业银行的利润来源十分单一，利润生长点十分僵化。更为重要的是，随着资本市场的不断开放，存贷利差的规模正在不断缩小，商业银行的盈利水平正在进一步缩水。与此同时，由于国内银行在业务模式、经营思路、服务项目上存在严重的同质化现象，银行业的地竞争环境在不断恶化。

从宏观金融环境来看，随着国内投融资体制的深入改革和金融深化，越来越多的非银行融资形式应运而生，一些实力雄厚的大型公司客户能够自行发行股票和债券进行直接融资。这在很大程度上造成了通常所说的"金融脱媒"现象，也就是金融活动越来越不依赖于银行，银行在融资市场中的份额越来越小。

所以，如果商业银行还仅以传统的存贷利差作为单一的收入主体，只把目光聚集在大公司和大客户身上，那么在未来金融体制的发展趋势下，商业银行就很难适应灵活多变的市场需求，不仅盈利水平会持续下滑，传统盈利模式造成的路径依赖也会进一步限制经营模式的结构性转变。

综上所述，正是上述企业微观和产业宏观层面的共同作用，使得供应链金融逐渐进入人们的视野，成为新经济环境下一种重要的创新模式，而这种创新模式的核心就是结合产业运行的特点，有效地解决企业日常经营管理活动中的资金问题，尤其是中小企业融资难问题，在全球产业分工以及产业链供应链韧性建设的大形势下，将金融资源和产业资源高度结合，实现产业效益与金融效益的乘数效应。

第 2 节　供应链金融的内涵与特点

供应链金融作为供应链运营与金融管理结合的产物，无论是在理论界还是实业界在2000年后都得到了关注和探索。尽管在此之前，与之相关的小微借贷、贸易金融在产业中业已存在，并且在理论界也得到了一定的研究和探索（Boot & Thakor，1994；Berger & Udell，1998），但是，这一时期只是站在金融借贷的立场，分析中小微企业如何从金融机构顺利获得资金，而没有从产业运营的视角，探索产业要素与金融要素的结合。只是2000年以后，供应链金融才逐步登堂入室，然而，伴随着人们认识的逐步深入，对供应链金融的解读呈现出演进的状态，从而形成了差异化的供应链金融解读。

一、供应链金融的含义

（一）对供应链金融的理解

对供应链金融内涵的理论探索最早起源于 Timme 和 Williams-Timme（2003），他们认为，供应链金融就是为实现供应链的整体目标，供应链中的一些参与方积极与供应链外部的金融服务提供商（银行、保理商等）进行协作，并在协作过程中将供应链内部的物流、信息流和资金流以及供应运营过程、供应链其他参与主体和全部资产状况纳入考虑。此后，不同的研究者基于不同的视角，对供应链金融予以了不同的理解。但是概括起来，可以从三个维度区分出三种不同类别的供应链金融定义。这三个维度分别是：第一，供应链金融发生的领域或主体范围，即供应链金融发生在哪些组织关系中？对这一维度的关注决定了供应链金融的适用范围，涉及的组织异质性程度越高，供应链金融适用的场景愈益复杂和多元。第二，供应链金融所依赖的流程和要素，即供应链金融开展所依托的要素和流程是什么？支撑供应链金融的要素越丰富、流程越多样，供应链金融的拓展性就越强。第三，供应链金融应用的目标，即供应链金融要实现的目的是什么？目标或目的决定了供应链金融的产品丰富度。

基于上述三个维度，第一类供应链金融的定义关注买方或卖方的融资诉求，即借助于买卖双方所形成的债权债务关系，为买方或卖方提供相应的融资服务和解决方案。这一类定义的特征在于将供应链金融的应用范围定义在金融机构特别是商业银行与供应链上下游企业之间，即为了满足供应链上下游企业的融资需求，由金融机构提供的基于债权债务或者买卖关系的金融解决方案。例如 Camerinelli（2009）提出，供应链金融是金融机构提供的促进供应链物资和信息交换的一系列产品和服务。同样，Chen 和 Hu（2011）也认为，供应链金融作为一种创新性金融解决方案，桥接银行与供应链中资金短缺企业，减少资金流供给与需求的不匹配。此外，还有的学者更是将供应链金融理解为促使买方运用反向保理，基于整个供应链，提供柔性化、透明支付的自动化解决方案（Wuttke，et al.，2013）。

在中文文献中，同样有学者明确指出，供应链金融是指商业银行对一个产业链中的单个企业或上下游多个企业提供全面金融服务，以促进供应链核心企业及上下游配套企业产—供—销链条的稳固和流转顺畅（闫俊宏、许祥秦，2007；胡跃飞、黄少卿，2009）。需要指出的是，这类供应链金融的定义关注的是应收账款持有者的信用和交易质量，如同 Klapper（2006）指出，“贷方仅从特定信息透明的高质量企业购买应收账款，该因素只需要收集信用信息并计算选定企业的信用风险”。

第二类供应链金融的定义则不同，这类定义认为，供应链金融存在于整个供应链运营过程中，供应链金融依托的要素和流程是供应链伙伴之间的合作关系，以及运营质量和风险管理，并且供应链金融的应用目标不仅仅是解决上下游企业的融资需求，而是促进供应链高效、有序地运行。最为典型的定义是，“供应链金融是为实现供应链所有参与成员的价值，与客户、供应商以及服务提供商一同实现组织间金融优化与整合的行为”（Pfohl & Gomm，2009）。类似地，Wuttke 等（2013）也提出，供应链金融是为促进供应链物流有效运行而对资金流进行优化计划、管理和控制的过程。

国内文献中，姜超峰（2015）提出，“供应链金融是运用供应链管理理念和方法，为供应链链条上的企业提供的金融服务，其模式是以核心企业的上下游为服务对象，以真实的交易为前提，在采购、生产、销售的各个环节提供金融服务”。同样，宋华和卢强（2017）指出，供应链金融是在物流与商流运作以及金融管理的基础上，将供应链网络中的买卖双方、第三方物流以及金融机构等参与者紧密整合在一起，实现物流与资金相互促进的一种管理行为和过程。显然，这类定义将供应链金融作为供应链运营高效运转的金融工具，是促进供应链组织之间形成紧密合作关系的重要手段。这一特点在欧洲银行业协会对供应链金融的表述中非常明确，即“使用金融工具、实践和技术来优化对营运资金、流动性和风险的管理，以强化商业伙伴之间的合作”。

第三类定义与第二类定义有一点相同，即供应链金融的应用范围是整个供应链运营系统，并且供应链金融实施的目的也是为了促进供应链系统优化和竞争力实现。但有一点区别是，第三类供应链金融的定义既非将供应链金融视为上下游融资的手段，也非供应链优化的金融工具，而是用来指代供应链中货币流动和金融流程的管理。诸如，Grosse-Ruyken 等（2011）提出，供应链金融是一种整合性手段，促进了供应链中与资金相关流程的可视化和控制。类似地，More 和 Basu（2013）也认为，供应链金融可以定义为在所有供应链利益相关者间管理、计划和控制所有交易活动和资金相关流程，改进各方的运营资金。与这类定义相近的概念是金融供应链（Financial Supply Chain），即为了促进供应链中不同伙伴之间商品和服务的流动，通过金融流程和共享的信息系统，协调货币和金融交易的组织与金融机构网络（Blackman，et al.，2013）。

从上述供应链金融定义的不同类别可以看出，第一类是一种狭义的供应链金融理解，而后面两类可以说是广义的供应链金融理解。之所以称为狭义和广义，是因为一是对供应链金融涉及的主体理解存在差异；二是对供应链金融涉及活动的理解也相差较大（见图 1－2）。在第一类狭义供应链金融定义中，供应链金融活动的开展只是存在于银行（金融机构）与企业之间，一方面，银行关注的是企业债权债务的真实性和借款方的信用；另一方面，企业将应收账款转让给金融机构，以获得企业经营所需的运营资金。正是因为如此，供应链金融涉及的活动是银企之间的资金借贷，所有的金融产品都是服从这一目标而形成的。而在第二类和第三类广义供应链金融定义中，供应链金融会涉及所有供应链运营的直接和间接参与者，包括供应链运营的上下游企业、第三方物流等直接参与者，以及金融科技公司、各类金融机构、平台服务商等间接参与者。此外，供应链金融活动不仅仅是资金借贷，而是应用各种金融工具，以实现供应链竞争力以及协同的现金流量周期（宋华，2019）。显然，广义供应链金融较之狭义供应链金融更能体现产业供应链与金融活动之间的互动与价值共创。

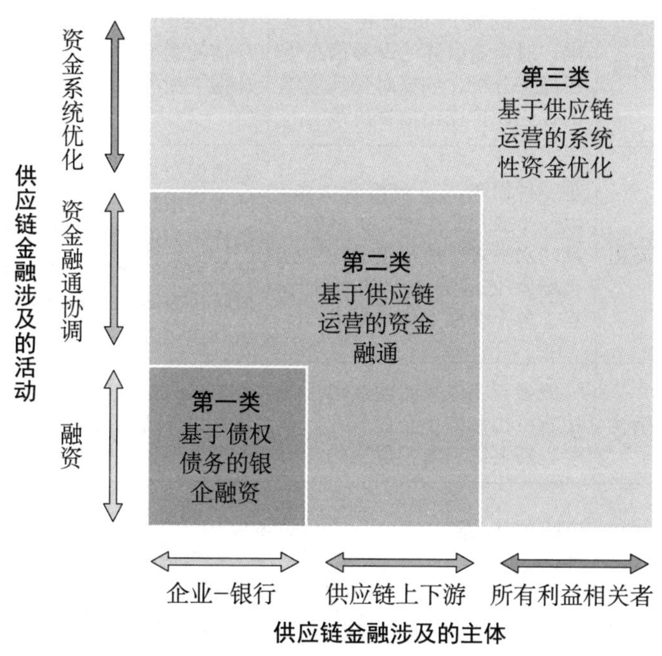

图 1－2　供应链金融定义类别

（二）供应链金融与传统金融借贷的差异

从对供应链金融内涵的探讨可以看出，供应链金融是一种融合了物流运作、商业运作和金融管理的综合过程，它将供应链中的买方、卖方、第三方物流以及金融机构紧密联系在一起，实现了通过供应链物流来激活资金，同时利用资金来推动供应链物流的效果。在这个过程中，金融机构如何更有效地融入供应链网络，与供应链经营企业紧密结合，实现有效的供应链资金运作，同时又能合理地控制风险，已成为供应链金融的核心问题。

与传统融资方式不同，供应链金融从紧扣资产端入手，使用好的资产来对接资金，这样使得信息、信用和风险控制有了更好的着力点。表1-1展示了供应链金融的独特性，其管理要素、流程和结构较好地解决了中小微企业，特别是成长性中小企业因经营不稳定、信用不足、资产欠缺等因素导致的融资困难。

表1-1　供应链金融与传统银行借贷之间的差异

区别和特点	传统银行信贷	供应链金融
供应链管理要素	以“好的资产负债表”为基础，对企业以往的财务信息进行静态分析，依据对受信主体的孤立评价作出信贷决策	评估的是整个供应链的信用状况，加强了债项本身的结构控制
供应链业务流程	是一种简单的资金借贷关系，以一个或几个生硬、机械的产品“水平式”地覆盖不同细分市场及交易链条上的各个节点、各个交易主体的需求	是根据交易对手、行业规则、商品特点、市场价格、运输安排等交易条件，为供应链上不同交易层次和交易地位的交易主体定制的专业金融解决方案。不仅仅是融资，更是流程优化方案和成本降低方案
供应链组织结构	一般参与主体只有商业银行等信贷机构和中小企业双方，有些也需要第三方担保人的参与	不仅仅有金融机构、融资企业，还包括供应链上的参与企业、其他服务型企业以及物流企业

首先，在管理要素方面，传统的银行贷款以“良好的资产负债表”为基础，对企业过去的财务信息进行静态分析，并根据对受信主体的孤立评价做出信贷决策。因此，从实质上讲，作为贷款方的传统金融机构并没有真正了解中小微企业的实际经营状况，从而导致了如今较高的坏账率。这是因为中小微企业的财务往往不够规范，甚至有些企业还备有多套报表以达到欺诈的目的。此外，即使财务报表是真实的，也不能代表良好的市场和未来前景，尤其是在经济波动的环境下。相反，供应链金融评估的是整个供应链的信用状况，加强了债项本身的结构控制。其金融行为既服务于实体经济，同时又源于实体经济的状况来控制金融活动中的风险。也就是说，在掌握整个供应链运营中的商流、物流和信息流的基础上，才能实现资金在供应链中的有效流动。因此，供应链金融将结构性的信息作为信用建立和评价的基础。

其次，在管理的业务流程上，传统的借贷是一种简单的资金借贷关系，以一个或几个生硬、机械的产品“水平式”地覆盖不同细分市场及交易链条上的各个节点、各个交易主体的需求。而供应链金融是根据交易对手、行业规则、商品特点、市场价格、运输安排等交易条件，为供应链上不同交易层次和交易地位的交易主体量身定制的专业金融解决方案。也就是说，根据各交易主体在供应链中的资源、能力、上下游的关系密度、所处的位置等来决定融资量、融资周期和融资利率。因此，供应链金融不仅仅是融资，更是流程优化方案和成本降低方案，是在帮助中小微企业优化产业运行的同时，实现了融资和其他金融性服务。

最后，在管理的组织结构方面，两者也呈现出较大的差异，传统借贷的参与主体一般只有商业银行等信贷机构和中小企业双方，有些也需要第三方担保人的参与，也就是说，其组织结构是两方的，最多是三方关系。但是在供应链金融中，不仅仅有金融机构、融资企业，还包括供应链上的参与企业、其他服务型企业，以及第三方与第四方物流企业，亦即供应链金融是一种网络生态式的组织场域，参与各方在这个网络中相互作用、相互依存，并且各得其所。

当然，应当看到的是，尽管供应链金融通过资产端来对接资金端，从而通过信息的把握和信用的建立，切实解决中小微企业融资难问题，但是事实上不可能所有的中小微企业都可以进入供应链金融的行列，这是因为如果企业缺乏相应的竞争力，并且难以与其他组织建构起完整、闭合的供应链体系，那么信息的对称就很难实现，金融也就无从谈起。因而，只有那些“三无但是三有”的中小微企业才能真正成为供应链金融服务的对象，“三无”是中小微企业的普遍现象，即无充足资金、无良好资产、无强大信誉，如果这些现象都不存在，企业将会很容易从传统的借贷渠道中获得资金，但是由中小微企业的特质决定，往往这些现象很难杜绝。然而，尽管多数中小微企业存在“三无”现象，但是必须具备“三有”，即有良好的技术，也就是说具有一定的核心竞争力，同时还需要有充足的订单，也就是有市场，具有开疆拓土、维系客户的能力，并且最终还需要有切实可行的理想，也就是能搭建具有创业精神的团队，探索清晰可行的商业模式和发展途径。所以，供应链金融不仅仅是抓住物质性的供应链结构，而且也是牢牢把握软性的供应链参与者，从而推动产业和金融的结合。

二、供应链金融的特点

从产业供应链角度出发，供应链金融的实质就是金融服务提供者通过对供应链参与企业的整体评价（行业、供应链和基本信息），针对供应链各渠道运作过程中企业拥有的流动性较差的资产，以资产所产生的确定的未来现金流作为直接还款来源，运用丰富的金融产品，采用封闭性资金运作的模式，并借助中介企业的渠道优势来提供个性化的金融服务方案，为企业、渠道以及供应链提供全面的金融服务，提升供应链的协同性，降低其运作成本。具体来看，供应链金融的特点有：

（一）供应链管理是供应链金融服务的基础

供应链金融是一种适应新的生产组织体系的全方位金融性服务，特别是融资模式，它不是单纯依赖客户企业的基本面资信状况来判断是否提供服务，而是依据供应链整体运作情况，从企业之间真实的贸易背景入手，判断流动性较差资产未来的变现能力和收益性。通过融入供应链管理理念，可以更加客观地判断客户企业的抗风险和运营能力。可以说，没有实际的供应链做支撑，就不可能产生供应链金融，而且供应链运行的质量和稳定性直接决定了供应链金融的规模和风险。

（二）基于大数据的客户企业整体评价是供应链金融服务的前提

整体评价是指供应链服务平台从行业、供应链和企业自身三个角度对客户进行系统的分析和评判，然后根据分析结果判断其是否符合提供服务的条件。行业分析主要考虑客户企业受宏观经济环境、政策和监管环境、行业状况、发展前景等因素的综合影响；供应链分析则主要评估客户所在供应链的行业前景与市场竞争地位，企业在供应链内部的地位，以及与其他企业间的合作情况等信息；企业基本信息的评价主要是了解其运营情况和生产实力是否具备履行供应链合作义务的能力，是否具备一定的盈利能力与营运效率，最为重要的是掌握企业的资产结构和流动性信息，并针对流动性弱的资产进行融通可行性分析。显然，上述所有信息都依赖于大数据的建立。大数据是指所涉及的数据量规模巨大到无法通过人工，在合理时间内达到截取、管理、处理并整理成人类所能解读的信息。事实上，供应链运行中每一笔交易、每一项物流活动甚至每一个信息沟通都是数据。通过筛选、整理、分析所得出的结果不仅仅只得到简单、客观的结论，更能用于帮助提高企业经营决策的质量。此外，收集到的数据还可以被规划，用于引导供应链金融活动的产生。

（三）闭合式资金运作是供应链金融服务的刚性要求

供应链金融通过对资金流、贸易流和物流的有效管理，确保注入企业的融通资金被限制在可控范围内。在具体业务中，逐笔审核并放款，同时对融通资产形成的确定未来现金流进行及时回收与监管，以实现过程风险控制的目标。在供应链金融服务运作过程中，供应链的资金流和物流运作需要按照预先确定的模式进行。

（四）构建供应链商业生态系统是供应链金融的必要手段

供应链金融要得以有效运行，还有一个关键点在于商业生态网的建立。1993 年，美国著名经济学家穆尔（Moore，J. F.，1993）在《哈佛商业评论》上首次提出了“商业生态系统”概念。所谓商业生态系统，是指以组织和个人（商业世界中的有机体）的相互作用为基础的经济联合体，是供应商、生产商、销售商、市场中介、投资商、政府、消费者等以生产商品和提供服务为中心组成的群体。它们在一个商业生态系统中担当着不同的功能，各司其职，但又形成互赖、互依、共生的生态系统。在这一商业生态系统中，虽有不同的利益驱动，但身在其中的组织和个人互利共存、资源共享，注重社会、经济、环境综合效益，共同维持系统的延续和发展。在供应链金融运作中，也存在着商业生态的建立，包括管理部门、供应链参与者、金融服务的直接提供者以及各类相关的经济组织，这些组织和企业共同构成了供应链金融的生态圈，如果没有有效地建构这一商业生态系统，或者说相互之间缺乏有效的分工、没有承担相应的责任和义务，并且缺乏实时的沟通和互动，供应链金融很难得以开展。

（五）企业、渠道和供应链特别是成长型中小企业是供应链金融服务的主要对象

与传统信贷服务不同，供应链金融服务在运作过程中涉及渠道或供应链内的多个交易主体。供应链金融服务提供者可以获得渠道或供应链内的大量客户群和客户信息。因此，可以根据不同企业、渠道或供应链的具体需求，定制个性化的服务方案，提供全面的金融服务。供应链金融服务的主体往往是中小企业，尤其是成长型的中小企业，这使得这些企业的资金流得到优化，提高了企业的经营管理能力。传统信贷模式下中小企业存在的问题都能在供应链金融模式下得到解决（见表1-2）。具体来说，在传统金融视角下，中小企业由于规模较小、经营风险大，甚至财务信息不健全等原因存在信息披露不充分、信用风险高的状况。此外，因为供应链成员都会对其上下游进行严格、动态的认证，而且供应链信息的及时沟通与交换，以及灵活多样的外包合作不仅控制了机会主义和道德风险，而且也降低了运行的成本，大大增强了供应链金融的收益。在供应链金融视角下，中小企业的信息披露不充分以及信用风险高的问题得到了解决。这是因为中小企业嵌入在特定的供应链网络中，供应链网络的交易信息以及供应链竞争力，特别是供应链的成员筛选机制使得信息披露不充分以及信用风险高等问题得以解决。此外，供应链成员的严格认证和信息及时沟通交换也控制了机会主义和道德风险，降低了运行成本，提高了供应链金融的收益。

表1-2　传统金融和供应链金融视角下对中小企业认知的差异

传统金融视角下的中小企业	供应链金融视角下的中小企业
信息披露不充分	供应链中的交易信息可以弥补中小企业的信息不充分、采集成本高的问题。
信用风险高	供应链成员中小企业要成为供应链运行中的参与者或合作伙伴，往往有较强的经营能力，而且其主要的上下游合作者有严格的筛选机制，因此，信用风险低于一般意义上中小企业的风险。

续表

传统金融视角下的中小企业	供应链金融视角下的中小企业
道德风险高	供应链中对参与成员有严格的管理，亦即认证体系，中小企业进入供应链是有成本的，资格本身也是资产。声誉和退出成本降低了道德风险。
成本收益不经济	借助供应链降低信息获取成本，电子化、外包也可以降低一部分成本。

（六）流动性较差的资产是供应链金融服务针对的目标

在供应链的运作过程中，企业会因为生产和贸易的原因，形成大量的资金沉淀环节，如存货、预付款项或应收款项等，由此产生了对供应链金融的迫切需求。因此，这些流动性较差的资产为服务提供商或金融机构提供了理想的业务资源。但是，流动性较差的资产必须具备一个关键属性，即良好的自偿性。该资产会产生确定的未来现金流，就像企业经过“输血”后，成功地实现了“造血”功能一样。供应链金融的实质是供应链金融服务提供者或金融机构针对供应链运作过程中企业形成的应收、预付、存货等各项流动资产进行方案设计和融资安排，将多项金融创新产品有效地在整个供应链各个环节中灵活组合，提供量身定制的解决方案，以满足供应链中各类企业的不同需求，在提供融资的同时帮助提升供应链的协同性，降低其运作成本。

第 3 节　供应链金融的功能

金融与物流、供应链管理的交叉领域涉及的职能包括投资、融资、会计（财务方面）以及采购、生产和销售。在一个协作的供应链环境中，一方的采购通常涉及另一方的销售，因此，连续的检验采购、生产和销售容易混淆。需要指出的是，在供应链金融环境下，我们关注的金融功能具体是指协作供应链职能，而非单个组织的职能。这里一个有趣的区别是，传统上我们认为的公司内外部发生了转变，以前从组织之外获取的资源被认为是外部融资，但在这里，由于我们把协作成员当成一个大实体，只有这个实体之外的组织所提供的资源才被认为是外部融资。虽然表面上看起来可能与传统的观念相悖，但事实上，机构和融资手段都没有发生改变。仅仅是在供应链金融环境下，内部融资的可选择性得到了扩展。

一、追踪供应链资金流

从竞争性战略到协作性战略的转变需要重新审视企业的会计制度体系。原来的体系建立在基于短期交易关系的假设之上，主要规制与买卖决策有关的方面（Gietzmann，1996）。在供应链金融环境下，会计工作的主要任务是识别、测量和交流所有相关流程，并向协作方阐明运作状况。传统上，效率（产出与投入之比）是测量绩效的中心指标。然而，在协作背景下，一些其他物流绩效指标，如交付时间、缺货比率、交付的灵活性等，占据了更为重要的位置。在金融领域，收益率和流动性可以说是两个最常用的财务指标，此处也需要加以考虑。除了广泛采用的基础指标外，在供应链金融背景下追踪财务信息是一项更为复杂的工作。

一方面，供应链中不同成员之间的金融资源流动是供应链金融的核心。精确测量财务流或基于现金的会计核算，是识别内部金融资源的基础。追踪资金流动情况是使资源重新分配到更有效率的生产地的重要前提。要识别、测量和交流组织真实的现金流数字，需要追溯支付的发生点。然而，基于静态的资产负债表和收入表的方法不能综合反映既定期间的现金流动情况。这种方法也不能反映资金的来源、使用及发生的时间，更不能揭示交易发生的原因，而这些是协作改进资金流管理所必需的信息（Hofmann & Kotzab，2010）。

另一方面，企业间金融协作以及随时可获取信息对于供应链金融的必要性不容忽视。静态的会计方法通常以周期为单位，例如一季度、半年或一年。而基于支付数字的现金流计算则是持续可得的。尤其是为了在网络实体间创造价值并寻找加速现金流的方法时，及时的信息是必不可少的（Lambert & Cooper，2000）。目前，许多企业仍然使用静态的绩效测量工具，这些工具不需要真正追踪现金流数字。从以绩效为驱动的会计核算体系到以现金流为驱动的体系，这个转换过程所涉及的成本是巨大的，因为不仅需要改变 IT 系统，还需要记录额外的信息。现有的计算现金流数字的方法都是基于常用的体系通过片面计算得出现金流数字的。

建立正确的会计核算体系，采用权责发生制与以现金为基础的会计核算体系的混合，用以追踪协作成员间金融资源的流动，是成功实施供应链金融的基本驱动因素。这意味着链上成员需要追踪发生在价值创造活动过程中的支付交易。可以想象，协作成员需要共同建立一个会计核算中心，用以获取相应的财务信息。如果没有建立合适的会计核算体系，就有可能掌握错误的信息，这会导致分歧、不信任以及供应链金融运行的风险。

二、灵活、有效地运用金融资金

协作投资可能发生在物流职能的所有方面，涉及整个物流子系统，如订单处理、库存持有、包装和运输过程。在决定不同的投资选择时，需要同时考虑投资的成本和收益。投资成本相对容易测量，但投资收益有两个维度：货币和非货币的。例如，投资于信息和通信设备的成本很难计算，但这种投资所创造的价值是不可忽视的。每家企业都会面临在物流职能和流程上的投资任务。那么在供应链协作环境下的投资有何独特性呢？有两点需要考虑。

首先，协作投资意味着参与者联合投资于某一对象，这不是一家企业可以考虑的事情，因此投资备选方案的数量也会增加。考虑一家生产型企业：为了加强采购流程，这家公司从自身角度来说或者投资新建仓库，或者引入货物处理流程。与这家企业有着金融协作的最重要的供应商提供了一种新的选择：对供应商分销仓库的联合投资可能更有益于加强企业的采购流程。

其次，现在最好的投资选择是能向所有协作伙伴提供价值最高的那个方案。这就需要在权衡不同的方案时考虑不同成员的现金流情况。例如，一个供应商面临 A 和 B 两种订单跟踪体系的选择，A 在财务上更具吸引力。但从协作的角度考虑，它的顾客和合作伙伴所使用的体系更接近于 B，B 系统使得其与伙伴发生联系且从顾客的角度来说节省了相当的行政费用。那么协作的结果是B将是更好的选择。为了安排个体和协作体之间的最好选择，需要在协作伙伴间建立一个激励的现金转移体系。因此，协作投资活动的机会的识别（例如，增加的资产消耗）、协作负债管理、协作影响资本成本的方式等等，都是供应链金融进一步改进的空间，也是未来可深入研究的子课题。

三、扩大了金融资源的源泉

供应链成员和服务提供商之间提供的商品和服务需要进行支付，因此产生了融资需求。通常来说，有两种主要的方式来进行融资，即债权融资和内部融资。内部融资来源于企业的自有资金、未分配利润、折旧和资产置换。然而，内部融资的可行性受到企业自身的财务状况和资产情况的限制，因此，它可能无法满足所有运营资金需求。

债权融资有三种形式：长期借贷、商业借贷和供应链金融。长期借贷是一种长期债权融资，通常用于资本支出项目，如购买设备或扩大生产能力。商业借贷是一种短期债权融资，用于满足短期资金需求，如应对季节性销售波动或支付供应商。供应链金融是一种特殊形式的债权融资，它基于供应链中的交易和关系。这种方式可以提供更多的灵活性，因为它不仅依赖于借款方的信用，还考虑了供应链中的运营稳定性和质量。

供应链金融之所以是一种灵活有效的金融资源来源，是因为：首先，其他债权融资通常依赖于借款方的信用评级和还款能力，而供应链金融更加关注供应链中的交易质量和关系稳定性。其次，其他债权融资可能需要提供担保或抵押品，而供应链金融通常不需要，因为它基于供应链交易本身的特性。最后，其他债权融资通常更适用于中长期资金需求，而供应链金融更适用于短期流动性需求和供应链资金管理。

第4节　供应链金融生态的构成

供应链金融关注的是供应链的不同参与方，这就使得供应链金融不仅包括买卖双方，还包括其他合作组织。在供应链协作中，不再有同质性的群体。不同的群体对风险和回报有着不同的偏好。换句话说，需要考虑不同实体间的利益均衡。不同的协作伙伴在法律上是独立的实体，因而他们只对自己的行为负责。也正因为此，需要证明供应链金融对于每一个特定成员都是有益的。具体讲，在供应链金融的生态系统中，可以划分为三个层面（见图 1－3），这三个层面的参与者相互影响、相互作用，共同构成了生态系统。

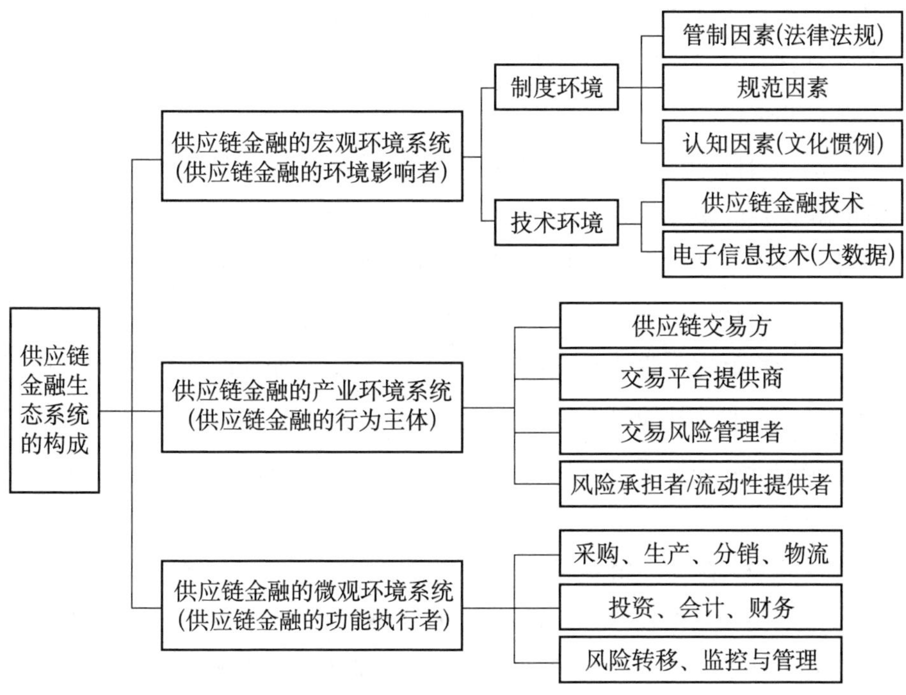

图 1－3　供应链金融生态系统

一、宏观层面的环境影响者

宏观层面的环境影响者不是具体指向某个特定的活动主体，而是指构建环境或推动环境发展的个体或组织。宏观层面的环境包括两类环境：制度环境和技术环境。

制度环境是由人类设计出来的、社会性建构的、用以规定限制社会行动者互相交往的规则系统。诺斯提出，制度而非技术性因素对社会经济增长起决定性作用。20世纪70年代以来，以斯科特（Scott）等为代表的学者开始研究制度环境对组织行为的影响和压力。Scott（2008）提出，制度包括三个维度：管制、规范和认知。在供应链金融体系中，也存在上述斯科特提出的三种制度影响，即政府制定的法律、法规这种管制性的制度，以及组织或企业普遍采用的一些惯例等，形成社会性约束的第三方体系。具体讲，供应链金融生态环境中最重要的是法律环境，而法律环境（系统）的核心功能在于如何提供对信贷人权利的良好保护。从法律的角度看，供应链金融涉及动产质押及应收账款等活动，涉及的法律法规主要包括：《物权法》、《担保法》及担保法司法解释、《合同法》、《动产抵押登记办法》和《应收账款质押登记办法》等。特别是2020年5月28日发布的《中华人民共和国民法典》担保物权编做出了诸多制度安排，对推动供应链金融业务具有重大意义。这些创新发展包括：明确抵押期间抵押财产转让规则，强调登记的重要性；明确抵押人对抵押物处分的权利，强化对抵押物的保护；完善动产质押制度，弥补动产质权实现的不足；增加动产优先受偿的顺序规则；保护应收账款债权人的合法权益。此外，《民法典》担保物权编还有许多其他的创新和发展，例如规定了担保物权的实现顺序、完善了担保物权的体系等。

技术环境包括供应链金融技术以及其他数字化技术。这些技术不仅创新了金融产品和运作技术，还推动了电子信息技术的发展。电子信息技术和数字技术帮助供应链金融的各方参与者及时掌握供应链运行的状态、资金运行的效率以及不同阶段存在的风险及其程度。同时，信息化、数字化手段本身就是供应链金融的主要内容，诸如电子化的票据、单证等。因此，这些环境的创造者或服务提供者也是供应链金融的参与者。

二、中观层面的产业参与者

供应链中的产业层面机构参与者被定义为法律及经济上互相独立的组织，这些组织协同参与了供应链金融运行的整个过程。为了更好地理解这一概念，我们首先来对比一下传统的参与者与新的机构参与方。

供应链活动通常发生在实业或商业企业之间，以及承运商及其供应商和顾客之间。供应商的物料、物品及服务需要承运商的流通加工。同时，生产企业生产原材料、物品，商业公司负责收购及分销这些产品至最终顾客。它们的顾客可以是其他的商业或实业公司，也可以是最终消费者。物流服务提供商（Logistics Service Providers，LSP）是供应链中涉及的另一类机构。只有当它们为一家或者多家供应链成员提供服务时，才被看作是真正的链上成员。过去，LSP 为顾客及供应商提供运输及仓储服务，而今物流服务产业正在经历巨大的变化，服务的范围也拓展了许多。由于企业越来越专注于自身的核心能力，像物流服务提供的价值增加或者行政服务活动，如支付、售后服务等也变得越来越重要。

在供应链金融背景下，供应链的参与者除了上述单纯供应链的参与主体之外，还扩展到了金融机构，即特定的金融服务提供商、商业银行及投资者。狭义来看，金融服务提供商是所有致力于为其他机构的投资及财务需求提供金融支持的机构。广义看来，金融服务提供商包括所有有结算合同的机构，而非必须是链上的契约方。这就囊括了金融服务提供商、银行、投资公司或者保险公司等。在供应链金融的范畴中，最起码包括了狭义的金融服务提供商。

根据全球商业研究中心（Global Business Intelligence Corp.）2007 年的研究报告，它将供应链金融的参与者分成了四大类，亦即除了供应链的买卖方外，还包括交易平台提供商（供应链金融服务提供者）、交易风险管理者和风险承担者或流动性提供者。

（一）交易平台提供商（供应链金融服务提供者）

在供应链金融中，交易平台提供商是为风险承担者或流动性提供者提供必要应用或基础服务的主体，例如电子账单呈现与传递（EIPP）、应收应付等。这些服务有助于促进采购订单、票据、应付等文件在供应链买卖双方以及金融机构之间的交换与信息整合。交易平台提供商可以使相应的参与方自动及时获取供应链交易过程和信用信息（见图 1-4）。

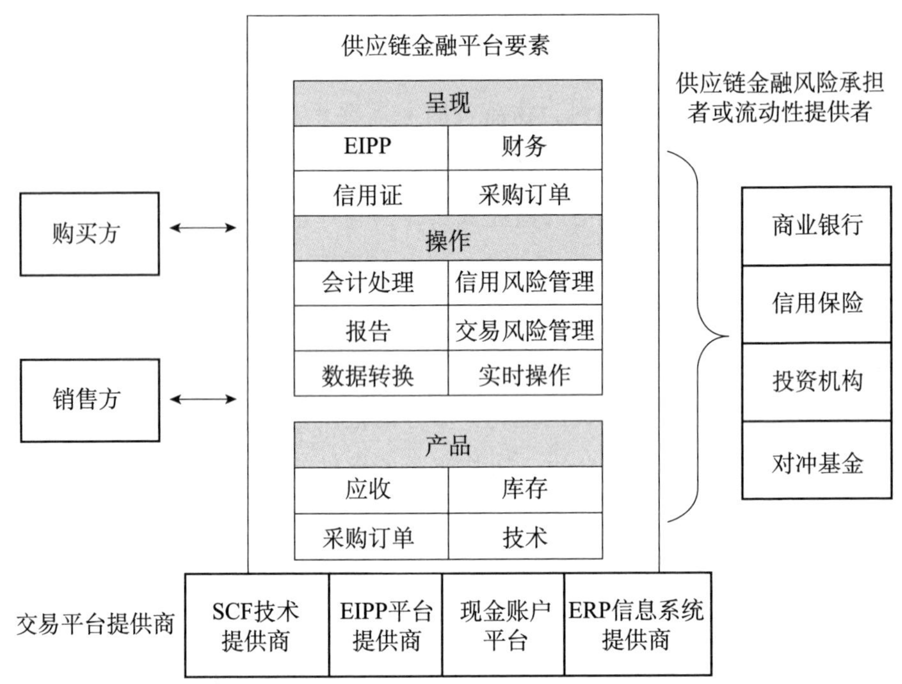

图1-4　供应链金融交易平台提供商

确切地说，交易平台提供商履行了以下两类职能：首先是呈现（Presentment）职能。在供应链金融解决方案中，参与各方需要互动的途径，特别是为供应链交易方提供电子票据呈现和传递的平台，以及纠纷解决的方法等。总体上讲，呈现的职能包括汇集和反映EIPP（票据）、信用证数据、采购订单以及应付状况等信息。其次是操作（Processing）职能，包括开票、匹配、整合、支付处理、融资、信用证处理、文件管理等操作过程。这里的核心在于全面信用风险管理，以及将呈现和操作相结合，以设计出成本最低、风险最小同时又能使多方从中获益的方案。

（二）交易风险管理者

交易风险管理者拥有交易、物流数据和聚合数据，并将整合的数据传递给投资者，以做出相应的决策。它们将各类不同的经济主体有机地组织在一起从事供应链金融活动，包括供应链买卖双方、第三方物流服务提供商、金融机构以及其他所有相关机构。其功能在于证实数据、整合数据、分析数据以及呈现数据，以促进供应链中金融活动的顺利开展（见图 1－5）。

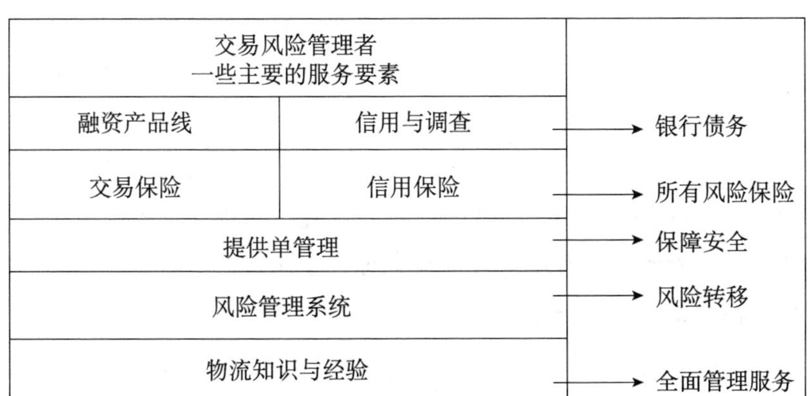

图 1－5　交易风险管理者的服务要素与功能

具体来说，交易风险管理者承担的主要职责包括以下几个方面：

（1）整合物流数据：将物流数据与金融活动相结合是交易风险管理者最主要的职责。交易风险管理者需要证实这些信息的完整性和可靠性，并整合、分析各方面的信息（即交易信息和其他信息），将这些加工后的信息传递给风险承担者进行决策。交易风险管理者需要具备物流经营和管理的知识与经验，能够正确合理地把握物流运行的状态，也了解关键控制点，否则供应链金融所需要的信息就会出现偏差，并带来灾难性的后果。

（2）推动信息技术和大数据的运用：在供应链金融的运作过程中，信息技术和大数据是关键。交易风险管理者需要借助信息技术和大数据来全面了解供应链的运行状况，控制金融活动中的风险。它们能借助大数据把握供应链交易的特征、各参与方的行为状态，从而合理地设计出相应的产品。

（3）建立交易和信用保险的支撑平台：供应链金融能有效开展，需要运用交易和信用保险转移可能存在的风险，推动资金流在供应链中的有效运行。交易风险管理者需要根据交易的特点、产品的性质状况等结合金融机构、保险机构设计出相应的产品，同时不断监控交易的过程和产品的状况，使得保险既能有效转移风险，同时也能将风险控制在可接受的范围。

（4）促进融资行为：通过交易风险管理者的管理活动和整体设计安排，最终能推动对供应链中的企业开展融资活动，切实解决供应链中一些企业特别是中小企业融资困难的问题。

交易风险管理者需要具备的能力包括：搜集、整合和管理各种信息和活动，知道为什么要获取和管理某些信息或活动，知道收集谁的信息、向谁传递，知道收集管理哪个环节的信息和活动，知道什么时候搜集信息或介入管理，知道如何获取信息或施加管理。事实上，交易平台提供商和交易风险管理者可以相互结合，有时是完全融为一体的。从这个意义上讲，交易平台提供商和交易风险管理者共同提供了供应链金融的设计与解决方案，为服务的对象（即供应链中的融资或金融服务需求方）提供供应链参与方、金融机构的组织和法律安排，以及综合性的风险管理服务。

（三）风险承担者/流动性提供者

在供应链金融中，风险承担者或流动性提供者是直接提供金融资源的主体，也是最终承担风险的组织。这类主体通常包括商业银行、投资机构、保险公司、担保/保理机构以及对冲基金等。这些参与者发挥着以下三种职能：

首先，它们直接促进资金放贷和信用增强。要做到这一点，需要两个关键要素：一是确立供应链金融业务标准，因为没有标准，这些机构就会面临较大的风险，因为它们并不直接参与供应链的实际运行。只有确立了标准，它们才能及时监控交易的细节和过程，把握可能存在的风险。二是管理贸易融资和以资产为基础的融资之间的冲突和矛盾，即将以往难以开展的资产和业务转化为一种可融资的综合解决方案。

其次，它们负责后台与风险管理。虽然交易风险管理者在供应链金融中管理风险，但由于金融机构是最终的风险承担者，因此它们需要具备风险管理体系和手段。这包括交易类别的管理，以及将信用与其他风险管理者结合起来的运作框架等。

最后，它们负责融资产品条款的具体安排，包括供应链金融产品的定价或收益设计等。特别是通过供应链金融体系的建立，使供应链参与各方获得相应的利益和回报。值得提出的是，目前有些金融机构正在打造运营资金整合管理平台，以在供应链金融中发挥更重要的作用，甚至发展成为交易平台提供商和交易风险管理者（见图 1-6）。

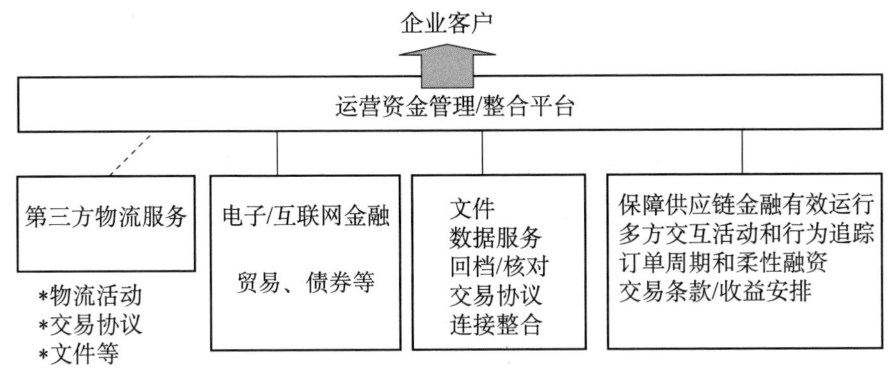

图 1-6　整合运营资金管理

三、微观机构参与者

如前所述，供应链上的宏观机构参与者有着不同的组织及流程，同样，在供应链运营层面也存在着不同的组织，它们共同决定了供应链金融活动开展的程度和效率。以下是一些常见的微观机构及其在供应链金融中的职责：（1）采购部门。采购部门负责从供应商处获得原材料和产品，并与供应商协商价格和付款条件。在供应链金融中，采购部门可以与供应商合作，以确定最佳的采购策略，优化资金流动。（2）生产部门。生产部门负责将原材料转化为最终产品。在供应链金融中，生产部门需要考虑生产成本、生产效率和库存管理，以确保资金的有效利用。（3）分销部门。分销部门负责将产品交付给最终客户或销售渠道。它们需要管理库存水平、订单处理和交付时间，以确保及时供应，同时最小化库存成本。（4）物流单位。物流单位负责物流和运输，包括货物的存储、装卸、运输和跟踪。在供应链金融中，物流单位需要优化运输成本、提高运输效率，并确保货物的可追溯性。（5）会计部门。会计部门负责监督财务记录、报表和成本分析。在供应链金融中，会计部门需要跟踪资金流动、成本和收入，以支持决策和财务规划。(6) 财务部门。财务部门负责管理资金、投资、融资和风险。它们可以参与供应链融资决策，以确保资金可用于支持供应链活动。(7) 控制部门。控制部门通常负责监督和评估整个供应链的性能，以确保达到关键绩效指标。它们可以使用数据分析和绩效指标来支持供应链金融决策。

在供应链金融中，不同微观机构之间需要密切协作，以确保资金和信息在供应链中的流动最佳化。这通常需要跨部门的合作和信息共享，以支持供应链金融决策的制定和执行。最终，供应链金融的目标是通过优化供应链中的各个环节，实现资金的高效使用和整体价值的最大化。

四、供应链金融运作事例

下面通过两个供应链金融的实践案例来看看各参与方在其中发挥的作用。

（一）Big Lots公司的供应链金融

Big Lots公司（http://www.biglots.com/）是美国折扣零售企业，世界500强企业之一。总部设在美国俄亥俄州的哥伦布市，Big Lots在美国47个州和加拿大拥有近1 500家门店。Big Lots出售各种各样的商品，包括食品、饮料、玩具、家具、服装、家居用品、小电子产品，其中大部分是清仓或积压商品。长期以来，该公司为自身的供应链管理能力感到自豪，但是近年来却遇到了供应链资金和财务流的压力和挑战。这种压力和挑战不是来自Big Lots的资金问题，而是其供应商的资金流问题。Big Lots的供应商有很多是中小企业，这些企业都面临着现金流的挑战，即如何及时获得资金运用于其日常的生产经营活动。对于这些中小企业而言，有时为了及时获取资金，不得不以较大的折扣获得贴现，这样做不仅使供应商承受了代价，而且也对Big Lots的供应链产生了不利影响，特别是如果两家供应商生产相同的产品，则能及时获得资金的那一家就有可能将其竞争对手挤出市场，并且通过提高后续的供货价格来实现自己的利益。此外，供应商高达18%的借贷成本一般也会反映在产品价格中，最终的影响是增加了Big Lots的采购成本。正是在这种状况下，Big Lots与第三方服务商Prime-

Revenue 以及美国国民城市银行（National City Bank，纽约证券交易所：NCC）一起推动了应收账款融资计划（见图 1－7）。

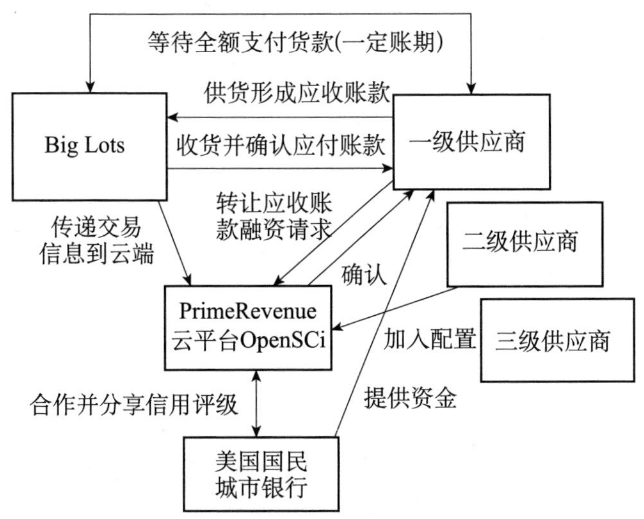

图 1－7　Big Lots 的供应链金融计划

（二）PrimeRevenue 公司案例

PrimeRevenue 是总部位于亚特兰大的一家第三方供应链金融服务商，目前该服务商为全球 13 000 名客户基于其平台 OpenSCi 提供供应链金融优化服务，该平台基于“云”为其客户管理资产和现金流，包括供应商的支付管理和客户应收账款的管理。美国国民城市银行总部设在美国俄亥俄州克里夫兰市，于 1845 年成立，是美国第十大银行，也是俄亥俄州第一大商业银行。

具体讲，该计划的业务模式是一旦 Big Lots 采购了供应商的产品，这时供应商就对 Big Lots 形成了应收账款，Big Lots 接受货物并认可了某供应商开出的发票后，该交易和发票的信息就输入了 PrimeRevenue 运营的云端系统 OpenSCi 中。对于可以在网上看到自己所有被认可的票据的供应商来说，可以选择等待 Big Lots 全额支付货款（当然要承担一定的账期），或者将应收账款转让给参与 PrimeRevenue 网络服务的一家银行或金融机构，比如美国国民城市银行，供货商只需登录加密网站（http://

www. primerevenue. com/scf/biglots/)，就可以浏览 Big Lots 已批复正在处理的应收账款。然后，就可以选择在第二天收到任一或者所有已批复的发票账款，减去根据 Big Lots 自身信用级别所计算出的贴现利息。此平台的操作类似于网络银行，周周七天全天候 24 小时为供应商服务。由于发票已被认可，所以金融机构认为风险应由买方承担，然后 PrimeRevenue 会指示 Big Lots 将款项再付给美国国民城市银行，而它自己则会从供应商收取的融资费中收取一定比例的费用。

除了提供更经济的融资渠道之外，PrimeRevenue 系统还为供应商消除了不确定因素。通常供应商只有等到该来的支票没有到时，才意识到买方要延迟付款，于是只能焦头烂额地到处筹集现金。如果一家供应商，尤其是一家规模较小的供应商不知道什么时候可以收到货款，这会影响它采购原材料和对它的供货商付款的能力，这是一种典型的多米诺骨牌效应。相反，如果供应商可以看到自己的发票何时输入系统、何时被买方认可，就能更好地安排自己的现金需求，这对买方也是有利的，因为供应商更具灵活度且更愿意延展付款期限。

在这个供应链金融模式中，Big Lots 和其供应商，乃至二级和三级供应商是供应链运行的直接参与者，相互之间形成了供应链上下游，它们需要协调交换各自的采购、物流和分销数据以及票据，形成稳定、持续的交易关系。特别是对于 Big Lots 来讲，更需要建立起完善的供应商认证和管理体系，因为如果没有这套体系的建立，很难判断哪家供应商是其战略合作伙伴、是应该扶持的对象。此外，PrimeRevenue 以及与其配合的 Big Lots 是供应链金融模式的支付平台服务提供商，特别是 PrimeRevenue 开发的云平台 OpenSCi 是平台的直接标志，借助这种开放式的云平台，供应链金融的交易各方能及时登录平台，了解掌握交易的信息（包括交易的历史记录、采购信息、销售信息、物流信息等）和财务金融状态（应收票据、资金状况、还款信息等），并且通过 Big Lots 提供的交易数据和认证信用评级，使融资活动得以有效开展，可以说 OpenSCi 是一个基于云的大数据仓库，也是促进金融交易的技术平台，所有 Big Lots 批复的付款信息都可一览无遗。

另外，账款是以全自动方式支付的，隔日即可收到汇款通知。PrimeRevenue同时扮演了交易风险管理者的角色，因为它不仅提供云平台，而且在整合管理各方的信息和数据，提供综合性的解决方案，并与商业银行合作，为Big Lots的战略供应商提供综合性的金融服务。在该模式中，供应商除了有机会提前兑现已确认的发票账款，甚至还可以选择要提早在哪一天收到哪一票的账款，所有这些融资安排和风险管理都是由PrimeRevenue实施的。在这个融资模式中，美国国民城市银行是风险承担者或者说流动性提供者，通过PrimeRevenue平台反映的交易信息和信用数据，银行在发票转让的基础上为Big Lots的战略供应商提供相应的资金，帮助解决这些供应商的现金流问题，有效地开展生产经营。此融资方式并非借款，也没有贷款需要偿付。加入此融资计划亦无申请费用、委托费用、担保品要求或其他限制条件。而银行不仅扩大了自身的经营范围，而且也获得了相应的贴现收益。

第 5 节　本书的结构与内容安排

本书立足于上述对供应链金融的理解，将从供应链管理的视角探索不同参与者在开展供应链金融业务时的管理规律和特点。不同于以往供应链金融的相关书籍，本书对供应链金融的研究将突出如下特点：一是以供应链管理和运营作为切入点探索其中的金融运行，我们始终坚持的观点是：供应链金融如果脱离了供应链运行和管理，就不能称之为供应链金融。供应链金融一定依托于产业供应链的运行，其宗旨在于通过金融活动强化供应链，通过供应链活动再推进金融活动。二是供应链金融的组织者和推动者可以是供应链上的任何组织和企业，而不仅仅是商业银行。如今已有的供应链金融的研究著作大多站在商业银行的角度进行探索，忽略了其他产业企业或金融机构在其中发挥的作用，事实上供应链金融的推动主体除了商业银行外，更重要的主体是供应链的建构者和管理者，就如同经常谈到的，“未来的时代不是单个企业之间的竞争，而是供应链之间的竞争，谁拥有供应链的优势，谁就拥有竞争上的优势”。因此，探索不同供应链主体在推进和管理供应链金融方面的方法与规律是本书试图研究的焦点。三是深刻反映新经济，特别是互联网和数字化对供应链金融的影响。事实上，我们认为即便如今很多互联网公司从事金融活动或融资业务本身就是供应链金融的一种表现，其实质仍然依托于电子商务所产生的交易和大数据，没有这种供应链的实际运作，其金融业务就会丧失生存的基础，而在这个过程中，互联网只是一种媒介和手段。四是将从供应链风险管理的视角分析探索供应链金融风险的管控。供应链金融在为供应链参与各方带来巨大收益的同时，也会伴随着巨大的风险，而这种风险不同于以往的金融风险，一定与供应链风险密切相关，因此，本书试图从供应链风险的视角来分析供应链金融管理面临的挑战与问题。

本书后续的部分将分为十章（见图1-8）。第2章我们将重新审视供应链金融活动，解析产融中几个相互关联又相区别的金融形态，包括贸易金融、物流金融与供应链金融之间的异同，特别是供应链金融与如今出现的套利套汇金融之间的本质差异。此外，本章还将探索有关供应链金融理论研究的脉络。第3章将介绍供应链金融的类型，以及不同类型供应链金融的基本交易单元和形态，这包括基于应收的融资行为、基于库存的融资行为以及基于预付款的融资行为。第4章和第5章将分别从供应链核心企业和综合物流服务商的角度探索供应链金融活动和管理，试图解析不同类型组织和企业从事供应链金融的目的、运行规律和方法。第4章主要探索工业制造领域以及农产品领域的供应链金融。第5章从流通分销和综合物流服务的角度探索供应链金融运作。第6章从商业银行角度分析供应链金融活动。供应链金融在中国的发展，从最初商业银行主导的供应链金融，发展到以产业核心企业为基础，结合金融机构的供应链金融。之后这些年，随着供应链金融的深入发展，其组织方式又逐步发展成以专业化平台为支撑的供应链金融，以及数字化驱动的供应链金融，因此，本书第7章和第8章分别分析阐述了专业化、平台化的供应链金融和数字供应链金融，从而使本书能够更为及时地反映供应链金融在中国的发展。本书第9章将全面介绍全球供应链金融发展态势。第 10 章将关注中国供应链金融的制度环境以及未来发展趋势。最后，第 11 章将重点介绍和分析供应链风险，以及从该视角探索的供应链金融风险管控。

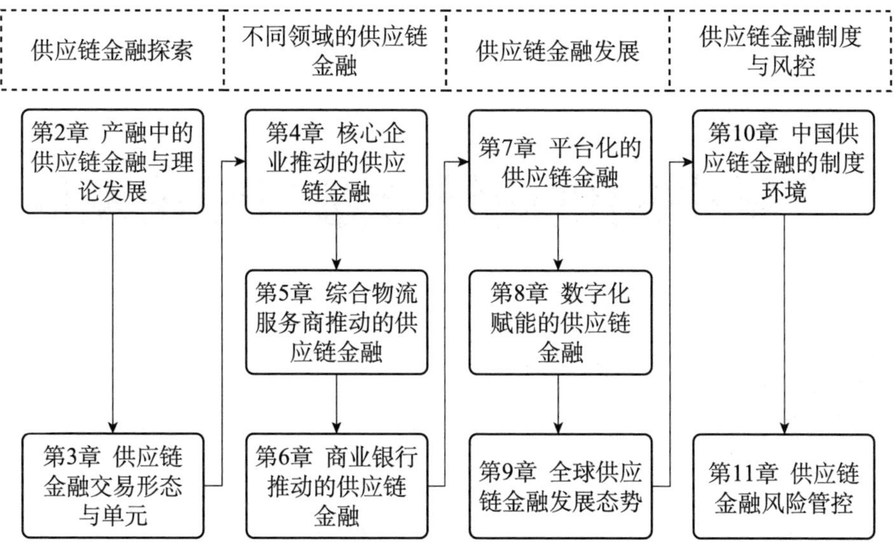

图 1-8　本书内容结构

第 2 章 产融中的供应链金融与理论发展

上一章我们详尽分析了供应链金融发展的背景、内涵以及特征，特别是供应链金融开展和持续发展的生态结构。如同我们在上一章所言，供应链金融如果脱离了供应链这个最为本质的事物，就不能称为供应链金融。泛供应链金融的状态不仅不利于企业供应链的建构和发展，而且也会带来较多的歧义，甚至错误的做法，同时也会给制度建设和管理带来诸多障碍。因此，基于对供应链的理解，重新辨析供应链金融与其他产融结合形态，尤其是套利套汇金融显得尤为必要。此外，供应链金融的理论探索随着实践发展，也逐步呈现出清晰的发展脉络，即从金融导向，经供应链导向逐步向网络平台导向和数字化导向演进，因此，清晰地把握理论探索的轨迹，对于理解今天的实践创新特征，无疑也具有重要的启示。

基于以上认识，本章将首先探索一些相关但是有所差异的概念，特别是物流金融、贸易金融和供应链（产业链）金融之间的关系，在此基础上，我们将分析近年来在中国南部沿海地区出现的套利套汇金融，结合一些实例和操作方法来说明其与前面一些概念的本质差异。

第1节　物流金融、贸易金融与供应链金融

供应链金融的产生有其深刻的历史背景和市场需求，它发端于20世纪80年代，由世界级企业寻求成本最小化、全球性业务外包衍生出的供应链管理概念发展而来。全球性外包活动导致的供应链整体融资成本问题，以及部分节点资金流瓶颈带来的“木桶短板”效应，实际上部分抵消了分工带来的效率优势和接包企业劳动力“成本洼地”所带来的最终成本节约。由此供应链推动企业开始了对财务供应链管理的价值发现过程，展开了相应的业务创新以适应这一需求，业务金融随之渐次浮出水面，成为一项令人瞩目的金融创新。然而，随着创新的程度以及方式差异的显现，这类业务创新逐渐形成了不同的形态和模式，其中与供应链业务相关的金融创新就有物流金融（Logistics Finance）、贸易金融（Trade Finance，或者Transactional Finance）以及供应链金融（Supply Chain Finance）。这三个概念既具有高度的相关性，甚至相似性，又具有一定的差异性，而这种差异性使得资金流与供应链业务的结合点、参与方组成以及风险管控的抓手都呈现出不同的状态。

一、物流金融及其特征

物流金融在我国实业界往往被称为“金融物流”，这种称谓严格意义上讲不尽合理，因为这类业务模式的核心与重点是金融创新和运营，而不是物流活动本身，而“金融物流”（Financial Logistics）是指因金融活动而伴随产生的物流。但是无论叫“物流金融”还是“金融物流”，其本质的含义都是指在面向物流业的运营过程中，通过应用和开发各种金融产品，有效地组织和调剂物流领域中货币资金的运动，从而促进物流业务的顺利开展，实现物流服务的高绩效。这些资金运动包括发生在物流过程中的各种存款、贷款、投资、信托、租赁、抵押、贴现、保险、有价证券发行与交易，以及金融机构所办理的各类涉及物流业的中间业务等。物流金融是为物流产

业提供资金融通、结算、保险等服务的金融业务，它伴随着物流产业的发展而产生。

在物流金融中涉及三个主体：物流企业、客户与其上下游和金融机构。物流企业与金融机构联合起来为资金需求方企业提供融资，这三者在金融活动中扮演着不同的角色。根据我们在第 1 章中对产业层面参与者的划分，在物流金融中第三方物流公司发挥着平台商的作用，甚至在特定情况下起着风险管理者的作用。金融机构成为风险承担者和流动性提供者，在某些时候也与第三方物流公司一同发挥风险管理者的作用。物流金融是物流与金融相结合的复合业务概念，它不仅能提升第三方物流企业的业务能力及效益，而且能为物流客户企业融资并提升资本运用的效率。对于金融业务来说，物流金融的功能是帮助金融机构扩大贷款规模、降低信贷风险，在业务扩展服务上能协助金融机构处置部分不良资产，有效管理客户，提升质押物评估、企业理财等顾问服务项目。从企业行为研究出发，可以看到物流金融起源于“以物融资”业务活动。物流金融服务是伴随着现代第三方物流企业而产生的，在金融物流服务中，现代第三方物流企业业务更加复杂，除了要提供现代物流服务外，还要与金融机构合作一起提供部分金融服务。

下面是美国最大的物流企业美国联合包裹公司（United Parcel Service of America，UPS）的例子，2000 年 UPS 并购美国第一国际银行，成立了金融服务子公司——UPS Capital。其业务包括为客户企业提供基于 UPS 网络中在途库存或商品的现金流改善业务（UPS 称之为 Improve Cash Flow）、提供其所控制的针对时需型或者价值难以估量产品的保险服务（称为 Protect Your Goods），以及管理应付账款的金融业务（称为 Accelerate & Protect Payments）。其中现金流改善业务包括全球动产融资（Global Asset-Based Lending）以及货物融资（UPS Capital Aargo Financing）。前一种主要是针对从海外采购的美国进口商提供定向购买产品库存的融资模式，融资需求方的条件是从海外进口产成品、年收入在 5 000 万到 5 亿美元之间、产品需要在 UPS 的物流网络中进行担保；后一种主要是针对美国企业的海外采购商或生产商，以在途库存作为担保物，对上游企业进行融资的业务模式，其前提条件是美国进口商每月必须有两次以上海外船运、在美国本土经营三年以上、从事国际贸易两年以上，并且完全通过 UPS 的网络从事全球物流和配送业务。UPS 之所以会提供这样的服务，关键在于对于进出口采购贸易，由于贸易的复杂性和全球贸易的地理距离，买卖的某一方可能会产生资金结算上的时间差，而这种时间差会使得企业的资金流产生问题。以货物融资为例，当美国本土企业向海外供应商或生产商采购产品后，供应商或生产商从托运形成提货单、经海上运输到美国通关清关，进而再通过分拨中心、仓储配送，最后到客户企业验货入库，其间产生的应付账款的实际结算往往要跨越几十天。如果客户企业对供应商延长应付账期，对于上游供应商而言，就会产生较长时间的资金短缺，加大供应商的资金压力。针对这种状况，UPS 货物融资的具体流程和方式如下（见图 2－1）：首先，美国本土的进口商或客户（如沃尔玛）申请加入 UPS Capital 的货物融资计划，并且提供其海外采购商或制造商的名单，达成三方联盟。之后买卖双方签订海外采购贸易合同，美国进口商对海外供应商产生应付账款。海外供应商将全球物流业务外包给 UPS，并以货物担保为基础获得 UPS Capital 的融资，满足其正常的生产经营需求。UPS 物流在完成质检、海运、通关清关以及安排当地运输等一系列物流服务后，再与美国进口商进行结算，获得应付账款以及相应的服务费。在这一过程中，UPS 集平台提供商、综合风险管理者以及风险承担者/流动性提供者（事实上是其并购成立的 UPS Capital）于一体，以美国本土进口商为依托，向上游供应商提供全面的资金解决方案，而融资产生的基础便是贸易交付的货物以及相应的物流活动。

二、贸易金融及其特征

贸易金融是在贸易双方债权债务关系的基础上，为国内或跨国的商品和服务贸易提供的贯穿贸易活动整个价值链的全面金融服务。它包括贸易结算、贸易融资等基础服务，以及信用担保、保值避险、财务管理等增值服务。而其中最为人关注的贸易融资，基于买卖双方的交易过程为产业链

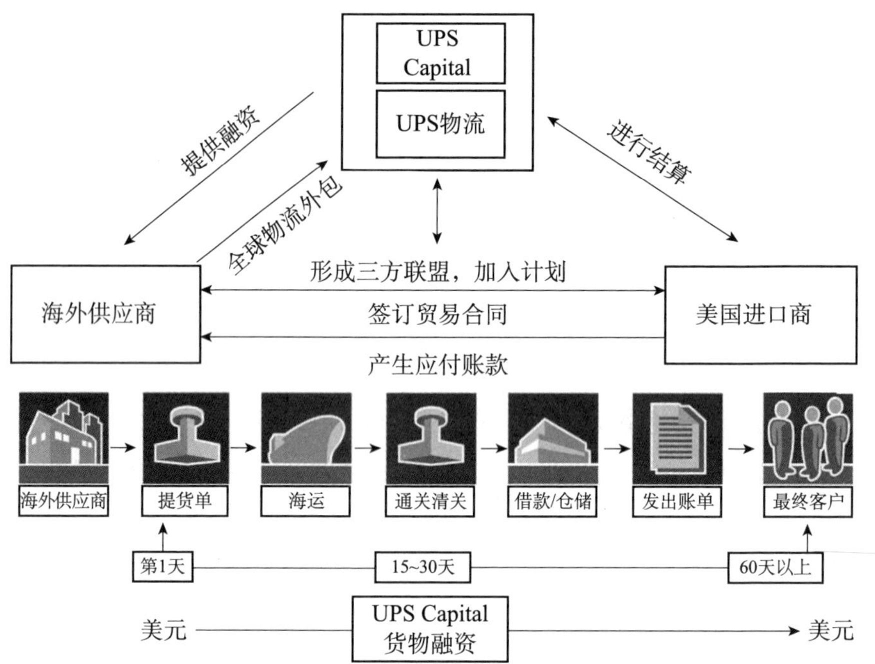

图2-1　UPS物流金融——货物融资

中的上下游提供资金融通，既满足了各方生产经营的正常需要，同时也保障了交易安全、顺利、高效地开展。

贸易金融（这里主要指贸易融资）的特点及其与物流金融的区别有：第一，服务的支点不同，贸易金融的本质是为商品和服务交易提供支付、结算、信贷、信用担保等服务，这些服务紧紧围绕"贸易"这一实体经济展开。而物流金融虽然也为贸易中的买卖双方提供金融服务，但这些服务是以"物流和产品（或货物）"为基础而展开的。第二，债务偿还方式有所差异。在贸易金融中，融资方根据企业真实贸易背景和上下游客户的资信实力，以单笔或额度授信方式提供短期金融产品和封闭贷款，以企业销售收入或贸易所产生的确定的未来现金流作为直接还款来源，而不是完全依赖授信到期阶段企业的综合现金流。物流金融虽然也是基于真实贸易背景和上下游企业的资信实力进行融资活动，但其还款来源立足于物流服务以及货物、动产的控制管理。第三，融资方收益的来源有所差异。贸易金融收益主要来自三方面：一是贸易融资的直接收益，即利息净收入；二是中间业务收益，包括手续费收入、汇兑收入等；三是资金交易的佣金收入，进出口商为了避免汇率和利率波动的风险，可能要通过融资方做一些保值性的外汇交易，如掉期、远期和期权等，融资方从中获得资金交易的佣金收入。物流金融的收益也有几个方面：一是物流金融的直接收益，即利息净收入；二是物流服务收益，包括货物监管、品质管理、仓储运输等物流活动所产生的收益；三是其他隐性收益，即由于与客户企业的关系衍生出的其他专业技能服务收益。如UPS在融资过程中，不仅可以获得融资收益以及物流服务收益，同时还能获得由于与客户的长期关系衍生出来的物流网络规划、供应基地优化、分销解决方案等综合服务收益。贸易金融与物流金融还有一点细微差异，即业务模式的主体构成有所区别。如同前述，在物流金融中一般会涉及第三方物流、买卖双方以及金融机构（如商业银行），其中第三方物流发挥着平台服务商和综合风险管理者的作用。而在贸易金融中，发挥平台提供商和综合风险管理者作用的主体，既可以是第三方物流，也可以是其他供应链参与者（像商业银行、上下游企业等）。

除物流金融外，UPS也提供了“应收账款管理解决方案”（Receivables Management Solution）（见图2-2）。不同于货物金融业务运行管理的基础是全球贸易过程中的货物，应收账款管理解决方案针对的是贸易过程中产生的应收账款。其运行方式是：融资需求方及其下游客户必须认同、加入UPS Capital指定的电子交换系统。利用该系统的融资需求方承担的责任有：接收和传递各类文件数据，提交指定客户作为收款方的保理申请，向UPS Capital提供票据和信用信息，传递票据给下游客户以及其他各种所需信息的沟通。UPS Capital可以运用该系统实施审批保理，认可或拒绝融资需求方下游客户的申请，审核确定客户的信用级别，监控交易的过程以及处理相关的融资业务等。具体讲，首先，融资需求方在传递各类交易信息和数据的基础上，向UPS Capital申请保理，并将承担应付账款的下游客户清单告知UPS Capital，UPS Capital分配指定账户给融资需求方。其次，指定的下游客户递交各类信息给UPS Capital，确认承担应付账款，申请加入计划。UPS Capital对下游客户的确认申请和信用予以核查，最终反馈审核结果（批准或不批准加入该计划）以及知会融资需求方其下游客户的资信水平。再次，融资需求方与其下游客户之间形成交易，产生应收账款，前者将电子单据传递给后者。这其中任何交易纠纷都需要买卖双方自行解决，并将达成的最终协议和单据在5个工作日内传递给UPS Capital，之后提供托运凭证。最后，在完成审核后，UPS Capital对融资需求方贴现，到一定期限后它再与下游客户进行结算，并获得相应收益。在这种融资模式中，显然平台提供商、综合风险管理者以及流动性提供者都是UPS Capital，资金流产生的基础是买卖双方形成的交易以及伴随而生的应收账款、应付账款。从严格意义上讲，这其中并没有物流活动的运行和操作，其不同于物流融资模式的地方在于，UPS作为一个整体出现，其中不仅包括UPS Capital，而且包括UPS物流，后者承担了物流流程的规划、物流操作、货物监管和库存管理等一系列活动，而这些活动对于UPS开展融资业务和控制风险至关重要，因此，UPS物流和UPS Capital一起发挥了平台商、风险管理者的作用，同时，UPS Capital扮演了风险承担者或流动性提供者的角色。

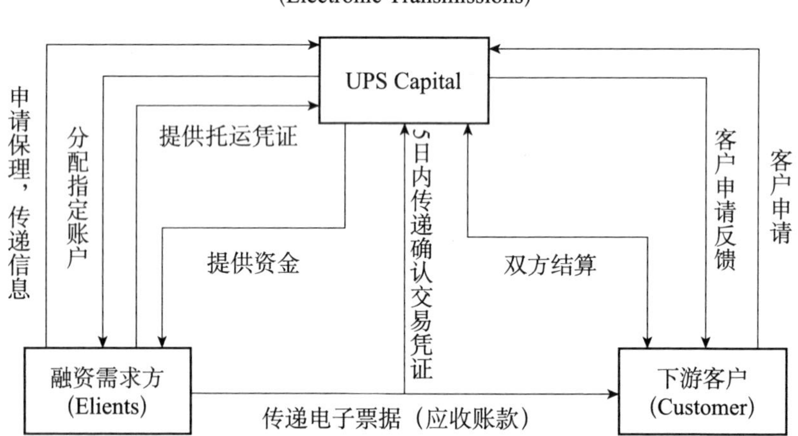

图2-2　UPS贸易金融——应收账款管理解决方案

三、供应链金融及其特征

与上述两个概念有着较大重叠，但严格意义上讲也有所区别的是供应链金融。关于供应链金融的概念，我们在第1章中阐述过，它是一种集物流运作、商业运作和金融管理于一体的管理行为和过程，它将贸易中的买方、卖方、第三方物流以及金融机构紧密地联系在了一起，实现了用供应链运行盘活资金、同时用资金拉动供应链建设的作用。

供应链金融与物流金融和贸易金融的异同，可以从供应链管理的三个维度看出（见图2-3）：一是物流活动的层级（本书中称为物流梯度），即物流管理涉及的活动和知识。随着现代经济的发展以及专业物流服务的变革，物流活动本身具有很大的差异性，物流服务行业已经从传统的单一物流环节服务发展到整合物流服务，进而进一步发展成为物流方案提供商（骆温平，2012）。显然，如果物流活动只是涉及商品或货物在时空上的移动，如仓储运输，这样的物流管理能力层级较低；而能提供一站式、个性服务的物流管理能力相对较高；如果能提供综合物流方案和集成服务，这样的物流管理能力则呈现出很高的状态。二是商流活动的层级（即商流梯度），商流指的是交易过程或业务流程，涉及所有权的转移和商品价值的创造和传递。事实上，商流或交易流的管理能力也有三个层级。如果仅仅是单一商品生产和交易环节，这种能力层级较低。如果企业的组织管理活动涉及相应的流程，诸如产品的柔性开发，采购供应的组织，生产过程和产量柔性管理，全面质量管理以及运营、营销流程的改进等（Zhang，et al.，2002，2006），这种交易管理能力层级显然较高。因为这类活动反映了企业价值链的组织和管理能力，而不仅仅是单一的生产经营能力。而交易管理的高阶则反映为客户互动以及在挖掘客户价值并影响客户能力的基础上组织生产经营的过程（Stanko & Bonner，2013）。切斯伯勒（Chesbrough，2011）在《斯隆管理评论》中也称其为一种开放式创新服务过程，这种创新的特点是：能从服务的角度组织客户，协同创造服务形态、知识和体验点。宋华（2012）将这种交易方式和服务过程称为“服务导向的供应链”，其经营的过程反映为多方互动的运营模式，亦即客户不仅是经营和交易的服务对象，同时也是生产经营的参与者。三是信息聚合的层级（即信息梯度），这里讲的信息不仅指信息的多样化来源（各种不同类型参与者的信息和活动），也包括了信息的广度、长度和频率。信息的广度指的是供应链各类信息的整合程度，即能综合反映从订单接受、拣货、配送到客户数据更新等全面的信息管理（Cunningham，1999）。此外，前台、后台信息的流动和同步也是电子商务的关键（Tarn，et al.，2013）。信息的长度体现的是信息在供应链中的延伸度，即能否掌握、获取、整合上游的上游及下游的下游的信息。信息的频率代表了信息的流动性和持续性。交易的持续性和信息的不断更新越强，交易的效果越明显。

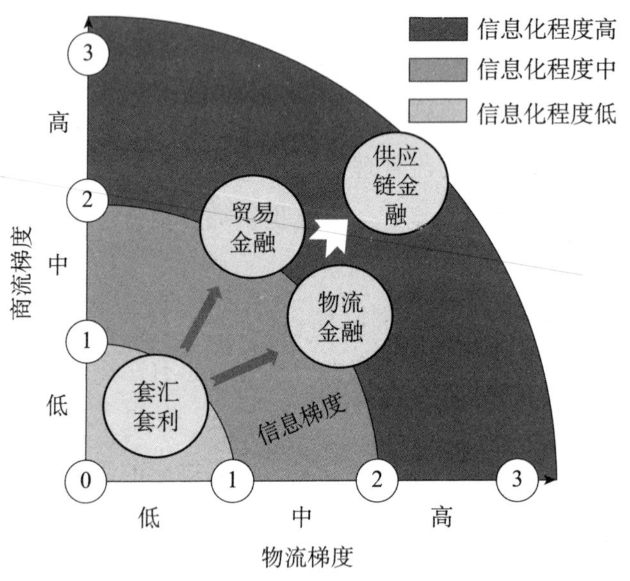

图 2－3　物流金融、贸易金融、供应链金融辨析

运用供应链的上述三个维度可以看出，物流金融表现出来的物流整合度较高，商流整合力相对物流整合力而言偏低，也就是说，物流金融中资金流的产生和相应的风险控制更多地凭借物流的整合来实现。尽管商流信息也很重要，但是作为融资方来讲，商流介入和管理的程度有限，相应的信息整合也更多地侧重于物流信息的聚合管理，对交易信息的整合相对有限。与此相对应，贸易金融商流整合度较高，而物流的管理能力相对商流而言偏低，换言之，金融活动产生的依据和风险管理主要凭借对商流的把控。类似地，尽管融资方也很关注物流活动，但是其介入的程度较弱，所以，在信息管理上，交易信息的聚合度较高，对物流信息的整合有限。严格意义上讲的供应链金融正好融合了所有三个方面，也就是说供应链金融在同时掌握和管理全面的商流和物流的基础上，展开综合性的融资业务。其风险的控制既来源于对整个交易过程和价值增值过程的设计、运营和管理，又来源于物流方案的设计、流程的运营和操作。可以说供应链金融是物流金融和贸易金融的乘数效应，它是针对供应链不同的参与者、不同的阶段、不同的时期提供的综合性全面融资解决方案，因此，供应链金融的信息整合度很高。

下面同样以 UPS Capital 的综合金融解决方案为例。企业在供应链运作过程中面临着现金流量周期的挑战，根据国际财务会计服务公司玛泽（MAZARS）的分析研究（2011），企业的现金流量周期是一个较为广义的概念，涵盖了供应链运营的全过程（见图 2-4）。当融资需求方向上游供应商采购产品，或者向下游分销商售卖产品时，就产生了订单到现金周期，即从下达订单产生应付账款、应收账款到收到现金这个过程中会产生资金缺口。而融资需求方基于市场做出预测，到生产制造和分销，则会产生预测到履行周期。上游供应商从接到采购订单到实际收到货款产生了采购与付款周期，在上下游应收账款、应付账款之间还会产生信贷与利率周期。

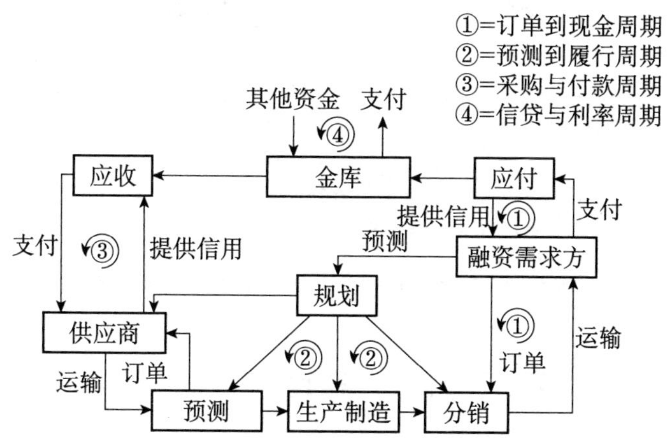

图 2-4　企业供应链运行中的整合现金流量周期

针对这样复杂综合的现金流量周期问题，UPS Capital 通过其丰富的产品线，借助于业务模式的组合形成了供应链金融模式（见图 2－5）。针对海外供应商，根据不同状况提供差异化的融资方式，比如为高价值或畅销产品的供应商提供应付账款贴现，即 UPS 以低于销售价格的价格从供应商处获得产品的所有权（与此同时供应商及时获得资金），并且通过其物流运作，将产品销售、配送给特定的买方或零售商。对于想维系稳定的海外供应商的进口商，提供基于物流的货物融资。而针对美国本土的生产企业或经营企业，提供应收账款融资或全球性基于资产的借贷（Global Asset-Based Lending）。很显然，当 UPS Capital 为供应链上的参与者提供这种综合性解决方案时，其业务模式的复杂度较高。其中的融资针对不同的对象和状况，既有可能采用物流金融的形式，也有可能采用贸易金融的形式，甚至既有物流操作和管理，又有贸易流程管理，例如应付账款贴现模式。在这样的融资状况下，UPS Capital 的信息汇集、分析和管理能力要相当强，因为一旦有些信息不能及时获取，或者了解的信息不全面、不完整，这种综合性的供应链金融就会产生巨大的风险。

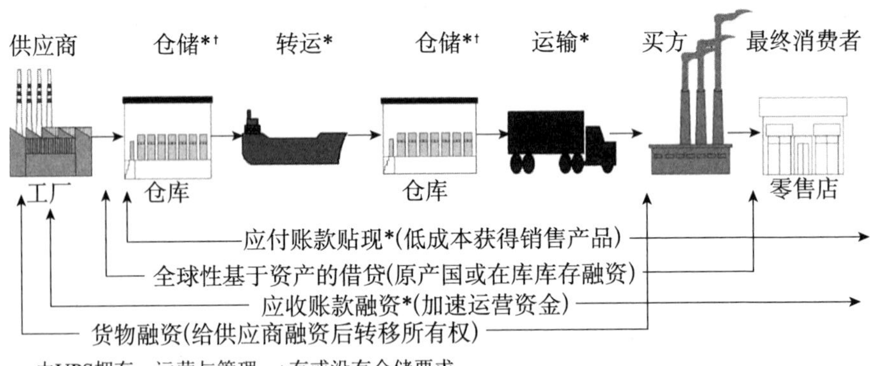

图 2－5　UPS Capital 综合供应链金融解决方案

第 2 节　套利套汇金融及其运作

以上我们辨析了物流金融、贸易金融和供应链金融三种紧密关联的业务模式，尽管这三种模式存在一些差异，但是它们都有一个共同点，即依托于供应链运营的某些流程或全部流程，对供应链上的参与者，特别是需要改善现金流、提供资金能力的企业，如成长型中小企业提供综合性的金融方案。其目的是促进供应链运行的持续与稳定，实现供应链买卖企业、平台服务提供商、综合风险管理者以及风险承担者或流动性提供者多方共赢。然而，有一种与上述三种模式截然不同，有时也被冠以“供应链金融”的特殊金融模式——套利套汇金融。从严格意义上讲，这是一种“伪供应链金融”，其运行的目的大大脱离了供应链运行和管理的本质，是中国特定时期、因为特定的政策、在特定的区域产生的一种投机性金融运作，其间资金流的产生既没有依托供应链中的商流、物流和信息流，也没有真正打造和发展产业供应链，更谈不上为供应链中的成长型中小企业服务。

套利（Arbitrage of Interests）原本是指交易者将所持有的利率较低的外币兑换成另一种利率较高的外币，在这个过程中增加资金利息收入，从而获取经济利益的行为过程。例如，假定日元一年期存款利率仅为0.021 5%，1 000 000 日元存一年之后仅能获得215日元的利息，这顶多也就是2美元，不到20元人民币。假设在美元对日元的汇率为108时将1 000 000日元兑换成9 260美元，而美元一年期存款利率为4.437 5%，一年之后可得利息410美元，假设汇率未变，合44 280日元。这样做能比把日元存上一年多赚44 065日元，相当于408美元，或约3 000元人民币。

套汇（Arbitrage of Exchange）是指利用不同外汇市场的外汇差价或汇率变化的某种趋势，在某一外汇市场上买进某种货币，同时在另一外汇市场上卖出该种货币，以赚取利润。徐熙淼等（2006）认为，套汇是交易者利用不同地点、不同货币种类、不同交割期限存在的汇率差异，进行贱买贵卖、从中牟利的交易行为。例如，原有10 000欧元，在欧元对美元汇率升至1.37时买入13 700美元，在欧元对美元汇率跌至1.35时卖出美元，换回10 148欧元，这相当于在美元兑欧元汇率低时买进、汇率高时卖出。这样买卖一个回合可以赚取148欧元的汇差收益。一般认为套汇需要具备三个条件：存在不同的外汇市场和汇率差价；套汇者必须拥有一定数量的资金，且在主要外汇市场拥有分支机构或代理行；套汇者必须具备一定的技术和经验，能够判断各外汇市场汇率变动及其趋势。

这里所指的套利套汇与上述概念稍有不同，前述的套利套汇是一种正常的金融性套期保值行为，我国最近出现的被冠以“供应链金融”或“财务供应链”的套利套汇（Carry Trade）则有其特定的含义，它是在人民币升值压力明显，境内外利率及金融体制差异较大的背景下，借助于某些地域优惠的经济发展政策，以及便利的通关和物流条件，通过境外银行、其他金融机构以及境外关联公司，绕开国内信贷紧缩限制，规避外汇监管规定，套取境内外汇差和利差的行为。

具体而言，套利套汇金融主要有如下操作类型：

（1）以境内外利率差为主的贸易牟利。近年来，随着中国外汇储备的不断上升，中国的外汇管制正由“宽进严出”向“严进宽出”转变。其中最具代表性和实效性的政策是开放了金融机构向境外开立备付信用证（Standby Letter of Credit）的业务，以支持企业海外融资业务，使中国企业能较好地开展境外业务。2010年年中，国家外汇管理局发布了《关于境内机构对外担保管理问题的通知》，对内地银行向境外开出外币担保融资函实施额度管理，即“内保外贷”——银行对外担保的融资额度不能超过银行本身净资产的50%，即便存在上述额度控制，目前在使用人民币开出备付信用证担保境外企业融资方面依然处于全面放开状态。所谓“内保外贷”的人民币备付信用证融资程序为：内地企业A公司将一笔人民币资金以定期存款方式押给内地银行，内地银行据此存款的金额向境外开出一张人民币的备付信用证担保境外的B公司向海外银行融资。

与此相应的另一个因素是香港的离岸人民币市场发展迅速。2010年7月，中国人民银行与中国银行（香港）对人民币清算协议进行了补充修订，扩大了人民币业务的适用范围。根据修订后的协议，允许任何企业自主开立人民币账户；尤为重要的突破是，出于任何目的的账户间资金转移不再受限于是否与贸易结算相关；允许香港的银行推出与人民币关联的产品，如定期存款、人民币可交割远期合约、共同基金以及保险产品。这样的开放政策就为利用境内外利率差套利套汇提供了契机。根据香港金融管理局公布的数据，香港2013年10月份人民币存款增长突然加速，急升7.1%，达到7 816亿元人民币，即单月人民币存款大增516亿元，为2011年4月以来最大升幅，金额创历史新高。同时在香港，人民币贷款利率一般高于3%，内地人民币贷款利率一年期基准为6.56%，汇票贴现利率高达12%～13%，如果企业以银行承兑汇票贴现获得融资，则综合成本高达18%～20%。随着境外特别是香港沉淀人民币规模及成本优势增大，人民币境外融资业务开始出现快速增长，境外客户在境外机构申请贷款，成本比内地便宜。如果企业不占用境内银行授信额度，而先在境内按100%比例存入保证金，则收益为利差及境内存款利息之和。如果企业占用授信额度，则除了可套利之外，还可达到低成本融资效果。

下面列举两种典型的利用境内外利差进行的套利套汇行为。一种是套利套汇企业先在境外设立关联公司（两家以上），并且与关联公司达成进出口协议，形成多角贸易关系。在进口项下，境内企业在银行存入人民币定期存款作为保证金，境内银行向境外银行发送人民币代付指令，境外银行收到指令后即向国外客户支付货款（人民币或转化为等值外币），到期时境内银行释放人民币保证金偿还境外银行的代付资金，或由企业用自有人民币资金偿还，在这种操作下，套利套汇者可以利用境内人民币存款利率和境外人民币融资利率之间的差异获取套利收益。在出口项下，境内企业将全套出口单据交给境内银行，在企业提供全额人民币质押的条件下，境内银行的海外分行按照票面金额扣除融资日到预计收汇日的利息和相关费用，将人民币净额预先付给境内出口商，其收益仍然是境内人民币存款利率和境外人民币融资利率之差。这种操作方法使得境内企业获得了利差收益，规避了外债管理规定，而商业银行也获得了中间业务收益，突破了短债指标规模控制。

具体讲，其操作方法如下（见图2-6)：第一，境内甲公司与其香港关联公司A签订进口合同，同时与香港关联公司B签订出口合同；第二，境内甲公司以存入人民币作质押向银行申请开立人民币远期（6个月或1年)

信用证；第三，香港A公司的通知行（即境外银行）收到信用证后通知香港A公司交单议付，单据到达境内甲公司开证银行后，开证行提示甲公司，甲公司承兑信用证到期付汇，形成进口环节；第四，境外银行接到信用证后以该信用证作质押贴现美元给境外A公司并在境外结汇成人民币付给境外B公司，甲公司提示B公司T/T电汇付款，境外B公司把人民币付回境内甲公司，境内甲公司收到货款后将出口单据交给境外B公司，形成出口环节；第五，信用证到期后甲公司付款给银行，银行将人民币付至境外银行，境外银行收到人民币后购买美元（购汇）还美元贴现贷款。在这一操作中，境内甲公司提供操作平台，而且一定具有进出口权以及便利的通关等条件，还掌控香港境外A公司和B公司的财务资金调拨权。这种方式将银行的表内业务转成表外业务，即将银行的一般贷款业务转成进口开证业务。其收益来自本外币利差和升值预期下的汇差，亦即存款利率和境外贷款利率之差，加上人民币升值比率。此外，通过做大业务额，套取银行信用和资金购买理财产品、放出小额贷款，以及利用出口骗取退税所获得的利益都是收益的组成部分。

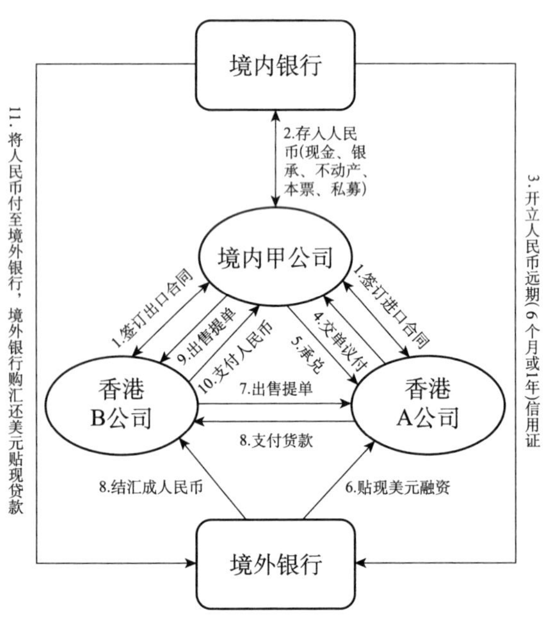

图2-6　套利牟利事例之一

另一个事例则是利用保税区，不仅套取境内存款与境外贷款之间的利差（也包括汇率变化），同时也套取境外利率与理财收益或民间贷款利率的差异。具体操作方式如下（见图 2－7）：第一，境内企业与境外企业达成进出口贸易协议，但将货物出口到保税区；第二，基于保税产品境内企业向境内银行申请开证；第三，境内银行开出保函至境外银行；第四，境外银行收到保函后向境内企业提供外汇贷款；第五，境内企业利用该贷款换汇成人民币购买理财产品或通过成立小额贷款公司开展小额贷款业务。在这个过程中，境内套利套汇企业不仅利用利差牟利，而且通过内保外贷投资理财或者从事小额贷款获得收益。

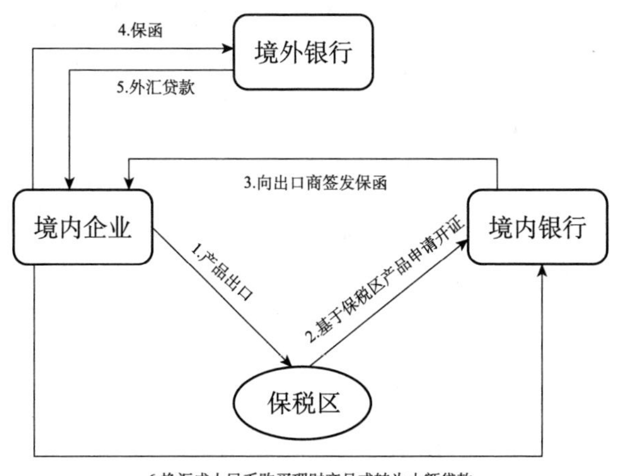

图 2－7　套利牟利事例之二

（2）以境内外汇差为主从事贸易牟利。自 2005 年汇改以来，人民币对美元汇率长期处于单边升值状况。但 2011 年 11 月 12 日，人民币汇率一改以往走势，发生剧烈震动，美元对人民币即期汇率盘中价甚至一连多日触及日交易下限。2011 年 9 月中旬前，由于人民币在香港比内地“贵”，所以经济主体倾向于在香港购汇、在内地结汇，从而放大了内地的结售汇顺差规模。9 月中旬后，人民币在香港比内地“便宜”，更多经济主体选择在内地购汇而在香港结汇。由于香港市场也可以进行跨境人民币业务结算，于是在离岸市场美元走强之后，贸易企业更愿意在内地购汇，然后通过银行付汇完成资金支付；在接收资金时更愿意在香港收汇换成人民币，再汇回内地。贸易企业在收付汇和结售汇方面进行操作的结果是香港市场美元流入和人民币流出。由于境内外市场人民币汇差而产生的反向套利和贸易企业涉外收付的逆向操作，香港市场人民币供应量下降。然而同期人民币有效汇率依然处于升值区间，而且贸易企业在香港结汇也需要大量人民币，因此香港市场的人民币需求依然旺盛，这意味着香港银行间人民币利率上升。

进入2012年，随着欧债危机的暂时平静，国际资本再次流向新兴经济体。跨境异常资本的涌入直接导致人民币汇率虚高，产生了两大背离（张茉楠，2013）：第一大背离是货币走势与宏观经济走势的背离。2013年第一季度，中国GDP增长未能实现“保8”，年增长率放缓至7.7%。然而与增长放缓的经济走势相比，人民币汇率却逆势上扬，呈现出非常罕见而凌厉的单边升值态势。第二大背离是人民币单边升值与新兴经济体货币贬值的背离。2013年以后，尤其是3月以后亚洲新兴市场国际资本流入低迷，然而中国的国际资本流入则较为强劲，低迷的升值预期让人们重拾信心，人民币汇率继续保持升势。国际清算银行公布的数据显示，2013年4月人民币实际有效汇率指数为115.24，较3月升值0.88%，不仅连续七个月升值，更是创下了历史峰值。与此同时，人民币名义有效汇率指数也创下新高，达到111.18，较3月升值0.86%，连续四个月升值。进入5月，人民币对美元汇率中间价更是连续六次创新高，人民币对美元中间价累计升值0.35%，尽管较4月升值0.77%幅度有所放缓，但累计升值幅度超过1.75%，已经大大超过2012年1.03%的全年升值幅度，人民币对美元创下19年来新高。正是这样一种状态使得利用汇差套利套汇的行为大量滋生。

下面列举两种典型的以汇差为主的套利套汇。一种是利用离岸市场上对人民币资产的需求开始大涨，导致离岸人民币汇率（即离岸人民币贸易）高于在岸人民币汇率（即在岸人民币贸易）的机会。在差距最大的2013年1月，离岸人民币比在岸人民币要贵出0.6%。因此，离岸与在岸人民币之间就出现了套利机会。根据美银美林的分析，其具体操作是：套利者在内地借取100万美元，按6.20的在岸汇率获取620万元人民币，然后从香港进口黄金等低物流成本的货物并用人民币支付，这样620万元人民币就流到了香港，成为离岸人民币。之后，再通过香港的合伙人，以6.15的离岸汇率将人民币换成美元，得到100.813万美元。最后，再将原先进口来的黄金出口给香港合伙人并用美元结算，完成获利8 130美元（不考虑物流等成本），流程结束。事实上，为了将套利套汇做大，并且常年循环，这种交易往往会在多个公司之间流转，这样就具有一定的隐蔽性（见图2-8）。例如，境内企业与境外企业A形成进口贸易，并用人民币支付，境外企业A换汇成美元后通过贸易支付给境外企业B，然后境外企业B与境内企业形成进口贸易，并支付美元，从而使境内企业实现套汇牟利的目的。

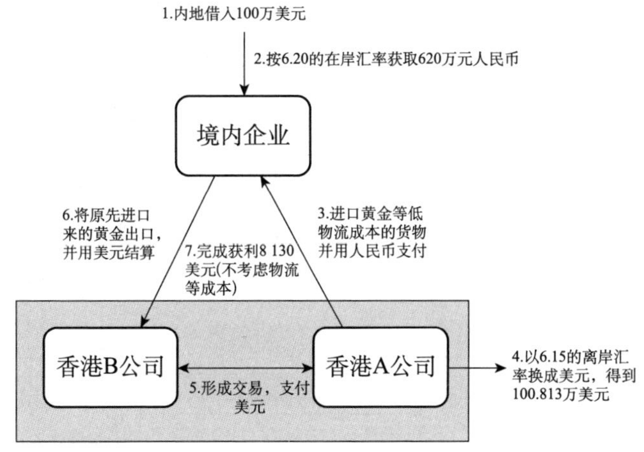

图2-8　套汇牟利事例之一

另一种典型的方法是将套汇与套利相结合，亦即在利差与人民币升值之间套利。这是比较复杂的“插座”方法，需要在在岸人民币与离岸美元，以及在岸人民币交易和离岸人民币交易之间进行。具体实施方法是：第一，在中国内地，境内企业得到借款人民币100万元，利率是6%，借款在两周内归还。然后该企业在一家银行存入这100万元，期限1年，利率3%，要求银行开具信用证。第二，假设美元对离岸人民币汇率是6.15。凭借信用证，境内企业的香港合作伙伴A可以在香港的银行得到1年期的美元贷款，金额为 16.260 2 万美元。因为根据 6.15 的汇率计算，100 万人民币可兑换成 16.260 2 万美元。第三，假设美元对在岸人民币汇率是 6.2。境内企业以最低的运输成本向香港合作方出口某样商品，对方用这 16.260 2 万美元付款。境内企业得到付款后兑换成人民币，获得收入 100.813 2 万元。他可以偿还之前的 100 万元借款和 2 500 元利息。境内企业获得净利 5 632 元，还能把这些利润投入 1 年期存款中。第四，一年后，境内企业的存款含利息价值人民币 103.580 1 万元。假设那时在岸人民币对美元汇率上涨 2%，境内企业可以将这笔存款连本带息兑换为 17.177 4 万美元。第五，境内企业从一年前出口商品的对象香港合作方 A 那里再进口同样价值的商品，向对方支付 16.585 4 万美元（=16.260 2 万美元×1.02），用这种方式，境内企业就将 16.585 4 万美元转移到了香港，归还香港方面一年前的贷款。第六，境内企业一年时间里净获利 5 920 美元（见图 2-9）。

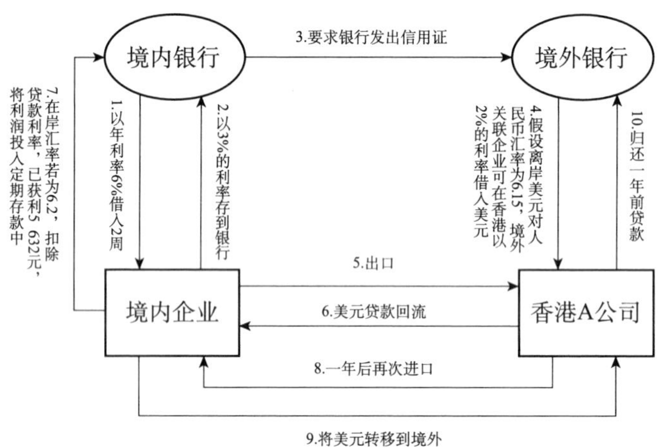

图 2-9　套汇牟利事例之二

（3）低报逃税牟利。如今除了套利套汇之外，还有一种更为恶劣的牟利方法也被极少数企业披上了“供应链金融”的外衣，即低报逃税，其行为是利用快速通关以及自身的资质，串谋境内企业在进口货物时低报产品实际价值，以达到逃脱关税和进口增值税的目的。进口增值税，是指进口环节征缴的增值税，属于流转税的一种。一般海关收的税包括两种，即进口关税和代征增值税。例如：进口一台价值 1 万美元的某种机器，根据海关税则，该机器的税号是 84131100，进口关税税率是 12%，增值税税率是17%，那么进口这台机器需要交多少税款呢？首先，海关根据填发海关专用缴款书日期的当天的汇率，把申报的外汇换算为人民币。2014 年 2 月 24 日的汇率是 USD1＝RMB6.098 0，所以这台 1 万美元的机器的进口价格是60 980 元人民币，这也是计算进口关税的“完税价格”。进口关税的税款金额＝进口关税的完税价格×进口关税税率＝60 980×12%＝7 317.6 元。在征收进口关税的同时，海关还要代征增值税，这台机器的增值税税率是17%。然而要交的增值税不是 60 980×17%，因为代征增值税的完税价格不是进口关税的完税价格。代征增值税的完税价格＝进口关税的完税价格＋进口关税的税款金额＝60 980＋7 317.6＝68 297.6 元。代征增值税的税款金额＝代征增值税的完税价格×增值税税率＝68 297.6×17%＝11 610.592元。所以，进口这台机器要一共要交的税款＝7 317.6＋11 610.592＝18 928.192 元。显然，如果对进口时的价格进行低报，不仅逃脱了关税，而且也少缴纳了进口增值税，而这些非法牟取的利益就成为少数操作者和串谋境内企业共同分享的对象。

但是，应当看到，低报逃税是一种严重的违法行为，操作者要承受很大的风险，低报过多也较容易被察觉。因此，在实际运作中，有些企业利用海关容忍的范围从事这类业务，即将低报的幅度控制在 10%以内，这样既能够串谋境内企业进行牟利，又能够降低被查处的可能性（见图 2－10）。以上述机器为例，在入关时只报 9 000 美元，这样偷逃关税为 7 317.6－6 585.84＝731.76 元，偷逃增值税为 11 610.592－10 449.532＝1 161.06元，一共逃脱 731.76＋1 161.06＝1 892.82 元。还有一种状况是，一旦当地进口海关查处较严，难以操作，操作者就会采用转关的方式运作，即不在当地通关，而是绕开当地海关，转到其他海关通关，这种行为得以实施的原因在于，各地为了促进经济的发展，特别是为了活跃进出口贸易，以及实现海关的收益等，往往在实际管理中对这类行为查处的力度不一或容忍幅度不同，而正是这种不尽相同的处罚和管理标准，为低报逃税提供了可资利用的空间。

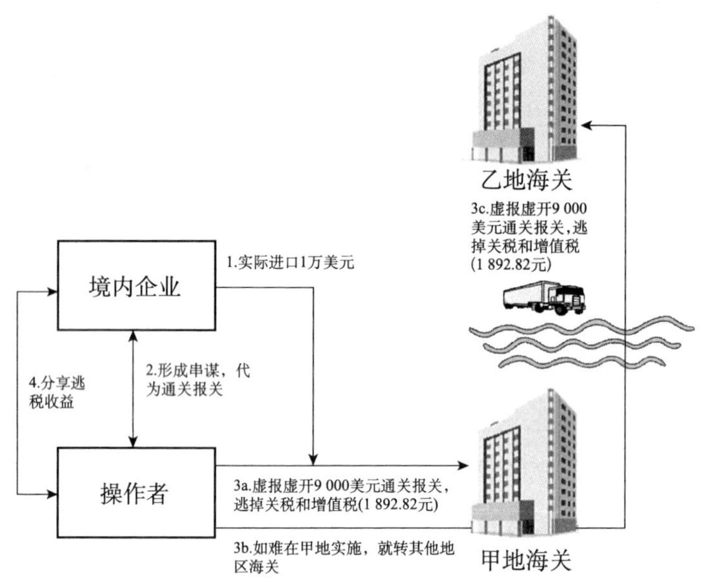

图 2-10　低报逃税牟利

从上述介绍可以看出，套利套汇金融与供应链金融有着本质的区别：第一，套利套汇金融没有实际的供应链运作，更谈不上对供应链参与主体和网络的建构和整合。而供应链金融的前提和基础则是供应链体系的建设，特别是对主体和客体网络的组织，其目的在于利用金融资源强化网络体系，特别是供应链参与者之间的沟通与协调。第二，套利套汇金融谋求的是利用境内外的利差和汇差，采用虚构贸易的手段牟取不正当利益。而供应链金融则是寻求产业效益和金融效益的双重结合，换言之，用金融资源带动产业效益，反过来再用产业带动金融效益。第三，套利套汇金融是操作者与境内外企业串谋套取利益，由于不真正涉及贸易和产业运行，因此，几乎不存在品质管理，特别是对产品全过程品质以及流程品质的管理。供应链金融依存于供应链运行，因此，供应链金融的推动者不仅作为平台提供者和综合风险管理者组织、设计和管理金融流程，而且也要严格地控制全生命周期的产品和流程品质。第四，套利套汇金融是在特定的时期、特定的状况下的一种牟利方法，操作者既没有形成不可替代的资源，也没有获得可持续的竞争能力，一旦利差和汇差消失（如 2014 年年初人民币汇率的下行），这类企业便失去了生存的空间。而供应链金融的推动者不同，它们不仅具有良好的资源，而且也能持续不断地发展其竞争能力，使得资源和能力能不断顺应发展的环境和客户价值的变化。

第3节 供应链金融理论及其发展

供应链金融作为产业金融创新性的发展模式，不仅在实践上得到了飞跃性发展，而且在理论探索方面也有了深入的开展，成为管理和金融领域重要的研究课题。供应链金融理论的探索根源于经济学中存在的信贷配给问题，并在中小企业借贷理论、网络集群融资理论和自金融理论的基础上演化而成。而且伴随着实业界对供应链金融产品和业务理解的不断深入和拓展，供应链金融理论又经历了从金融导向到供应链导向再到网络生态导向的演进（Gelsomino，et al.，2016；Bal，et al.，2018），而近年来，随着现代数字科技的不断发展，以金融科技为导向的研究也成为供应链金融新的发展脉络（宋华，2020；王海芳等，2020；Huang，et al.，2021），并且随着研究关注点的不断演进变化，对于供应链金融的应用领域以及影响要素的探索也越来越丰富和深入。

一、供应链金融研究的起源——信贷配给问题与前期研究

对中小企业融资问题的探索源于经济学中关于信贷配给问题的探索，广义的信贷配给是指由于报出贷款利率低于市场出清利率，存在对贷款的超额需求。如果这种利率差额是由政府管制因素造成的，这种信贷配给被称为非均衡信贷配给。而在没有政府限制的情况下，贷款人自愿将贷款利率确定在市场出清利率以下而造成的信贷配给被称作均衡信贷配给。Baltensperger（1978）将均衡信贷配给定义为：即使某些借款人愿意支付合同中的所有价格条款和非价格条款，其贷款需求仍然得不到满足。对信贷配给问题的探索始于20世纪50年代，Roosa在1951年发表的《利率与中央银行》中提出了信用可得性理论，强调信贷配给现象是由于某些制

度上的约束而出现的长期非均衡现象（Roosa，1951）。继 Roosa 之后，一些经济学家开始探索信贷配给的成因，信贷配给理论的微观基础逐步得以确立。20 世纪 60 年代，对信贷配给成因的探讨主要是基于市场的不完全性，其代表人物是 D. Hodgman。他认为银行面对一群具有固定收益分布的借款者，不论其利率水平如何变化，总存在一个信贷供给额的上限，当借款者的需求超过该限度时就会发生信贷配给现象（Hodgman，1960）。20 世纪 70 年代末，信息经济学的发展为信贷配给理论的发展提供了新的契机，逐步形成了目前流行的信贷配给理论。诸如，Stiglitz 和 Weiss（1981）认为信贷配给的出现与利率的逆向选择和道德风险有关。Williamson（1986）从事后信息不对称的角度对信贷配给理论做出了新的解释，他认为，即使不存在逆向选择和道德风险，只要信息不对称，并且贷款人监控借款人需要成本，信贷配给现象就可能会出现。因此，面对上述信贷中存在的问题，如何有效地帮助企业特别是中小企业摆脱资金融通困境成为学术界探索的重要课题。

在解决中小企业融资问题方面，早期的理论探索主要有三大流派，即银企关系理论、网络融资理论和自融资理论。银企关系理论主要是针对中小企业信息不对称问题，基于信息收集视角提出了相应的借贷解决方案。其中作为典型的理论是 Stein（2002）提出的硬信息和软信息，硬信息主要指的是企业可以证实的信息，如中小企业的财务报表和其他可验证的信息。然而，绝大多数中小企业难以应用硬信息从金融机构获得资金，这时软信息就发挥了重要的作用。软信息指的是除了信息提供者之外，无法被外部人直接证实的信息，诸如管理者的能力以及人品等等。在这一视角的基础之上，Berger 和 Udell（2002）丰富和完善了银企关系理论，提出有四种解决银行与企业之间信息不对称性问题的方法，即基于财务状况的借贷（Financial Based Lending）、基于资产的借贷（Asset Based Lending）、基于信用的借贷（Credit Scoring）以及基于关系的借贷（Relational Lending）。关系型借贷强调银企之间的金融借贷主要依赖软信息或者借方长期以来与贷方保持的关系（Boot & Thakor，1994）。与银行合作时间的长度显著影响中小企业借款利率和担保需求，这种情况发生的原因在于银行和中小企业之间存在着比较严重的信息不对称问题，而基于长期银企关系的关系借贷，可以依靠关系所产生的有关借款者品质的有价值信息缓解信贷配给问题（Greenbaum，et al.，1989；Berger & Udell，2002）。特别是随着银行和企业之间的关系不断深化，银行对企业需要支付借款的成本和担保要求也会逐步降低，对于信任的企业可以降低担保要求至不要求提供担保，即亦银行和企业之间的关系紧密度和贷款利率与担保要求呈现反向关系（Greenbaum，et al.，1989）。银企关系理论虽然为中小企业融资提供了一种新的解决思路和方案，然而，该理论仍然面临着诸多挑战：首先，银行需要通过与中小企业的多次互动才能建立双方的互信关系，对大多数中小企业来说并不具有这样的条件。特别是大部分中小企业经营历史短、不稳定，又缺乏足够有价值的资产可以抵押，在这种状况下，较难与商业银行建立起持续的交往关系。其次，银行很难接触（更不直接参与）企业实际生产运营，对于企业的经营状况和产业状况，银行难以把握，因此，信息不对称问题仍然存在，并没有因为银企关系的紧密而有根本改变。

不同于银企关系理论侧重于银行与企业之间关系的强度，网络融资理论更关注中小企业的运营情景或场域对于舒缓资金困境的作用，即关注中小企业所处外部环境，试图通过了解企业如何在外部与其他主体产生经营行为以及与外部环境的互动情况来弥补中小企业与金融机构之间的"信息鸿沟"，从而提升中小企业的融资绩效。该理论主要有两种不同的视角：一是网络集群融资（王峰娟、安国俊，2009；Song & Wang，2013）；二是社会网络融资（Uzzi & Gillespie，2002；Shane & Cable，2002；Heuven & Groen，2012；Jonsson & Lindbergh，2013）。网络集群融资关注产业集群对于中小企业融资的促进作用。该理论视角认为中小企业内嵌于产业集群中，能够形成相互紧密关联的关系和社会资本（宋华、于亢亢，2008；Song & Wang，2013；潘永明、侯然然，2015），同时集群内在的互助机制（王峰娟、安国俊，2009）、惩罚机制（潘永明、侯然然，2015）、集聚优势（张文君，2010）使信息不对称得以减少，从而促进了资金在企业间的流动。社会网络融资则是从企业间所构成的社会网络和社会资本的角度探索对信息传递和融资的影响，诸如中小企业会通过直接和间接纽带传递信息，减弱信息不对称（Shane & Cable，2002）。此外，当企业面临着网络资源不足时，会通过结构性社会资本来拓展网络，而当网络资源充足时，企业会借助于认知性和关系型社会资本来获取所需的资金（Jonsson & Lindbergh，2013）。尤其需要指出的是，Uzzi 和 Gillespie（2002）提出了“网络传导性”（network transitivity），即由于企业 A 与银行之间的关系产生网络嵌入，这种嵌入使得与企业 A 保持长期关系的企业 B 和商业信用提供者之间建立起了联系，产生了资金借贷行为。

应当讲，网络融资理论揭示了网络关系对企业融资的影响，但是这种建立在社会关系网络基础上的资金借贷未能降低单一中小企业的违约风险。借贷企业的经营状况、经营能力以及经营效果，对于贷方而言仍然是“黑箱”。尤其是在联保联贷的状况下，一旦该网络中的某一企业失信，产生信用危机，立刻就会引发整体集群网络的连锁反应，产生“雪崩”现象，也就是集体被动失信。并且过于紧密的非正式关系带来的并不一定是社会资本，也有可能是社会负债（Song & Wang，2013；Villena，et al.，2011）。

在探索解决中小企业资金困境问题中，另一个较为独特的视角便是自融资理论（Bootstrap Finance）。自融资的概念首先是由 Bhidé（1992）提出的，他在《哈佛商业评论》上发表了题为《自融资：创业的艺术》一文，文中提及创业性中小企业为了解决资金问题，避开长期借款、发行股票、长期合同承诺等一些传统的融资模式，通过协商、分享等社会交易手段，寻求满足企业资金需求的替代方法。自融资一般有 12 种形态，包括个人资源、个人短期借款、亲戚借款、以物易物、准股权安排、合作资源、以客户为基础的融资、资产和现金管理、租赁、外源、补助和激励、基金资助等（Neeley & Auken，2009）。很多研究创业企业的学者探索了自融资对中小企业的影响（Winborg & Landström，2001；Auken，2005；Carter & Van Auken，2005；Neeley & Auken，2009；Jonsson & Lindbergh，2013；Malmström，2014），诸如，有研究认为，当创业企业风险较高时，会通过延长应付来保持资金，而当商业机会较多时，其会通过减少应收来获得发展（Carter & Van Auken，2005）。而有的研究认为，不同类型的创业企业对自融资会有不同的偏好，技术性的企业要比低技术性的企业更偏向于保持现金流的自融资手段，而不是延长应付（Auken，2005）。

自融资理论尽管为创业企业解决资金难题提供了一种新的视角，但是仍然难以从根本上缓解因为信息不对称而造成的信贷配给问题。这是因为：第一，自融资可以是短期获得资金的途径，但是很难成为资金维持的手段。中小企业面临的最大压力是日常运营资金短缺，自融资虽然能够短期、部分解决资金问题，但是并不能持续地成为运营资金的来源。第二，自融资并非所有创业企业或者中小企业都能采用，特别是有些研究中所谈及的应付和应收应用，大多数创业企业或中小企业因为产业谈判力不足，难以实现延长应付或者减少应收。

总之，虽然早期理论流派从不同的理论视角探索了解决信贷配给问题的途径和方法，但是由于仍然局限于资金视角，还是会遇到相应的挑战和问题，信息不对称造成的融资难题未能从根本上加以解决。这是因为信息不对称主要来自交易前（Ex Ante）和交易后（Ex Post）成本（Williamson，1989），所谓交易前成本指的是由于信息不对称，贷方并不了解借方资金应用的真实意图，而交易后成本则是指贷方并不掌握借方真实的生产经营状况和还贷能力。显然，产生信贷配给问题的根源在于资金流与产业运营的脱节，因此，要真正解决这一问题，就需要将产业运营管理与融资决策相结合，而这也正是供应链金融试图破解的问题。

二、供应链金融研究的演进

自2000年后，产业供应链与金融的结合逐步得到了学术界的广泛关注，从而使得供应链金融成为供应链管理领域的一个重要的研究分支。供应链金融的理论探索肇端于供应链中的资金流与物流、商流、信息流之间的协同整合（Timme & Williams-Timme，2003；Pfohl & Gomm，2009），随着研究探索的深入，相关研究的探索呈现了从金融导向、供应链导向、网络生态导向到金融科技导向的阶梯式演进趋势（Gelsomino，et al.，2016；李健、王亚静、冯耕中等，2020；宋华，2020）。

在金融导向研究中，供应链金融被视为一种由金融机构主导的短期性融资过程，例如，基于供应链交易主体间产生的应收账款和应付账款的保理和反向保理等融资模式（Camerinelli，2009；Lekkakos & Serrano，2016），以及涉及更多供应链贸易活动的事件如订单接收、外贸航运、票据开立的融资模式（Lamoureux & Evans，2011）。在这一阶段，金融机构主要依托供应链中核心企业的主体信用为其上下游的中小企业提供授信等服务，但由于金融机构难以深刻把握产业运营的特点和真实状态，其风险控制和模式应用推广均依赖于核心企业，因而，近年来不少学者开始关注这类模式的局限性并探索影响各方采用的因素及其内在机理（Wuttke，et al.，2013）。具体而言，该导向的研究主要侧重于银企之间的交易结构和风险控制两个方面：首先，在银企交易结构方面，研究认为，交易双方的信用评级以及与金融机构之间的信任关系是保理类业务得以开展的重要基础和先决条件（Kouvelis & Xu，2021；Liebl，et al.，2016），由信息不确定性导致的机会主义则会严重影响保理业务的良性运营（Liu，et al.，2021）。因此，需要建立良好的商业环境以达到借贷均衡（Tao，et al.，2019），也有研究提出，建立由银行主导的电子商务平台，这种网络治理有助于解决信息不对称问题（Chen，et al.，2019）。其次，在风险控制的关键要素上，有研究关注银行和借款方的资本结构，以及不同杠杆率对供应链金融的影响（Gornall & Strebulaev，2018）。还有的研究关注银行间市场对供应链金融强度的影响（Cingano，et al.，2016）。此外，随着数字技术的不断发展，有些研究探索如何应用大数据分析增强银行等金融机构的征信能力并提供差异化的客户资金解决方案（Hung，et al.，2020）。

在供应链导向的研究中，基于供应链运营环节中的库存管理和营运资金管理而设计的金融解决方案成为主要的研究议题，包括如何优化供应链整体库存以降低运营资金需求，协调运营资金在不同供应链交易主体间的高效流动，基于库存、在途物资和固定运营资产创新设计融资模式

(Gomm，2010；Pfohl & Gomm，2009；Randall & Theodore Farris，2009)。在这一阶段，供应链金融的关键组织者和推动方已从单一的商业银行等金融机构转向了供应链中的核心企业和物流服务商等运营主体，因此，该导向研究主要侧重于核心企业推动的供应链金融优势、解决方案以及存在的挑战三个方面：首先，在探索企业主导的供应链金融优势问题上，很多研究指出，由于这些主体深度嵌入供应链的运营过程，因此能够全面掌握供应链中小企业的运作状态和资金需求，具有更有效的风险控制能力，同时也可以提供更多创新性的金融服务（李健、王亚静、冯耕中等，2020)。部分研究还进一步比较了核心企业作为买方提供的直接融资和金融机构推动的传统保理类融资模式的优劣势，发现核心企业在交易信息上的优势能更有效地缓解信息不对称，从而提高中小企业获得外部融资的机会（Song，et al.，2018；Tang，et al.，2018)。其次，在核心企业主导的供应链金融解决方案方面，有的关注外部环境的作用（Beka Be Nguema，et al.，2021)、上下游市场集中度的影响（Liu，et al.，2022)、基于拍卖的谈判机制(Fiedler，2022)、动态折扣机制（Huang，et al.，2022)、信用保险的作用(Ma，et al.，2023)、信息系统整合以及社会交互的影响（Zhang，et al.，2021）等等。最后，核心企业主导的供应链金融的局限性也得到了理论界的关注，一方面，商品库存的价格剧烈波动和供需不确定性会诱发极大的金融风险，从而抑制库存融资等模式的实施（何娟等，2013；Pellegrino，et al.，2019)，另一方面，供应链中的各参与主体并非完全基于“互利共赢”的动机进行协作，而是存在竞争博弈和利益冲突，这同样会引发权力盘剥和信息欺诈等行为，导致相关模式实施受阻（金香淑等，2020；宋华，2021)。此外，过度关注运营中的局部环节（如库存转移）或资产（如抵质押物)，容易忽略从供应链的整体视角来分析供应链金融开展的条件、情景和创新模式（Caniato，et al.，2016)。

随着互联网技术的广泛应用和各类产业供应链平台的兴起，各交易主体之间的结构和流程愈发动态复杂，理论界逐渐意识到上述基于单一链条开展的金融服务模式难以满足中小企业多样化、灵活性的资金需求，也难以形成规模化的应用优势，亟须从网络生态的视角探索供应链金融的创新（宋华、陈思洁，2016；Bal，et al.，2018）。这一导向的研究主要关注三个方面的问题：一是什么因素促成了网络供应链金融的采用？在探索这一问题上，有研究提出，协作作为一个因素在供应链金融使用和成功采用中发挥着重要作用（Caniato，et al.，2016；Wandfluh，et al.，2016；Lu，et al.，2022）。此外，还有信任（Wuttke，et al.，2013；Liebl，et al.，2016；Martin & Hofmann，2017；Randall & Theodore Farris，2009；Agyekumhene，et al.，2018；Ta，et al.，2018）、权力（Wuttke，et al.，2013；Caniato，et al.，2016；Protopappa-Sieke & Seifert，2017）、目标（Caniato，et al.，2016；Liebl，et al.，2016）、数字化程度（Silvestro & Lustrato，2014）以及交易的频率和数量（Hofmann & Zumsteg，2015；Pellegrino，et al.，2019）。二是供应链金融实施的情景因素是什么？即在什么样的供应链情境中会发生供应链金融行为？该方面的研究发现，主要包括企业在网络中的权力（Power）以及黏合度（Cohesion）的影响（Carnovale，et al.，2019），中小企业的供应链网络特性（中小企业在业务网络中的强连接和弱连接）对融资的影响（Song，et al.，2019；Song，et al.，2020），在线融资平台的两种效应，即说服效应（Persuasive Effect）和信息效应（Informative Effect）对金融的影响（Zhou，et al.，2018）以及生态的动态性（Bals，2019）等。三是在网络化供应链金融中金融服务的推动者是谁？Silvestro 和 Lustrato（2014）第一次提出了在供应链整合中金融服务提供商的作用，尽管他们的研究并没有真正探索供应链金融服务，而是一种描述性的分析，但是他们提出了银行可以在其中发挥整合性服务的作用。Martin 和 Hofmann（2017）则进一步分析探索了金融服务提供商在供应链金融中的重要作用，即金融服务提供商作为一种中介，弥合了不同供应链参与企业之间，以及供应链参与企业与金融机构和商业银行之间存在的不匹配。Song 等（2019）则通过对比新型的平台化的金融服务提供商与传统商业银行在提供供应链金融服务过程中，对交易前、交易中和交易后风险控制的差异，指出金融服务提供商要比传统商业银行更能够通过交易信息、网络、流程等掌握供应链运营的全过程，进而控制交易前、中、后的风险，而这种金融服务提供商是直接从事或组织供应链运营的企业。Ma 等（2023）分析了在金融服务提供商中，高层管理团队的支持、信任和 IT 基础设施是最重要的因素，而不是激励机制。Song 等（2020）则分析了新冠疫情冲击下金融服务提供商的作用，并区分了三类金融服务提供商，即商业银行、非银行机构以及信用增强型机构。Song 等（2021）分析了金融服务提供商的两类作用，即基于大数据分析的鉴别效应和支持效应。

在供应链金融呈平台化、网络化的发展态势下，供应链金融生态中参与主体的多样性和丰富性得到显著增强，金融服务的广度和深度亦得到极大拓展，然而，这一变化也对供应链金融组织者的风险管理能力和整合协调能力提出了更高的要求，即如何有效管理日益庞大、复杂且松耦合的产融生态体系（Bal，2018；Jia，et al.，2020）。与此同时，区块链、大数据、云计算、人工智能等数字技术在信息采集和存储、数据分析和智能决策等方面所展露的优势，以及其在推动产业运营变革和金融服务创新中所彰显的巨大潜力，迅速引起了相关学者的高度重视，供应链金融的研究也向金融科技导向演化（Caniato，et al.，2019）。近年来，《采购与供应管理杂志》（*Journal of Purchasing and Supply Management*）和《国际生产经济学杂志》（*International Journal of Production Economics*）相继推出以供应链金融为主题的特刊，并强调了区块链和物联网等数字技术在供应链金融研究中的发展前景（Caniato，et al.，2019；Chen，et al.，2020），《国际运营与生产管理杂志》（*International Journal of Operations and Production Management*）还进一步推出了聚焦于“数字化转型如何赋能供应链金融”的特刊，明确指出了数字技术在解决供应链金融模式痛点、塑造供应链金融生态中的潜在价值（Chen，et al.，2021）。

尽管相关研究尚处于探索前期，但数字技术驱动下的供应链金融创新趋势已初见端倪，且具有以下两类特征：其一，聚焦于新兴技术在多种供应链金融模式中的应用潜力，关注各技术特性对现有模式痛点的解决机制和优化效果，供应链金融的组织者往往也是技术方案的设计者和采用者

(Chen，et al.，2019)。宋华和杨雨东（2019）探讨了各类数字技术如何作用于供应链资产端和资金端，通过促进供应链全过程信息的透明化、可介入和可获得，降低供应链运营的交易成本和风险管理的操作成本；还有些研究（Ali，et al.，2020；Lam & Zhan，2021）实证分析了数字技术采用对供应链金融模式运营绩效的促进作用。其二，主要致力于探索某一特定技术驱动下的供应链金融模式创新（Chen，et al.，2021），其中，区块链技术因在提升信息可信度和流程可溯性等方面具有显著优势，受到了更多关注（王海芳等，2020）。除区块链外，现有研究还探讨并发现了大数据在运营数据的结构化处理与分析、供应链内外部的信息整合、融资客户质量及其风险识别等方面的突出作用（Song，et al.，2021；Yu，et al.，2006），云计算通过增强产融多方之间的数据集成、共享、协作和开放，促进了整体协作质量，进而降低了供应链融资风险（Lu，et al.，2022），物联网对物理环境的客观反映以及大量非结构化信息的采集、处理和分析，为基于物流和库存的融资模式实现有效监管提供了重要基础（Abbasi，et al.，2019；Wu，et al.，2021），人工智能技术有助于供应链主体挖掘供应链网络资源的价值、应对复杂网络的运营决策需求，进而增强供应链金融的可持续性（Olan，et al.，2021）。

第3章 供应链金融交易形态与单元

供应链金融究竟有哪些解决方案或产品，这涉及供应链金融的外延问题。传统的供应链金融解决方案主要是基于应收账款和应付账款延伸出来的金融产品，包括保理、反向保理、福费廷等业务。然而，随着供应链金融定义的不断拓展，供应链金融解决方案突破了单纯基于应收应付的金融业务，呈现出了更为丰富的产品系列。具体讲，供应链金融解决方案有三种划分方法，即供应链金融活动的触发时间点、供应链金融的信用风险环节和供应链金融开展的要素。

供应链金融活动的触发时间点指的是金融活动在供应链运营什么阶段或时间产生，显然，越早启动供应链金融业务，越能促进企业供应链运营活动的开展，同时相应的金融风险也会越大。一般而言，可以分为装运前融资（Pre-Shipment Finance）、在途融资（In-Transit Finance）和装运后融资（Post-Shipment Finance）。装运前融资指的是供应商能够根据买方的采购订单从融资方那里获得资金，以满足产品交付前的营运资金需求（例如，原材料采购、库存处理、人员和管理成本等）。装运前融资所依赖的要素是采购订单而非实际发生的应收应付，因此，相应的金融风险较大。同时，也是因为风险较大，往往向供应商提供流动性的利率较高，但鉴于供应商的良好信用，也可以适当降低相应利率。在途融资指的是向借款人提供来自金融机构的贷款，该贷款基于当前正在运输或处于其他物流流程中的产品或库存（具有一定数量和质量）。在途融资是基于业已形成的实物资产而开展的金融活动，由于可以将实物资产作为抵押物，因此，风险较装运前融资要低。装运后融资是金融机构基于借方形成的应收账款而给予的信用，或者基于业已形成的交易而开展的金融业务，在这一类融资模式下，主要的担保要素是发票、运单、提单、承兑等。

供应链金融的信用风险环节指的是开展供应链金融业务时，主要的信用风险发生在哪个主体，或者哪个环节。这一划分涉及信用管理和风险管理的侧重点以及金融服务的具体对象。从这一视角看，可以细分为面向供应商的应收账款融资（Account Receivable Finance for Suppliers）、与存货相关的融资（Inventory-Related Finance）和面向买方的应付账款融资（Account Payable Finance for Buyers）。面向供应商的应收账款融资通过为供应商提供应收账款融资，供应商可以从金融机构或买方获取资金，从而使应收账款及时转为有利于供应商的现金支付。尽管这种类型的供应链金融工具为供应商营运资金提供了便利，但利率水平主要取决于为贷款提供担保的任何一方（供应商或买方）的信用评级。与存货相关的融资既能惠及供应商，也能惠及下游客户，在这种状况下，金融服务的担保物是供应链运营中的存货或者采购订单，因此，相较于基于确认发票或应收账款的金融业务，与存货相关的融资往往风险较大，因而利率偏高。面向买方的应付账款融资为买方提供了一种提前付款的折扣，或供应商延长付款期，或金融机构提供担保以确保买方付款。这一类供应链金融解决方案的信用风险和利率取决于买方的信用等级。

供应链金融开展的要素指的是开展供应链金融所依据的资产或业务类型，或者说凭借供需双方的什么业务关系以及产生的什么资产提供相应的金融服务。一般而言，开展供应链金融业务所依据的业务或资产主要可以区分为基于债权债务的供应链金融、基于物的供应链金融以及基于预付的供应链金融。本章将以此类划分方法详述具体的供应链金融产品。

第 1 节　基于债权债务的供应链金融

一、基于债权债务形成的金融业务类别

在供应链运营过程中，一旦买卖双方达成了交易，便形成了债权债务关系，产生了应收账款和应付账款，从而形成了一系列因为应收应付而产生的供应链金融业务。具体而言，从供应链参与者构成看，供应链运营中有着特定的焦点企业，即从事供应链运营的特定企业。站在焦点企业的角度，有为其供货的供应商，同样供应商还有供应商，进而构成了从事上游采购供应业务的供应链关系。同样，焦点企业有为其销售的下游客户，同时下游客户还有下游客户，进而构成了从事产品销售分销的供应链关系（见图 3 - 1）。上游供应链存在着不同环节的应付账款，下游供应链存在着不同环节的应收账款。

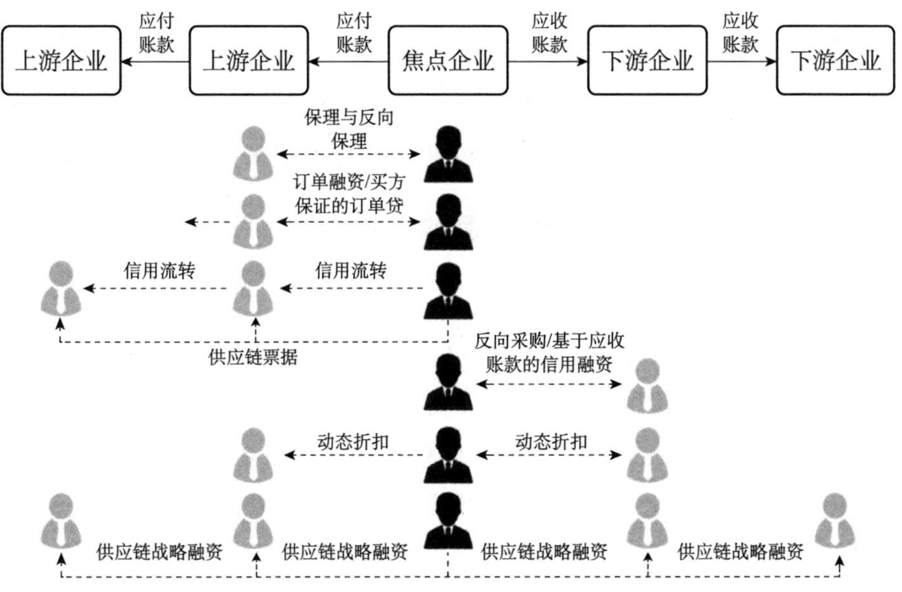

图 3 - 1　基于债权债务的供应链金融产品图谱

基于应付账款而开展的供应链金融业务是为了解决上游供应商的运营资金问题，帮助供应商基于应收账款快速获得资金，从而有效地开展供应链运营，提高对焦点企业的供应绩效。具体看，当焦点企业与上游供应商发生采购交易，产生应付账款时，这种状况下可以采用的供应链金融产品有保理、保理池融资、反向保理等产品；当意在帮助供应商有效解决采购原材料或者零部件所需运营资金短缺问题，从而保证供应商最终向焦点企业供货时，可以采用的供应链金融产品有订单融资或买方保证的订单贷；当焦点企业不仅帮助其直接供应商解决运营资金短缺问题，而且帮助供应商的供应商等多级供应链参与者有效解决资金短缺问题时，可以采用的供应链金融产品有应付账款电子债权凭证流转（亦称信用流转）和供应链票据。

基于应收账款而开展的供应链金融业务是为了解决下游企业为采购焦点企业的产品而面临的资金短缺问题，其目的在于通过帮助下游客户企业有效获得资金，稳定焦点企业的销售渠道，促进焦点企业的销售。具体看，为了有效解决下游企业采购资金短缺问题，可以采用反向采购或基于应收账款的信用融资；当焦点企业为了更好地促进了产业现金流，促进下游企业及时付款时，可以采用动态折扣。

还有一类基于债权债务的供应链金融业务，不是单纯地基于应付或应收，而是基于整个供应链所形成的交易关系以及整体的债权债务关系而开展的供应链金融，这类业务可以称为供应链战略融资或者供应链网络融资。

二、基于应付账款的供应链金融产品

1. 保理（Factoring）

保理业务主要是为以赊销方式（Open Account）进行销售的企业设计的一种综合性金融服务，是一种通过收购企业应收账款为企业融资并提供其他相关服务的金融业务或产品。保理的一般做法是：保理商从其客户（供应商或卖方）的手中买入通常以发票形式表示的对债务人（买方）的应收账款，同时根据客户需要提供与此相关的单项或多项服务，包括债款回收、销售分户账管理、信用销售控制以及坏账担保等。对于客户而言，转让应收账款可以提前实现销售回款，加速流动资金的周转。此外，卖方也无须提供其他质押物和担保，对卖方来说压力较小。

保理业务有多种分类。根据供应商是否会将应收账款转让行为通知买方，可分为明保理和暗保理。按有无第三方担保，可分为有担保的保理和无担保的保理。按有无追索权，可分为有追索权的保理和无追索权的保理。其中无追索权的保理又称买断保理，是指企业将其贸易型应收账款通过无追索权形式出售给专业保理商或银行等金融机构，从而获得一种短期融资。有追索权的保理又称回购保理，是指到期应收账款收不回时，保理商保留对企业的追索权，出售应收账款的企业要承担相应的坏账损失。因此在会计处理上，有追索权的保理视同以应收账款作担保的短期借款。

保理业务的一般操作流程是：保理商首先与其客户即商品销售行为中的卖方签订一个保理协议。一般卖方需将所有通过赊销（期限一般在 90 天以内，最长可达 180 天）而产生的合格的应收账款出售给保理商。签订协议之后，对于无追索权的保理，保理商首先需要对与卖方有业务往来的买方进行资信评估，并给每一个买方核定一个信用额度。对这部分应收账款，在买方无力付款时，保理商对卖方没有追索权。而对于有追索权的保理，当买方无力付款时，保理商将向卖方追索，收回向其提供的融资。保理的业务流程如图 3－2 所示。

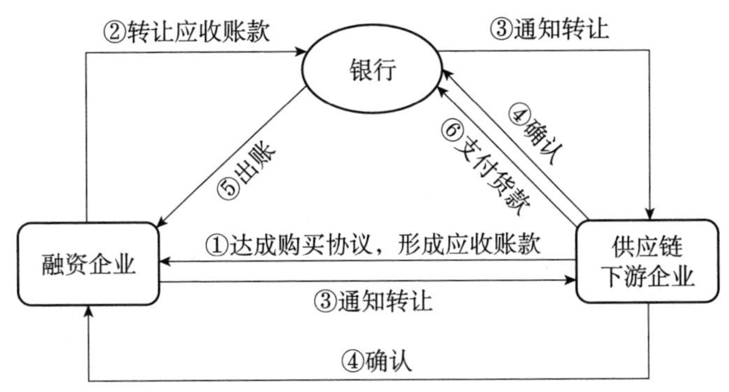

图 3－2　保理业务流程图

事实上，在涉及大型装备的行业，融资租赁保理是较为常见的一种模式。由于在租赁业务中，出租方需要在初期投入大量资金，而后才能从承租人处收取租金，对出租方的资金压力较大，融资租赁保理业务正是为了解决这一问题而产生的。融资租赁保理业务的主要流程如下：

①租赁企业与供应商之间签订租赁物买卖合同。

②租赁企业与承租人签订融资租赁合同，将该租赁物出租给承租人。

③租赁企业向银行申请保理融资业务。

④银行给租赁企业授信，双方签署保理合同。

⑤租赁企业与银行书面通知承租人将应收租金债权转让给银行，承租人填具确认回执单交给租赁企业。

⑥银行受让租金收取权利，给租赁企业提供保理融资。

⑦承租人按约分期支付租金给银行，承租人仍然提供发票，通过银行给承租人。

⑧当承租人出现逾期或不能支付的情况时，如果是有追索权的保理，承租人到期未还租时，租赁企业需根据约定向银行回购银行未收回的租赁款。如果供应商或“其他第三方”提供资金余值回购保证或物权担保，由供应商或其他第三方回购银行未收回的租赁款。如果是无追索权的保理，则保理银行不得向租赁企业追索，只能向承租人追偿。以上流程可以用图3-3表示。

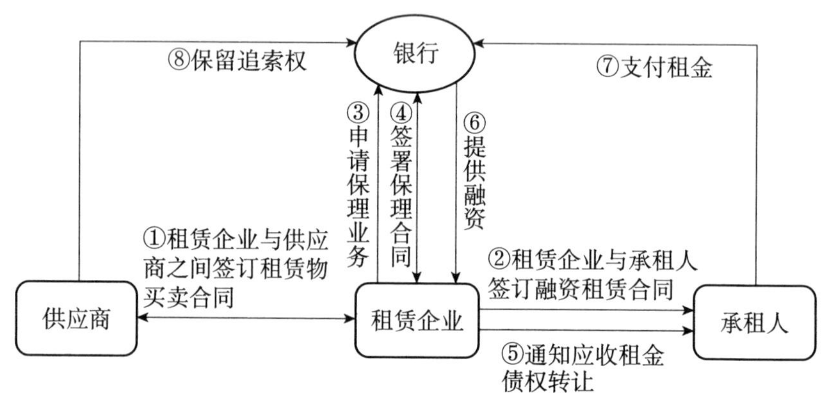

图3-3 融资租赁保理业务流程

资料来源：北京银联信投资顾问有限公司。

2. 保理池融资

保理池融资指将一个或多个具有不同买方、不同期限、不同金额的应收账款全部一次性转让给保理商或银行，保理商和银行根据累计的应收账款给予融资。对供应商来说，该服务能够充分挖掘零散应收账款的融资能力，同时免去了多次保理服务的手续，提高了融资效率。但保理池融资对保理商或银行的风险控制能力提出了很高的要求。如果不能充分掌控每笔应收账款的交易细节，很容易出现坏账风险。

刘佳（2011）通过案例研究指出，保理池融资除了能够挖掘零散应收账款的融资能力，还有利于降低客户授信风险。保理池模式通过多个买方的应收账款来降低单一买方还款的风险。由于买方分散，不易同时发生不还款的情况，可借此避免供应商在贸易流程中出现诚信风险。保理池的业务流程如图3-4所示。

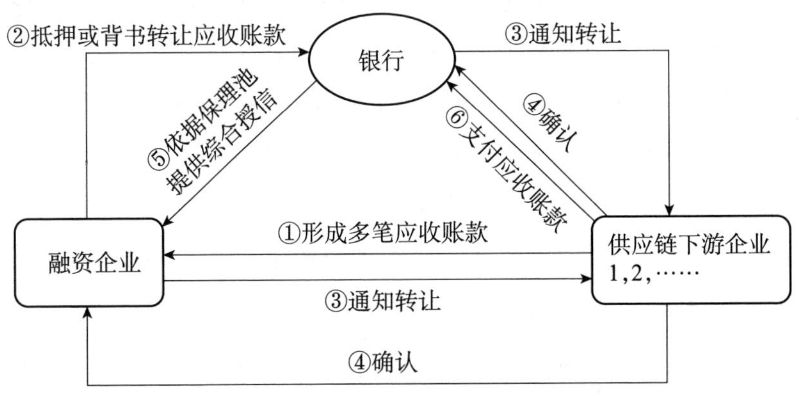

图3-4 保理池授信业务流程

民生银行、平安银行都为客户提供保理池融资服务。在提供保理池服务过程中的风控要点在于：①筛选服务客户。保理池融资作为一种针对某企业应收账款的系统安排，应当选择记录良好的供应商作为自己的服务对象。②筛选应收账款。应当选择那些与供应商保持长期合作关系、信用记录良好的买方与该供应商之间的应收账款作为保理池中的应收账款。③规定应收账款入池的有效单据要求，保证应收账款的真实性。④建立实时的应收账款管理信息系统，追踪、监控供应商的销售回款情况。

3. 反向保理（Reverse Factoring）

反向保理也称为逆保理，主要适用于与焦点企业有大量稳定贸易往来的小微企业以及客户信用评级比较高的小微企业。通俗地讲，反向保理就是银行与焦点企业之间达成的，为焦点企业的上游供应商提供的一揽子融资、结算解决方案，这些解决方案所针对的是焦点企业与其上游供应商之间因贸易关系产生的应收账款。即焦点企业具有较强的资信实力及付款能力，无论任何供应商保有该焦点企业的应收账款，只要得到焦点企业的确认，就都可以转让给银行以取得融资（刘利民等，2014）。其实质就是银行对高质量买方的应付账款进行买断。

反向保理与普通保理的根本区别在于：①保理商是对作为供应链焦点企业的买方进行风险评估，而不是对供应商进行信用评估；②由于对买方比较了解，保理商可以选择买方同意支付的应收账款进行融资，降低了整体风险（刁叶光、任建标，2010）。

反向保理的业务流程如图3-5所示，共有五个基本步骤：①焦点企业（买方）与供应商之间达成交易关系，供应商向买方发货，产生应收账款；②买方将供应商的应收账款交给保理商，保理商对应收账款进行验证；③保理商对供应商进行资质核查；④保理商按照一定比例对供应商的应收账款进行贴现；⑤应收账款到期时，保理商和买方进行结算。

4. 订单融资（Purchase Order Financing）/买方保证的订单贷（Buyer-Backed Purchase Order Financing）

订单融资是中小企业基于焦点企业（买方）的采购订单在产品发运前，为了采购原材料或者生产，向金融机构申请所需资金，金融机构则根据供应商的信用决定是否向其提供资金（见图3-6）。显然，在这种产品业务中，信用保证的提供方是供方，资金提供方是银行这类金融机构，而融资的受益方是供应商。订单融资的前提是焦点企业的订单或采购清晰；焦点企业与上游供应商之间的交易关系稳定持续；此外，供应商的原料采购应与焦点企业所下达的订单匹配。

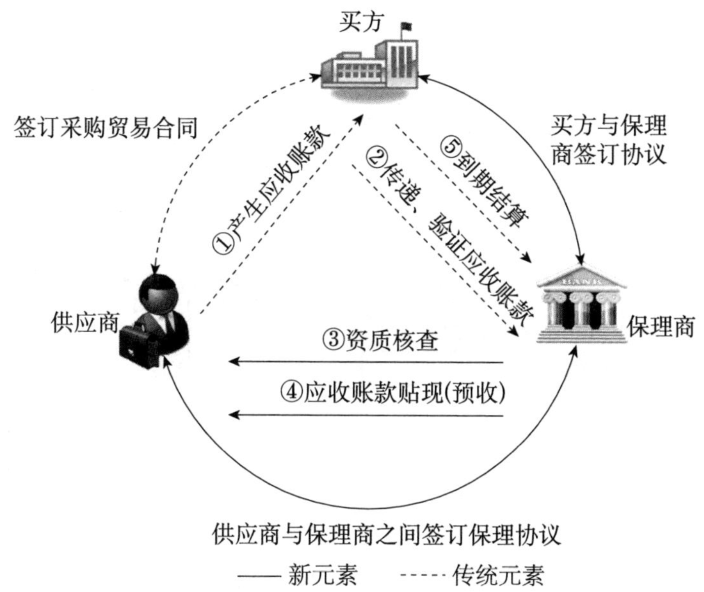

图 3-5　反向保理业务流程

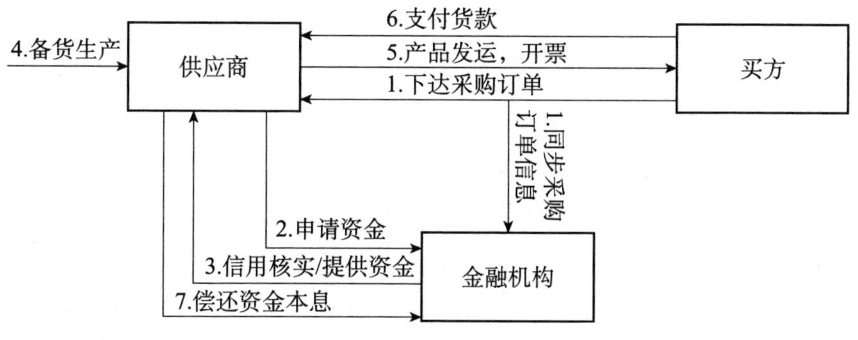

图 3-6　订单融资示意图

买方保证的订单贷也可以称为信用融资（Credit Financing），它同样是基于买方的采购订单，由金融机构向供应商提供融资，以解决其备货或者生产中的资金需求，或者满足供应商及时、全额获得销售资金的要求。它与纯粹的订单融资的不同之处在于信用的提供方是买方，而不是供方自身（见图 3-7）。通常在没有买方保障的条件下，供应商向金融机构的借贷利率取决于金融机构对中小企业的征信和信用评级，而在买方保证的订单贷中，由于订单是由可信的买方发起的，因此，中小企业的资金利率依赖于买方的信誉和信用。

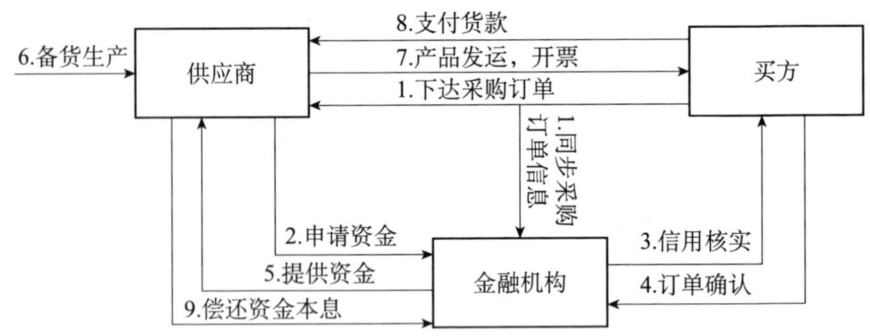

图3-7　买方保证的订单贷示意图

5. 应付账款电子债权凭证流转

中小企业融资难、融资贵是当今产业面临的重大挑战，而且，随着供应链的级数越高，其面临的资金挑战越严重。传统的供应链金融主要解决的是核心企业的一级上下游资金问题，即直接的供应商和直接下游企业的应收应付问题。然而，在产业供应链运营中，往往一级上下游不一定缺乏运营资金，特别是与大型核心企业交易的直接上下游往往也是具有一定规模的组织，对融资的需求并不急迫。即便一级上下游缺乏资金，凭借核心企业的信用资源，金融机构也较为容易服务到这些一级供应商和一级客户，诸如保理、反向保理等都是基于这一原理。而产业供应链大多涉及 N 级，并且随着级数增加，越趋向于中小企业，由于它们远离核心企业，金融机构难以将金融服务有效覆盖到这些多级供应商和客户。另外，因为金融机构并不了解这些多级供应商和客户的真实运营状况和履约状况，即便能够提供金融服务，出于控制风险的要求，金融机构提供的利率也往往偏高。为了解决这一问题，在中国创新了一种新型的基于应付的多级流转融资业务——电子债权凭证流转（见图3-8）。

该模式的基本流程是：当焦点企业与一级供应商签订采购合作协议后，焦点企业在线确权，形成电子化的应付账款凭证，一级供应商获得电子凭证后，可以到期向焦点企业要求支付货款。在付款期之前的任何时间，一级供应商也可以将电子凭证进行分拆，转让给二级供应商。二级供应商获

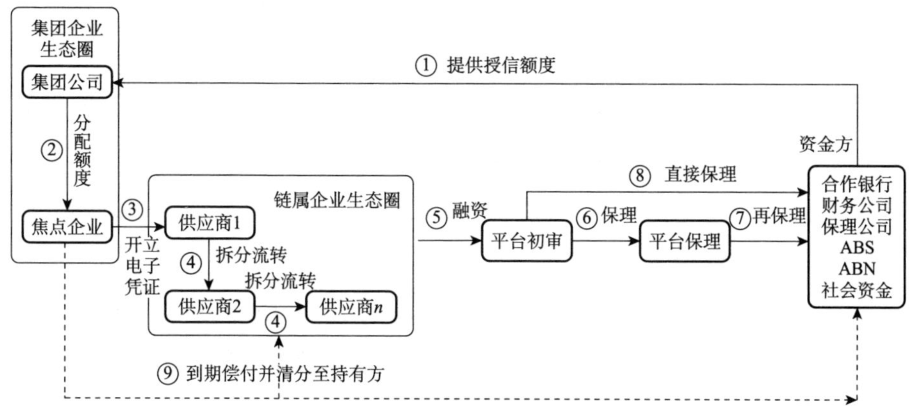

图 3-8　应付账款电子债权凭证流转示意图

得拆分的电子凭证后，有三种选择：一是持有电子凭证，到期向焦点企业申请支付；二是进一步拆分电子凭证，转让给三级供应商；三是向金融机构申请资金融通，金融机构提前支付给二级供应商，电子凭证到期之后，焦点企业将资金支付到银行账户。

电子债权凭证流转业务对于供应商和焦点企业均能带来价值，首先，对供应商而言，第一，实现了高效确权。传统商业保理融资最大的痛点是买方企业确权难，而电子凭证则是焦点企业主动在平台进行确权。第二，融资成本低。平台对接了多方融资渠道，融资企业无须提供抵押、担保，资金方关注的买方企业信用根据焦点企业信用定价，所以利率更低。第三，融资效率高。应收账款的整个生命周期从电子凭证的开立、转让、融资到托收全部线上化操作。第四，可拆分、可延期。其次，对于焦点企业而言，可以借助电子债权凭证流转平台对其产业链的企业做穿透管理和供应商精细化管理。产业链上中小企业的成本最后会转化成焦点企业的成本，平台上的中小企业受益后，整个供应链的稳定性会增强，供应商对焦点企业更加有黏性。焦点企业管理自身现金流的同时，通过“链主”的地位，保证整个产业链现金流的健康，让聚集于焦点企业的周边企业共同发展。

6. 供应链票据

为了更好地服务中小企业，支持供应链金融规范发展，经中国人民银行同意，上海票据交易所（以下简称“票交所”）积极推动应收账款票据化，建设开发了供应链票据平台。2020年4月24日，上海票据交易所供应链票据平台成功上线试运行。供应链票据是指通过供应链票据平台签发的电子商业汇票，供应链企业之间产生应收应付关系时，可以通过供应链票据平台直接签发供应链票据，供应链票据可以在企业间转让，通过贴现或标准化票据融资。

供应链票据以及普通电子商业汇票和电子债权凭证具有本质区别。从适用法律看，普通电子商业汇票和供应链票据均遵循《票据法》以及相关规定而设立，供应链票据更甚。首先，根据《票据法》（2004年修正）第一百零八条和第一百零九条，在中国，票据格式统一由中国人民银行规定。其次，根据《票据管理实施办法》（2011年修订）第五条，票据当事人应当使用中国人民银行规定的统一格式的票据。第三，根据《电子商业汇票业务管理办法》（中国人民银行令〔2009〕第2号）第二条，电子商业汇票的法定格式有两个特征，一是依托电子商业汇票系统（ECDS），二是以数据电文形式制作。2020年4月24日，上海票据交易所发布的《上海票据交易所关于供应链票据平台试运行有关事项的通知》（票交所发〔2020〕58号）列明了供应链票据是依托电子商业汇票系统，通过供应链票据平台签发的电子商业汇票，符合法律对电子商业汇票的特征定义。与普通电子商业汇票和供应链票据不同，电子债权凭证依据的是《民法典》合同篇第六章第五百四十五条，其中规定“债权人可以将债权的全部或者部分转让给第三人”。正是由于这一区别，在权利确认方面，普通电子商业汇票和供应链票据均是以票据记载为准，电子债权凭证则是合同约定和义务履行；在权利转让方面，普通电子商业汇票和供应链票据均是票据背书，而电子债权凭证则是债权转让；在付款义务人方面，普通电子商业汇票和供应链票据均是承兑人及所有前手，而电子债权凭证则是合同相对方；在抗辩事由方面，普通电子商业汇票和供应链票据均是除法定事由外不得抗辩，而电子债权凭证则以合同约定为准。

从上述讨论看，普通电子商业汇票与供应链票据在很多方面非常相似，但是供应链票据不同于普通电子商业汇票之处在于增加了子票号区间，即开立的是一张具有号段的票据（见图 3－9）。具体而言，供应链票据相比普通电子商业汇票具有三个方面的创新：第一，将票据嵌入供应链场景有助于从源头上促进应收账款票据化。供应链金融利用技术手段整合核心企业与上下游企业的物流、资金流和信息流。由于供应链场景的票据具有真实的贸易背景，因此，它可以在源头上促进应收账款票据化。当企业在电子商业汇票系统签发汇票时，需要通过银行的网银系统进行操作，这往往降低了便捷性。然而，在供应链平台上，企业可以直接发起票据签发指令，票据信息会在供应链平台生成。第二，技术性实现等分化签发和流转，使企业使用票据更加灵活。供应链票据在遵循法律限制的同时，借助票交所技术的优势，将票据包转变为固定面额的票据。举例来说，当企业签发一张面值为 100 万元的票据时，该票据实际上是由 100 万张面值为 1 元的票据组成的。因此，企业可以根据实际支付需求来选择支付任何金额。第三，供应链票据还拓宽了企业办理票据业务的渠道，除了可以通过网银进行操作外，还可以通过供应链平台来办理供应链票据业务，从而在拓展业务场景方面提供了更大的空间。

显示日期　2023-10-19 10:40

电子商业汇票系统 Electronic Commercial Draft System

电 子 商 业 承 兑 汇 票

出票日期　2023-10-09　　　　票据状态　已收票-可流通

汇票到期日　2023-12-31　　　　票据号码　7 313451002717 20231009 00001103 5 1-100000000

出票人	全称	司	收票人	全称	司
	账号	810300101421		账号	228088010400
	开户银行	日照银行股份		开户银行	中国农业银行股份
出票保证信息	保证人名称：	保证人地址：		保证日期：	
票据（包）金额	人民币（大写）壹佰万元整	十 亿 千 百 十 万 千 百 十 元 角 分		¥ 1 0 0 0 0 0 0 0 0	
承兑人信息	全称	限公司	开户行行号	313451002717	
	账号	81030010142	开户行名称	日照银行股份有限	
交易合同号		承兑信息	出票人承诺：本汇票请予以承兑，到期无条件付款		
能否转让	可转让-可分包		承兑人承兑：本汇票已经承兑，到期无条件付款　承兑日期：2023-10-09		
承兑保证信息	保证人名称：	保证人地址：		保证日期：	
评级信息（由出票人、承兑人自己记载，仅供参考）	出票人	评级主体：	信用等级：	评级到期日：	
	承兑人	评级主体：	信用等级：	评级到期日：	

图 3－9　供应链票据样式

供应链票据操作流程如图3－10所示。供应链票据的作用主要表现在：第一，优化企业的财务报表，改善供应链金融生态系统。大型企业往往有交缠的贸易链条，容易形成较为严重的应收账款和三角债问题。在财务处理中，使用应收账款作为结算工具存在很大的隐患，使用传统的票据又不能拆分转让，持票金额与支付金额不匹配。供应链票据可以针对以上痛点解决这些问题，其流通性更强，供应商接受程度更高，可以帮助企业压降应收账款和存货，减少三角债，优化财务报表。第二，解决持票金额与支付金额不匹配的难题一直是企业财务管理的痛点。传统票据无法实现部分金额的转让，导致企业只能采取类似票据池业务的方式来满足实际支付需求。这种做法需要用大额票据兑换小额票据，重新签发所需金额，并需要支付一定的手续费，从而增加了企业的财务成本。然而，供应链票据为企业提供了更为灵活的解决方案。通过供应链票据，企业可以对任意金额进行背书转让，无须支付任何额外费用。这一特点极大地提高了票据使用的灵活性，加快了企业资金的周转速度。第三，提高企业开展票据业务的操作效率至关重要。传统票据通常需要进行多张金额的拆分和转让，这种操作方式会降低企业的工作效率。相比之下，供应链票据为企业提供了一种更加高效便捷的选择。通过使用供应链票据，企业可以根据实际付款需求，全流程在线上完成等分化签发和流转。这种一键处理的方式使得整个操作过程更加简洁高效，全程无忧，为企业节省了大量时间和精力。第四，供应链票据可以有效降低整个供应链链条的成本。优质企业的信用可以通过供应链传递到链上的每个企业，包括那些处于供应链末端的长尾客户，例如中小微企业。这些中小微企业可以通过在线贴现或标准化票据进行融资，操作更加便捷高效。供应链票据的贸易背景更加可视化、更真实和透明，因此容易获得金融机构的授信或优惠融资价格。这不仅能够提升企业的融资能力，还能降低整个供应链链条的融资成本。通过使用供应链票据，企业可以更灵活地管理现金流，提高资金使用效率，实现更高效的财务管理。同时，供应链票据的广泛应用还可以促进供应链金融生态系统的改善和发展。

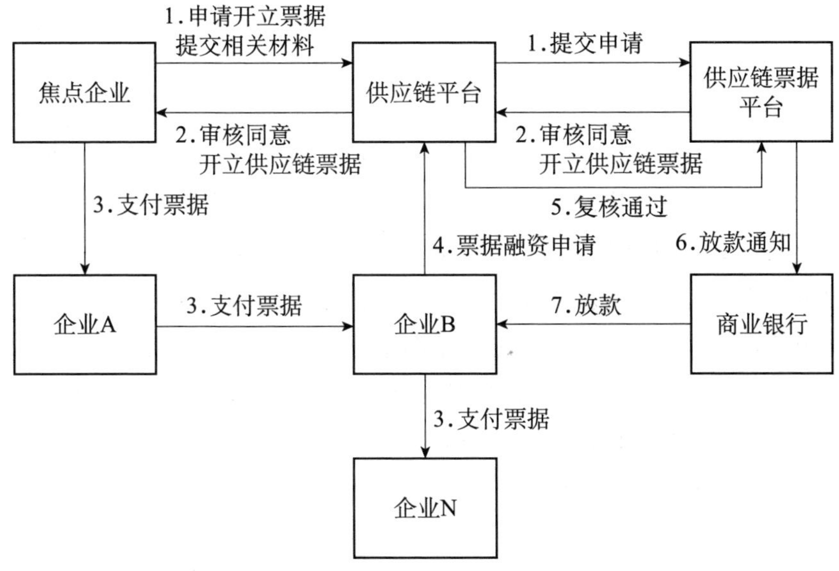

图 3-10　供应链票据操作流程

三、基于应收账款的供应链金融产品

1. 反向采购与基于应收账款的信用融资

反向采购是基于供应商较强的供应链管理能力及本身较高的资信水平，依托稳定的供应链环境，以及供应商对经销商推荐、采购信息确认、债权回购等的风险弥补措施，通过线上操作以实现信息流、物流及资金流的实时监控下，金融机构大幅弱化对借款主体的资质审查，实现针对单笔采购订单的线上放款，以此为大批量经销商向核心企业采购提供融资服务（见图 3-11）。

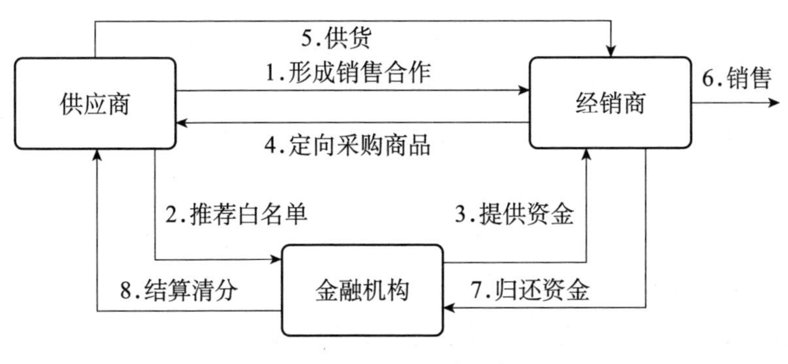

图 3-11　反向采购示意图

基于应收账款的信用融资与反向采购非常相似，都是通过解决下游中小企业的运营资金问题，协助它们向上游供应商（通常是品牌商）采购相应产品。与反向采购不同的是，反向采购是供应商推荐下游企业，在基于产品回购等责任承担的基础上，由金融机构向下游提供资金定向采购产品。而基于应收账款的信用融资则是金融机构负责下游企业的征信以及该企业与上游品牌商之间业务质量的核实，而向下游中小企业提供信用性融资。在这种融资方式中，借款人将其应收账款作为担保物，以此为条件向金融机构申请贷款。这种融资方式可以帮助中小企业扩大可担保财产范围，并借助应收账款付款人较高的信用等级来弥补自身信用的不足，从而获得银行贷款。为了防范风险，金融机构需要对应收账款的真实性和合法性进行核实，并对借款人的信用状况进行全面评估。

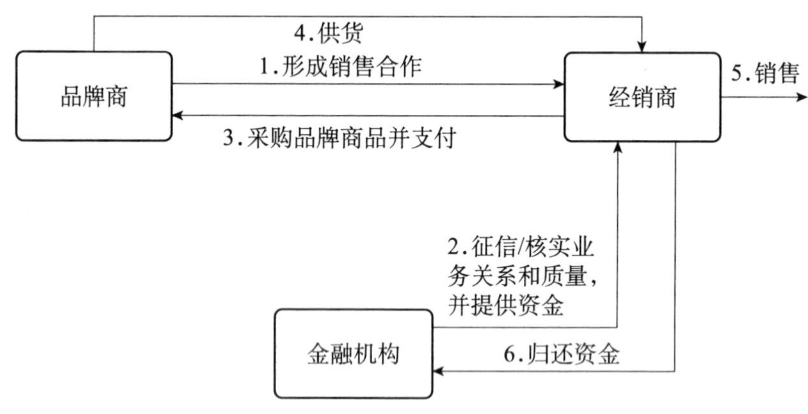

图3－12　基于应收账款的信用融资示意图

2. 动态折扣

动态折扣（Dynamic Discount）是一种具有金融属性的交易活动，在买卖双方约定的账期范围内，如果买方提前付款，可以获得供应商动态调整的价格折扣，从而使买卖双方均获得相应利益。动态折扣的操作流程如下（见图3－13）：首先是当采购订单发生时，供应商将所需要的产品发往买方，通过互联网将电子单证发往客户处，客户接收后予以确认，同意支付。其次，买方发出预先支付函（Early Payment Proposal，EPP），供需双方确定修正的支付条款，如果支付条款未能达成一致，供方拒绝提议，买方可以再次修正预先支付函，直到双方能够就支付时间、价格等要素达成协议，供应商修正相应的单据。最后，单据存档。在动态折扣中，主要是对三个要件进行存档：一是预先支付函；二是买卖双方达成的支付条款协议；三是其他特别规定的要素。

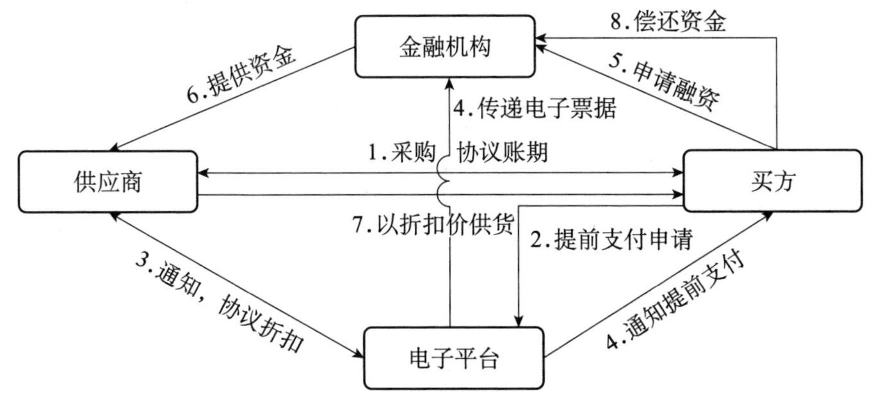

图 3-13　动态折扣示意图

值得注意的是，在推动动态折扣的过程中，平台、系统以及提前支付的资金一般有两种配置：第一种就是供应商开发、提供和维护动态折扣 IT 平台，让买方运用自有资金实施动态折扣，或者说动态折扣中提前支付给供应商的资金主要来自买方的流动资金；第二种是供应商帮助买方解决资金来源问题，以便买方顺利实施动态折扣，在这种情况下，供应商同时发挥了动态折扣服务商和 IT 平台与金融服务提供者的双重角色，后一种情况就涉及供应链金融业务。在实际运作过程中，这两种配置往往是混合运用的，这是因为如果单一地运用第一种配置往往要求买方具有充足的资金，而这不仅增加了买方的资金持有，而且间接加大了买方资金的机会成本。

四、基于债权债务的供应链金融产品

供应链战略融资是基于债权债务的供应链金融产品。它是一种较为特殊的金融行为，从严格意义上讲，在这一时间点，买卖双方并没有实际发生交易行为，但是为了稳定或培育战略性合作伙伴或者优化供应链运营，而对供应链战略合作伙伴实施了融资行为。显然，这种供应链金融行为完全是基于供需双方之间长期交易所形成的信任和伙伴关系，相对而言，风险也最大，一旦这种信任关系丧失或者伙伴关系受到挑战，就有可能发生资金流中断的情况，风险增大。

下面以 X 企业为例详细阐述供应链战略融资的具体业务流程及其与其他供应链融资的不同之处。X 企业是国际领先的消费品贸易公司，距今已有百余年历史，目前其核心业务包括贸易出口，本土市场（美国、欧洲、亚洲）经销、物流、零售等。

在愈加激烈的竞争中，X 企业充分认识到上游供应商的重要性。正如 X 企业某经理所说："我不怕来自其他企业的竞争，但我害怕有实力的供应商没有加入我的供应链，或者我的优质供应商为其他企业生产。"正是基于以上认识，为了牢牢"抓住"优质供应商，X 企业除了提供一系列供应商支持计划之外，还开发了供应链战略融资这一特殊的融资方式。首先，X 企业各事业部会根据以往交易数据筛选出关键供应商。针对这部分供应商，X 企业各事业部会主动向其询问是否出现了资金短缺情况并鼓励供应商进行生产设备、管理设施的改造升级。X 企业在总部设立财务审核部门，X 企业各事业部根据供应商需求向总部财务审核部门提出申请，然后由企业总部直接为供应商提供支持。这种融资方式的独特之处在于，融资并不以某个单独交易为依据，而是以双方的长期合作关系为基础，甚至不涉及抵质押物品。在这一融资过程中，X 企业关注的问题是通过给供应商提供融资提升供应商的质量，从而提升供应链的价值创造能力，改善供应链整体生态，从根本上塑造供应链的竞争优势。

供应链战略融资的业务流程见图 3－14。

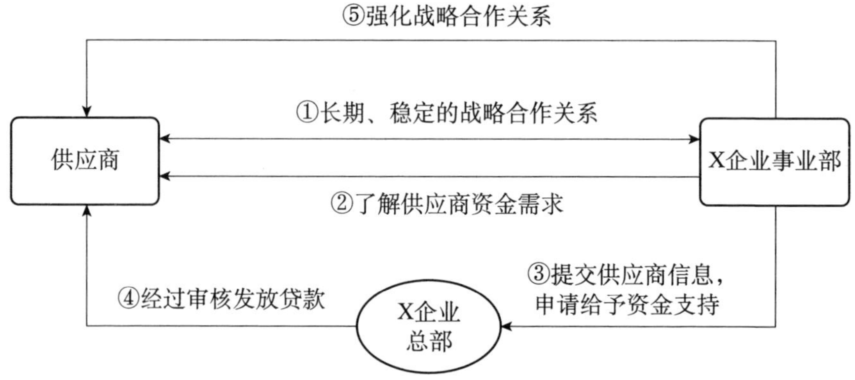

图 3－14　供应链战略融资示意图

第2节　基于物的供应链金融

一、基于物形成的供应链金融类别

供应链金融是一种以供应链为核心的金融服务，通过将供应链上的焦点企业、上下游企业、物流公司和金融机构等各方进行整合，以实现资源的优化配置和高效利用。基于物形成的供应链金融，主要是以供应链运营中的物质资产为基础，通过对其流转和价值增值过程的控制和利用，来达到为供应链提供融资和其他增值服务的目的。

基于物形成的供应链金融具有以下特点：首先，依托物权。在基于物形成的供应链金融中，物质资产是基础和核心，通过对物质资产的控制和利用，实现对供应链上各方的信用评估和融资支持。其次，实现资金优化配置。通过将资金分配给供应链上的不同主体，实现资金的优化配置和高效利用，提高整个供应链的效率和竞争力。再次，降低风险。通过对物质资产的真实性和合法性进行全面评估，以及对货物的存储、管理和处置进行监控，降低金融机构的信用风险。最后，提高运营效率。通过简化融资流程和提高运营效率，基于物形成的供应链金融可以帮助企业降低融资成本，提高资金使用效率。

在实践中，基于物形成的供应链金融已经被广泛应用于制造业、农业、非贸易行业等各个领域。例如，在制造业中，通过动产质押和仓单融资等方式，为生产制造企业提供融资支持；在农业领域，通过仓单融资和保理业务等方式，为农民和农业企业提供资金支持；在非贸易行业，通过货权融资等方式，为物流企业和其他服务提供商提供融资支持。

展望未来，基于物形成的供应链金融将继续发挥重要作用。随着政策环境的不断改善和市场需求的不断增加，基于物形成的供应链金融将会迎来更大的发展空间。同时，随着科技的不断进步和应用场景的不断拓展，基于区块链、物联网等技术的新型供应链金融模式也将逐渐涌现。这些新型模式将进一步优化融资流程和提高运营效率，为供应链上的各方提供更加便捷、高效和安全的金融服务。

基于物形成的供应链金融按照物流运营过程可以分为如下金融活动（见图 3－15）：当上游企业与下游企业达成商品销售协议，将产品交给第三方物流运往目的地时，可以采用的供应链金融活动是在途融资。当货物到达仓库形成存货后，可以续作存货融资，包括静态抵质押和动态抵质押。当存货转为仓单要素时，可以采用仓单质押。此外，还有一类金融活动可以将在途商品与存货或仓单结合起来，形成提单转/仓单融资。

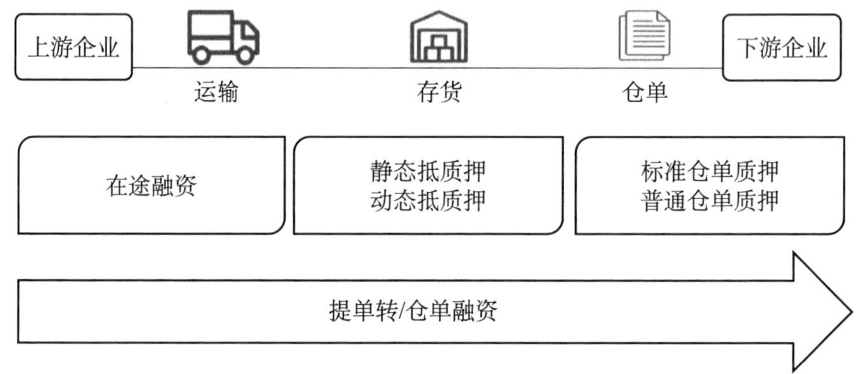

图 3－15　基于物形成的供应链金融

二、基于物形成的供应链金融产品

物与金融的结合历史悠久，最早甚至可以追溯到公元前 2400 年美索不达米亚地区出现的谷物仓单。英国最早出现的流通纸币（这种纸币是一种可兑付的银矿仓单）也是这方面的一个例子（陈祥锋、朱道立，2005）。到了 19 世纪，随着仓储行业的发展与成熟，物流企业（实际上绝大多数都是仓储企业）开始以第三方身份参与存货质押业务，从根本上改变了传统质押业务中银行与借款企业的两方关系。但这种质押属于静态质押，物流企业提供的只是仓储服务，对企业的支持力度较小（李毅学等，2010）。科赫（Koch，1948）、敦汉姆（Dunham，1949）等早期学者探讨的就是基于库存的融资方法。然而到了 20 世纪中后期，由于《美国统一商法典》（Uniform Commercial Code）的颁布，不仅质押货物的范围得到了拓展，更为关键的是，在物流企业的参与下，原有的静态质押转变为动态质押，从而能有效地支持企业运作，这也是现代物流金融的雏形。米勒（Miller，1982）、拉克鲁瓦和瓦南吉斯（Lacroix & Varnangis，1996）都研究了基于仓储的创新金融服务。从实践角度出发，目前我国库存融资的形态主要分为以下几类：

1. 在途融资

在途融资是指企业将处于运输过程中的货物作为质押物出售给供应链管理公司，以向银行等金融机构申请融资（见图3-16）。这种融资方式可以帮助企业加速资金回笼，提高资金周转效率。

在途融资的优点在于它是一种方便快捷的融资方式，不需要额外的担保物或抵押品，同时可以降低企业的融资成本。然而，在途融资也存在一定的风险。首先，对于企业而言，将运输过程中的货物作为质押物需要确保货物的安全和可追溯性，否则可能会面临货损或货物被盗的风险。其次，对于金融机构而言，需要对供应链的整体情况进行全面评估，以确保融资的风险可控。此外，在途融资还可能会受到市场波动和政策变化的影响，因此需要企业在融资前进行充分的尽职调查和风险评估。

总之，在途融资是一种有效的融资方式，可以帮助企业加速资金回笼并降低融资成本。然而，企业在选择这种融资方式时需要谨慎评估风险并采取相应的风险管理措施。

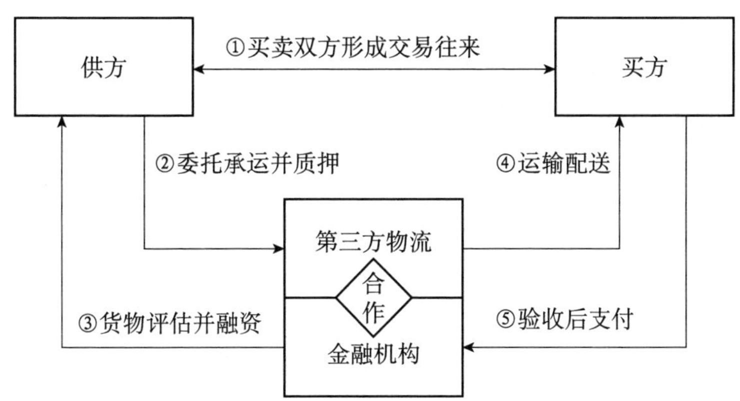

图3-16　在途融资业务流程

2. 静态抵质押授信

静态抵质押授信是指客户以自有或第三人合法拥有的动产为抵质押的授信业务。银行委托第三方物流公司对客户提供的抵质押的商品实行监管，抵质押物不允许以货易货，客户必须打款赎货。静态抵质押授信适用于除了存货以外没有其他合适的抵质押物的客户，而且客户的购销模式为批量进货、分次销售。静态抵质押授信是货押业务中对客户要求较苛刻的一种，更多地适用于贸易型客户。利用该产品，客户得以将原本积压在存货上的资金盘活，扩大经营规模。同时，该产品的保证金派生效应最为明显，因为只允许保证金赎货，不允许以货易货，故赎货后所释放的授信敞口可被重新使用。静态抵质押授信业务流程见图3-17。

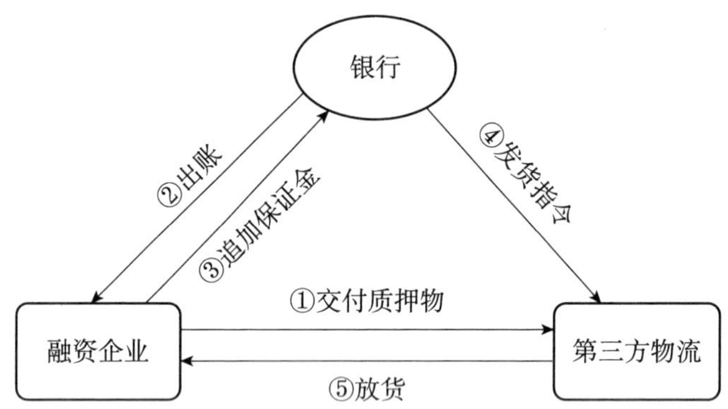

图3-17　静态抵质押授信业务流程

3. 动态抵质押授信

动态抵质押授信是延伸产品。银行对于客户抵质押的商品价值设定最低限额，允许在限额以上的商品出库，客户可以以货易货。这适用于库存稳定、货物品类较为一致、抵质押物的价值核定较为容易的客户。同时，对于一些客户的存货进出频繁、难以采用静态抵质押授信的情况，也可运用该产品。

对于客户而言，由于可以以货易货，因此，抵质押设定对生产经营活动的影响相对较小。特别是对于库存稳定的客户而言，在合理设定抵质押价值底线的前提下，授信期间几乎无须启动追加保证金赎货的流程，因此对盘活存货的作用非常明显。对银行而言，该产品的保证金效应相对小于静态抵质押授信，但是操作成本明显小于后者，因为以货易货的操作可以授权第三方物流企业进行。其运作方式如图 3-18 所示。

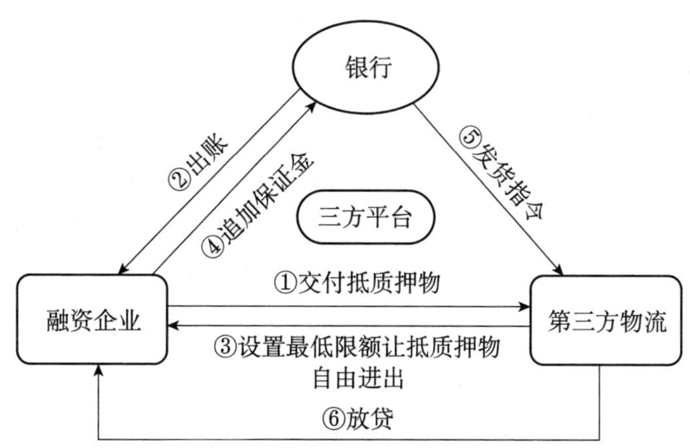

图 3-18 动态抵质押授信业务流程

中信银行与北京现代、上海大众等汽车生产商之间的合作便属于动态质押授信。由于在中国汽车产业链中，上游汽车厂商具有较强的品牌优势，而中间经销商由于受资金短缺的困扰，面临着如何增强经销能力的问题，因此，各大汽车制造商都希望减轻下游经销商的资金负担，拓展其经销能力。通过签署一系列框架性协议之后，汽车制造商列出希望银行支持的经销商的名单和采购量。通过这种合作推荐的方式，由银行、生产商和经销商共同签署三方协议，经销商就被纳入与银行和生产商合作的三方平台。这其中没有任何担保的概念在先，而是由银行先提供银行承兑汇票以及贷款的支持，也就是先给经销商一定的授信支持，增强其采购能力。款项付给生产商以后，生产商用专门的车队将汽车发送到经销商所在地。因为经销商不是和银行总行而是和某个分行签署双边协议，所以当汽车被运到这个分行所在地时，协议方会对买来的汽车进行一系列的交割。交割之后，从严格意义上说，这些车也不是质押在银行的，而是存放在经销商所在地，银行根据经销商的销售情况发放汽车生产合格证（伊志宏、宋华、于亢亢，2008）。

4. 仓单质押授信

仓单质押最早可以追溯到公元前2400年美索不达米亚的谷物仓单和英国历史上出现的银矿仓单（胡愈、柳思维，2008），它也是国内运用较为成熟的一种供应链融资方式（黄湘民、陈雪松，2008）。按照平安银行的划分，仓单质押可以分为标准仓单质押授信和普通仓单质押授信，其区别在于质押物是否为期货交割仓单。标准仓单质押授信是指客户以自有或第三人合法拥有的标准仓单为质押的授信业务。标准仓单是指符合交易所统一要求的、由指定交割仓库在完成入库商品验收和确认合格后，签发给货主用于提取商品的，并经交易所注册生效的标准化提货凭证。标准仓单质押适用于通过期货交易市场进行采购或销售的客户以及通过期货交易市场套期保值、规避经营风险的客户。对于客户而言，相比动产抵质押，标准仓单质押手续简便、成本较低。对银行而言，成本和风险都较低。此外，由于标准仓单的流动性很强，这也有利于银行在客户违约情况下对质押物进行处置。

例如，对于从事钢材等标准化商品交易的企业来讲，企业手中可能会持有一定量的钢材的期货标准仓单，用以进行风险对冲操作，从而缩减成本及提高利润。但是，这又会在一定程度上占用企业的资金。在这种情况下，银行方面可以为企业提供标准仓单质押业务，用以满足企业的金融服务需求。银行提供标准仓单质押的主要流程如图3-19所示。

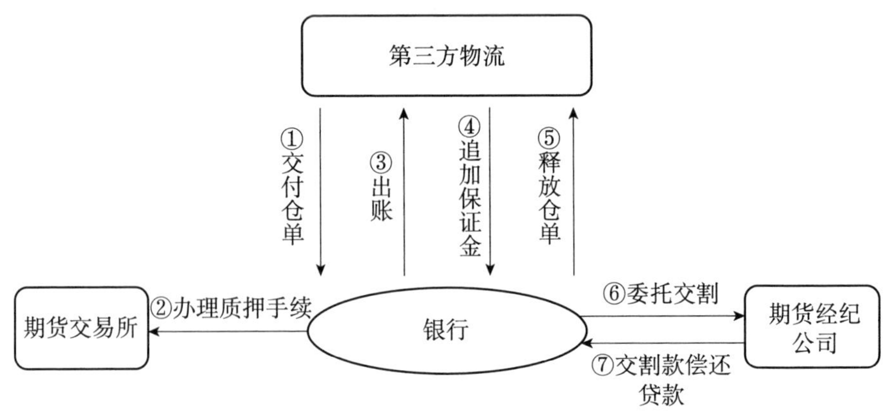

图3-19　标准仓单质押流程

①客户在符合银行要求的期货公司开立期货交易账户；

②客户向银行提出融资申请，提交质押标准仓单相关证明材料、客户基本情况证明材料等；

③银行审核同意后，银行、客户、期货公司签署贷款合同、质押合同、合作协议等相关法律性文件，共同在交易所办理标准仓单质押登记手续，确保质押生效；

④银行向客户发放信贷资金，用于企业正常生产经营；

⑤客户归还融资款项、赎回标准仓单，或与银行协商处置标准仓单，将处置资金用于归还融资款项。

普通仓单质押授信是指客户提供由仓库或其他第三方物流公司提供的非期货交割用仓单作为质押物，并对仓单作出质背书，银行提供融资的一种银行产品。应建立区别于动产质押的仓单质押操作流程和风险管理体系。鉴于仓单的有价证券性质，出具仓单的仓库或第三方物流公司需要具有很高的资质。普通仓单质押的流程如图 3 - 20 所示。

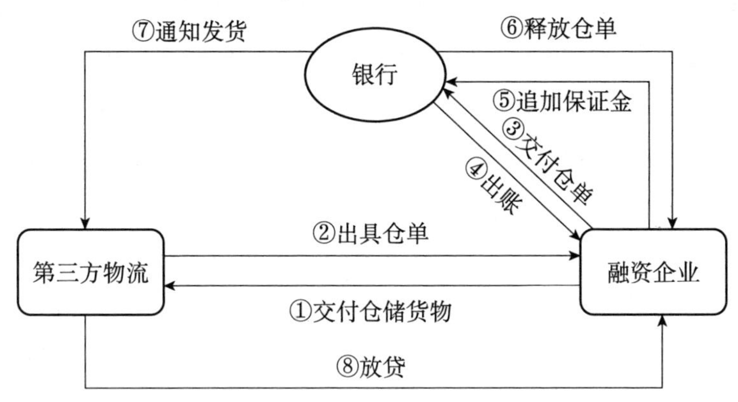

图 3 - 20　普通仓单质押流程

5. 提单转仓单融资

提单转仓单融资是指借款人将进口提单或出口仓单质押给银行，由银行发放贷款的一种融资方式。提单转仓单融资根据不同的业务类型和操作方式，可以分为以下几种类型：第一，进口提单转仓单融资：借款人将进口货物提单质押给银行，由银行发放贷款。货物进入保税区或指定仓库后，银行委托第三方监管机构对货物进行监管，并根据借款人的需求将货物转为仓单质押。第二，出口仓单转提单融资：借款人将出口货物仓单质押给银行，由银行发放贷款。银行委托第三方监管机构对货物进行监管，并根据借款人的需求将货物转为提单质押。第三，保税仓单转提单融资：借款人将保税区内的货物仓单质押给银行，由银行发放贷款。银行委托第三方监管机构对货物进行监管，并根据借款人的需求将货物转为提单质押。第四，非标仓单转提单融资：借款人将非标准仓单（如电子仓单、纸质仓单等）质押给银行，由银行发放贷款。银行委托第三方监管机构对货物进行监管，并根据借款人的需求将货物转为提单质押。

第 3 节　基于预付的供应链金融

一、预付款融资的内涵

预付款融资模式是指在上游企业承诺回购的前提下，由第三方物流企业提供信用担保，中小企业以金融机构指定仓库的既定仓单向银行等金融机构申请质押贷款来缓解预付货款压力，同时由金融机构控制其提货权的融资业务。在此过程中，中小企业、焦点企业、物流企业以及银行共同签署应付账款融资业务合作协议书，银行为融资企业开出银行承兑汇票为其融资，作为银行还款来源的保障，最后购买方直接将货款支付给银行（彭微，2012）。这种融资多用于企业的采购阶段。预付款融资可以理解为“未来存货的融资”，预付款融资的担保基础是预付款项下客户对供应商的提货权，或提货权实现后通过发货、运输等环节形成的在途存货和库存存货。当货物到达后，融资企业可以向银行申请将到达的货物进一步转化为存货融资，从而实现融资的“无缝链接”。

二、预付款融资的主要类型

根据已有研究与相关企业实践，预付款融资的主要类型可以归纳为如下几种：

（1）先票/款后货授信。先票/款后货是存货融资的进一步发展，它是指客户（买方）从银行取得授信，在交纳一定比例保证金的前提下，向卖方议付全额货款；卖方按照购销合同以及合作协议书的约定发运货物，货物到达后设定抵质押作为银行授信的担保。

在实践中一些热销产品的库存往往较少，因此企业的资金需求集中在预付款领域。同时，因为该产品涉及卖家及时发货、发货不足的退款、到货通知以及在途风险控制等环节，所以客户对卖家的谈判地位也是操作该产品的条件之一。

对客户而言，首先，由于授信时间不仅覆盖了上游的排产周期和在途时间，而且到货后可以转为库存融资，因此该产品对客户流动资金需求压力的缓解作用要高于存货融资。其次，因为是在银行资金支持下进行的大批量采购，所以客户可以从卖方争取较高的商业折扣，进而提前锁定商品采购价格，防止涨价的风险。

对银行而言，首先，可以利用贸易链条的延伸进一步开发上游企业业务资源。其次，通过争取订立卖方对其销售货物的回购或调剂销售条款，有利于化解客户违约情况下的变现风险。最后，由于货物直接从卖方发给客户，因此货物的权属要比存货融资模式更为直观和清晰。先票/款后货授信的业务流程如图 3－21 所示。

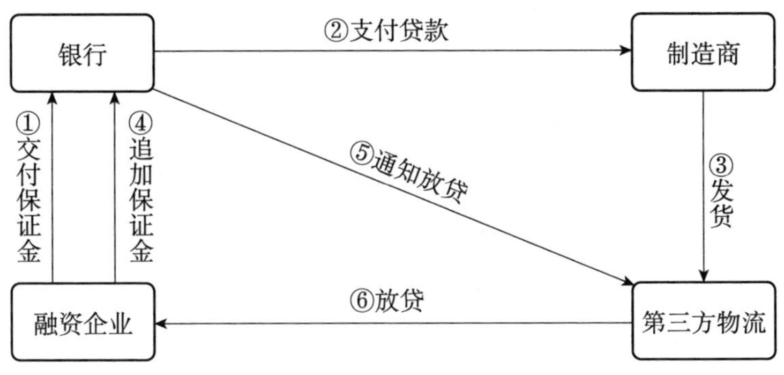

图 3－21　先票/款后货授信的业务流程

对先票/款后货业务来说，在考察风险时需要：①对上游客户的发货、退款和回购等履约能力进行考察；②对在途风险进行防范和损失责任的认定；③货到达后控制入库环节。

（2）担保提货（保兑仓）授信。担保提货是先票/款后货授信产品的变种，即在客户（买方）交纳一定保证金的前提下，银行贷出全额货款供客户向焦点企业（卖方）采购用于授信的抵质押物。随后，客户分次向银行提交提货保证金，银行再分次通知卖方向客户发货。卖方就发货不足部分的价值向银行承担退款责任。该产品又被称为卖方担保买方信贷模式。担保提货适用于一些特殊的贸易背景，比如客户为了取得大批量采购的折扣，采取一次性付款方式，而厂家因为排产问题无法一次性发货。或者客户在淡季向上游打款，提供上游生产所需的流动资金，并锁定优惠的价格，然后在旺季分次提货用于销售。保兑仓授信模式的提出同样主要是针对商品采购阶段的资金短缺问题（王佳，2013）。

对客户而言，大批量采购可以获得价格优惠，“淡季打款、旺季销售”的模式有利于锁定价格风险。此外，由于货物直接由上游监管，省却了监管费用的支出。对卖方而言，可以实现大笔预收款，缓解流动资金瓶颈。同时，锁定未来销售，可以增强销售的确定性。

对银行而言，将卖方和物流监管合二为一，在简化了风险控制维度的同时，引入卖方发货不足的退款责任，实际上直接解决了抵质押物的变现问题。此外，该产品中焦点企业的介入较深，有利于银行对焦点企业自身资源的直接开发。

以酿酒行业为例，由于大量的粮食收购一般都需要仓库来进行储存，而粮食经销商自身有仓库对粮食进行存储，且与下游酿酒或是粮食加工企业间的业务相对稳定，因此，保兑仓业务在酿酒行业中较为常见。下面将以酿酒行业为例说明保兑仓具体的业务流程（见图3－22）。

①经销商与生产商签订商品购销合同；

②经销商向银行申请开立以生产商为收款人的银行承兑汇票，并按照规定比例交存初始保证金；

③银行根据经销商的授信额度为其开立银行承兑汇票；

④银行按保证金余额的规定比例签发提货通知单，并将银行承兑汇票和提货通知单一同交给生产商授权的部门或人员；

⑤生产商根据银行签发的提货通知单向经销商发货；

⑥经销商销售产品后，在银行续存保证金；

⑦银行收妥保证金后，再次向生产商签发与续存保证金金额相同的提货通知单，银行累计签发提货通知单的金额不超过经销商在银行交存保证金的总余额；

⑧生产商再次向经销商发货，如此循环操作，直至经销商交存的保证金余额达到或超过银行签发的银行承兑汇票金额；

⑨银行承兑汇票到期前 15 天，如经销商存入的保证金不足以兑付承兑汇票，银行要以书面的形式通知经销商和生产商组织资金兑付，如到期日经销商仍未备足兑付资金，生产商必须无条件向银行支付已到期的银行承兑汇票与提货通知单之间的差额及相关利息和费用。

银行需要详细评估焦点企业的资信和实力，另外需要防止焦点企业过度占用客户的预付款，并挪作他用。以上都要求银行与焦点企业之间操作的有效对接。

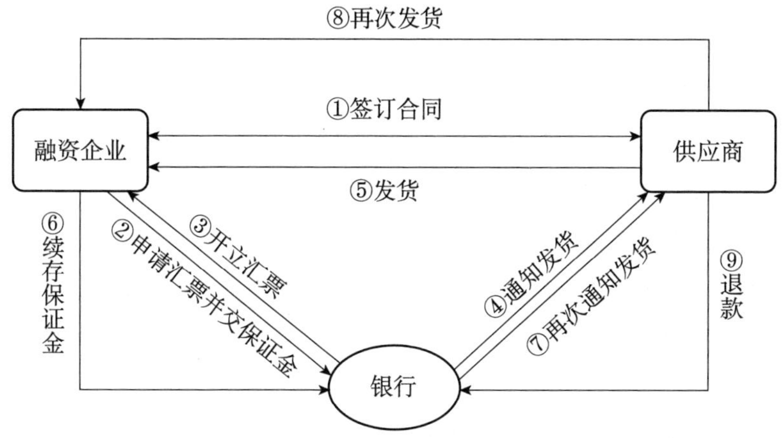

图 3－22 三方保兑仓业务流程

资料来源：北京银联信投资顾问有限责任公司。

（3）进口信用证项下未来货权质押授信。进口信用证项下未来货权质押授信是指进口商（客户）根据授信审批规定交纳一定比例的保证金后，银行为进口商开出信用证，并通过控制信用证项下单据所代表的货权来控制还款来源的一种授信方式。货物到港后可以转换为存货抵质押授信，该产品特别适用于进口大宗商品的企业、购销渠道稳定的专业进口外贸公司，以及需要扩大财务杠杆效应、降低担保抵押成本的进口企业。

对客户而言，在没有其他抵质押物品或担保的情况下只需交纳一定的保证金，即可对外开证采购，客户可利用少量保证金扩大单次采购规模，且有利于获得优惠的商业折扣。

对银行来说，由于放弃了传统开证业务中对抵质押和保证担保的要求，扩大了客户开发半径。同时，由于控制了货权，银行风险并未明显放大。进口信用证项下未来货权质押授信业务流程见图3-23。

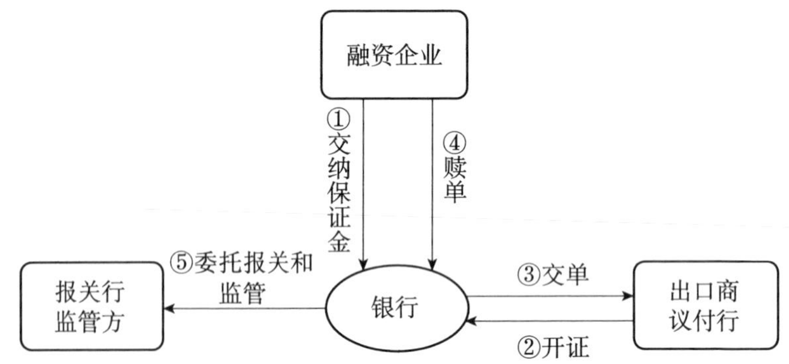

图3-23　进口信用证项下未来货权质押授信业务流程

在这项业务中，为了管控风险，需要：

①关注不同类型的单证对货权控制的有效性；

②根据不同情况，为在途货物购买以银行为受益人的保险；

③在续做押汇的情况下，关注到货到入仓监管之间衔接环节的货权控制；

④做好客户弃货情况下的应急预案。

（4）国内信用证。国内信用证业务是指在国内企业之间的商品交易中，银行依照买方（客户）的申请开出的凭符合信用证条款的单据支付货款的付款承诺。国内信用证可以解决客户与陌生交易者之间的信用风险问题。它以银行信用弥补了商业信用的不足，规避了传统人民币结算业务中的诸多风险。同时，信用证也没有签发银行承兑汇票时所设的金额限制，使交易更具弹性，手续更简便。此外，客户还可以利用在开证行的授信额度开立延期付款信用来提取货物，用销售收入来支付国内信用证款项不占用自有资金，优化了资金使用效率。卖方按规定发货后，其应收账款就具备了银行信用的保障，能够杜绝拖欠及坏账。对于银行而言，国内信用证相比于先票/款后货授信以及担保提货授信，规避了卖方的信用风险，对货权的控制更为有效。同时，银行还能够获得与信用证相关的中间业务收入。

像公路隔离护栏、指示牌等配套设施生产企业，其上游产业链延伸是钢材生产企业或是大型的钢贸企业，这类企业实力和信誉资质较好。公路建设企业向其进行产品采购，假如企业的资金周转出现了问题，需要进行融资。对于处于这种情况下的企业，银行方面可以为其提供国内信用证业务。具体业务流程如图 3-24 所示。

①买卖双方签订购销合同，买方向开证行提交开证申请，申请开立可议付的延期付款信用证，付款期限为 6 个月以内；

②开证行受理申请，向通知行（卖方开户银行）开立国内信用证；

③通知行收到信用证并通知受益人（卖方）；

④卖方收到国内信用证后，按照信用证条款和合同规定发货；

⑤卖方发货后备齐单据，向委托行（通常为通知行）交单；

⑥委托行（议付行）审单议付，向卖方支付对价；

⑦委托行（议付行）将全套单据寄送开证行，办理委托收款；

⑧开证行收到全套单据、审查单证相符后，向委托收款行（议付行）付款或发出到期付款确认书；

⑨开证行通知买方付款赎单；

⑩买方向开证行付款，收到符合信用证条款的单据；

⑪买方提货。

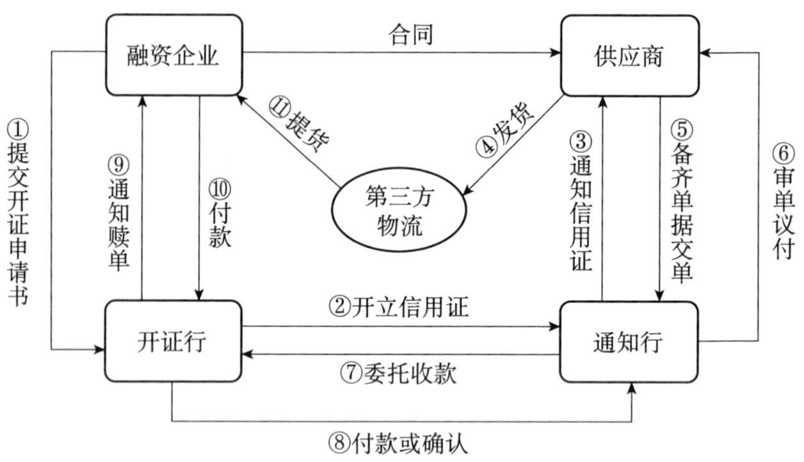

图 3-24　公路行业国内信用证业务

资料来源：北京银联信投资顾问有限责任公司。

风险要点：

①货权单据选择的法律有效性；

②跨行操作需关注不同银行的国内信用证管理办法的差别；

③与交易双方明确争端解决的参考制度和办法。

国内信用证项下打包贷款指银行应卖方（国内信用证受益人）的申请，以其收到的信用证项下的预期销货款作为还款来源，为解决卖方在货物发运前，因支付采购款、组织生产、货物运输等资金需要而向其发放的短期贷款。国内信用证为不可撤销、不可转让的跟单信用证。打包贷款额度一般不超过信用证额度的80％。

对于买方来说，首先，该产品能够保证买卖双方交易的安全。国内信用证项下打包贷款结算方式是有条件付款，如果卖方不能按期按时交货，银行可以不付款，从而大大保护了买方的利益，同时保证卖方生产的顺利开展，使买方能够按时收货。在卖方货款不足的情况下，银行提供打包贷款可以大大增加买方按时收货的可能性。其次，该产品有效降低了买方的交易成本。国内信用证项下打包贷款不占用买方的任何资金，延缓了付款期限。在保证交易安全的同时有效降低了交易成本。最后，该产品可以改善买方企业财务报表表现。国内信用证是表外业务，只有买卖双方融资变现后才划到企业负债中，其间可以改善买方的企业财务报表，降低企业负债率。

对于卖方来说，首先，可以缓解卖方流动资金压力。在生产、采购等备货阶段都不必占用企业的自有资金，缓解了企业的流动资金压力。其次，在资金不足时可以把握贸易机会。在卖方企业自身资金紧缺而又无法争取到预付货款时，可以帮助企业顺利开展业务，把握贸易机会。信用证期限、金额、数量等条件可修改，以满足贸易需求。最后，可以保证损失的最小化。使用国内信用证项下打包贷款，卖方只要保证单证相符、单单一致，在规定期限内按时交货，就能保证货款的收回。在开证行因正当原因不能付款或拒绝付款时，开证行有责任将代表货物的单据退给卖方，卖方虽收不到货款，但货权仍在自己手中，从而减少了损失。国内信用证项下打包贷款业务流程如图3-25所示。

①买卖双方基于真实贸易背景签订商品购销合同，双方约定以国内信用证为结算方式；

②买方向当地开证行提出开证申请，提交相应单据；

③开证行应买方申请，在审核买方资信后开立以卖方为受益人的国内信用证，并寄送给卖方当地银行（通知行/收款行）；

④通知行通知卖方，将信用证交给卖方；

⑤卖方在收到信用证后发货前向通知行申请打包贷款；

⑥通知行在审核买卖双方资信后同意卖方的打包贷款申请并放款；

⑦卖方在准备好货物后向买方发货并获得相关单据；

⑧卖方将取得的相关单据提交通知行；

⑨通知行寄送单据给开证行；

⑩开证行通知买方付款赎单；

⑪买方向开证行支付信用证项下相应款项；

⑫开证行向通知行偿付相应的融资款；

⑬通知行在扣除相应的打包贷款金额及利息等其他费用后将余额支付给买方。

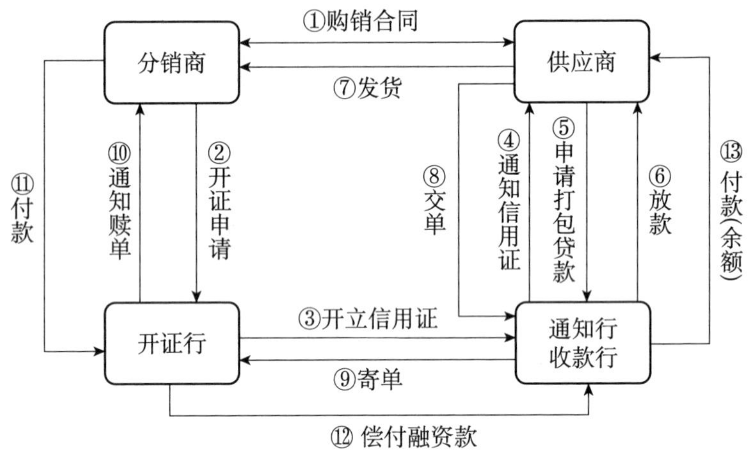

图3-25　国内信用证项下打包贷款业务流程

资料来源：北京银联信投资顾问有限责任公司。

第4章
核心企业推动的供应链金融

随着供应链金融实践的不断发展，推动供应链金融服务的组织不再是传统的商业银行等金融机构，而是产业中的核心企业，诸如产业供应链中的生产制造企业、分销服务提供商或者具有竞争力的第三方、第四方物流企业，它们基于自身的供应链运营体系，向自己的供应商或者客户提供综合性的金融服务。这一阶段的金融业务形态较为丰富，从核心企业向金融机构提供担保或者推荐战略供应商/客户，发展到向客户提供动态贴现(Dynamic Discounting)，以及提供买方或者卖方信贷。在这一阶段，风险控制主要基于产业核心企业所掌控的贸易流、物流和信息流，正是因为产业核心企业要比传统金融机构更了解供应链的业务和运营，因此，在基于供应链业务管理的金融活动中更容易解决信息不对称以及相应的道德风险和机会主义行为问题，从而有效地控制风险。在此基础上，本章将对生产制造业、分销服务业等领域核心企业推动的供应链金融创新模式予以介绍。

第1节　生产制造领域核心企业推动的供应链金融

一、生产制造领域供应链金融类型化

（一）生产运营领域的服务化战略

在新经济环境下，服务不再仅是整个产品供应的一部分，而是企业生产运营的基础；价值也不再仅仅产生于生产和销售过程，而是由企业和客户以及其他价值创造伙伴共同创造出来。因此，企业需要了解如何与客户一起创造协同价值以及如何重构伙伴关系（Edvardsson，et al.，2008；Yadav & Varadarajan，2005）。我们将这种以服务为主导的生产模式称为服务化战略，服务化是指从提供产品转向提供集成产品和服务，并在使用中传递价值的组织能力和流程的战略创新（Baines，et al.，2009）。服务化战略因客户能力和感知价值不同而有不同的形式。温斯特拉等（Wynstra，et al.，2006）根据客户所使用服务的不同，将服务化战略分为四类：消费服务、产品部件服务、工具服务和半成品服务。其中，消费服务是指企业运用服务能力为客户提供与其特定状况相匹配的服务来支撑其各种核心流程。产品部件服务和工具服务要求企业具有创新能力并能满足客户的特定需求。二者之间的差异在于，前者将产品或服务保持原有形态向最终客户传递，而后者按照既定方式影响客户的主要流程。半成品服务作为要素投入买方企业并由其传递给最终用户，它强调客户和供应商运营之间的优化匹配和同步交接。派卡里嫩和乌肯涅米（Pekkarinen & Ulkuniemi，2008）指出，为了实现与买方之间的协同价值创造，服务供应商需要完成许多工作，包括资源供应、设计、整合、市场运营和外包等。马丁内兹等（Martinez，et al.，2010）在已有的交易性产品服务的基础上提出了另外三种服务方式：产品和服务传递、产品和服务的定制化以及产品或服务的协同设计与整合。

基于以上介绍可以看出，根据客户的需求，学者对服务化战略进行了不同的分类，其中，有的是基于产品服务的视角（Wynstra，et al.，2006），有的是基于流程服务的视角（Martinez，et al.，2010），还有的是基于两者的整合视角（Pekkarinen & Ulkuniemi，2008）。我们认为，生产运营领域的服务化战略可以分为三种形态：业务流程导向型服务、技术应用整合型服务和系统集成打包型服务，如图 4－1 所示。

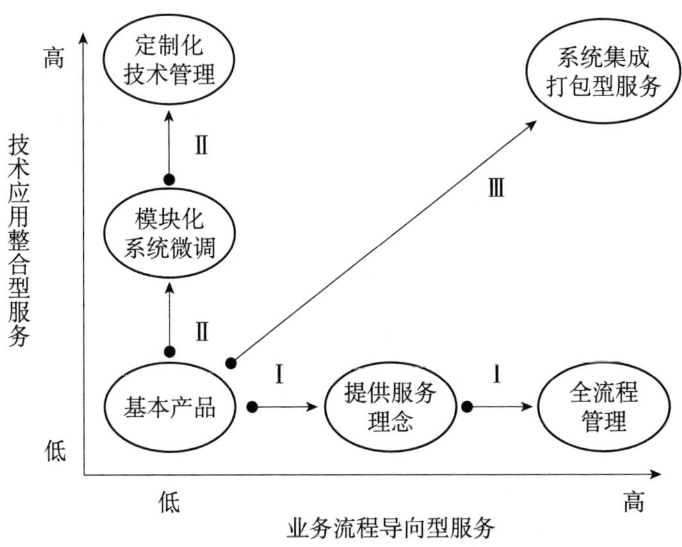

图 4－1　生产运营服务化战略的三种形态

第Ⅰ类是业务流程导向型服务，是指企业通过将业务活动整合到客户服务价值链或业务流程中，对一系列在逻辑上相关的合作性或交易性的活动进行协调，最终实现客户价值增值，比如接管客户的管理活动、订单履行活动或物流活动等（Matthyssens & Vandenbempt，2008），它强调通过经营流程的协调整合满足客户需求，从而降低总运营成本，用一种协同的思维与客户维持良好长久的合作关系。

第Ⅱ类是技术应用整合型服务，这类服务提供从基本产品到系统的微调再到特制的技术服务，它要求企业能够柔性地响应客户差异化和动态化的诉求，根据客户企业的特定需求提供技术或产品解决方案（Matthyssens & Vandenbempt，2008）。与传统的产品发展战略不同，其着重点在于客户企业技术应用的整合度，具体的技术优化涉及项目、工程等与技术相关的业务。通过技术应用的整合，能够带给客户企业更大的内部运作的灵活性，使其在更大程度上更加有效地满足市场的需要，当然也发挥了服务提供者自身的技术产品开发作用。

第Ⅲ类是系统集成打包型服务，是指企业通过整合资源、能力和知识，全方位满足客户就特定事件或问题所提出的价值诉求。系统集成打包型服务强调“打包”和“系统集成”（Stremersch，et al.，2001），“打包”是指一揽子提供对象性和知识性资源，“系统集成”则是指通过提供总体解决方案实现综合价值。系统集成打包型服务综合了技术应用整合和业务流程导向两类服务的特点，提供整体解决方案，需要服务供应商有一定的经济和实践基础。

（二）生产运营领域供应链金融服务的差别化模式

基于上述对生产运营领域的服务化战略认识可以看出，作为服务的提供者以什么样的途径和方式满足差别化的客户价值诉求以及协同生产的要求，决定了企业生产供应链运行的效率。金融作为当今供应链运行中一种重要的服务投入要素，如何作用于生产运营是可以深入探索的问题。与上述服务化战略的逻辑相一致，我们可以从金融在生产运营供应链中扮演的角色和发挥的作用来区分供应链金融的运作模式和类别（见图4-2）。

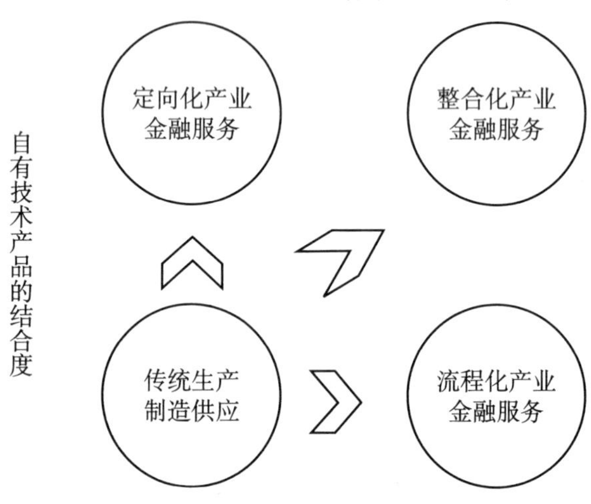

图4-2　生产运营领域供应链金融的模式

（1）流程化产业金融服务。与上述第Ⅰ类业务流程导向型服务一致，在生产运营领域的供应链金融模式可以通过实现一体化、完善的虚拟生产来实现。虚拟生产是指为快速响应市场需求，充分利用计算机技术和互联网技术打破传统的空间概念，组建管理扁平化、竞争与合作相结合的动态联盟，并围绕各自的核心竞争力开展生产活动的生产模式。之所以会出现这种模式，是因为生产运营流程是一个复杂的过程，在当今生产全球化、外包化的背景下，参与方不仅众多，而且较为分散，在这样的背景下组织生产运营，容易产生信息不对称和有限理性，从而推高生产运营的成本和费用。除此之外，由于不同的产业结构、市场和技术壁垒等因素，不同生产环节或供应环节呈现出不均衡的产业结构，换言之，供应商之间的市场支配力是不同的，亦即经济学中提及的少数问题，这就造成了生产运营流程的高度不稳定，产生了较高的交易成本。在这种状况下，服务运营商如果能运用金融资源实现生产运营流程的整合化，一方面帮助客户实现生产运营过程中的稳定性和持续性，另一方面有效弥合因为市场支配力的不均衡产生的生产运营瓶颈，那么不仅实现了客户的价值，而且也是生产方式的巨大变革。

在这种供应链金融模式中，金融活动的作用表现在两个方面：一是虚拟生产网络的黏合剂，虚拟生产的主要特征是：在整个生产过程中，货物、信息和服务高度个性化综合，无论是产品、服务还是价格都是消费者选择和赋予的函数；生产部门能够快速对顾客的需求做出反应，按顾客要求定制不同种类、任意批量的产品；集成顾客、销售商、供应商以及生产者各方面的意见，在网络中进行动态的个性化设计，直到需求者满意为止。在这一过程中，新的组织形式——虚拟企业出现了，它的核心是一种从必要的商务过程或资源（人或物理设备）中综合出来的新的生产能力，而不是它们的物理位置，生产是否在一个公司或是在一个合作的公司中进行并不重要。但是要实现这一目标，没有金融资源的支持是很难做到的，因为能在适合的时间将适合的经济主体迅速聚合起来完成特定的任务，需要良好充足的资金保障，特别是对于大量中小型企业而言，虽然具有潜在的资源和竞争力，但是往往会因为资金问题而无法参与到虚拟生产的网络中，供应链金融通过帮助解决中小企业的资金问题，使得生产网络能够不断整合新生力量，提高虚拟生产的效益和效率。二是金融成为使生产扁平化的重要驱动力。在全球生产的状况下，由于地理位置的远距离，以及物流过程的繁杂（往往涉及商检、通关、航运等），全球化生产过程中经营活动的衔接产生了诸多问题，特别是企业的现金流量周期（Cash to Cash Cycle）较长。

现金流量周期是当今企业供应链运作绩效测评的一种重要的工具和手段，其基本思想是：单位货币从原材料投入到市场价值实现的周期时间，这一工具所揭示的含义跨越了整个供应链活动的全过程，不仅包括企业内部的各种作业活动，如采购、仓储、生产、分销等作业，而且涵盖企业外在的经营行为，如客户服务等活动，它测度了消耗现金为生产经营活动而购买库存，到通过最终产品的销售而获取现金的时间跨度。这个指标可以用天数来衡量，它等于平均库存期加上平均获得时间，再减去应付账款时间（Schilling，1996）。而要缩短现金流量周期就需要减少应收、延长应付，但这一目标往往是难以达到的，而供应链金融通过服务运营商的融资行为桥接了生产过程，在不影响买卖双方的应收应付的状况下，顺利地开展了生产经营活动。

（2）定向化产业金融服务。与以上第Ⅱ类服务化战略相符的供应链金融模式是与技术和特定产品服务相关的融资业务，亦即服务运营者通过金融性业务完成对特定技术和产品的生产经营的过程。与第Ⅰ类服务化战略不同，前者更加偏重于通过金融的作用实现生产经营的流程性整合（即虚拟生产组织），而这类战略强调金融在定制化技术和产品生产分销过程中的作用，也就是说，前者在利用金融组织生产经营过程中不一定涉及技术开发以及自有产品的生产分销，而后者之所以创新了供应链金融业务，在于通过金融的杠杆作用，能够更好地与企业的上下游结合，定制化地研发、生产和分销企业自身的产品。在供应链运营中，金融活动不仅仅为参与方带来了收益，平稳了经营活动，解决了资金短缺的问题，也对企业自身的生产经营或者产品分销产生了直接的效益，或者稳定了关键供应商，确保技术和核心部件的供应，或者稳定了企业的网络渠道，确保企业的产品能顺利地获得较好的市场资源和地位。

(3) 整合化产业金融服务。与服务化战略中的系统打包服务相同，供应链金融在生产运营领域的第三种模式综合了前面两种类型，亦即既整合了生产运营流程，帮助参与方降低了生产经营中的交易成本，实现了虚拟生产，同时也结合了自身的技术和产品，稳定了服务运营者的网络结构，提升了已有产品在生产或分销中的竞争力。这种供应链金融的运用涉足生产运营的全过程，在这一创新模式中，服务运营商既是金融服务的平台提供者和综合风险管理者，同时也是供应链金融的直接受益者。客观上讲，这种供应链金融模式的目标不仅仅是稳定供应关系，促进产品销售，而且改变了整个供应链的管理生态，有利于优化供应链全局网络，服务运营者扮演了网络协调员的角色。

二、流程化产业金融服务模式

(一) 流程化产业金融服务模式的特征

流程化产业金融服务模式是指服务运营商充分运用信息技术和互联网（尤其是跨组织系统的建立），通过对外部资源进行整合运作，运用金融资源参与到客户的订单执行中，实现从原料采购、加工生产，到分销物流以及进出口贸易的高度整合服务，帮助客户打造贯穿客户产业的从方案商到原材料供应商、从制造商到渠道商的完整的生产运营体系。

对于客户而言，这种金融服务模式的优势表现为：第一，借助于服务商的流程整合大大降低了生产运营中潜在的交易成本，实现了生产的高效率；第二，缩短了客户的现金流量周期，提高了资金运营的效率；第三，可以使客户专心于产品研发或擅长的经营活动，外包自己无法承担的生产运营活动。对于金融服务提供商来讲，其优势在于：第一，通过渗透到客户行业，帮助组织虚拟生产，真正成为客户必不可少的战略合作伙伴；第二，通过金融与生产经营的结合，实现了金融与管理活动的效益最大化。

当然，要能成为流程化产业金融服务提供商，前提条件是：第一，服务提供商应当非常熟稔客户行业，了解其经营特点以及行业运行的规律；第二，具有很强的生产组织以及管理能力，特别是流程设计和质量管理能力；第三，建立了良好的信息网络系统，能有效组织生产经营活动，并同步管理、控制分散在不同地区的生产者；第四，具有良好的资金调配能力和风险管理能力。下面以国网英大推动低碳供应链为例说明流程化产业金融服务。

（二）典型企业案例：国网英大供应链碳金融

国网英大碳资产管理（上海）有限公司（以下简称“英大碳资产”）成立于2013年11月，成立伊始遂进行碳资产业务相关探索，已开发风电、光伏等CCER［CCER的全称是Chinese Certified Emission Reductions，意指中国核证减排量］项目近50个，行业碳排放标准25个，自主开发能源互联网相关碳减排方法8个。2021年1月划归英大股份直接管理，是国网公司系统内唯一的专业碳资产管理公司，主要从事碳审核、碳资产开发、碳交易、碳金融、低碳及碳市场相关课题研究、绿色供应链管理等业务，其中碳审核是指依据国家温室气体排放核查标准，为企业编制或审核碳排放报告，提供碳排放管理建议；碳资产开发是指为客户提供CCER项目的设计、备案以及签发服务；碳交易包含经纪业务和自营业务，经纪业务是指按照客户提出的条件，完成碳交易的撮合及碳资产的转让过户，自营业务是指根据碳资产的市场价格买卖碳的相关产品；碳金融是指与金融机构合作为各类客户提供创新的碳金融融资工具；低碳及碳市场相关课题研究是指在环境市场建设、低碳城市、绿色金融等方面，为政府和企业提供前瞻性课题研究；绿色供应链管理是指为企业构建绿色供应链管理体系提供技术服务。英大碳资产全面贯彻落实国网公司和英大集团各项决策部署，围绕“一体四翼”战略布局，坚持“以碳聚融，以碳促产，创造价值”的思路，把握“深化产融协同的新纽带、发展综合金融的新载体”的定位，致力于打造具有强大影响力的碳资产管理综合服务提供商。

1. 构建国网智慧供应链管理体系

为落实国家供应链创新发展要求，国家电网从2017年开始开展现代智慧供应链体系建设，为在能源产业链供应链上开展供应链金融业务打下了坚实的数据基础。国家电网现代智慧供应链以“五 E 一中心”供应链平台为支撑（见图 4-3），其中“五 E”分别为电子商务平台（ECP）、企业资源计划系统（ERP）、电工装备智慧物联平台（EIP）、电力物流服务平台（ELP）和物资业务一体化移动应用（e 物资），“一中心”指供应链运营中心（ESC），实现了从传统物资管理向涵盖智能采购、数字物流、全景质控、合规监督、智慧运营的全链业务数字化运营模式转变，构建了安全可控、高效协同、敏捷应变、共享共赢、更具韧性的供应链生态。

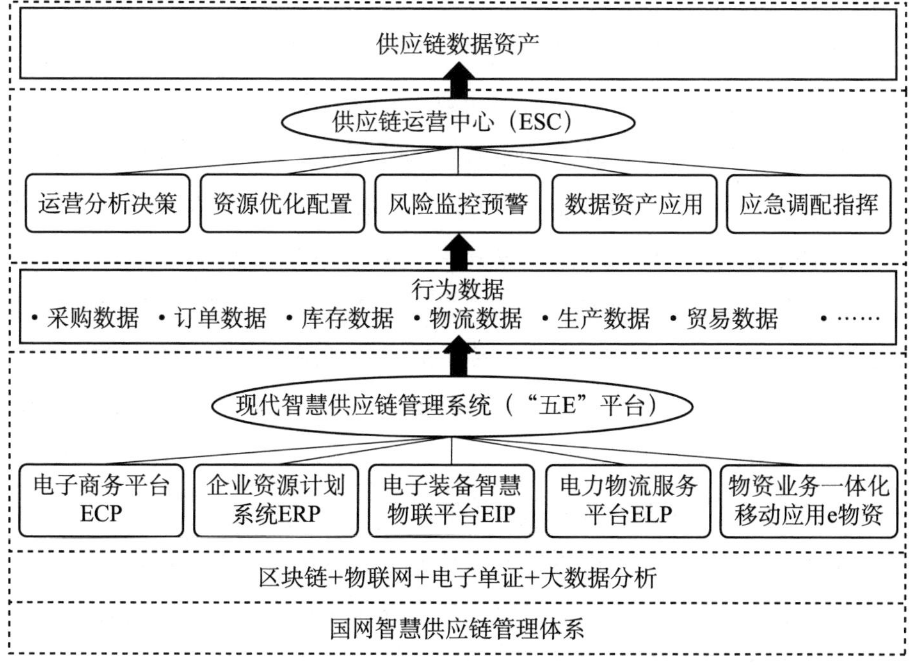

图 4-3　国家电网现代智慧供应链五 E 一中心功能结构

“五 E”平台涵盖了国家电网供应链上 64 个业务场景，采集并沉淀了上下游全流程业务数据[①]，形成了信息互通、共享的数据资源池。电子商务平

① 包括从计划申报、招标采购、合同签订、合同履行、质量管控、运输监控、安装调试、运行维护到报废处置等核心流程。

台（ECP）在线协同从采购计划、招标采购、合同物流、质量监督、供应商管理到废旧物资处置等业务操作。企业资源计划系统（ERP）统筹管控需求、订单、库存、资金等企业资源。上游电子装备智慧物联平台（EIP）对接国家电网电子装备用户、供应商和金融单位等企业的生产运营系统，打通订单跟踪、智能监造、质量评价等业务，形成电子装备生态圈，实现多方数据互通。下游电力物流服务平台（ELP）连接制造商、物流商和金融单位等企业，形成电力物流生态圈，在平台上共享配送规划、运输监控、服务评价等数据。“e物资”作为掌上移动应用，便于链上企业随时随地一键办理业务。

链上企业通过嵌入“五E”平台，积累了丰富的生产运营数据资源，一方面为自身申请金融服务打好信用基础，另一方面便于金融机构依靠丰富的企业信息精准匹配金融服务，同时降低业务风险。依托“五E”平台积累的数据资源，供应链运营中心（ESC）作为数据应用平台发挥运营分析决策、资源优化调配、风险监控预警、数字资产应用和应急调度指挥等五个功能，整合供应链生态圈内“松散”的业务数据，形成供应链数据资产，挖掘数据的金融应用价值。例如，英大碳资产利用供应链运营中心的数据资产，开发了供应商画像、投标及履约保证金、应收账款融资和信贷等供应链金融业务。

2. 发现绿：识别碳场景，收集碳数据

鉴于金融机构不能准确识别能源产业链上绿色减碳场景，正在绿色转型的链上企业对接金融机构的绿色金融服务存在障碍，也会减弱尚未实现绿色转型的链上企业的积极性。因此，首先，团队全面梳理能源产业链上的减碳场景，帮助金融机构“发现绿”，减少金融机构和电网之间的信息不对称。

经过全面梳理，电网投资领域当前适用国家减排方法学的投资降碳场景集中在绿色物资采购（如节能线缆、节能变压器、充换电桩/站）和绿色项目建设（如可再生能源专线配套、海上风电送出工程、跨区清洁电力输送）两类。在此基础上，各级电网近年来加大输电通道与调节能力建设，提升新能源消纳能力的各类投资场景，也具有强烈的减排降碳属性，例如抽水蓄能、虚拟电厂、智慧巡检等领域。如果链上企业参与到电网相关的绿色投资行为，也可以认为其间接地参与到减碳行动，共享减碳贡献，将有效激励绿色评价分较低的链上企业。

其次是收集链上企业自身的减碳行为数据。依托电网“五 E”平台和供应链运营中心，链上企业的订单管理、采购管理、库存管理等业务流程目前已基本实现数字化改造，在逐步加载能源数字化管理和电碳转换模块后，未来还可逐步实时获取链上企业主要生产运营环节的碳排放数据，沉淀形成归属于企业自身的碳行为数据资源池，实现在线刻画供应链产品的碳足迹（见图 4-4）。同时，平台上核心企业的上游电子装备生态圈和下游电力物流生态圈内数据共享，可进行交叉验证，更为精准地刻画供应链碳足迹。

3. 认定绿：建立碳账户，量化碳贡献

有了碳行为数据，如何量化并记录减碳贡献？由于目前面向金融应用的企业碳排放统计核算方法尚未统一、碳排放信息披露不公开等情况，英大碳资产积极协助电网企业构建“以电算能、以能算碳”的电能碳数据转换模型，通过电碳转换，实现对链上企业碳表现的全过程跟踪观测，并通过碳账户所嵌入的碳能力评估模型，进一步引导链上企业通过清洁能源替代、电能替代、能效提升等手段加快绿色转型，量化自评企业碳减排成效，披露企业当前碳排表现和低碳发展的可持续性。

碳账户是英大碳资产为链上企业专项设立的低碳创新类基础性绿色数字金融基础服务设施，旨在以碳积分形式量化反映企业绿色低碳运营、历史履约、低碳转型投入等降碳努力以及降碳潜力，从多维度评价企业“碳能力”，描绘企业“碳画像”，为企业提供降碳可信证明，进而协助链上企业对接优质绿色服务。链上企业可通过日常低碳经营情况获得基础碳积分，根据低碳数智转型行为获得行为碳积分，根据参与电网建设的降碳贡献程度和绿色金融兑付信用获得传导碳积分，积累的碳积分越多，可享受的低碳服务优惠就越多。自身已经实施绿色数智转型项目和行为（例如节能改造、能效提升、电能替代、数字化改造等）的链上企业、间接参与到绿色

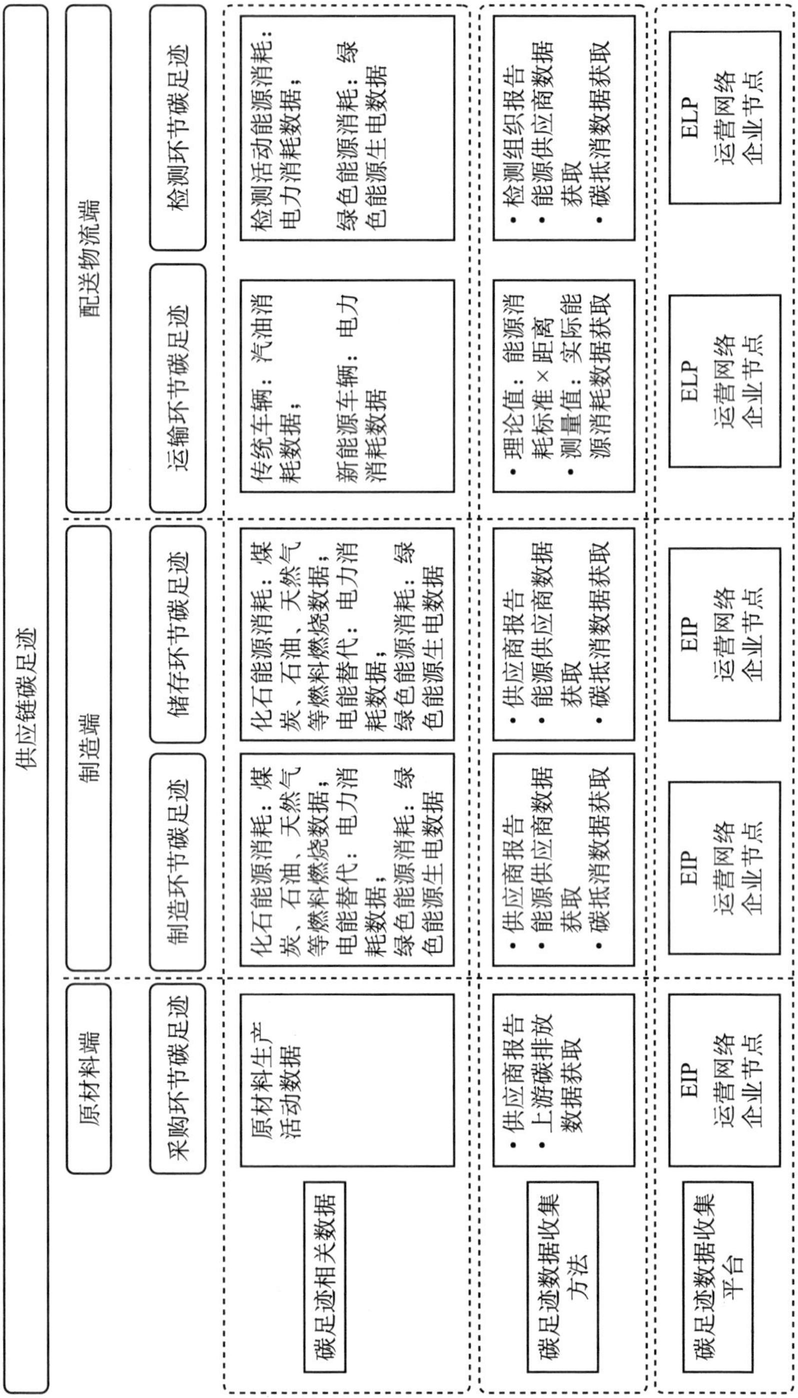

供应链碳足迹					
	原材料端	制造端		配送物流端	
	采购环节碳足迹	制造环节碳足迹	储存环节碳足迹	运输环节碳足迹	检测环节碳足迹
碳足迹相关数据	原材料生产活动数据	化石能源消耗：煤炭、石油、天然气等燃料燃烧数据； 电能替代：电力消耗数据； 绿色能源消耗：绿色能源生电数据	化石能源消耗：煤炭、石油、天然气等燃料燃烧数据； 电能替代：电力消耗数据； 绿色能源消耗：绿色能源生电数据	传统车辆：汽油消耗数据； 新能源车辆：电力消耗数据	检测活动能源消耗：电力消耗数据； 绿色能源消耗：绿色能源生电数据
碳足迹数据收集方法	• 供应商报告 • 上游碳排放数据获取	• 供应商报告 • 能源供应商数据获取 • 碳抵消数据获取	• 供应商报告 • 能源供应商数据获取 • 碳抵消数据获取	• 理论值：能源消耗标准×距离 • 测量值：实际能源消耗数据获取	• 检测组织报告 • 能源供应商数据获取 • 碳抵消数据获取
碳足迹数据收集平台	EIP 运营网络企业节点	EIP 运营网络企业节点	EIP 运营网络企业节点	ELP 运营网络企业节点	ELP 运营网络企业节点

图4-4 “五E”平台碳足迹监控过程

采购订单或绿色项目建设中的链上企业经由国网链上核心企业传递，都可以在碳账户中积累减碳贡献，大大增强链上企业减排降碳、绿色转型的动力。

4. 传递绿：构建碳信用，传导碳贡献

为缓解链上企业因生产低碳产品或建设低碳项目而产生的资金压力，并激励其继续参与供应链降碳，英大碳资产会同电网核心企业，基于智能电网投资所形成的降碳贡献，依据企业两类碳评报告，即碳能力评估报告和项目碳履约评估报告，将电网降碳贡献沿着供应链网络关系线向链上中小企业实现传导。传递过程中，如果链上企业存在融资需求，则可依托碳贡献传递结果对接绿色金融服务；如果没有，碳贡献还可通过产品碳足迹等碳评证明，进一步向上游供应商进行传递。

其中，碳能力评估是在碳账户的基础上，针对电网供应商，进一步利用电子订单技术以及平台中数据记录，根据链上企业自身的低碳生产情况和降碳表现，以及对核心企业历史绿色采购订单履约信息（包括合作年限、年履约金额、履约行为等），多维度评估企业主体的碳能力，出具企业碳能力评估报告。链上企业可根据评估分数，由此获得对接绿色金融服务的专属资格。而项目碳履约评估，则是根据链上企业提供的绿色低碳品类中标履约订单或合同以及履约进度，经核心企业复核，由英大碳资产为企业分析并评估其参与智能电网建设的预计降碳和实际降碳贡献，出具《项目/产品碳减排评估报告》。链上企业可依据评估结果，分享经核心企业允许传导的履约过程碳贡献，并结合自身融资需求，享受绿色订单融资等特色绿金服务权益。

通过碳评价，一是复核链上企业参与智能电网建设的历史履约等关键信用信息，形成可开展碳信用传递的链上企业白名单，构建了企业级碳信用评价体系；二是复核链上企业参与电网建设的过程履约信息，形成基于链主企业的“降碳贡献分享＋信用关系证明”，构建了项目级碳信用评价体系；三是复核链主和链上企业开展碳信用传递的真实性，以碳信用传递专属账户开立变更，确保后续碳信用金融化应用的全程可控，建立碳信用传递机制，从而有效隔离了核心企业的确权风险，并对金融机构发展供应链金融时所担心的信用风险以碳评金融化改造方式进行了增信，支撑绿色金融的应用要求，有效缓解了链上企业“融资难、融资贵、融资慢”的痛点问题。

5. 应用绿：挂钩碳金融，降碳能降息

以核心企业碳贡献传导机制为中心，英大碳资产在电网核心企业的支持下，鼓励链上中小企业建立碳账户、积累碳积分，进而依据积分来申请基于绿色转型的融资优惠服务，获得基于降碳努力的经济回报，以金融优惠作为激励手段赋能供应链企业持续降碳（见图 4－5）。目前，英大碳资产已和中国工商银行、交通银行、中国建设银行、民生银行、光大银行等多家外部金融机构，以及英大集团旗下内部金融单位，合作开发了多元化绿色信贷、绿色保险、绿色投资等绿色金融产品。

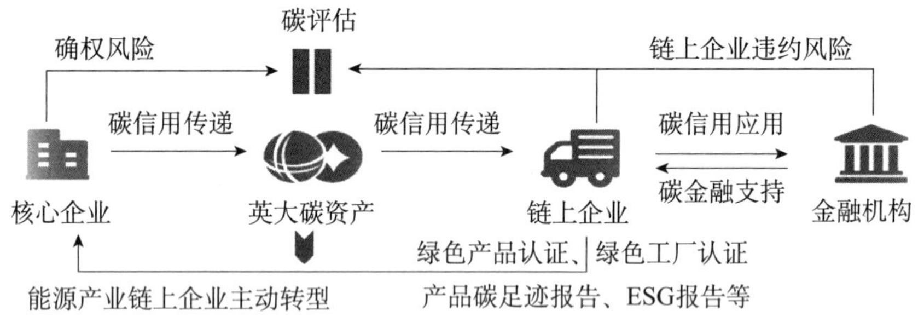

图 4－5　国网英大碳资产公司“碳评＋金融”模式

以走在中国数字化转型前列和获批国家首批绿色金融改革创新试验区的浙江省为试点，英大碳资产在国网浙江电力的指导下，联合金融机构创设“智网减排贷”服务模式，会同英大保理、交通银行推出首款绿色信贷产品——绿色交碳保。结合企业碳能力评估报告（大于 85 分）、项目碳减排评估报告以及碳积分情况，交通银行为中标电网绿色订单的节能线缆、节能变压器等物资供应商提供订单融资产品、发放低息低碳资金贷款。即在链上企业与电网签订框架采购合同后，即可根据企业的碳信用，向其发放铺底贷款资金。绿色交碳保的融资时点远早于市场现有的应收账款融资类产品。企业在中标框架采购后，可根据订单总额核定授信额度（最高可达合同金额的70%），首期可提取核定授信额度的50%。绿色交碳保于2022年9月推出，累计已帮助14家浙江地区的供应商企业获得绿色授信规模2亿元，累计放款6 400万元，其中小微企业占比达到87%，有效缓解了企业在原材料采购、生产经营等方面的资金压力，降低了融资成本。[①] 2022年底，英大碳资产双碳服务团队与国网浙江电力共同申报的“碳评＋金融”创新实践从国内外200多个企业参选案例中脱颖而出，荣获“产业链供应链数字经济创新十大杰出案例”。

2023年3月，英大碳资产还会同国网上海电力，联合中国工商银行，创设了直接挂钩电网减排贡献的首款线上化绿色信贷产品——“融e绿贷”，专门用于支持参与电网绿色建设、采购、运维等更多电网投资降碳场景的链上企业。该服务模式推出不到1个月，累计已有近40家链上企业，通过碳履约能力评估，获得绿色金融的专属服务资格，其中5家中小微企业已通过申请项目减排评估，成功传递近2万吨碳减排贡献，获得绿色资金支持约2 000万元，同比降低融资水平近100个基点。

英大碳资产与英大内部及外部金融机构合作开发的碳金融系列产品，在大大提高了链上企业持续参与绿色供应链建设的积极性的同时，缓解了链上企业的融资困境，在促进固链稳链、提升能源产业链韧性和安全水平、助力服务实体经济和建设制造强国方面发挥了重要作用。

三、定向化产业金融服务模式

（一）定向化产业金融服务模式的特征

定向化产业金融服务是指金融服务提供商（即焦点企业）凭借自身的产业供应链，特别是供应或分销关系，以企业的上游供应商和下游客户为特定对象，以自身设计、生产的产品和业务为依托，并且通过产业供应链服务化，尤其是金融资源的运用，实现产业供应链的顺利运营，稳定上下

① 传统订单融资产品利率在5.5%以上，而“绿色交碳保”在浙江的推广期的综合服务成本为3.85%，在试点期引入绿色认定后的综合利率不超过4.7%，较产品引入前总体降息幅度达165个基点（1个基点表示0.01%）。

游关系，促进产品和业务的发展，同时拓展供应链服务化的空间。

具体讲，定向化产业金融服务对于提供商而言，其优势在于：第一，有利于自身产业供应链的建设和发展，特别是稳定上下游关系；第二，促进了商流、物流、金融三个环节的高效融合，拓展了产品和业务发展的空间，有效降低了单纯供应或销售存在的潜在风险；第三，拓展了产业服务化的空间和领域，更好地通过金融夯实自己的产业供应链，同时，通过产业供应链的发展进一步带动金融资源的增值。对于金融服务对象（客户）而言，其优势在于：产品和服务的结合更加有利于客户投入生产经营和市场开拓的活动中，降低了客户的运作成本，增强了其对服务企业以及产品的信心，并且有利于买卖双方形成长期稳定的合作关系。

从事定向化产业金融服务的前提条件是：第一，自身产业供应链网络的建成和成熟，特别是具有完善的供应商和客户管理体系；第二，服务商具有较强的技术、设计和产品运营能力；第三，自己承担相应的风险，并且管理供应链金融风险；第四，企业自身具有强大的信誉和资源。

（二）典型企业案例：伊利的供应链金融服务

1. 乳业产业挑战及供应链金融需求

乳业产业链横跨第一产业农牧业、第二产业制造业及第三产业商贸流通行业，涉及产业面较广。其中，制造企业属于第二产业制造业，在产业链中处于核心地位；处于产业链上游的第一产业农牧业，为乳制品制造企业提供主要原材料，具有资金密集、投入大、回报周期长的特点；产业链下游是第三产业商贸流通企业，主要是从事乳制品销售的经销商、物流企业等。三大产业之间分工清晰、职责明确。但是存在第二产业乳制品制造企业相对发达，第一产业农牧业、第三产业商贸流通企业相对欠发达问题，乳业产业链呈现“中间大、两头小”的格局。

上游主体弱、缺抵押、少渠道。在三聚氰胺事件后，乳制品行业食品安全被提到前所未有的高度。为重塑奶源信心，上游牧场规模化、信息化、科学化的饲养成为主流。然而，大多数牧场主是从农户养殖起家的个体工商户，公司内部治理不完善，资本积累不足，缺乏抵押物。虽然奶牛的市场价值高，但属于生物资产，被排除在银行业认可的标准抵押物之外。“家财万贯、带毛的不算”是困扰牧场主已久的难题。此外，牧场土地是集体所有，牛舍没有房产证，金融机构难以覆盖牧场的融资需求，牧场的大部分经营活动通过赊销展开。受行业特点限制，牧场一般位于乡村，主流金融机构难以覆盖。

下游规模小、轻资产、被歧视。随着乳制品行业的快速发展，下游经销商的销售规模逐年攀升，商超等渠道压款也逐步增大。对于经销商来讲，上游厂商要求预付款，下游零售、商超门店都是赊销经营，两头挤压导致存货和应收账款对其压款非常严重。从主体资质上看，下游经销商夫妻店形式居多，规模小，内部管理不规范，常被认为是“皮包公司”，资产体现为存货和流动的应收账款，传统金融机构对此并不认可。

上下游融资难、融资慢、融资贵。乳制品行业上下游普遍存在着迫切的资金需求。上下游企业大部分通过民间借贷解决资金需求。但民间借贷各种隐性显性的成本累计超过 15%，而且连续性非常差，资金回笼和回报周期长。由于面临乳制品行业信息不对称、产业链信息化程度不足，乳制品行业缺乏可标准化的抵质押品，核心企业信用无法共享等约束，银行很难支持产业供应链上下游中小企业融资。

2. 伊利供应链金融解决方案

为促进乳业的共同繁荣与可持续发展，伊利集团作为乳业龙头企业发挥带头作用，探索供应链金融新模式。从 2014 年开始，伊利集团先后成立伊利财务有限公司、内蒙古惠商融资担保有限公司、惠商商业保理有限公司、内蒙古惠商互联网小额贷款有限公司和伊兴奶业投资管理有限公司，申请获批四块金融牌照，耗费千万元搭建乳业产业金融平台“乳链惠”，帮助解决上游牧场、供应商和下游经销商、分销商及零售门店的资金需求（见图 4-6）。伊利集团推动产融深度融合，为产业链注入急需的资金血液，驱动产业供应链可持续健康发展。具体讲，伊利供应链金融解决方案的特点如下：

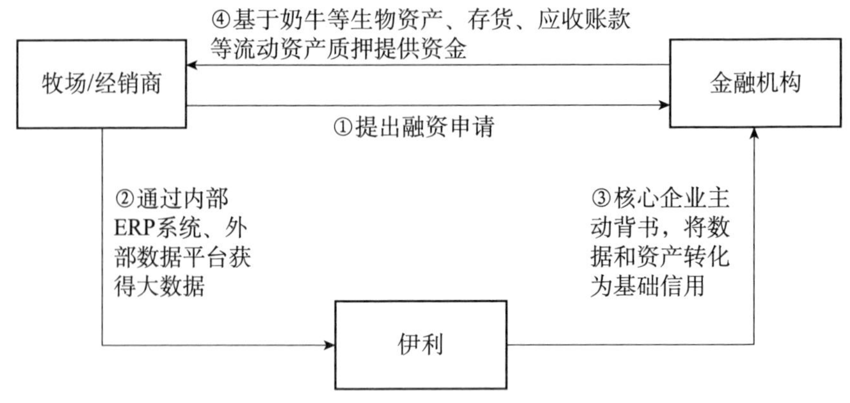

图4－6　伊利供应链金融服务

（1）重信用共享、主动承担实质风险、主动履行社会责任。

伊利集团从信息中介跃升为信用中介。从2009年开始，为解决牧场、经销商资金问题，促进产业链企业协同发展，伊利集团积极与各家银行进行洽谈，主动作为信息中介，将产业信息资源共享，向各家银行推荐上下游具有融资需求的客户，并且提供上下游与集团基础交易数据，致力于解决银企信息不对称、合作伙伴融资难问题。但受限于小微企业的身份以及无相应抵、质押物，上下游小微客户融资获得率依然较低。同时因银行承担全部风险损失导致银行政策不连续，无法提供持续、有效的资金支持。在产业链客户需求旺盛、国家普惠金融要求迫切的情况下，为了长效性解决产业链中小企业融资困局，带动牧场与经销商发展，伊利集团作为核心企业，决定将最宝贵的资源——“信用”资源，与产业链合作伙伴共享，主动承担实质风险，融资理念由原有的“信息共享”跃升为“信用共享”，体现了大企业的担当与追求。

（2）重金融监管，对资金方合作伙伴负责任。

为了搭建长效、系统性的解决路径，伊利集团申请持有相关金融牌照。伊利集团不断创新信用融资模式，从2014年开始依次成立了担保、保理以及小贷公司，获批四块牌照，提高了业务自主性和时效性，惠及更多合作伙伴。虽然伊利高层中曾有过争论，认为很少有核心企业愿意为合作伙伴提供实质性的风险，但是伊利高层领导坚持认为，如果不持牌、不搭建队伍、不重度运营，说明是临时性的解决方案，是对银行等合作伙伴的不负责任。

（3）重风控，结合行业特点精心设计评估指标与链路闭环。

在客户准入方面，伊利集团供应链金融对上下游小微企业有着严格的准入制度。对于牧场，以忠诚度、专业度、专营度作为三个考量指标。忠诚度是与伊利合作的年限，专业度是牧场主养了多少年的牛，专营度是指牧场主除了养牛是否还干其他业务，例如能源、房地产等。忠诚度能很大程度上防止牧场主为竞争者供应奶源。

在客户评价与额度建议方面，渠道销售队伍是与经销商最常接触的员工，他们经过培训，首先对申请者进行信用尽调和资质审查，将衡量数据（例如销售达成率、专营度）提交到财务和风控部门。接着由财务部门审查是否有欠款费用，由风控部门结合经销商在伊利产业平台中留下的数据以及第三方数据（天眼查、涉诉、欠款等）进行审查。最后将各部门数据、客户评价和额度建议推送给银行。其中，伊利集团下达的下月销售任务是经销商获批额度的重要参考指标，一般只解决经销商 50%的资金缺口。

在链路闭环方面，经销商无论通过小贷公司融资还是通过银行融资，获批的资金全部打到伊利的账户，一是保障资金专用性；二是由伊利统一保管乳品，确保在经销商乳品卖出去之前保鲜乳品；三是便于计息。针对牧场主不交货风险，伊利与牧场主约定了排他性条款，明确了违约惩罚措施（如违约金、提前终止贷款）；由于经销商向下游商超结算货款以月为单位，所以，为了确保经销商还款周期的合理性与稳定性，伊利设置了按月等额还款方式。

在抵押物方面，从 2014 年开始，伊利集团就不断探索利用科技与专业的生物知识将奶牛资产进行标准化，建立奶牛的标准化抵押体系。

（4）重数字化，提升可视化与效率。

在移动互联网快速普及的环境下，伊利集团在看到了产业互联网的趋势后，于 2016 年搭建了“伊路通”平台。该平台参照银行的管理架构，由前台的客户服务部、中台的运营部、后台的估选部等部门构成，打造全新的金融服务模式。目前“伊路通”平台已经实现内外部系统的互联互通，将资金流、信息流、作业流有机结合，有效提升服务效率、降低服务成本。2021 年，“伊路通”平台升级为 2.0 版本“乳链惠”平台。平台整合了 ERP 系统、SRV 系统、CRM 系统等内部数据源，并引入了天眼查等外部数据源，形成风险大数据，与银行系统直连，经过多年打磨的数据智能分析模型能帮助银行更好地筛选客户并预警风险。

四、整合化产业金融服务模式

（一）整合化产业金融服务模式的特征

整合化产业金融服务模式结合了流程化产业金融服务和定向化产业金融服务两种形态，一方面，既从产业链流程上实现了从原料采购、加工生产、分销物流到销售全过程的高度整合，帮助客户形成产业化、组织化、标准化的生产经营体系；另一方面，也充分结合了服务运营商自身的技术和产品，通过金融性服务，保障自身供应链运行的高效率和效益，稳定上下游关系，促进产品和业务的发展，在为上下游服务的同时，进一步拓展自己发展的空间。

对于服务对象（客户）来讲，这种金融服务的益处在于：一是由于高度的流程整合使交易成本得以下降，客户面临的交易成本往往是由供应链运行的长度和复杂度带来的，作为产业企业的客户，一方面需要自己组织管理复杂的生产经营活动；另一方面还需要面对变化多端的市场以及竞争，因此，交易成本问题是客户需要面对的挑战。特别是在一些专业产业领域，由于生产要素的特殊性和复杂性，加之各要素市场的集中度差异较大，造成买卖双方要想了解交易对象的实际需求和状况非常困难（即现货市场的信息都是非常有限的），这也就是所谓的有限理性。同时，在某些时候存在着机会主义动机，亦即利用信息不对称侵害交易对方的利益。而且，由于各种非经济因素的影响，生产和分销企业之间的交易存在着诸多的不确定性和少数情况，很多时候交易往往受制于相互之间的个人利益、关系等因素，加之契约是分布在不同时间、地点随机进行的，使得交易费用也呈现出较高的状态。而整合化的供应链金融由于实现了全供应链流程结合，打通了生产、分销和销售之间的渠道，因此，也使得上述潜在问题迎刃而解。二是由于定向化的服务使得特定技术和产品的运用得到保证，能够使客户更好地了解、使用服务运营商的产品、技术，真正使得产品技术和服务结合起来，同时客户还能专心于自己的生产经营，也稳定了供需关系。

对于金融服务运营商而言，这种金融服务既能使其成为产业流程的组织者和管理者，又能改变单纯的产品业务销售模式，真正成为综合性生产性服务经营者，保障了产品和业务的持续发展，同时稳定了整个供应链体系，强化了供应链竞争力。

实现整合化的供应链金融服务所需具备的条件是：第一，服务运营商具有良好的管理能力，特别是供应链设计、组织和运营能力；第二，服务运营商不仅擅长生产领域内的管理，而且也具有很强的渠道、市场拓展能力；第三，服务运营商自身的产品和业务能力较强，并且有着很好的产品线和资源；第四，服务运营商能很好地获取和拥有金融资源，并且具有将金融资源结合到供应链运营中的知识和智慧；第五，服务运营商有着良好的风险管理能力，能分散和降低供应链金融运行中的潜在风险。

（二）典型企业案例：小米天星数科的供应链金融

小米公司正式成立于2010年4月，是一家以手机、智能硬件和IoT（Internet of Things，物联网）平台为核心的互联网公司，致力于改造中国制造业。创业仅7年时间，小米的年收入就突破了1 000亿元人民币。2018年7月，小米正式在港交所挂牌上市。2019年，全年收入超过2 000亿元人民币，成为最年轻的《财富》500强公司。2020年第三季度，小米的全球智能手机出货量上升至第3名，在90多个国家和地区占有市场份额。为进一步提升供应链效率，在继续和上下游伙伴密切合作的基础上，小米提出做“制造的制造”，为传统制造业提供智能制造方案。

2009年，物联网正式被列为国家五大新兴战略性产业之一。2013年年末，小米果断做出决定：采用投资的方式孵化生产智能硬件的硬件公司，开始正式布局小米生态链。“用投资的方式，找最牛的团队，用小米的平台和资源，帮助企业做出最好的产品，迅速布局互联网”，这是小米布局生态链的初衷。小米为生态链上的企业提供人才、品牌背书、活跃用户、销售渠道、供应链能力、资本、方法论和社会关注度等方面的赋能，切实帮助生态链企业成长。2017年11月，小米成为全球最大智能硬件IoT平台。截至2020年9月30日，小米共投资超过300家企业，总账面价值达395亿元人民币，其中有9家于2019年12月在科创板上市。除了投资的生态链企业，小米的上游供应商（代工厂、原料供应商）、下游零售体系（小米网、米家商城、米家有品等）也处于小米生态链之中。

天星数科是小米公司旗下的金融科技服务平台，其应用程序于2015年5月正式上线。目前小米金融旗下主要板块包括消费信贷、第三方支付、互联网理财、保险经纪、供应链金融、金融科技、虚拟银行及海外板块等业务。2018年3月，小米金融依托小米集团的智造基因和产业生态，正式开展供应链金融业务。小米供应链金融作为小米产业金融业务中的重要板块之一，致力于应用金融科技助力消费升级和产业升级，迄今为止为3 000家中小实体企业提供了超过900亿元的信贷支持。2019年9月，小米数字科技有限公司（简称“小米数科”）成立，致力于应用数字科技手段服务产业实体的金融需求。2020年10月，小米数科品牌升级为天星数科，小米金融App品牌焕新为天星金融App，将继续运用数字科技服务好实体企业的产业金融需求，服务好金融机构的转型升级，服务好广大米粉和用户（产业金融服务、金融科技服务、个人金融服务）。

1. 全链金融1.0

在全链金融1.0阶段，全链金融的关键词为重新定义订单融资，重点关注制造业中的中小型企业，实际上是小米有品中的企业和小米生态链投资的企业。在制造业生产链条中，产品经历了ID设计、产品封样、PO（Purchasing Order）订单、原料采购、加工生产、仓储管理、销售、末端物流、产品交付等阶段。小米结合对制造业的观察，发现企业实际在订单阶段最需要融资。虽然在传统的银行或者其他金融机构中都存在订单融资业务，但是由于订单融资风险较高，实际上企业很难通过订单融资方式从银行获得资金。在实际操作中，订单融资的风险具体表现为资金被挪用、货物生产不出来、货物不能销售出去、销售出去后收不到钱等，在产业链上，中间任何一个环节出现断点，就很可能造成融资款偿还失败，所以银行不相信小微企业，不敢为小微企业提供资金。全链金融曾尝试上线发票融资和入库融资业务，但是这两种方式前者账期只有 30 天，后者账期只是提前了 15～20 天，仍不能解决小微企业在订单阶段的融资需求。

为切实解决中小微企业的融资需求，小米重新拆解制造业智能硬件企业的产业链，探索制造业中订单融资的创新路径。以小米智能门铃为例，其生产链可以拆解为创意设计、产品封样、PO 订单下达、物料采购、代工厂加工生产和第三方物流交付环节。其中从创意设计到产品封样，耗费 3～6 个月的时间。在每个环节之下，还有多种因素需要考虑（如图 4－7 所示）。

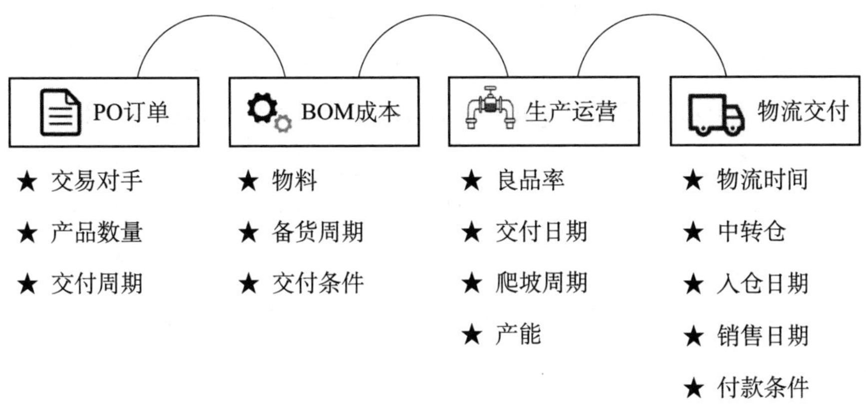

图 4－7　全链金融 1.0 各阶段的因素

注：BOM 是 Bill of Material 的首字母缩写。

针对订单融资，小米从两个方面着手来控制风险：第一，进行资金的闭环管理，用途定向支付，销售回款约定优先偿还融资款；第二，深挖数据，精细化中间过程管理，降低订单融资风险。具体来讲，首先分析订单的关键字段，以了解贷款的真实用途；其次，拆解产品在产业链中的生产成本和占比，精细化分析并分享相应数据；接着在生产阶段，依靠白名单代工厂的准入了解工厂产能、爬坡等生产过程数据；最后，将物流交付入库相关数据与小米生态体系内数据打通，了解入仓数量、退货数量、良品率、售后、对账结算等全链条信息，降低因信息不透明导致的订单融资风险。目前，小米供应链金融已经形成了集聚小米特色的动态贴身定制化模型，在每个过程的节点都做了系统层面的人为监控。以小米投资的一家生态链企业追觅科技为例，其拥有高速电机降噪技术，应用于扫地机器人和吸尘器所用的电机，改革前年销售收入为200万元。通过订单融资，目前追觅科技的运营资金充足，销售收入规模突破了10亿元。小米为追觅科技累计投放了40亿元的资金，收获了追觅科技的债权和将近8个相关企业的期权。

2. 全链金融2.0

由于制造业的内生性问题，在执行过程中困难重重。一方面，制造行业较为传统，存在生产排程不准确、产品质量追溯难、设备运行效率低、库存周转效率低等问题，生产数据都掩藏在线下，有待数字化升级；另一方面，制造业产业链条离散、冗长，很难搜集到全链条数据（见图4-8）。所以，在全链金融2.0阶段，分两个步骤对制造行业产业链进行升级。

第一步的关键词为夯实武器，即利用自助研发的类似SaaS的管理工具，将线下数据归集到线上进行统一管理，即PO订单、BOM成本、排产、进料、生产监测、发货全程数字化，实现供应链管理线上化、付款自动化和回款自动化。以扫地机器人为例，假设售价为300元，BOM成本为200元，拆解制造扫地机器人物料成本的构成、数量、供应商名称等标准化字段，形成一个标准化窗口，然后一键导入线上，即可实现各物料成本可视化，清晰地监控资金的流向。在数字化管理供应链过程中，基于收集的线上动态数据，小米还可以依据客户需求进行精细化财务管理，自动生成现金流预测表，根据物料采购周期，对一些关键时间节点做出判断，例如小米可以自动为客户预测某月的物料成本支出，结合现金流提供金融解决方案。

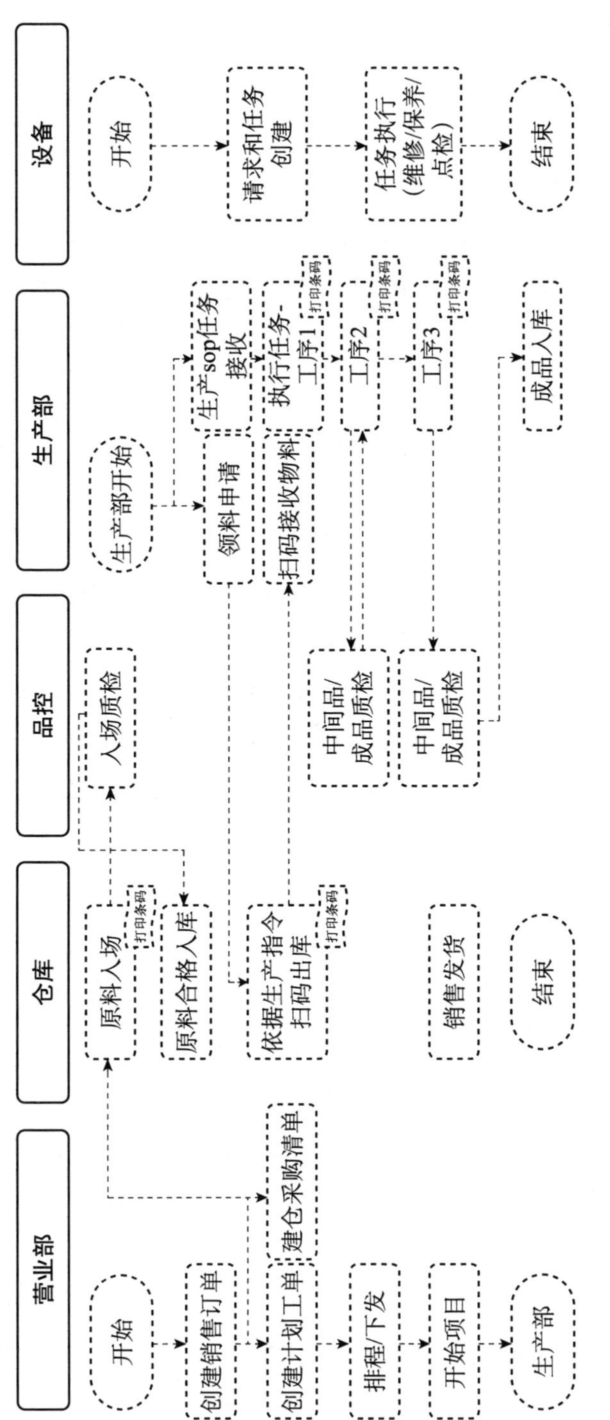

图4-8　制造业供应链运营流程

第二步，延展建立小米供应商画像数据库，建立微信用体系，即洞见BI系统，解决订单融资比固定资产抵押融资更难的问题。在全链金融2.0后期，在线下生产数据不断传输到线上后，各个断点数据之间实现连接，例如，PO订单数据和还款数据实际上是断点、离散的数据，线上化后，这些数据在产业链上被串联了起来，实现了打通数据孤岛的作用。当这些串联的链条数据不断积累，再向前一步延伸，就可以将无形的数据转化为清晰的企业信用画像。在洞见BI系统中，小米可以在整个贸易链条上清晰地观察到企业的历史砍单率、退货率、产品的销量等信息，并在 $t+1$ 时点对未来应收账款状态进行实时更新，并以报表形式对账款分层。举例来讲，一个供应商借了100万元的订单融资，小米在 $t+1$ 时点可以清楚看到这个订单当前未收货多少，已收货多少，有多少变成了库存，有多少变成了发票，这样通过洞见BI系统实现了动态、清晰、自动、可视化的应收账款管理，和固定资产抵押融资一样可视可见。

全链金融1.0阶段和2.0阶段，服务的都是小米生态链中的智能制造中小微企业。全链金融2.0阶段相较于1.0阶段，制造业各个阶段的数据由线下归集到线上，中间过程管理实现了自动化且更加精细，各个断点数据在产业链上实现连接，构建了小米供应商微信用画像，以此实现了订单融资可视化管理，降低了融资风险。

3. 全链金融3.0

基于全链金融1.0阶段和2.0阶段积累的数字供应链管理经验，小米供应链金融希望将基于数据做金融的方法论输出到与制造业强相关的其他行业中（如成品油行业、玻璃行业、纺织行业等），和其他行业中的制造业核心平台或企业一起实现跨界合作，帮助其他行业中的上下游企业。

受2020年新冠疫情影响，产业互联网和数字化进程加快，小米供应链金融积极与产业互联网独角兽公司合作。例如，2020年7月，小米集团跟投能链集团。小米供应链金融依托自身在AI、IoT设备和产业金融中的深厚积淀，以充足的资金和强大的物联网技术，与能链实现协同发展，推动能链确立并稳固行业地位。能链集团成立于2016年，积极进行数字化、信息化、智能化改造，从一家成品油交易平台转型为出行能源交易平台和数字能源服务商，促进产业上下游合作伙伴的发展。其搭建的能链云平台能够智慧化管理每日能源交易，不仅能为加油站业主预测未来收益，也能为车主提供自动化能源补给方案。

目前，小米供应链金融和生态链外部企业合作的方式有两种：单一资金方式和资金＋数字化服务方式，其中资金来源为小米集团的自有资金。前者的具体运作步骤为：小米供应链金融和集团投资部一起以投贷联动的方式进入核心企业或平台的交易中；然后通过 MES（Manufacturing Execution System，制造执行系统）对接核心企业/平台的 ERP 数据，并训练读取数据的能力，还原这些平台/企业上下游中小微企业的信用情况，进而提供相关的金融服务（如 ABS）。资金＋数字化服务方式不仅是为供应链中的参与者提供资金，还帮助平台上下游客户进行产业数字化改造，将资金连同物联网技术、集团智能硬件 IT 部门的相关技术一起打包，与该平台合作。

在这个过程中，小米还积极整合相关资源，利用自己的生态链为合作平台/企业赋能。以小米投资的 A 化工为例，该企业在化工行业塑料粒子领域中排名第三。在投资前存在客户管理难、合同管理难、应收账款管理难、贸易分析难和客户交互难问题，小米供应链帮助 A 化工进行系统的数字化改造，将企业的应收应付账款做成标准化资产（见图 4－9）。为了让银行金融机构相信四联化工，小米先出资将企业的下游应收账款收过来，再往上游付款，并找来国有担保公司为企业担保，然后将标准化资产推给银行，真正意义上帮助企业融资。改造完后，小米将整个生态内一年 80 亿元塑料粒子的订单需求交给 A 化工生产。此外，小米还联合了生态中其他投资企业，如物流企业来解决塑料粒子的运输问题。而运输过程的数字化改造需要摄像头，小米又与生态中摄像头制造企业对接，实现生态赋能，迸发更大的价值。

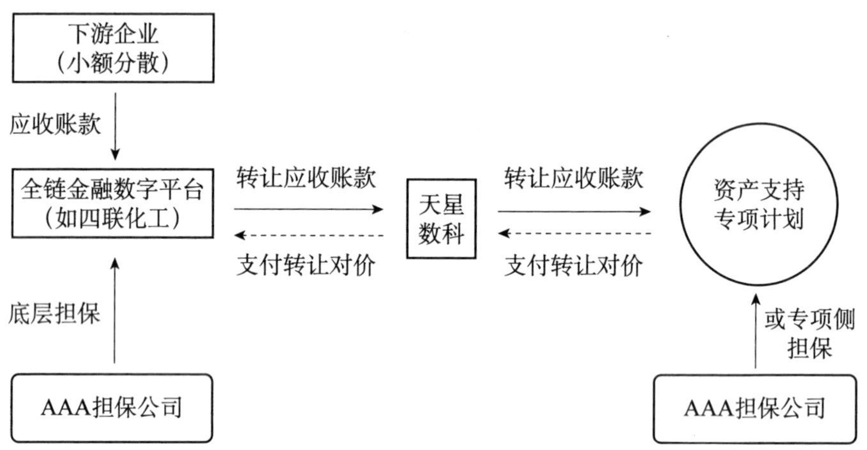

图 4-9　天星数科 3.0 金融服务示意图

4. 全链金融 4.0

随着行业间互动的增加，制造业本身也在发生细微的变化，如柔性制造、个性化小批量、以销定产、数据分析、数字化投入等，数字技术在对传统制造业进行深度重构，进入“新制造”时代。全链金融 4.0 回到制造业本身，关注新制造中新的技术，瞄准新制造带来的窗口期，为新制造企业提供相关金融服务。创始人雷军在小米创立 10 周年大会上提出“互联网＋制造”战略，即“我们能不能帮助我们的代工厂，帮助制造业进行互联网改造，进行提质增效。帮助工厂进一步智能化、进一步自动化，甚至无人化，这就是我们努力的方向”。为此，一方面，在小米集团内部，与制造相关的部门在帮助工厂设备升级自动化，同时，小米供应链金融可以提供融资租赁服务、订单融资、应收应付融资等；另一方面，小米供应链金融希望将 SRM（Supplier Relationship Management，供应商关系管理）等系统以 SaaS 形式推行到相关的生态链企业及相关工厂，进而孕育出更多的全链金融客户或场景，促进整个行业的信息化和数据精细化管理。在打通整个制造业的自动化和信息化后，也就是智能化后，小米供应链金融和合作伙伴努力探索工厂级信用数据传递方式。

目前，全链金融 4.0 紧随新制造浪潮，着力推进智能制造协同系统，与生态体系外的合作伙伴一起打通生产各个阶段，细致划分生产环节颗粒度，精细化管理生产过程。小米供应链金融积极建立产销协同平台，打通全链条数据，还原工厂的信用画像，并结合工业互联网整理关键数据节点，如人（人员）、机（机器）、料（物料）、法（工艺）、环（环境），从时点和时段两个维度建立工厂生产经营模型来评估工厂的信用（见表 4－1），拓宽制造企业的融资路径。

表 4－1　天星数科工厂信用评估要点

	人员	机器	物料	工艺	环境
时点指标	操作人数量 操作类型 操作时长	时间稼动率 设备状态 设备参数	物料名称 库存天数 备料时间	工序数量 是否自动化 工序类型	—
时段指标	人员变动 人员复用 类别变动	产能波动 参数波动 更新情况	层级产出比 库存变动	工序集中度 工艺改进 工序数量变动	—

在全链金融 4.0 阶段，小米供应链金融的目标是做宽、做广放款量，在产业链中做透、做深，连接更多的合作伙伴，一起植入它们的场景中，使用它们的工具去更好地赋能小米的客户以及体系外的制造业客户，为制造业降本增效。

第 2 节　流通分销领域核心企业推动的供应链金融

一、新形势下流通分销商的能力与金融服务类型

近几年来，随着供应链管理的不断发展，产销联盟已经成为企业实现柔性化经营、有效应对市场的重要手段。在这一背景下，作为传统中间环节的流通业面临着日益恶劣的经营环境和日益严重的生存威胁。面对这一状况，因应产业链客户需求和行为的变化，流通分销商需要从如下几个方面强化其经营能力：

（一）广度——全球化的网络运营

如今产业链的组织方式正在逐渐从区域向全球化生产经营转变，一方

面，离岸生产使得任何一个企业都有可能利用全球的优势资源，从而大大降低成本，并且集中资源和能力聚焦于自身的核心竞争力，创造价值；另一方面，在互联网和新技术的推动下，任何企业都能融入国际分工的行列中（Wakolbinger & Nagurney，2004），将生产出来的产品销售全球，或者消费其他国家生产的产品，因此，在这种状况下，流通商如果能利用其完善的全球网络，以及对国际市场和生产组织丰富的经验和知识，帮助全球化经营的买卖双方或者供需双方弥合彼此之间的差异，实现有效的信息沟通和信用管理，降低国际生产外包或贸易过程中的交易成本，那么流通商就不仅能够寻求到生存发展的空间，更能成为全球供应链中必不可少的一环。

（二）深度——基于信息化的协同商务

协同商务（Collaborative Commerce，简称CCommerce），是指将具有共同商业利益的合作伙伴整合起来，主要是通过共享整个商业周期中的信息，实现和满足不断增长的客户的需求，同时也提升企业自身的能力。通过对各个合作伙伴的竞争优势的整合，共同创造和获取最大的商业价值，提高获利能力。

协同商务对整个供应链体系和其中参与者的竞争力与绩效都产生了重大影响。然而协同商务的真正实现并不容易，也会面临诸多障碍，包括如何协调不同环节、不同利益诉求的企业和组织，产生一致的目标和行为；如何对分散而非集成的数据进行整合；如何促成企业之间的信任，同时降低潜在的依赖风险；等等。在这种状况下，如果流通商能积极地发挥协同商务促进者的作用，协调不同组织之间的信息和资源（见图4-10），一方面，通过自身的贸易和采购方面的经验和知识协调供应端的管理，同时利用在渠道和市场上的知识和智慧有效地管理需求端的资源和活动；另一方面，帮助客户整合内部资源（诸如协助人员配置、财务优化和文件单据管理），以及外部资源（诸如政府关系、行业协会的协调，中介组织的协调，特别是金融机构的组织协调），这种流通商从严格意义上讲已经完全蜕变成协同商务实施的平台。

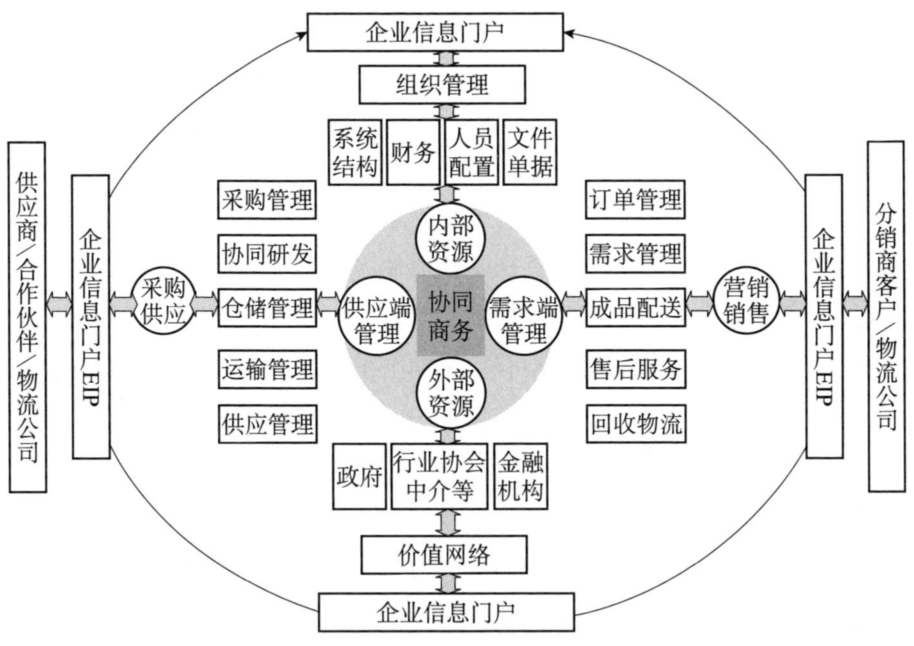

图 4-10　协同商务模型

（三）长度——实现产业深度分销

产业供应链发展还有一个很重要的方面即深度分销。深度分销是指通过有组织的努力提升客户关系价值，以掌控终端，滚动式培育与开发市场，取得市场综合竞争优势，冲击区域市场第一的有效市场策略与方法。其本质是以运用 4Ps 理论（产品、价格、网络、促销）为基础，高效运用 4Cs（顾客、成本、便利、沟通）和 4Rs（关联、反应、关系、回报）理论，通过高效快捷的物流、周到全面的服务、严密的市场管理等，实现与客户的深度沟通，建立起广泛、稳固的紧密型关系，实现品牌忠诚度的最大化和市场控制力、竞争力的最大化。

深度分销实质上就是一个发现终端、发掘终端、维护终端、管理终端并最终掌握终端的过程，这个过程是不断滚动和循环的（见图 4-11），在这一过程中，贸易和流通商实际上可以在市场的精耕细作中发挥很大的作用：一是如何确定市场区域，深度分销的关键在于如何确立市场区域，划定市场区域的原则是必须兼顾配送服务半径和基本利润；二是如何确定客户，使得产品和服务能有效地到达目标市场；三是如何确定相应的产品和品牌，这一决策需要根据不同市场的竞争态势、市场状况及企业的经营策略、产品策略，确定各市场不同通路的主导产品及策略，确保在策略上的适切性；四是如何确定通路差价，定好层次分明、分配合理的通路价差体系，是深度分销的核心；五是如何根据不同的市场、不同的产业业务确定相应的组织结构和经营方式，特别是物流体系的建立和运营、网络路线的建立、有效的沟通以及销售环节的把控等。只有做到了上述方面，贸易流通商才能真正与生产企业高度结合，帮助上游企业有效地拓展市场，特别是目前中国一些二、三甚至四线区域市场，需求呈现旺盛的状态，但是由于区域广大，地区差异明显，必须通过选择样板市场、选择优势渠道，以点带面、推进发展，以先进的分销管理系统、规范化的营销队伍实施成功模式，“滚动复制”，整合分销区域网络，最终占领整个区域性市场。

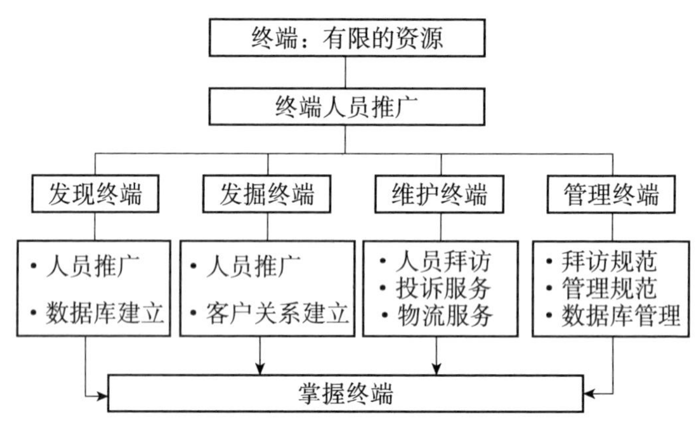

图4-11 深度分销模式

（四）幅度——综合性的产业服务

服务供应链的组织与管理不仅存在于生产性企业，同时也是贸易流通企业的重要发展方向。服务供应链构成是以服务为节点，以工作量为缓冲，以间接服务供应商、直接服务供应商，整合服务集成商和最终客户为主体的综合集成管理，其为客户传递的不仅是一种产品，更是提供了一种集成化的服务能力组合，即当客户向服务集成商提出需求后，能及时地响应，迅速提供系统化的整合服务，并且在必要的时候分解客户服务需求，向其他直接或间接服务提供商外包其中的服务性活动。多级不同的服务提供商或产品供应商彼此合作，构成供应关系，同时服务集成商承担多点、多级服务要素的整合管理（宋华、于亢亢，2008）。在这一过程中，服务集成商管理的主要要素包括服务或经营能力管理、客户需求管理、客户关系管理、各类供应商关系管理、服务传递管理以及现金流和融资管理（见图4-12）。

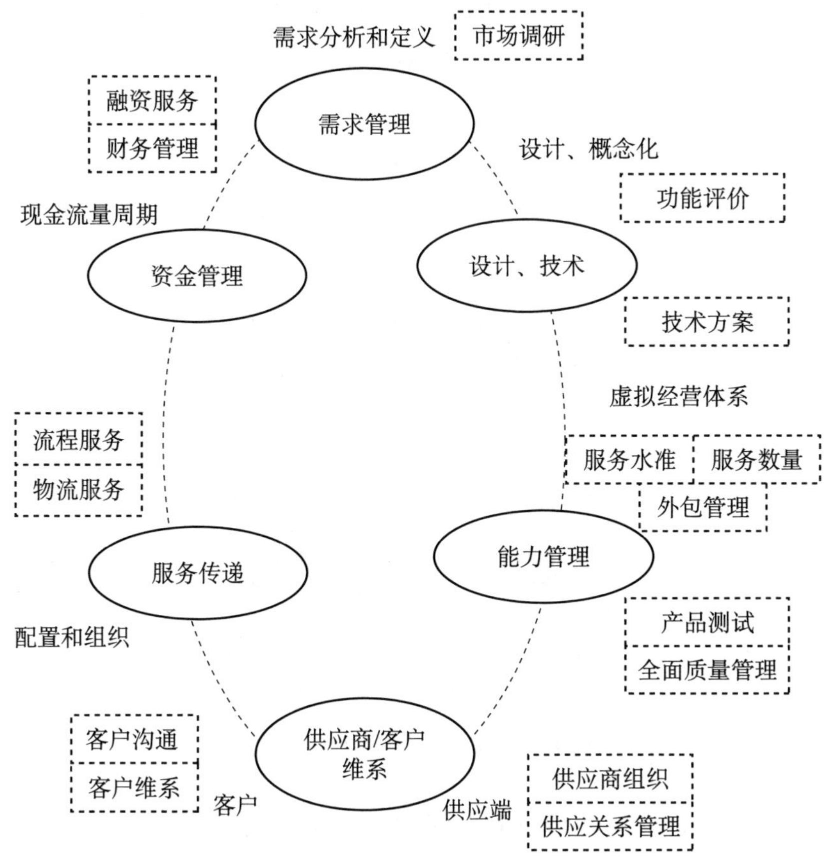

图4-12　综合性产业服务示意图

所有这些产业服务活动都应当是贸易和流通企业发展的方向，或者说需要将自己转变成服务集成商，这是因为：一方面，贸易流通企业本身就是服务型企业，具有丰富的服务经验和能力，特别是在实现服务的一致性、可靠性、保证性和有形性方面，对这种能力加以改造，与产业供应链相结合，就能推动贸易流通企业的长足发展；另一方面，贸易流通企业只有更好地渗透到客户的产业供应链中，提供独特、高增值的服务，才能在“去中介化”的背景下成功实施变革转型。

根据以上对贸易流通企业物流独特性业务战略方向和维度的分析，贸易流通领域的供应链金融模式可以按协同商务与市场拓展的程度（即广度和深度），以及深度分销与服务的程度（即长度和幅度）划分为三种类型，即物流导向型供应链金融、市场导向型供应链金融以及一体化供应链金融三类（见图4-13）。这三类分别在这些独特性业务特征上表现出了不同的侧重和专注，并且金融在其中发挥的作用也不尽相同。

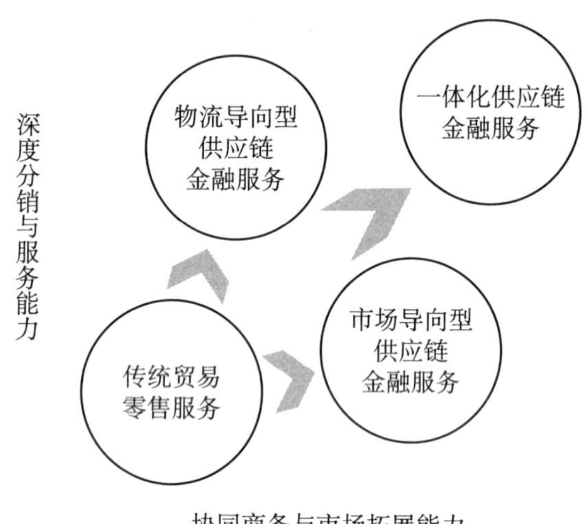

图4-13　贸易流通领域供应链金融模式

二、物流导向型供应链金融模式

（一）物流导向型供应链金融模式的特征

这类企业的特点是具有较好的深度分销和服务能力，特别是实体物流运营能力，能够为客户提供较为全面的仓储、配送、通关、商检等各类服务，同时也能提供一定的增值性服务，但是，在与客户的协同商务和市场拓展的联动上提供的服务相对较少，从严格意义上讲，在这一过程中，贸易流通商并没有过多地涉足商流，即与上下游协同商务，从事商品交易中的决策，贸易流通商只是发挥了商品交易的桥梁作用，大部分的交易条款由买卖双方事先确定。这类贸易流通企业执行的主要功能在于将金融业务与物流功能相结合。

这类业务产生的背景在于：当今越来越多的生产企业（或供应商）都在实行敏捷生产或运营战略，与此同时，下游客户为了降低在库成本、贯彻即时销售的战略，要求多频度分散配送，尤其是为了减少资金的占压，只有在需要产品的时候才产生送货请求和支付。下游客户的这种物流要求有时会给上游企业带来困难，亦即虽然供应商正在积极从事敏捷生产经营，但过于分散的配送势必会增加供应商的物流成本，加大资金回笼的风险。特别是对一些中小型厂商而言，一方面，由于自身规模较小，不具备物流运营的业务能力，也没有相应的物流中心、物流设施；另一方面，因为经验少、发展时间短等，也不拥有物流服务所必需的技术和诀窍（Know-How），因此，难以适应如今下游客户多频度、分散配送的要求。这种上游生产企业与下游客户在物流配送上的分歧为贸易流通商提供了生存、发展的空间，即贸易流通商一方面通过扩大物流服务范围和幅度，利用自己在物流服务上的经验以及相对完善、先进的物流设施和数字化管理系统，运用快速的仓储物流管理来媒介上游客户与下游客户，消除它们在商品配送以及仓储管理等物流方面要求上的差异；另一方面，贸易流通商利用自身的资金整合能力，协助金融机构为上下游企业提供资金。这类供应链金融服务模式的前提条件是：首先，贸易流通企业能与产业链上下游企业形成紧密的合作关系，具有高度的信任感；其次，贸易流通企业具有良好的物流运营能力，或者将优秀的第三方物流整合进来从事物流综合管理的能力；最后，贸易流通企业本身具有良好的资金融通能力和风险管理能力。

（二）典型企业案例：中信梧桐港的供应链金融服务

中信梧桐港是一家从事大宗商品数字供应链基础设施建设、运营的平台化公司，其中中信控股38%，并战略引入河南投资集团、产业伙伴参股，中信金属为股权激励平台外的第一大股东。该公司致力于通过区块链、物联网等数字化技术，打造可信电子仓单，重构大宗商品供应链信用体系。借助开发、建设的数字供应链管理服务平台为中小实体企业提供多种供应链服务，为金融机构提供风险可控、流动性强的可信数字资产。

针对大宗商品的资金密集型，且具有价值公允、相对透明、流通性强、贸易模式特殊等行业特点，以及贸易商、产业方、仓储方、金融机构、产业平台等市场痛点（见图4-14），中信梧桐港与中信集团内、外部伙伴共同构建了大宗商品数字化基础设施。以可信仓单为载体，利用数据要素市场化配置解决了供应链或产业链上利益相关方的痛点。

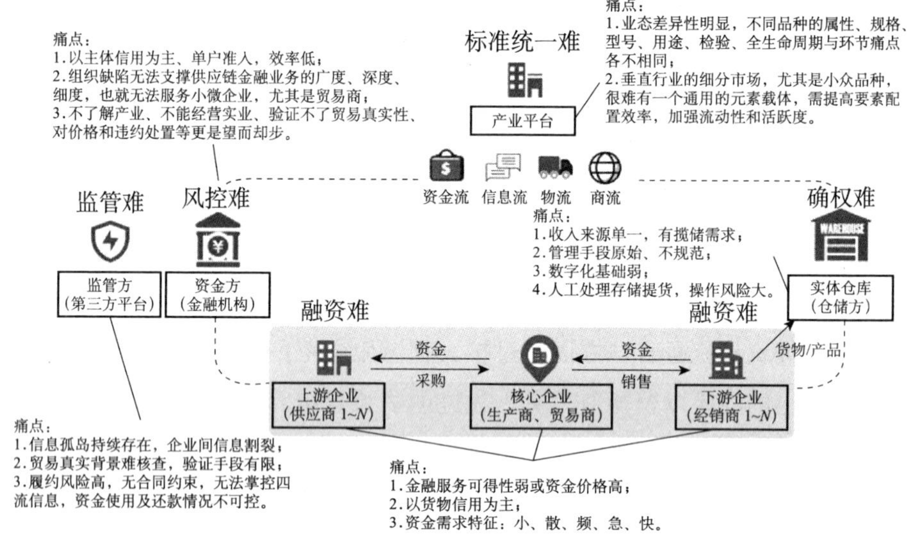

图4-14　各利益相关方需求关系图

(1) 建立商贸流通产业生态。中信梧桐港通过建生态、搭平台、引资金、降成本等手段，构建可信的电子仓单环境，确保实体仓库仓单签发的真实性与可靠性。有效改善供应链效率，实现主体信用、资产信用、数据信用的逐渐过渡和统一，重塑产业活力和韧性，从而建立起产业链上下游和跨行业融合的数字化生态体系。首先是建生态：集合资金流、信息流、物流、商流战略伙伴，在紧密互助协同的基础上，围绕企业客户来保障其供应链上的资源可信与价值评估，并助力企业客户成长为企业联盟。其次是搭平台：基于生态圈的紧密互助协同、信息共享的机制，由认证服务机构来核实生态圈内流转的企业客户资源，证实其货权、货单一致性，形成可流转的电子仓单。再次是引资金：基于可信仓单的前提，在生态圈内评估其资源价值，以引导配套的融资服务，有效降低企业客户寻求融资的机会成本，并扩大融资提供方在资金运用上的服务出口。最后是降成本：配合供应链企业融资的使用目的，助力其发展的各类服务提供方降低融资成本，盘活企业资金。可见，建立可信仓单的生成、管理体系是一个复杂的系统工程，涉及金融机构、征信机构、物流企业、电商平台、保险机构、评估机构、监管机构、期货公司、交易所等，不是一个组织可以实现的，因此需要建立一个互惠共赢的数字化生态圈。

(2) 构建数字化的供应链交易体系。仓单作为商品流通环节的重要物权凭证，具备很强的金融属性，本应服务于仓储、贸易业务、融资等领域的联动。但是由于对仓单的真实性、权利是否清晰没有有效的管理和评价体系，导致仓单在商品流通、融资和交易环节的功能受限，无法满足贸易商、银行、交易所等行业参与者的巨大业务需求。

中信梧桐港运用区块链、物联网、大数据、AI 人工智能等数字化技术搭建了中信梧桐港数字供应链综合服务平台（以下简称“综合服务平台”），解决仓单在质押融资环节的信用问题，以及仓单交易环节标准化的问题，助力供应链升级改造，驱动着产业链上各利益相关方的跨界连接（见图 4-15）。具体讲，通过大数据，既帮助企业在主体信用、价格管理、授信评估、项目风险等方面，通过多层次、多维度的数据有效实现对融资主体的交叉验证，信息数据越广，对融资主体的风险画像也将越具体、清晰，又帮助银行等金融机构实时捕捉供应链金融数据，及时进行分析、演算和预测，从而有效控制供应链金融风险，促成了相对稳定、安全的价值链。此外，区块链技术借助区块链上数据不可篡改、可溯源的特性，中信梧桐港通过区块链 BaaS 平台、区块链电子仓单、区块链溯源系统、区块链存证系统，构建了企业身份认证、关键数据存证、核心业务共识控制的高度信任的透明化供应链金融体系。而利用物联网门禁、视频监控与分析等技术，改造现有仓储基础设施，提供物联网设备，如视频传感器、RFID、电子围栏、温湿度设备等综合物联网设备，打造智能设备监管体系，同时，利用综合服务平台为仓储物流企业提供完善、可靠、高效的系统软件，减低仓储物流企业自身的运营成本，提高企业的信息化水平，为融资企业和仓储物流企业提供更多的服务价值。

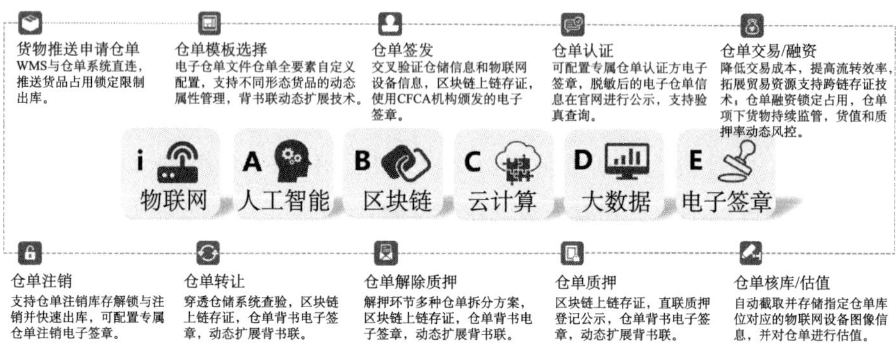

图4-15　数字化技术在业务各流程上的应用

（3）中信梧桐港供应链金融解决方案。基于上述产业生态和数字化体系，中信梧桐港为产业上下游提供了梧桐e仓和梧桐e购供应链金融解决方案。梧桐e仓是借助中信梧桐港所提供的四个方面的运营服务而开展的电子仓单质押融资和存货质押融资（见图4-16）。其中中信梧桐港提供的运营服务包括：第一，产品化的设计。形成仓单生成、认证、融资、质押、解押、处置全流程标准化接口，快速实现金融机构对接。第二，物联网货物监管。大量运用物联网设备和处理技术，确保仓单货物安全；搭建可视化监管平台，便于金融机构使用。第三，区块链数字仓单。基于区块链构建数字资产体系，实现仓单创建、流转、融资全流程上链，溯源可控。第四，对接中登网、北互法天平链、质检机构、交易中心，构建仓单质押登记、存证、交易、处置的完整业务生态。第五，价格风控与处置。依托已建立的价格管理体系，对市场价格波动进行盯市，一旦发生价格下跌风险，及时采取对应的风控措施。此外，如客户发生违约情形，通过已建立的处置体系，实现违约货物的快速处置变现。

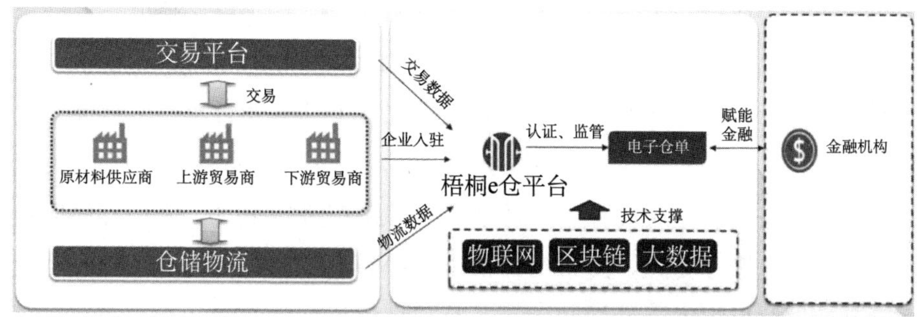

图 4－16　梧桐 e 仓供应链金融服务

梧桐 e 购则是核心企业在梧桐港平台签发电子提货权凭证，经销商依据电子提货单可获得金融机构资金支持的金融产品（见图 4－17）。这一金融产品的价值在于：对于核心企业而言，通过开具电子提货单，操作便捷，能够帮助下游进行融资，扩大销售量，电子提货单信息实时同步，便于各部门协调配合。对于下游经销商而言，通过电子提货单，质押可方便快速获得融资，缓解资金压力。对于银行等金融机构而言，真实、唯一的电子提货单便于银行进行在线质押、解押，扩大客户群体，拓展业务范围。

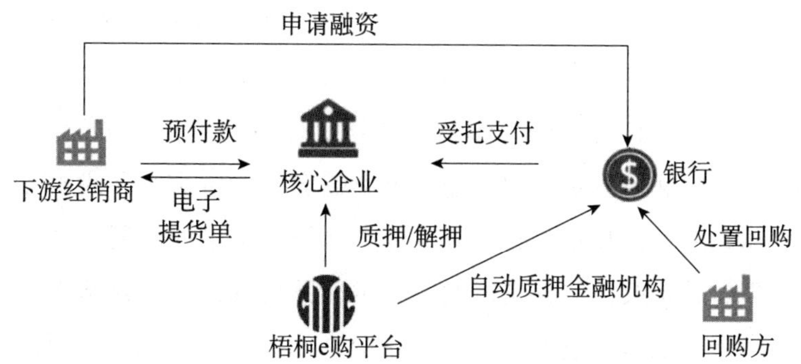

图 4－17　梧桐 e 购供应链金融服务

三、市场导向型供应链金融模式

（一）市场导向型供应链金融模式的特征

这类企业的特点是：具有较好的协同商务和市场拓展能力，能够将供应链中的交易各方有效地整合起来，高效地促进交易的实现和市场开拓。

具体讲就是形成以该类企业为核心，贸易企业、生产企业、物流企业为主体，开展信息共享和互动、买卖、生产和配送等业务。这类企业往往通过信息和交易平台，一方面向生产企业或供应商下达委托订单，生产商通过JIT生产，或者进一步转包给二级供应商，以最短的时间和最高的效率完成委托生产，并向该企业反馈生产计划信息和生产进度信息；另一方面向物流运营商下达服务委托，由第三方物流组织物流资源，合理安排物流运营和活动，同时反馈物流计划和信息，及时将产品高效送抵客户。在这一过程中贸易和流通企业充分发挥了商务协调者和平台者的作用，构建了供应链运行中的商流，同时也承担了产品销售和订单管理的风险和责任。但是贸易和流通商自身并没有过多地涉足物流的具体运作和活动，或者说即便涉及一些物流活动，也没有从事全程的物流操作。从这一点看，它与物流导向型供应链金融不同，更多地立足协同商务过程开展供应链金融。

这种供应链金融模式的产生在于在复杂的贸易和经营环境中，供应链将分散在各地的相互关联的商业活动有机联系起来，包括原材料及零部件采购、产品制造、产品增值加工、仓储、运输、对零售商和消费者的配送以及各商业主体之间的信息交互等，其主要目的是降低成本、扩大收益。供应链中的各主要节点供应商、制造商、贸易商、零售商、客户之间存在着信息交互，而信息交互的效率及有效性决定着整个供应链的运作效率，进而影响着供应链中各企业的效益，也影响客户对所需产品或服务的满意程度。然而，随着日益复杂的供应、生产和销售网络的发展，供应链节点企业在供需信息获取、信息实时共享、供应链可视性及库存预警等方面面临着越来越多的障碍，也使得供应链中的资金流动变得困难。因此，在这种状况下，如果贸易流通企业能够发挥协同商务平台和市场拓展的作用，有力地促进供应链成员之间的信息交换、互动和交易，同时通过融资性行为加速供应链资金流动，缩短现金流量周期，则不仅可以降低供应链运营的成本，同时也可以使贸易流通企业成为供应链商流运行中的重要一环。

该类供应链金融模式实施的前提是：第一，从事该模式服务的企业具有丰富的行业生产经营的经验、知识和能力，能掌握行业生产和贸易的规律，以及关键环节和要素；第二，服务企业本身具有功能强大的信息平台，能充分地协调供应链各方的能力；第三，通过协同商务，服务企业掌握供应链上下游企业信用，能对接由于信用信息不对称产生的交易和资金流动的阻碍；第四，服务企业具有良好的资金融通能力和风险管控能力。

（二）典型企业案例：苏美达供应链金融服务

苏美达国际技术贸易有限公司（以下简称“公司”）是江苏苏美达股份有限公司的核心骨干企业，隶属于中国机械工业集团有限公司，是世界 500 强企业之一。公司在 2022 年实现营业收入 1 411.45 亿元，进出口总额达 127.2 亿美元，位列 2023 年财富中国上市公司 500 强第 97 位。

公司成立于 1999 年 3 月，总部位于江苏南京。经过多年的业务积淀和发展，公司已经形成了东南亚、中东（北非）和中南美三个国际运营架构，以及包含海南自由贸易港、渤海湾、长三角、粤港澳大湾区、成渝经济区、海峡西岸经济区在内的“一港一湾一角三区”国内战略布局。

公司的主营业务范围包括高端机电设备引进和钢铁、煤炭、矿产、建材、石油化工品等大宗商品的国内外供应链运营。依托多年的产业资源渠道和供应链组织与整合能力，公司为海内外客户提供“资源供应、商务咨询、金融支持、物流服务”四位一体的供应链集成服务。

经过多年的发展，公司已经成为国内领先的机电设备进口供应链服务商和大宗商品供应链综合运营商。在提供全流程、一站式供应链解决方案方面，公司已经探索出了一条从简单的贸易代理模式到提供集资源供应、金融服务、手续代办、报关商检、物流运输、信息交互、咨询服务等于一体的全流程、一站式供应链解决方案的发展道路。

1. 供应商以及客户渠道资源建设

为提升供应链管理水平和市场渠道建设，企业在迪拜、香港、北京、上海、天津、江苏、广东、福建、四川等地投资设立了 13 家子公司，建立共建“一带一路”国家和国内“一湾两角三区”（环渤海湾、长三角、珠三角、西南、东南和中部等国内主要经济区）的销售与运营网络。围绕工业供应链、流通供应链和供应链金融三大重点目标，苏美达强化上游供应商资源开发和下游客户渠道建设，形成了覆盖各细分行业国内外知名生产制造商和下游制造、贸易客户的供应链外部协同网络，有效推动行业发展。

在机电设备供应链业务领域，公司逐步与各细分行业一流生产制造企业建立了稳定、长期的合作关系，包括美国GE、德国西门子、日本村田、欧瑞康、卡尔迈耶、布鲁克纳、吉特迈（GILDEMEISTER）、德玛吉、美国罗克韦尔等。下游客户包括国内30个省市各主要生产制造企业、政府机构、医院、高校及科研机构，如华峰超纤、恒力石化、恒逸石化等大型实体客户。

在大宗商品供应链业务领域，公司与宝钢、首钢、鞍钢、河钢、本钢、山钢、包钢、沙钢、日钢、南钢、永钢等国内大型钢铁生产企业，神华、中煤、同煤、兖矿等大型煤炭生产企业，巴西淡水河谷、澳洲必和必拓、力拓和FMG等国际主流铁矿石生产商，中石油、中石化等主要沥青生产企业等上游供应商均建立了战略合作关系。下游客户及网络遍布全国各主要地区的终端制造企业和贸易流通企业。目前公司上下游合作客户超1万家、历史合作客户超5万家，已经形成了覆盖全球各主要国家和地区、遍布国内各主要省（市、自治区）的供应链上下游市场网络。

以钢铁国际供应链业务为例，上海宝山钢铁作为国内最大的钢铁集团宝武钢铁的核心子公司，其一直在推动硅钢、气瓶钢、冷轧基料等各类中高附加值产品的国际销售渠道建设。苏美达国际技术贸易有限公司针对宝钢公司的这一需求，充分发挥公司渠道与资源优势，积极协助其资源分销及供应链渠道的建设，最终实现了硅钢产品在巴基斯坦、孟加拉国，气瓶钢产品在孟加拉国，冷轧基料在越南等的全面销售，并完成了全流程供应链运营服务，成为宝钢公司新产品、新市场开发的典型案例。

2. 供应链运营服务平台

苏美达的供应链运营与服务体系主要基于“达天下”和“大宗智慧链＋”这两个开放协同管理平台，实现了公司各类业务和管理体系的全程实时在控、在线、可控和优控。通过这种方式，能够实现业务前台、中台和后台的一体化贯通。

“达天下”是一个数字化交易平台，它以微信企业号和小程序为载体，提供了一系列在线服务，包括金融及行业公共信息的推送、在线合同拟定签约、物流运作、报关报检、减免税办理以及业务信息反馈等。此外，企业还推出了线上“装备展示厅”和“融资租赁展示厅”，通过移动端和手机端的联动，打造了一个产品发布与信息交流的平台。在这个平台上，汇集了多家金融机构，提供了优质的金融产品和融资租赁方案，为中小企业设备采购需求方和资金方提供了便捷的通路。

“大宗智慧链+”则是一个开放系统平台，针对大宗商品交易中信息综合利用程度低和数据孤岛现象的问题，苏美达建立了大宗商品开放协同平台——“大宗智慧链+”。这个平台集成了外部物流公司、运输公司、仓库、银行、税务、海关等多渠道信息，并与公司内部客商管理、仓库基地、风控评审等数据形成内外联动。通过这种方式，实现了上下游和合作方的信息通畅流通，客户下单、打款、调拨结算等操作完全线上化运行，保证了全链条的真实和可追溯性。同时，这种模式也提高了流转效率，实现了信息流、物流和资金流的“三流合一”。

3. 供应链物流解决方案

苏美达在多年的发展中，凭借其成熟的流通网络、客户资源和市场渠道，已经形成了以自有物流企业为核心、自有物流基地为引领、合作物流企业为主的物流服务网络。为了更好地服务客户，苏美达投资设立了江苏永诚国际货运代理有限公司，这是一家专门设计国际货运服务方案并代理相关业务的公司，能够为客户提供直接或间接的国际货运物流服务。此外，公司在天津、山东、浙江、海南等省市拓展建设了自有物流仓储基地，主要开展大宗商品供应链业务的部分库存管理和订单调拨等业务。这些基地的存在主要是为了通过自主经营和联合经营，不断完善公司的供应链物理管理方案和运营水平，为社会化合作基地管理提供经验输出和模式创新。

为了开展供应链物流服务，该公司在中心城市和地区与主流物流仓储伙伴、中远海运物流、马士基等国际主流物流解决方案提供商建立了深层次战略合作关系。通过这些合作，公司建设拓展了遍布全国各省份的一万多个物流合作方，能够为国内客户提供从国内水陆运输、国际远洋运输、货物报关及检验、货物存储、调拨管理到保险代办等在内的一揽子供应链物流解决方案。

以大宗商品流通供应链为例，公司的一个下游客户主要从事家电用冷轧薄板的加工处理与剪切配送、成品销售。这个客户的主要业务模式是向上游核心供应商采购半成品，经过加工处理后，销售给下游大型制造企业。然而，长期以来，由于库存管理精细化程度低、物流运输缺乏批量采购优势，该公司的物流综合成本一直居高不下，不仅损失了大额利润，更导致产品不具备成本优势，无法扩大与下游大型家电制造企业的合作。然而，苏美达国际技术贸易有限公司通过与该客户的深入分析和模式设计，发现了问题所在并提出了解决方案。它们根据该客户的订单规律和原材料使用进度，利用苏美达与上游核心钢铁制造企业的供应链合作优势，采取了批量预采购、分批发运的方式，控制了库存总量及资金占用成本。同时，通过公司自有物流资源和合作物流运输资源的成本优势，实现了从供应端到客户工厂全物流流程的端到端运输服务。这一策略不仅降低了成本，而且大幅提高了运输效率，进而节约了运输产生的资金使用成本，大幅降低了客户采购、库存过程中的资金和物流成本。这一系列措施的实施使该公司的产品成本优势明显提高，从而实现了上下游各环节的效率最高、利益最大。

4. 供应链金融解决方案

基于上述资源和能力，苏美达在洞察供应链业务各合作方在资金融通方面需求的基础上，通过发展自有金融资信、供应链金融服务能力以及加强与众多社会金融机构的合作，不断打造为客户提供全方位、高效、可靠的供应链金融服务的能力体系。

短期供应链金融解决方案是公司为了解决中小企业急需资金问题而提供的金融产品（见图4-18）。依托其运营平台和资信，该业务得到了国内外银行金融机构的信赖和认可，目前拥有各类银行综合授信额度超150亿元，公司母公司——苏美达股份能够为公司担保提供综合授信额度超250亿元，初步形成了金额超400亿元的综合金融实力，从而能够在提供供应链服务过程中，在充分对客户进行资信评估、信用评审的前提下，满足客户短期资金融通需求，为客户业务运营提供便捷服务。

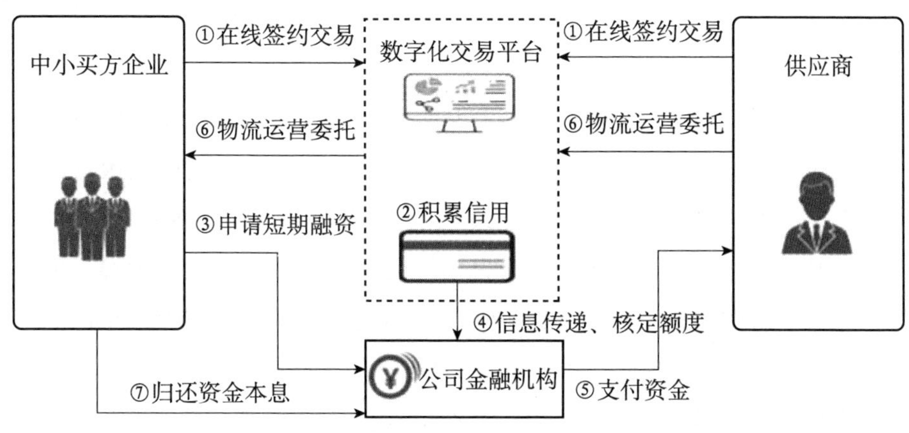

图 4-18　苏美达短期金融解决方案

除了上述短期供应链融资服务外，针对国内客户，尤其是下游制造业客户的融资难、融资贵的客观需求，苏美达投资设立了以提供供应链金融服务为主业的上海苏美达商务咨询有限公司，通过加强与国内外银行、租赁公司、保险公司、政策银行、投资基金等外部金融机构的深度合作，依托客户与苏美达国际技术贸易有限公司的供应链业务真实背景，为客户提供包括且不限于卖方信贷、买方信贷、回租、直租、应收账款保理、外资银行贷款、小额信用贷款、产业基金投资等各种形式的个性化跨境金融服务方案（见图 4-19），满足客户中长期资金融通需求，促进公司、客户和金融机构合作共赢、良性发展。

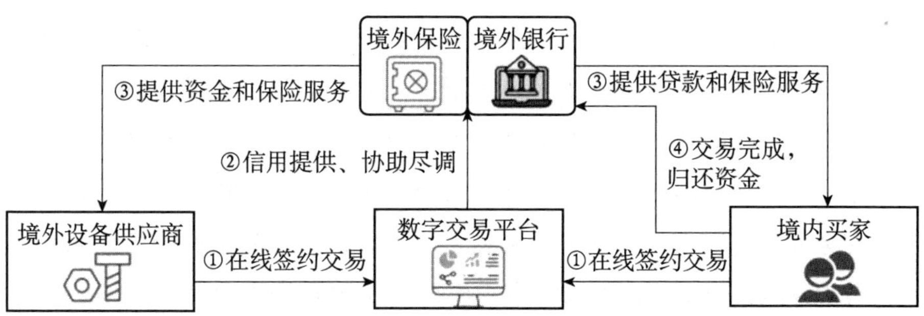

图 4-19　苏美达跨境供应链金融

诸如2017年，某拥有近30年历史的集纺织、服装、进出口贸易、跨国生产经营于一体的大型纺织集团计划进口约1 600万欧元的德国赐来福（Schlafhorst）设备，部分安装在国内现有工厂，部分作为实物投资，直接投资在东南亚某国家新建的工厂。由于审批时间较长且具有较大的不确定性，该客户亟须寻找新的低成本融资渠道和金融产品来替代国内银行的项目贷款。在得知客户的困难后，苏美达第一时间联系客户，收集基础资料，与欧洲某大型商业银行伙伴在一个月内完成了项目初审和风险评级，拟为客户提供一份期限为8.5年的低息跨境欧元贷款。随后，苏美达协助欧洲商业银行伙伴完成现场尽职调查、申请材料翻译、项目报告撰写、风控审查、总行审批、德国国家出口信用保险公司的保险审批和最终放款。

此次合作中，苏美达为客户开辟了全新的跨境融资渠道，依托优质的海外金融资源，引入了进口大型设备欧元贷款产品，既满足了国内工厂进口设备采购的低成本融资需求，又满足了境外工厂的设备融资需求。此外，苏美达还帮助该客户获得了欧洲大型商业银行的认同和德国国家出口信保公司的风险评估，这将有助于客户在海外金融市场的信用等级提升，对其发展成为一家具有更大影响力的全球性纺织企业意义非凡。

四、一体化供应链金融服务模式

（一）一体化供应链金融服务模式的特征

一体化供应链金融服务模式综合了深度分销与服务能力，以及协同商务与市场拓展能力，从而借助于金融业务，在为客户在提供深度分销和全程物流服务的同时，又能协调客户上下游企业的信息和业务，通过互动整合延伸上游供应端和下游市场端，既为客户节省了供应链运营过程中的交易成本，又为客户创造了新的业务增长点。这类企业与物流导向型企业相比，在全程物流服务的基础上，更加强化为客户深度分销的能力，尤其是逆向分销（或渠道下沉）能力。在现实的分销过程当中，由于市场的变化以及信息的发达，传统分销网络的种种问题已经显露出来，尤其是在实力雄厚的品牌掌控了分销网络、行业壁垒提高的状况下，对于许多中小品牌企业来说，这一方面提出了挑战，另一方面也带来了很好的发展机遇。这是因为对于很多中小客户品牌，如果只是一味地复制原有的分销模式，即产品在分销过程当中，从地域上进行基础划分，然后每一个区域寻求或培养一个总经销，或几个二三线分销商，这种自上而下的分销策略（亦即顺向分销）很难在激烈的竞争中立足。相反，如果能采用“扁平化”的分销思路，直接从终端分销或基层市场做起，根据市场与渠道环境对竞争品牌进行深入了解，因地制宜地进行渠道设计与分销工作，确保分销的准确性、针对性、实效性与可行性，在终端分销取得超常规模的发展之后，再采取“逆向”与“顺向”分销相结合的策略，那么这一方面可以加大分销成功的机会，另一方面也可以为成功分销提供基础。

然而，逆向分销的实施对于很多中小企业来讲，具有较大的风险和障碍。一方面，成本控制就是一个难题。比如一个新品牌上市，如果要采用逆向分销的策略，就需要在基层市场建立机构和物流网点，并且还涉及人员招聘、培训，业务拓展，与当地各部门的公关，以及货物的运输与仓储，物流与配送体系等等，这都涉及一笔庞大的分销费用，而大多数中小品牌企业既不具备这样的运营能力，又没有充足的资金来完成这些工作，从而使逆向分销或渠道下沉面临困境。另一方面，随着各地“分销机构”或“物流网点”的增多，管理与控制更加艰难，与此同时，消耗的管理资源十分庞大，对于一些相对不太成熟的企业来说，也同样面临着巨大的压力。而一体化服务企业如果能帮助客户企业以最小的成本代价实现逆向分销或渠道下沉，同时解决分销过程中的资金问题，则这种企业显然会成为客户企业不可或缺的渠道伙伴，甚至是分销渠道的建构平台。

同样，这类企业与市场导向型企业相比，在协同商务和市场拓展方面，又具有更强的供应链商流拓展性和延伸性，也就是说，在协同贸易和销售的基础上，又突出了协同设计、协同采购和协同生产的能力。协同设计指的是供应链合作伙伴之间或供应商与服务企业之间，通过协同参与方案或者产品的设计，或者分享方案设计的信息，从而快速、正确地了解终端顾客的需求，采用最佳的供应链运营体系。协同采购就是供应链金融服务提供者与融资需求方通过信息分享，以及资金流、物流库存和订单执行的协同，实时调整供应计划和执行交付过程，进而实现采购供应的高绩效。协同生产是一种多代理、分布式网络化的协同制造体系，它是借助于信息网络以及金融资源的运营，根据目标和环境的变化重新组合生产供应过程，动态调整企业的生产组织方式和网络结构，进而最优化生产资源和能力。显然，这些功能的实现使得服务提供者完整融合进了供应链的整体运营，并且成为供应链的组织者和网络协调员。

该类供应链金融模式实施的前提是：第一，该类企业具有很强的供应链设计和流程管理的能力，能运用大数据深入了解特定行业供应链运营的特点以及存在的障碍，把握客户的价值诉求。第二，这类企业需要具有供应链生态平台的建构能力，一体化的供应链金融模式是通过金融将各参与方有机整合，将服务的各种要素有效聚合，打造拥有成长活力和盈利潜力的生态圈。因此，从实质上讲，这类企业需要拥有一种商业模式和战略整合组织的能力。第三，这类企业需要有强大的融资和资金风险管理能力。因受制于资产规模、管理规范等因素，融资问题向来是制约中小企业发展的主要因素，而一体化的供应链金融旨在为这些中小企业提供全面的金融解决方案，因此，需要周密地分析、设计资金流，并且有效地控制潜在的融资风险。第四，这类企业应当具备很强的网络覆盖和分销管理能力，具有深度分销的知识和智慧，特别是渠道建设和分销能力。

（二）典型企业案例：厦门象屿的供应链金融

厦门象屿集团有限公司是厦门市属国有企业，成立于1995年11月28日，旗下拥有投资企业500余家，2022年度营业收入为5 626亿元，员工超3.4万名。业务领域涵盖大宗商品供应链、城市开发运营、综合金融服务、港口航运、创新孵化等。该企业近些年来通过持续优化化“客户结构、商品组合、业务结构、盈利模式”，成功实现了由“传统贸易商”向“供应链服务商”的转型，并通过服务能力延伸，建立起具有厦门象屿特色的“全产业链服务模式”。

1. 厦门象屿供应链运营的原则

厦门象屿供应链金融开展的基础是供应链服务体系。在构建供应链服务体系的过程中，企业将供应链服务的对象从原来的贸易商客户转向了制造业企业客户。这种转变有以下原因：首先，制造业在客户资信方面相对于传统贸易商更高。制造业企业拥有实体工厂和大量工人，违约成本高，违约风险相对较低，因此，其资信相对较好。相反，传统贸易商没有实体工厂，灵活程度高，违约成本低，违约风险相对较高，导致其资信相对较差。其次，从客户对供应链服务需求的角度来看，制造业的需求更加多元化。制造业企业对供应链服务的需求主要包括采购分销、物流、供应链金融、信息咨询等一揽子服务，且这些需求的稳定性较高。相反，传统贸易商以采购分销需求为主，以赚取买卖价差为目标，它们通常会在有价格机会时进入市场，没有价格机会时退出市场，导致需求的稳定性较差。因此，厦门象屿供应链金融将重点服务对象转向制造业企业客户，这样做有助于降低违约风险、提高资信水平，并且能够满足制造业企业多元化的供应链服务需求和稳定的需求特点。

在供应链运营中，厦门象屿选择了具有以下特点的商品作为主营产品：金属矿产、农产品以及能源化工。这些商品具有以下特点：(1) 流通性强：所选商品在市场上的交易活跃度高，易于买卖和流通。这有助于提高供应链的灵活性和效率。(2) 标准化程度高：选取的商品具有相对统一的规格和质量标准，便于交易和处理。标准化程度高可以降低供应链中的操作风险和交易成本。(3) 易变现：所选商品在市场上有较高的流动性和可变现性，可以快速转化为资金或其他资源。这对于供应链金融等运营活动来说非常重要。(4) 需求量大：所选商品在市场上有较大的需求量，有稳定的市场需求和消费基础。这有助于确保供应链的稳定性和持续性发展。具体而言，金属矿产包括黑色金属、铝和不锈钢；农产品包括粮食、油脂油料、浆纸和木材；能源化工包括煤炭、石油和塑化产品。这些商品的选择使得企业的产品组合多元化，并且结构均衡。核心产品的市场占有率通常在2%～3%，这种分散的市场份额有助于企业降低风险并具备增长潜力。

在供应链运营服务模式上，依托“四流合一”的供应链综合服务平台，整合各流通要素，为客户提供定制化的供应链解决方案和全程一站式服务，包括采购分销、门到门全程物流、库存管理、供应链金融、剪切加工、信息咨询等。通过沿着产业链向上下游延伸“综合服务”，形成具有厦门象屿特色的“全产业链服务模式”，在金属矿产、农产品、能源化工等产业实现了模式应用，完成了由“单点服务”到“综合服务”再到“全产业链服务”的模式升级。以粮食产业链为例，公司深度介入“种、收、储、运”各个环节，通过在各个环节发挥专业化运营优势（集合生产要素开展订单种植、粮食银行便利资金融通、铁军团队地推服务、七大粮食基地高效烘筛、多式联运直达客户）和规模效应（粮食年经营量超1 000万吨），大幅降低边际运营成本，提高产业链运营效率和收益水平。

企业的盈利模式以“服务收益、交易收益（包括规模集拼交易收益、链条运营交易收益、价差收益）、金融收益”为核心（其中服务收益和金融收益占比约70%）。其中服务收益主要是依托平台化优势，规模化运作，为客户提供物流配送、代理采销、信息咨询、剪切加工等增值服务，赚取服务费。通过公司的服务，客户经营效益得到增厚，公司还可进一步分享增值收益。交易收益主要包括：①规模集拼交易收益：依托庞大的业务体量，通过集中采购获得成本优势，获取交易收益，这部分收益和大宗商品价格波动的关联度相对较弱。②链条运营交易收益：以粮食产业链为例，公司深度介入“种、收、储、运”各个环节，在各个环节发挥专业化运营优势和规模效应，大幅降低边际运营成本，获取交易收益（体现为上游与终端价差），这部分收益和大宗商品价格波动的关联度相对较弱。③价差收益：依托专业的分析判断，通过研究商品在时间、区域等维度的价格变动趋势进行交易，从而获取收益，这部分收益和大宗商品价格波动存在一定关联，也与区域商品物流调拨能力存在关联。金融收益主要依托主体信用评级优势和国企平台优势、智能化信息科技体系和庞大的数据沉淀，为产业链上下游客户提供供应链金融服务，获取金融收益。

2. 厦门象屿供应链金融服务平台——屿链通

象屿与头部银行、保险、券商、保理等金融机构保持紧密合作，通过整合各类金融资源，以智慧物流平台为基础，运用区块链、物联网、大数据、人工智能等技术，为客户提供灵活、便捷且又安全的供应链金融产品。公司开发的“屿链通”数字供应链金融服务平台，已推出“屿采融、屿仓融、屿途融”等产品，与多家金融机构完成系统对接，并实现了区块链电子仓单质押融资业务落地。与传统供应链金融服务模式相比，该模式下，公司不占用自身授信，通过向资金方输出大宗商品货物监管和风险管理专业能力，以数字化平台搭建可信数据桥梁，助力各方降低风险及成本，拓展了象屿以及银行的服务边界，可以向客户收取稳定的平台服务费。

具体而言，传统的存货或仓单质押之所以难以进行，是因为从商业银行的视角看，第一，动产监管难，货权不清晰。动产包括各种财产权利，如货物、设备、原材料等，这些财产权利的归属和转移往往比较复杂，难以确定。同时，由于这些财产权利的转移通常需要签订合同、交付单据等烦琐的手续，导致银行在监管这些财产权利时面临很大的困难。第二，数据穿透难，可信度低。数据穿透难主要是指在不同数据源、不同系统、不同数据格式之间进行数据整合和传递时，面临着数据难以准确、高效地穿透的问题。这主要是由于数据来源的多样性、数据格式的复杂性以及数据处理过程的烦琐性所导致的。可信度低则主要是指数据的真实性和可靠性存在问题。由于数据的采集和处理过程中存在着各种干扰因素和不确定性，比如传感器故障、数据造假、人为错误等，它们都可能导致数据失真或不可信。第三，价格波动，货值管理难。价格波动主要是由于市场供需关系、政策变化、经济形势等多种因素，导致货物价格经常发生变化。这种价格波动给企业的货值管理带来了很大的困难。一方面，价格波动可能导致企业的库存价值波动，如果市场价格下跌，企业的库存价值也会相应降低，这会给企业带来经济损失。另一方面，价格波动也可能影响到企业的采购和销售策略，如果市场价格波动较大，企业可能需要更加频繁地调整采购和销售策略，以适应市场变化。在物流和供应链管理中，货物的库存价值是一个非常重要的指标，它直接影响到企业的财务状况和运营效率。然而，由于货物的种类繁多、数量庞大，加上市场价格波动等因素的影响，对于货物库存价值的准确管理和控制存在很大的难度。此外，货物的库存价值还受到货物损坏、过期、贬值等多种因素的影响，这也给货值管理带来了很大的不确定性。第四，银行自身无渠道，变现周期长。银行作为金融机构，其主要业务是吸收存款、发放贷款和提供金融服务。然而，银行在变现资产方面存在一定的困难。一方面，银行缺乏有效的渠道来销售和处置资产。另一方面，银行在处理不良贷款和债权类资产时，由于涉及的流程和程序较为复杂，需要经过一系列的评估、拍卖、清收等环节，导致变现周期变得较长。上述问题对于银行的运营和风险管理都带来了挑战。首先，银行需要承担较长时间的资金占用成本，这会影响到银行的收益和利润。其次，变现周期过长会增大银行的风险敞口，因为市场环境和经济形势的变化都可能影响到资产的价值和价格。此外，变现周期过长还可能导致银行在处理不良资产时出现损失和风险，因为市场对于这些资产的需求和价值评估可能发生变化。

为了帮助银行有效解决上述问题，厦门象屿建构了屿链通供应链服务平台，推动了供应链金融的发展。该平台的主要特点是：第一，象屿在全球化方面做出了精心布局，整合了各种物流资源，包括公路、铁路、水路和仓库等，构建了一个覆盖全球的物流网络。这个网络能够实现货物的快速、安全和有效运输，从而为象屿集团的客户提供优质的物流服务。此外，在大宗商品物流管理方面，企业积累了丰富的经验，有一套完善的物管流程和制度，能够实现对大宗商品的全程跟踪和管理。通过这种方式，可以有效地监控货物的状态和位置，确保货物的安全和完整。正是这些举措能够有效地保证“管住货”。

第二，在供应链服务方面，象屿集团不仅提供物流、仓储等基础服务，还通过与各产业领域的深度合作，提供一系列的增值服务，如市场研究、产品策划、营销推广等。这些服务能够帮助客户更好地了解市场和消费者需求，优化产品策略，提高市场竞争力。同时，象屿还通过与政府部门、行业协会等机构的合作，积极参与制定行业标准和规范，推动产业的发展和进步。通过这些方式，象屿集团能够更好地理解和把握各个产业的需求和趋势，为客户提供更精准、更专业的供应链服务，帮助客户实现更好的商业目标。这也是象屿集团能够做到“懂产业”的重要原因。

第三，象屿从战略高度打造数智象屿，数智象屿是一个全面的数字化解决方案，旨在通过将物流运输、货物跟踪、金融监管等环节数字化，提高运营效率和服务质量。其中，智慧物流平台和网络货运平台是数智象屿的重要组成部分。智慧物流平台主要通过物联网技术和大数据分析，对货物进行实时跟踪和监控，确保货物的安全和及时到达。同时，该平台还可以根据货物的实时位置和运输情况，提供智能化的调度和优化建议，提高物流运输的效率。网络货运平台则主要负责货物的运输管理，包括货物的调度、运输路线的规划、运输过程的监控等。该平台通过互联网技术，将货主、司机、物流公司等各方连接起来，实现信息的共享和协同作业，提高了运输的可靠性和效率。通过与银行的互联互通，数智象屿实现了货物的“能溯源”。具体来说，银行可以通过数智象屿平台，对货物的来源和运输过程进行全面的监管和记录。这样，无论是货主还是金融机构，都可以通过平台查询货物的来源和运输过程，增加了货物的透明度和可信度。

第四，象屿集团通过与银行的合作，在提供融资服务的同时，也协助银行进行盯市管理。这意味着象屿利用其在商品销售领域的专业知识和网络，帮助银行实时监控市场动态，确保质押货物的价值稳定。这一举措有助于降低银行的风险敞口，因为当借款企业无法按时偿还贷款时，银行可能需要处置质押的货物以收回贷款。在此过程中，象屿还通过自身的强大销售渠道，为银行提供便利的货物变现途径。如果银行不得不处理质物以弥补贷款损失，象屿能够迅速而有效地将这些货物转化为现金，从而进一步降低了银行面临的潜在风险。

3. 屿链通供应链金融业务

象屿借助于屿链通平台开展的供应链金融服务有屿仓融、屿采融和屿途融。

（1）屿仓融通过利用区块链、大数据等技术手段，结合热卷、橡胶等大宗产品作为质押品，实现快速、便捷的融资服务。

屿仓融的具体操作流程如下（见图4-20）：第一，业务申请：企业（借款人）向象屿股份和商业银行提出屿仓融业务的申请，表明融资需求和意向。第二，资质审核：象屿股份和商业银行对申请企业进行资质审核，包括但不限于企业的经营状况、信用记录、财务状况等，以评估其还款能力和风险水平。第三，库存评估：由于“屿仓融”是以现货质押为基础的融资方式，所以需要对申请企业的库存商品进行评估。这可能包括商品的种类、数量、质量、市场价值等因素。第四，质押协议：在库存评估通过后，企业与象屿股份和商业银行签订质押协议，明确质押的商品明细、质押率（即贷款金额与质押商品价值的比例）、质押期限等条款。第五，动态核定库存：在质押期间，采用动态核定库存的方式管理质押商品。这意味着库存价值会根据市场价格和实际库存量的变动进行定期或不定期的重新评估。第六，融资发放：根据质押协议和核定的库存价值，商业银行向企业提供相应的贷款资金。第七，贷后管理：在质押期内，象屿股份和商业银行会对质押商品进行监控和管理，确保商品的安全性和价值稳定。企业则需要按照约定支付利息和/或分期偿还本金。第八，解押与结算：在贷款到期或者提前还款时，企业可以按照约定的方式解除质押，通过偿还全部贷款本息来赎回质押的商品。

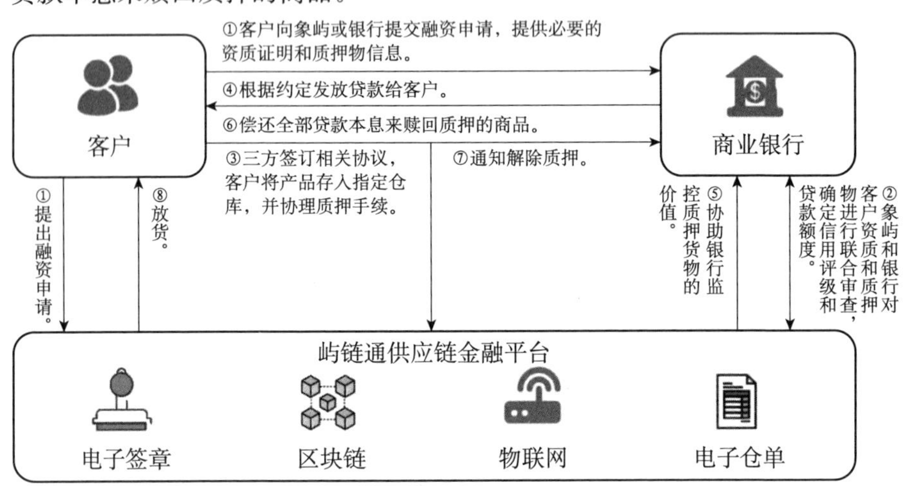

图4-20　屿仓融操作示意图

（2）屿采融是厦门象屿股份和商业银行合作推出的一种供应链金融产品，主要针对企业在采购过程中面临的资金流动性问题。通过该供应链金融产品，一方面，企业可以在采购过程中获得短期的资金支持，解决因支付预付款而产生的现金流压力，提高采购效率，保障生产经营活动的顺利进行。另一方面，象屿股份和商业银行通过严格的资质审核和贷后管理，能够有效控制贷款风险，保护各方的权益。

屿采融的具体操作流程如下（见图4-21）：第一，业务咨询：企业（借款人）向象屿股份和商业银行咨询屿采融业务，了解服务内容、条件和流程。第二，资质审核：企业提交申请材料，包括但不限于企业的基本信息、经营状况、信用记录、采购订单等相关资料。象屿股份和商业银行会对申请企业进行资质审核，评估其融资资格和风险水平。第三，订单审查：企业提供待融资的采购订单，象屿股份和商业银行会对订单的真实性、交易双方的信用状况、订单金额、付款条件等进行审查。第四，融资申请：通过资质审核和订单审查后，企业正式提交屿采融融资申请，明确融资金额、期限、利率等条款。第五，合同签订：三方（企业、象屿股份、商业银行）签订屿采融业务合同，明确各方的权利、义务和责任，包括预付款的支付、贷款的发放、还款计划、质押物管理等内容。第六，预付款支付：在合同签订并满足放款条件后，商业银行根据约定将预付款直接支付给供应商，用于执行采购订单。第七，质押管理：企业可能需要提供一定的质押物或者担保措施，以保证贷款的安全性。象屿股份和商业银行会按照约定的方式管理和监控质押物。第八，贷后管理：在贷款期间，企业需要按照约定的时间和方式偿还本金和利息。象屿股份和商业银行会对贷款的使用、还款进度、企业经营状况等进行跟踪和管理。第九，贷款结清：在贷款到期时，企业需要全额偿还本金和剩余利息，完成贷款的结清。如果存在质押物，解除质押并归还给企业。

（3）屿途融是厦门象屿集团有限公司推出的一种创新供应链金融业务，主要服务于采用象屿物流运输服务的粮食经营客户。该业务通过利用物联网、区块链等先进技术，对在途货物进行实时监控和管理，为客户提供在

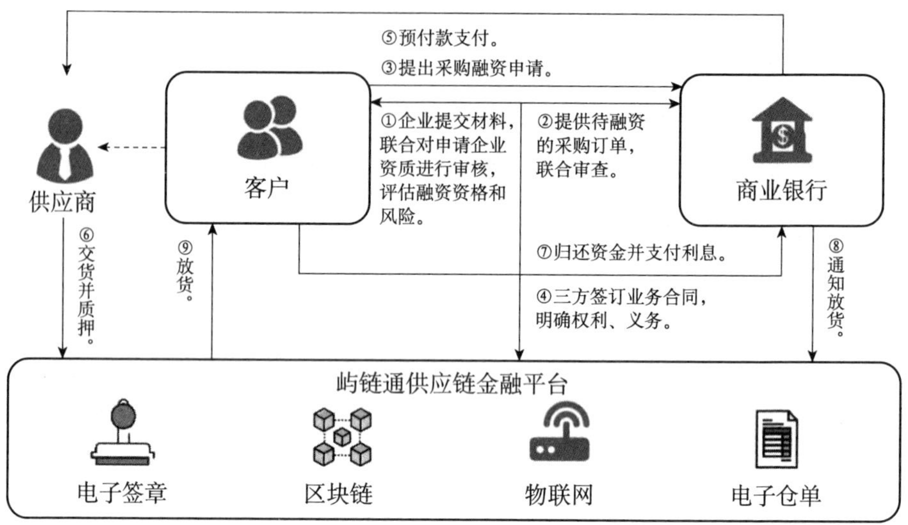

图4-21　屿采融操作示意图

线在途货物质押融资解决方案。

屿途融的具体操作流程如下（见图4-22）：第一，资质审核：客户提交申请材料，包括但不限于企业基本信息、经营状况、信用记录、在途货物的相关资料等。象屿股份会对申请客户进行资质审核，评估其融资资格和风险水平。第二，在途货物确认：客户需要提供在途货物的具体信息，包括货物种类、数量、价值、运输路线、预计到达时间等。象屿股份会通过物联网、区块链等技术手段对在途货物进行实时监控和确认。第三，融资申请：通过资质审核和在途货物确认后，客户正式提交屿途融融资申请，明确融资金额、期限、利率等条款。第四，合同签订：三方（客户、象屿股份、金融机构）签订屿途融业务合同，明确各方的权利、义务和责任，包括质押物管理、贷款发放、还款计划等内容。第五，质押设立：在合同签订并满足放款条件后，客户将在途货物作为质押物，由象屿股份进行管理和监控。第六，贷款发放：象屿股份根据约定的质押比例和贷款金额，向客户发放贷款。第七，在途货物监控：在整个运输过程中，象屿股份利用物联网、区块链等技术持续监控在途货物的安全性和位置信息，确保质押物的价值稳定。第八，贷后管理：在贷款期间，客户需要按照约定的时间和方式偿还本金和利息。象屿股份会对贷款的使用、还款进度、客户经营状况等进行跟踪和管理。第九，质押解除与结算：在贷款到期或者提前还款时，客户可以按照约定的方式解除质押，通过偿还全部贷款本息来结束质押关系。

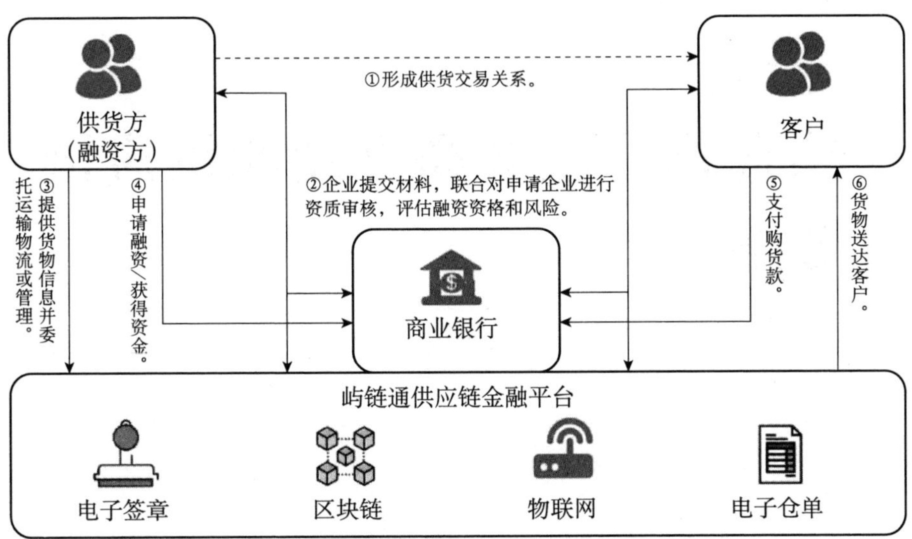

图 4－22　屿途融操作示意图

第5章 综合物流服务商推动的供应链金融

物流领域的供应链金融是目前理论界和实业界探索较多的一个领域，物流中的供应链金融是物流与金融相结合的复合业务概念，它不仅能提升第三方物流企业的业务能力及效益，还能为企业融资并提升资本运用的效率。对于金融业务来说，物流金融的功能是帮助金融机构扩大贷款规模、降低信贷风险，在业务服务扩展上能协助金融机构处置部分不良资产、有效管理客户，提升质押物评估、企业理财等顾问服务项目。从企业行为研究出发，可以看到物流金融的发展源于“以物融资”业务活动。物流金融服务是伴随着现代第三方物流企业而生的，在金融物流服务中，现代第三方物流企业业务非常复杂，除了要提供现代物流服务外，还要与金融机构合作一起提供部分金融服务。因此，物流领域中的供应链金融可以看作一种集物流运作、商业运作和金融管理于一体的管理行为和过程，它将贸易中的买方、卖方、第三方物流以及金融机构紧密地联系在了一起，实现了用供应链物流盘活资金，同时用资金拉动供应链物流的作用。

本章将首先介绍国内外对于物流金融本质规律的理解，以及相应的基本运作形态。在此基础上，我们将对目前物流领域的供应链金融面临的挑战和制度创新，以及相应的实践进行介绍。之后将对第三方物流进行结构化的分析，概念化几种不同类型的第三方物流。这是因为物流金融的推动者和作用者往往是提供综合物流服务的企业，即第三方物流，所以，不同的第三方物流的状况决定了其在供应链金融中发挥着不同的作用。在此基础上，我们将逐一分析几种不同类型的物流金融模式。

第1节　物流金融的本质规律与形态

一、物流金融的实质

对物流领域中金融的探索源于物流供应链管理，以及服务产业和金融应用的研究。长期以来，无论是实业界还是理论界，关注的主题都是管理与金融服务的结合，而对于物流金融的专门研究相对较少。对这一领域的研究探索最初是基于对第三方物流的探索，即随着第三方物流市场的发展，特别是物流外包的兴起，其所承担的职能和服务越来越具有差异性（Rabinovich & Knemeyer，2006；Selviaridis & Spring，2007），其中就涉及一些资金和金融性活动，比如在开票、支付过程中的清算（Min，2002），或者在国际物流中所产生的出口融资活动等（Ling-yee & Ogunmokun，2001），应当讲，这些研究较少涉及第三方物流公司所形成的库存融资活动。还有一类研究则是站在金融立场探索物流金融活动和管理，例如Tibben-Lembke和Rogers（2002）分析探索了物流领域如何运用实物期权，Holdren和Hollingshead（1999）研究了库存融资服务中的定价问题。这些研究虽然也涉及了物流金融，但是并不是站在第三方物流的立场探索金融模式和管理。还有一些研究从更为广义的供应链管理角度涉足物流金融的运作和特质分析，尽管运用了不同的术语和名词，诸如“财务供应链管理”（Financial

Supply Chain Management）（Fairchild，2005）、“供应链金融”（Supply Chain Finance）（Hofmann，2005）等。尤其是Buzacott和Zhang（2004）的研究，探索了基于动产的库存融资行为与物流管理和运营之间的关系，并指出，库存管理并不仅仅是遵循财务资金约束，流动性管理本身就是库存管理的一部分，对这一问题的关注，无论是对金融机构还是企业的效率都会有较大影响。

近些年，国内物流金融的研究也在蓬勃发展，其中有代表性的主要有：任文超（1998）提出的“物资银行”概念，罗齐等（2002）提出的融通仓概念，李毅学等（2010）提出的库存商品融资概念。任文超认为，“物资银行”这种运作模式是专门针对物资这一经营对象的，它通过解决企业之间的资金相互拖欠问题，达到物资的良性流通，获取经济效益，其最根本的一点就是，在死的物资向活的资本的转化过程中，提供智能化的精细服务。而罗齐等认为，融通仓是一个综合性的第三方物流服务平台，不仅可为银行与企业间的合作架构新桥梁，帮助中小企业解决融资难题，而且能有效地融入中小企业供应链体系之中，为其提供高效的第三方物流服务。随后，陈祥峰、石代伦、朱道立等还发表了系列文章，阐述了融通仓的概念、系统结构、运作模式以及金融供应链与融通仓服务的密切关系，这些论文为物流金融创新内涵的分析研究提供了较为系统的支持。之后，冯耕中将物流金融分为两类基本业务模式，即基于仓单的库存商品融资业务和基于流动货物的库存商品融资业务，这两类模式随后进一步被确定为仓单质押融资业务和存货质押融资业务。从总体上看，目前国内外对这一问题的理论探索尚处于发展中。

物流领域的供应链金融从本质上看是一种短期性融资行为，它是将库存视为现有资产并以此获得融资的行为过程。短期性融资往往与一个企业的现金流状况紧密相关（Hill & Sartoris，1995），涉及现金流入、流出、资产流动性等各种因素。从供应商/发运商（融资需求方）的角度看，物流融资涉及确定最佳库存水准，以及设置成本与库存持有成本之间的均衡

(Wilson, 1991),基于库存的物流融资往往受到现金流量周期(因为它反映了企业经营的状况和库存周转)、金融机构给予的授信,以及抵押物或无抵押物借贷等要素的影响。而从金融机构(流动性提供者)的角度看,物流融资是将供应商的现有资产视为一种抵押或担保物进行短期借贷。这里的关键是金融机构手中的库存是否具有"可市场化"的特点,因为一旦出现任何潜在风险,金融机构可以通过处置抵押品或担保品覆盖风险。但是对于金融机构来讲,如何确定质押品和担保品的价值和稳定性是一个巨大的挑战,一方面是需要判断该物品的价值程度以及市场接受的程度,该物品如果是高价值的标准产品,往往容易把握,而如果是非标准产品,对于金融机构而言,则较难掌握其价值状况和市场性;另一方面,如何保持物品在库存中的价值稳定和水准对于金融机构也是一种挑战,因为任何价值在仓储运输过程中的贬损或变化都有可能产生巨大的风险。正是因为上述原因,在原有的经营模式中,物流金融的运用受到限制,而要有效地促进物流领域供应链金融的发展,核心在于如何看待第三方物流在其中发挥的作用。

Hofmann (2005) 曾经对比了在不同物流金融模式下第三方发挥的作用如何改变了运行方式和效率。在传统的物流金融模式下(见图5-1),供应商一般都希望能加速资金回流,缩短现金流量周期。要实现这一目标,要么要求购买方支付预付款,或者积极管理应收账款,要么将产品抵押给金融服务提供商加速资金回笼。相反,作为货物接受方的客户也希望在需要的时间采购产品,降低客户的库存压力和资金压力,一般客户往往要求供应商采用寄售或者供应商管理库存的方式供货,而且应付账款周期越长,对客户而言越有利。买卖双方不同的利益诉求显然产生了矛盾和冲突,阻碍了供应链的有效运行。此外,对于资金提供者而言,在基于库存进行的融资过程中,需要保证违约的损失不能超过预期的风险控制程度,这里的关键在于把控违约率(Probability of Default)和违约损失率(Loss Given Default)(Altman, et al., 2005)。霍夫曼指出,影响违约率的因素在于融资方的资信,如果融资方利用信息不对称隐瞒了相应信息,违约率就会上升。影响违约损失率的因素则是抵押或担保货物的性质，一旦融资方违约，抵押或担保品如果具有较好的流动性和市场性，违约损失就会降低。然而问题的关键是，作为资金提供者的金融机构并不直接参与供应链物流的运行，对于供应商（融资方）的了解是有限的，同时有关抵押或担保品的知识和管理方法也是间接得到的，这就使得控制违约率和违约损失率变得非常困难。在传统模式中，第三方物流事实上与物流金融的关联较小，买卖双方只是希望物流活动能顺畅进行，而第三方也只是希望能通过自己的服务及时获得回报和资金。虽然第三方物流能够知晓掌握双方的交易状况以及物品的状况、价值、库存等各类信息，但是并不能及时传递到金融机构，从而产生了信息孤岛。

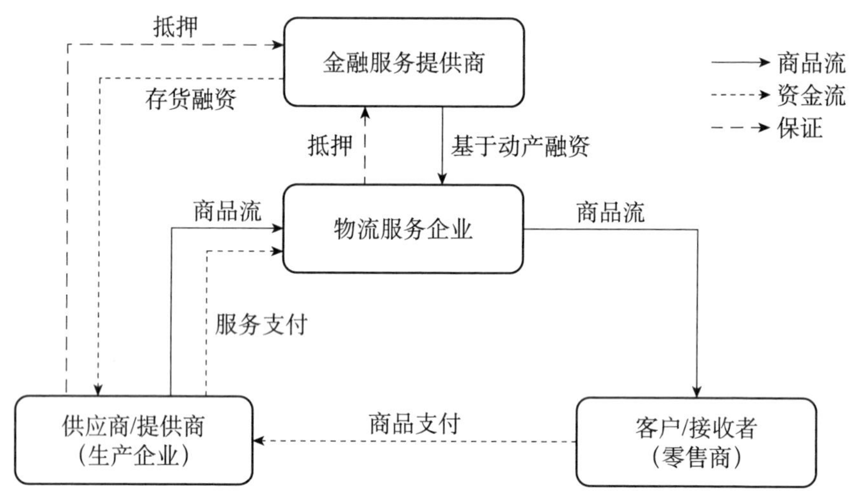

图5－1　传统供应链模式下的物流金融

在新的物流金融模式下，第三方物流发挥了重要的作用（见图5－2）。它在买卖双方之间起着重要的金融媒介和管理的职能。第三方从供应商处获得一段时间的物品所有权，然后将之出售给下游的客户。与以往一般的业务关系不同，第三方物流在获得采购贸易保证的前提下向供应商融资，既有利于买卖双方的交易持续和发展，也有利于第三方物流拓展自身的业务空间，不仅能够承揽相应的运输、仓储、流通加工活动，实现JIT供货、延迟生产或大规模定制化生产，而且能运用自己的经验和能力，优化买卖双方的物流链，降低总库存成本。在这一新型的物流金融模式下，买卖双方的矛盾和冲突得以解决，通过将物权暂时转移给第三方物流，供应商能够及时获得资金，缩短现金流量周期，客户能在需要的时候获取产品，查验后支付货款。而作为流动性提供者的金融机构也规避了由于信息不对称或者不了解抵押或担保品性质所产生的高违约率和高违约损失率的问题，通过与第三方物流的紧密合作，降低了资金借贷的潜在风险。由此可以看出，物流金融的实质并不仅仅与金融业务产生的基础是仓单还是流动性货物有关，还与第三方物流与交易买卖双方以及金融机构之间的关系发生了改变有关。随着第三方物流在供应链中发挥着不同的作用，以及与供应链其他参与者之间差异性的互动，金融活动得以展开，同时不同程度优化了供应链的结构和流程，提高了效率和效益。严格意义上讲，物流领域的供应链金融创新的主体是第三方物流，金融活动展开的基础是第三方物流的服务资源和能力。

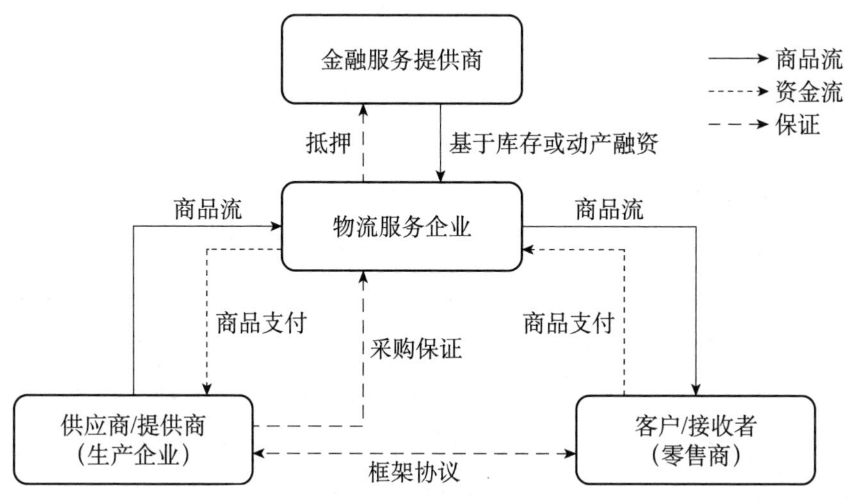

图 5-2　新型供应链模式下的物流金融

二、物流金融的基本形态

由上述内容可知，目前在物流金融的运作中，第三方物流所推动的物流金融有着不同的形态。第一种形态是代收货款方式（见图 5-3）。在这一方式中，第三方物流发挥的作用非常有限，其运作方式是物流公司为企业提供产品运输配送服务的同时，帮助供货方向买方收取货款，然后将货款转交供货方，并从中收取一定比例的费用。这是物流金融的初级阶段。从盈利来看，第三方物流可以获取一定的手续费，并且该资金在交付前有一个沉淀期，在沉淀期内，第三方物流获得一部分不用付息的收益，而厂家和消费者获得的是方便、快捷的服务。

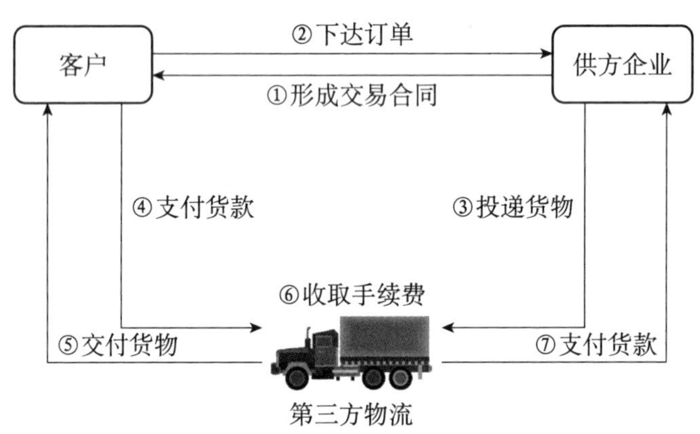

图5-3　物流金融形态之一——代收货款

第二种形态是托收方式（见图5-4a和图5-4b），即第三方物流公司为发货人承运一批货物时，首先代提货人预付一半货款，当提货人取货时则交付货款。这种形态还有一种演变，即为消除因垫付货款给第三方物流公司带来的资金占用问题，发货人将货权转移给金融机构，金融机构根据市场情况按一定比例提供融资，当提货人向金融机构偿还货款后，金融机构向第三方物流企业发出放货指示，将货权还给提货人。此种方式下，物流公司的角色发生了变化，由原来的商业信用主体变成了为金融机构提供货物信息、承担货物运送、协助控制风险的配角。托收方式既可以消除发货人资金积压的困扰，又可以让发货人与提货人规避风险。对第三方物流而言，其盈利点是将客户与自己的利益密切地连在一起，客户群基础越来越稳定。此外，资金在交付前有一个沉淀期，在沉淀期内，物流公司相当于获得了一笔不用付息的资金。

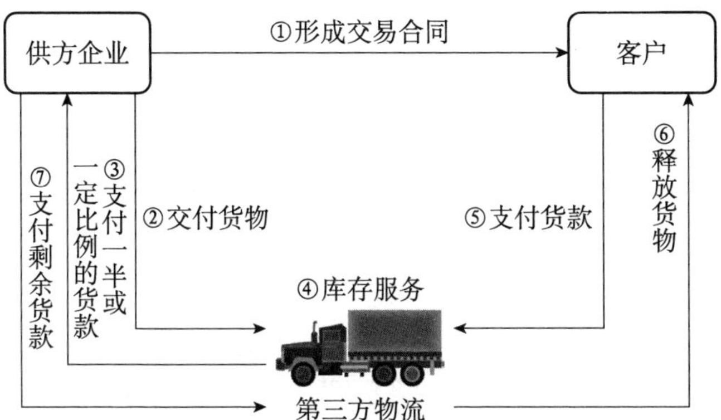

图5-4a　物流金融形态之二——托收方式（第三方物流主导）

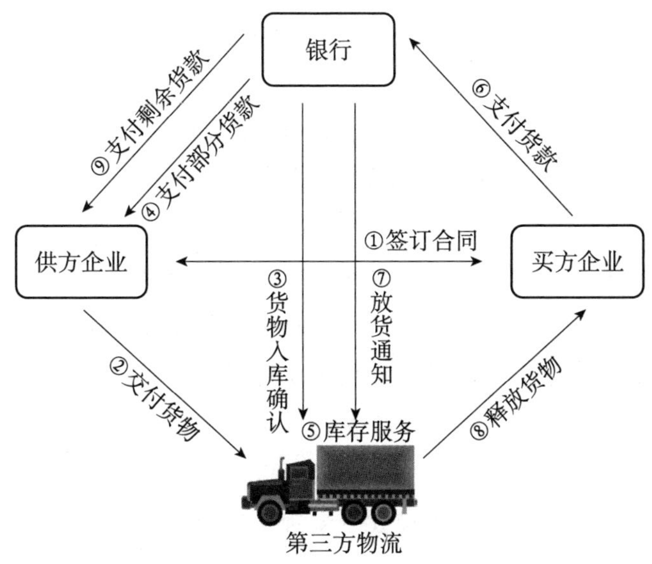

图5-4b　物流金融形态之二——托收方式（金融机构主导）

第三种形态是融通仓方式（见图5-5）。在中小企业生产经营活动中，原材料采购与产成品销量普遍存在批量性和季节性特征，这类物资库存往往占用了大量宝贵的资金，融通仓借助其良好的仓储、配送和商贸条件，吸引辐射区域内的中小企业，作为其第三方仓储中心，并帮助企业以存放于融通仓的动产获得金融机构的质押贷款融资，其实质就是将金融机构不太愿意接受的动产（主要是原材料、产成品）转变成其乐意接受的动产质押产品，以此作为质押担保品进行信贷融资。该方式还有一种衍生形态，即反担保，即在借款企业直接利用寄存货品从金融机构申请质押贷款存在难度的情况下，由物流公司将货品作为反担保抵押物，通过物流公司信用担保实现贷款。该方式对质押主体进行了拓展，不是直接以流动资产交付金融机构作抵押物，而是由物流企业控制质押物，这样极大简化了程序，提高了灵活性。

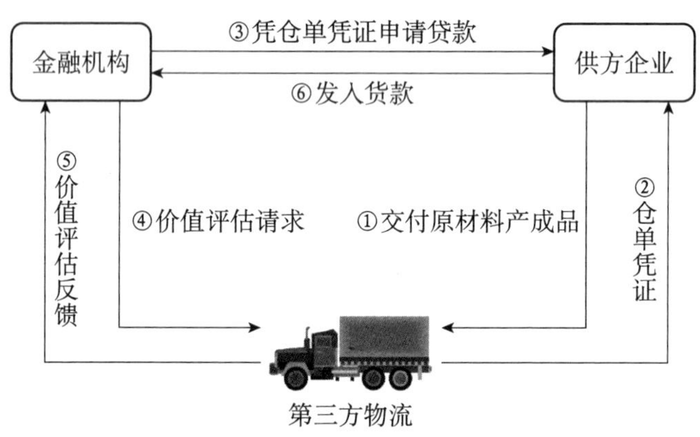

图5-5 物流金融形态之三——融通仓方式

融通仓不仅为金融机构提供了可信赖的物质监管，还帮助质押贷款主体双方较好地解决了质物价值、评估拍卖等难题，并有效融入中小企业产销供应链当中，提供良好的第三方物流服务。该方式可让企业通过流动资产实现融资，借助第三方物流仓储中心可以节省仓库建设与管理费用。对于金融机构来讲，在仓单质押模式下实现了流动资产贷款，为解决“存贷差”开拓了新的借贷模式，一方面，银行减少了“存贷差”产生的费用，另一方面产生了借贷利差，银行获得了利益。对于第三方物流来讲，其收益来自向供方企业收取存放与管理货物的费用；为供方企业和银行提供价值评估与质押监管这些中介服务也可以收取一定比例的费用。此外，通过此类服务，可以将营业范围延伸到其他物流服务。

第四种形态是授信融资方式（见图5-6）。即金融机构根据第三方物流经营规模、运营现状、负债比例以及信用程度，授予物流企业信贷额度，物流企业可直接利用这些信贷额度向相关企业提供灵活的质押款业务。该模式有利于企业更加便捷地获得融资，减少原先质押贷款中一些烦琐的环节，也有利于银行提高对质押贷款全过程的监控能力，更加灵活地开展质押贷款服务，优化其质押贷款的业务流程和工作环节，降低贷款风险。

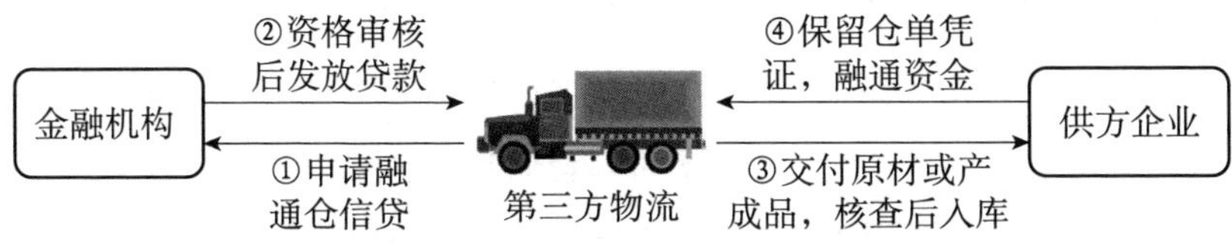

图 5-6　物流金融形态之四——授信融资方式

第 2 节　物流金融的挑战与制度创新

一、物流金融面临的挑战

物流金融作为供应链金融领域中最早实践的业务形态具有巨大的市场空间，据世界银行集团估算，目前存货融资市场规模 5 万亿，相对 75 万亿的存货规模，还有巨大的可开发空间。然而，基于物的供应链金融在最近几年的发展过程中遇到了很多挑战，特别是受“上海钢贸案”“青岛港事件”“佛山铝锭案”的影响，一些金融机构对于存货融资、仓单融资非常畏惧，巨大的风险让各类金融机构和大型企业望而却步。这些主要的问题和挑战表现为如下几个方面：

第一，大部分仓储公司实际上是代表货物拥有者（包括所有者和质权持有人）进行存储和监督工作。一旦仓储公司在操作过程中出现差错，确定仓库中货物的具体权利归属对货物拥有者来说就变得复杂起来。例如，在上海钢贸案、青岛托盘事件和上一年的佛山铝锭案中，核心问题在于不止一人声称有权处理仓库中的货物。在法律层面上，动产所有权通常通过占有实体资产来表现。但是，由于金融机构在进行交易和融资时不可能亲自管理这些物品，它们必须委托仓储公司作为第三方进行监管。市场的发展显示出，尽管现在有许多技术可以追踪货物的状态，但关于货物所有权、权利人身份以及质权持有者的问题在国内还没有统一的法律框架来支持解决。

第二，在目前的市场环境中，担保存货管理作为一个特定的领域，还没有形成一套专门针对其特性而设定的统一专业标准。这一领域的管理活动与常规的仓储管理存在显著差异，不仅在操作上更为复杂，而且承担的风险也相对较高。由于缺乏专门为担保存货管理设计的规范和指导，现行的一系列标准和流程，包括仓库技术、仓储作业流程、服务品质以及对从业人员资质的要求，都未能完全契合担保存货管理的特定需求。此外，担保存货管理涉及交易过程中的多个环节，如运输、存储和签收等，这些环节都有它们各自的特点和要求。在没有明确标准指引的情况下，这些要素的管理容易产生漏洞，增加了业务运作中的不确定性和潜在风险。鉴于此，为了提升担保存货管理的效率和安全性，减少可能出现的风险，建立一个全面的、针对性强的标准化体系显得尤为迫切。这样的标准化体系需要囊括从技术规范、操作指南到服务质量监控，以及从业人员培训与认证等多个方面，确保整个担保存货管理过程的每个环节都能得到适当的规范和控制。通过这种方式，可以更好地服务于涉及担保存货的企业，提高整个行业的专业水平和竞争力。

第三，在担保存货管理这一特定仓储业态中，存在着显著的行业监管缺口。这种缺失在很大程度上源于对此领域风险性的不充分了解和认识。目前，国家尚未建立起与担保存货管理相关的行政许可制度，也缺乏企业备案制度，导致对从事此类业务的企业情况知之甚少。此外，对于想要进入担保存货管理市场的企业，也没有任何明确的资质条件要求，这无疑增加了市场的不确定性和风险。由于缺乏必要的行业监管措施，担保存货管理领域的参与者可能无法得到有效的规范和指导，这不仅可能影响企业自身的可持续发展，还可能对整个市场的稳定性构成威胁。例如，没有资质要求可能导致任何企业都可以进入该领域，而不一定具备相应的专业能力和风险管理措施，从而增加了业务失败或做出不当行为的风险。因此，为了保障担保存货管理行业的健康发展，迫切需要国家相关部门加强监管，建立一套完整的行政监管体系。这包括设立专门的行政许可程序，确保所有从业企业都通过严格的审查和认证；实施企业备案制度，以便监管部门能够掌握行业内企业的基本情况；以及制定明确的资质条件标准，确保所有参与担保存货管理的企业都能满足一定的专业和安全要求。通过这些措施，可以有效提升整个行业的透明度和公信力，降低潜在的系统性风险，促进担保存货管理服务的规范化和专业化。

显然，要促进以物为基础的供应链金融，就需要在如下方面形成共识：

一是要形成标准化、规范化的仓储企业管理规范。在动产融资业务中，仓储企业扮演着至关重要的角色，其功能在某种程度上类似于“物的银行”，负责确保实物资产的安全。鉴于此，对仓储企业的管理必须达到高度的标准化和规范化，这就需要构建一个综合的评价体系来评估仓储企业的各项能力，尤其是数字化管理能力。为了实现这一目标，有必要制定统一的金融级仓储数字化分级评价标准。这些标准应当基于五星评价模型，对仓储企业的准入资格进行严格评审。通过这种方式，可以确保只有符合特定标准的企业才能参与动产融资业务，从而提升整个行业的信任度和专业性。此外，建设行业自律体系是规范仓储企业分级评价的关键一步。这样的体系将有助于建立明确的金融仓储行业准入和退出机制，确保市场的健康运作。同时，主管部门应当介入，从准入、管理、职责、检查、数据和监管等多个方面制定行业规范。这些规范将为仓储企业提供明确的操作指南，帮助它们规避道德风险，同时提升管理能力和风险承担能力。综上所述，通过建立统一的金融级仓储数字化分级评价标准和行业自律体系，可以有效地提升仓储企业的专业水平，降低动产融资业务中的风险，促进整个行业的稳定发展。这不仅有利于金融机构和贷款企业，也有助于提高整个物流和仓储行业的竞争力和透明度。

二是统一普通仓单的标准化。根据《民法典》以及国家标准《仓单要素与格式规范》（GB/T 30332－2013）的相关规定，普通电子仓单的开立应当遵循一定的标准化要求。这些要求不仅包括法律所规定的仓单八大要素，还额外增加了一些条件，以确保电子仓单的有效性和可靠性。首先，每份电子仓单都应该有一个独一无二的编码，这个编码是确保仓单唯一性的关键。这意味着在任何情况下都不会存在两份内容完全相同的电子仓单。其次，对于同一批货物，只能存在一种形式的仓单，要么是电子仓单，要么是纸质仓单。为了提高效率和减少纸质文档的使用，建议尽可能只开立电子仓单。再次，仓单上必须明确标明仓库的具体地理位置。这一要求是为了确保仓库的位置描述无误，从而避免在货物提取或管理过程中出现混淆。又次，电子仓单应当包含出具人的电子签名。这样的措施是为了确保仓单权利的不可否认性，即使在电子环境下，也能保证交易的法律效力。最后，电子仓单需要有数据校验机制。这是为了确保在电子仓单传输过程中数据的完整性不被破坏，防止信息被篡改或丢失。通过遵守上述条件，普通电子仓单的开立就能够达到更高的标准化水平，从而提高其在动产融资和仓储管理中的安全性和可信赖性。这不仅有助于提升仓储企业的运营效率，也能够降低金融机构在开展相关业务时的风险。

三是统一动产融资登记标准。为了提高动产融资的透明度和安全性，建立一个行业统一的动产登记查询体系至关重要。这样的体系可以依托国家级或行业级的登记服务平台，如中登网、中仓登数据服务有限公司等，形成一个综合性的货权管理系统。这个系统将基于“仓库＋货物＋货位＋货权＋仓单”的模式，为每一件货物提供详细的登记信息，包括其所在的位置、所有权状况、存储条件以及相关的仓单信息。通过建立这样一个体系，可以以货权管理和基于货权管理的登记服务为基础，进一步发展出一套一体化服务体系。这个体系将涵盖仓库登记、货权登记、仓单登记，以及运营关系的确认和货权/仓单的确认（简称“三登记＋两确认”）。这将有助于保障货物权利人，包括所有权人和抵质押权人，对存货和仓单的权利，从而为产业链和供应链中的企业提供一个可靠的基础，以便它们能够开展基于动产的可信交易和融资活动。

此外，这类登记公示平台不仅要确保担保资产描述的准确性，还需要为其他权利人提供一个便捷的途径来查询基于货物的权利负担情况。这意味着，任何有兴趣的一方都能够通过这个平台来了解货物的权利状况，包括是否存在抵押、质押或其他任何形式的权利限制。总之，通过建立这样的动产登记查询体系，可以大大提高动产融资的透明度，降低交易和融资过程中的风险，同时也为相关企业和金融机构提供一个高效、可靠的工具来管理和追踪货物的权利状况。这对于推动动产融资市场的健康发展具有重要意义。

二、物流金融的制度创新与实践

面对上述挑战，在国家和各行业协会的努力下，一系列制度性的规范和标准逐步形成，从而为推动物流金融奠定了良好的基础设施。

1. 国家级法律和制度建设

2021年1月1日正式实施的《民法典》在中国民事法律体系中标志着一个重要的进步，它在多个方面对现有的法律规则进行了更新和完善。在动产融资和仓储领域，该法典带来了显著的变化和突破，为相关事宜提供了更加明确和具体的指导。首先，《民法典》明确了在不同情况下债务受偿的顺序，特别是在登记与不登记的情况下。这一规定对于确定债权人的受偿权具有重要意义，因为它规定了在债务人破产或清算时，各类债权的优先顺序，从而保护了债权人的合法权益。其次，《民法典》重申了法律要求的仓单的基本要素。这意味着所有的仓单都必须包含特定的信息，如对货物的描述、数量、质量、存储地点等，以确保仓单的法律效力和可执行性。这对于防止欺诈和误解非常重要，同时也有助于提高仓单作为交易和融资工具的可靠性。此外，《民法典》对不同担保物权并存时的优先顺位规则进行了更为清晰的规定。在实践中，同一资产上可能存在多个担保物权，如抵押权和质权。在这种情况下，《民法典》明确了各种担保物权的优先级，从而减少了争议和不确定性，提高了法律的预测性。综上所述，通过这些新的规定，《民法典》不仅增强了动产融资和仓储领域的法律透明度和确定性，还为市场参与者提供了更加坚实的法律基础。这有助于促进贸易活动的顺利进行，降低交易成本，同时为金融机构提供了更加明确的风险管理框架。

中国人民银行作为中国的中央银行，负责制定和实施货币政策，维护金融稳定，促进经济发展。2022 年 2 月 1 日，中国人民银行正式发布了《动产和权利担保统一登记办法》（以下简称《办法》），该法规旨在规范动产和权利担保的登记流程，提高融资效率，降低企业融资成本，促进经济的健康发展。《办法》的出台是基于《关于实施动产和权利担保统一登记的决定》（以下简称《决定》），对动产和权利担保业务进行了进一步的规范和整合。《办法》的重点在于：一是拓展了统一登记系统的登记范围。企业融资过程中常用的典型动产和权利担保业务，以及不属于《决定》排除项的其他动产和权利担保业务，都将被纳入统一的登记系统中进行管理。这意味着，无论是生产设备、原材料、半成品、产品的抵押，还是存款单、仓单、提单等的质押，都将按照统一的规定和程序进行登记。二是突出了登记公示理念。《办法》明确，当事人通过统一登记系统自主办理登记，对担保财产进行概括性描述的，应当能够合理识别担保财产，并对登记内容的真实性、完整性和合法性负责，中国人民银行征信中心不对登记内容进行实质审查。动产和权利担保登记的目的在于公示担保权利，而非行政管理，通过登记公示，使市场主体便捷了解担保人名下所有动产上的担保权利状况，提高担保权利透明度，增强担保权人权利实现的确定性。三是进一步明确了登记机构的职责。依据《决定》要求，《办法》明确了中国人民银行征信中心具体承担服务性登记工作，不开展事前审批性登记，不对登记内容进行实质审查。四是完善了统一登记系统操作规范。《办法》进一步增加了当事人登记的提示性条款，优化了展期登记的操作流程，从而促进当事人规范登记操作，提高登记公示效率。

2. 行业规范建设

物流金融是物流和金融两个行业的交叉领域，它涉及货物运输、仓储、配送、信息处理等多个环节，同时也涉及融资、担保、信用、风险管理等多个金融领域。因此，物流金融规范的制定和实施需要依赖于行业规范。目前，围绕物流金融，一系列的行业标准和规范逐步形成，包括：

（1）由国家标准委批准的国家标准《仓单要素与格式规范》自 2014 年 7 月 1 日起实施。

（2）由商务部颁布的国家标准《担保存货第三方管理规范》自 2015 年 3 月 1 日起实施。

（3）由中国金属材料流通协会联合多家企业起草的《物联网监管仓技术与管理规范》自 2019 年 12 月 1 日起，作为团体标准正式实施，旨在加强对以金属、化工等材料为主的大宗商品仓库货物的监管与管理规范。

（4）由中国中小企业协会、中国仓储与配送协会、中国银行业协会组织起草的团体标准《全国性可流转仓单体系运营管理规范》自 2021 年 2 月 1 日起正式实施。《全国性可流转仓单体系运营管理规范》由中国仓储与配送协会、中国中小企业协会、中国物资储运协会牵头，在世界银行集团国际金融公司（IFC）的支持下，以现行法律为基础，借鉴其他国家的实践经验，由国内仓储行业、金融机构、法律专家、技术专家组成的专家委员会制定而成。该标准以现行法律为基础，界定了仓单出具人、仓单持有人、仓单运营平台、仓单登记平台以及质检、计量、保险机构等主体的条件与责任，明确考核评价与监督稽核的要求，明确仓单体系运营管理的自律机制；对“全国性可流转仓单”的生成条件、出具、登记、信息变更、提货、注销等各环节提出明确要求，以保障仓单的真实性与唯一性；基于物联网、区块链等新一代信息技术，明确仓单出具人仓库与仓单运营平台的设施与技术要求，保障技术控货、信息真实、责任可溯；旨在建立机制促进体系内各参与主体相互协作、相互制约、共同推动存货仓单化、仓单电子化、电子仓单的统一登记以及背书转让、融资、交易。目前，该规范已经出台玉米仓单的子系列，同时，66 云链科技等企业和相关单位正在起草《全国性可流转仓单体系运营管理规范 第 3 部分：液体石化商品仓单》。

（5）中国互联网金融协会于 2021 年 7 月 13 日发布团体标准《供应链金融监管仓业务规范》，旨在解决仓库标准不统一、运营方（监管方）评价不统一、系统标准不统一等问题。

（6）2021 年 5 月 31 日，中华人民共和国国家发展和改革委员会印发了 2021 年第 5 号公告，批准发布 14 项推荐性物流行业标准。其中，由中国物流与采购联合会物联网技术与应用专业委员会起草的《大宗货物电子仓单》（WB/T 1106－2021）、《大宗货物电子运单》（WB/T 1107－2021）2项推荐性物流行业标准自2021年7月1日正式实施。

（7）2022年6月16日，中华人民共和国国家发展和改革委员会印发了2022年第6号公告，批准发布12项推荐性物流行业标准。其中：由中国物流与采购联合会物联网技术与应用专业委员会起草的《数字化仓库基本要求》（WB/T 1118－2022）、《数字化仓库评估规范》（WB/T 1119－2022）2项推荐性物流行业标准自2022年7月1日正式实施。

3. 银企协同创新

在2023年11月16日举行的中国金融仓储创新发展大会暨华夏银行产业数字金融峰会上，华为携手华夏银行股份有限公司（以下简称“华夏银行”）和中仓登数据服务有限公司（以下简称“中仓登”）共同发布了《动产融资数字化仓储白皮书》（以下简称“白皮书”）。该白皮书的发布标志着对金融仓储领域业务技术和数字科技应用的一次重大推进，旨在建立规范化的金融仓储参考体系，并促进产业与金融深度融合，提高金融服务实体经济的能力。

为了推动动产融资领域的数字化转型，白皮书针对该领域存在的难点和痛点问题提出了一系列解决方案。这些方案基于构建“物的数字信用”的核心理念，整合了业务、数字和科技技术，形成了一个多维度的发展路线图，简称“123456”：

“1”代表通过数字技术赋予每件动产独特的数字身份，实现实物到数字空间的映射；

“2”代表推动中国实物仓储管理向金融级别的仓储管理升级；

“3”代表创建一个三维数字空间，从法律、物理和市场三个层面深入分析中国金融仓储行业的19个关键问题和挑战；

“4”代表开发一套包括数据、技术、管理和主体四个维度的73个指标的金融级仓储企业数字化分级指标体系；

“5”代表建立一个以数字化能力为核心的金融级仓储企业五星评价

模型；

"6"代表构建一个涵盖产业、生态、数字、科技、互联网和金融六大领域的动产融资伙伴生态系统。

这一全面的框架旨在激发动产融资产业的数字化创新，提升其整体发展水平，并最终实现金融服务与实体经济需求之间更紧密的对接。

第3节　物流领域供应链金融类型化

以上分析介绍了物流金融的实质以及各种运用形态，从中可以看到，在物流领域供应链金融创新中，第三方物流发挥了日益重要的作用，不仅解决了供应链运行中资金流动的问题，也借助于供应链融资进一步优化了物流流程。然而，第三方物流究竟在多大程度上结合了物流金融，又在多大程度上与供应链其他参与者形成合作关系，进而改善供应链结构，这是需要进一步分析的问题。其本质还是在于如何划分和看待目前中国第三方物流行业中差异化的状态和能力。

笔者认为，第三方物流作为专业物流服务提供者，其所具备的能力以及为客户服务（包括供应链金融服务）的绩效往往由不同的市场定位决定，不同的定位特点使得第三方物流的运行方式产生了差异。决定这一差别化定位的因素之一就是第三方物流的资源和能力的性质。资源和能力的性质涉及资源或能力的类型。根据巴尼的理论（Barney，1995），资源和能力存在着有形和无形之分，有形资源是一种独一（Unique）和限制性供应（Constrained Supply）的要素，而无形资源则是基于文化的隐性知识或诀窍。因此，这些资源可以镶嵌于企业中成为竞争者的障碍，也是企业竞争优势的来源。

Day（1994）认为，企业的资源和能力在供需交易中体现在三个方面，即内在反应（Inside-Out）、外在内化（Outside-In）以及横跨匹配（Spanning）。内在反应，即与市场响应相关的内部运作能力，拥有该能力的企业在物流运输、组织资源等方面比竞争对手更具优势；外在内化，即企业能够比竞争对手更早、更准、更快地预测市场需求、响应市场需求、提供适宜的服务，并与客户建立良好的合作关系；横跨匹配，体现为战略制定、定价、新业务开拓等方面能比竞争对手更好地处理内在反应与外在内化之间的匹配集成问题。

Tracey等（2005）的研究表明，企业绩效的提升，不仅依赖于企业内在反应的增强，也依赖于企业外在内化和横跨匹配的增强。显然，所谓的内在反应，甚至某些外在内化，都是一种基于物质和有形要素所体现出来的资源和能力，其实现的是满足客户既定的需求和期望，属于一种被操作性资源/能力（Operand Resources/Capabilities）。相反，某些外在内化以及战略匹配是一种前摄性的、基于知识和智慧的资源/能力，它具有能动性和隐形的特点，同时也需要较长期的集体行为才能反映出来。因此，它是一种操作性资源/能力（Operant Resources/Capabilities）。具体讲，从物流服务凭借的基础或能力看，有些第三方物流是运用或通过物质资产或被操作性资源为客户企业提供服务的，比如第三方物流借助于自己的仓库、运载工具、配送活动等为客户提供全面的服务，在这种状况下，资产往往也是客户关注的重点。第三方物流物质资产的投资往往也较大，或者说在从事物流金融性服务过程中，第三方物流凭借的基础仍然是物质资产，是基于物质资产性运营衍生出了金融性业务，比如，通过仓储管理和运输配送来带动金融活动；而另外一种状态是第三方物流更多地运用知识智慧，或者虽然也借助于资产性的投资运营，但是知识智慧发挥了更重要的作用，例如，第三方物流提供加速库存周转、流程优化、供应链系统改进等这类具有高度智力型的服务带动金融性业务，并且管理相应的风险。在这种状况下，客户评价的基础已经超越了资产的大小或数量，而是看重第三方物流拥有的具有高度增值能力的知识智慧的程度，与此同时，第三方物流也具备了知识型运行的特点。

第三方物流差异化定位的另一个因素是产业组织要素。根据产业理论的结构—行为—绩效模型，产业和市场的结构特征决定了企业所能采取的行为，同时企业的行为进一步决定了其在产业中取得的绩效（Bain，1956）。

在产业结构特征中，规模经济是一个重要的因素。所谓规模经济，是指在一定科技水平下生产能力的扩大，使长期平均成本下降的趋势，即长期费用曲线呈下降趋势。在物流产业中，它表现为随着经营范围（网络）的扩大和数量的增加，引起的费用下降和收益实现。具体结合第三方物流服务的产业组织特点看，有些第三方物流寻求区域市场或者局部市场运作，这种运作方式的特点并不是追求规模经济，而是通过在特定市场的经营来获得局部优势。此外，还有一种状态是在全国乃至全球范围内经营，在这种状态下，网络的广泛覆盖成为关键要素，其竞争优势的获得是通过网络覆盖和规模经济实现的。

根据第三方物流服务的资源能力和网络覆盖范围，目前中国的第三方物流企业有四种基本类型（见图5－7）：资产型区域型第三方物流、知识型区域型第三方物流、资产型广域型第三方物流、知识型广域型第三方物流。这四种基本类型反映的是第三方物流的基本形态，或者说是从静态的视角观察的第三方物流。资产型区域型是一种较为传统的第三方物流形态，这类企业往往借助于大量的物质资产（诸如土地或物流园区、仓库、车辆、人力等）在局部地区或者区域提供基础性的物流服务，其生存发展的基础是拥有物质资产，以及能低成本地满足客户需求。像一些城市配送、仓储企业、小型运输企业等均属于这种类型。资产型广域型也是一种典型的第三方物流形态，其运行的基础也是企业所拥有的物质资产，但是与前者不同的是，这类第三方物流往往拥有较大的物流服务网络，规模经济性较强。因此，其优势不仅仅在于提供低成本的物流服务，而是凭借巨大的网络资源和规模经济，帮助客户降低综合性的交易成本。诸如某些全国性的物流企业，特别是一些由传统交通运输或邮政系统转换而来的公司属于这一类别。知识型区域型是一种兼有特定能力和灵活性的第三方物流形态，这类企业仅在某些区域和地方运作，或者专门服务于特定的客户企业和行业。这类第三方物流虽然也拥有物流资产，但是其服务的主要基础是专业物流管理、流程的知识和组织能力，从某种意义上讲，这类企业的优势来自专业能力、经验和智慧所带来的价值增值。知识型广域型第三方物流企业是一种具备强大核心能力同时运营网络也很广泛的企业。这类企业一方面通过强大的技能、知识、智慧和网络规模为客户带来增值，甚至价值的创造（即实现客户企业自身很难实现的价值），另一方面凭借综合的管理能力和网络协调能力实现所有权成本的控制，全面降低交易成本。这类第三方物流企业真正实现了供应链服务和管理的特点，是一种供应链综合服务集成商，目前，一些外资背景的第三方物流企业诸如 DHL、UPS 等属于这一类型。

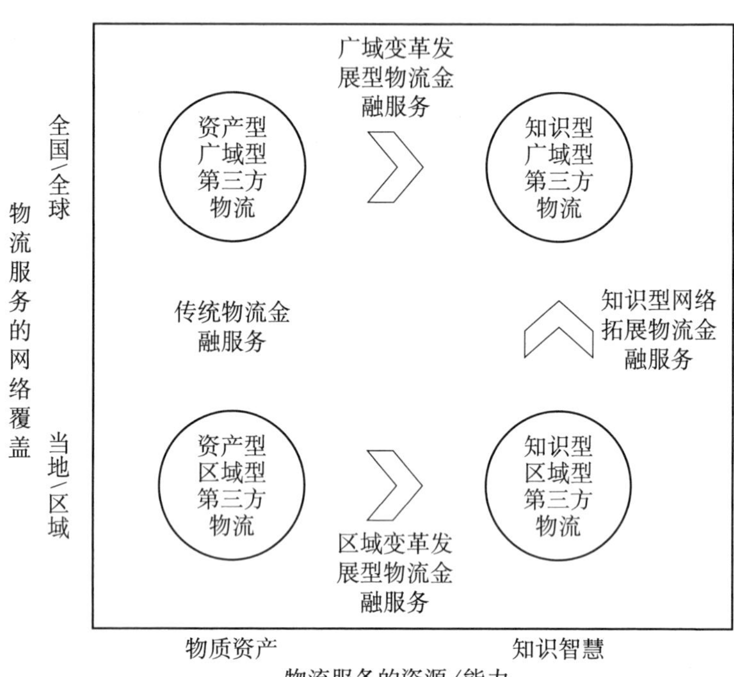

图 5-7　第三方物流企业的四种基本类型

资料来源：宋华．中国第三方物流研究脉络及其模型构建：一个理论框架．中国人民大学学报，2014，28（4）：116-125.

基于上述四种不同类型的第三方物流企业，也就形成了四类不同的物流金融运作模式。第一类是传统物流金融服务，亦即第三方物流凭借自己的资产运营和一些基础性的物流活动，为客户提供相应的金融性服务，诸如前面所述的代收货款，以及一部分货款托收等服务。这种金融服务虽然能为客户带来一定的价值，但是作为第三方物流自身而言，一方面物流性资产投资较大，投资回报率较低；另一方面金融服务的增值性较为有限，或者因为代付造成负债率较高。在整个供应链生态中，第三方物流处于配角地位。第二类是区域变革发展型物流金融服务，这类第三方物流虽然其运营的范围和空间仍然在一定区域内，但是服务的基础已经发生改变，即从原来单纯的物流服务和金融服务，转向以知识和智慧为基础的高级物流服务和金融服务，如通过解决区域内供应链参与企业的资金问题，加速库存周转，提高采购物流或分销物流效率。第三类是知识型网络拓展物流金融服务，其特点是：第三方物流不仅能够提供增值性的物流服务和金融服务，而且开始将服务网络向全国、海外拓展，从而极大地扩展了对客户的服务空间，供应链金融运作和优化的范畴更为广泛。第四类则是从资产型广域型第三方物流演化而来，即依托原来丰富的网络资源和规模经济性，通过供应链金融创新和高增值的物流服务，逐渐向知识型广域型第三方物流发展。这样的模式不仅提升了客户的黏度，亦即增强了第三方物流与供应链参与企业之间的关系，同时也通过金融服务与增值性物流服务的结合为第三方物流自身创造新的发展方向和盈利点，这是一种广域变革发展型物流金融服务。

第 4 节　区域变革发展型物流金融模式

一、区域变革发展型物流金融模式的特征

专业为供应链客户提供物流服务的第三方物流企业能否通过物流金融创新和其他物流服务提升竞争力、实现高绩效，关键取决于委托客户与第三方物流之间的互动和相互影响性。以往在评价第三方物流能力和服务绩效时，大多从单一视角出发，即探索第三方物流服务能力时主要站在第三方物流的角度展开分析和探索，而涉及客户绩效评价时则更多地从单纯的客户视野展开分析，这种视角可能会忽略特定对应关系的特定能力和绩效

评价体系。例如，当某一第三方物流面对众多委托客户，或者某一客户面对众多第三方物流时，显然第三方物流的能力和客户绩效评价的要素不可能都是一致的，因此，如何将物流服务供需双方的特定对应关系结合起来探索服务能力和绩效是需要进一步思考的问题。

此外，此前虽然也探索了物流服务的供需关系，例如对利益的分享机制的探索，但是也有两个方面需要研究。一是物流服务供需关系的合作具有多种形态，Dyer 等（1998）指出，供应商和客户之间往往存在着两种合作状态：一种是准市场型，这种合作以时间轴为基础，供需之间虽然能够长期交易，但是在信息分享、流程整合等方面的程度仍然较低；另一种是准官僚型，这种合作的层次较高，供需之间不仅表现为长期交易，而且在信息分享、相互帮助、流程整合等方面具有很强的互动性。因此，不同的物流服务关系应采用不同的合作形态。二是物流服务的供需对应关系不同，必然导致经营风险的差异性，如何去规制物流服务中的潜在风险，或者用什么样的规制形式应对潜在的供需关系的不稳定性，这些都是需要关注的问题。

基于以上对第三方物流服务能力、绩效和关系的理解，在区域型变革发展型物流金融模式下，虽然供应链运营仍在一定的地域空间进行，但是物流服务开始脱离单纯依靠物质资产经营的特点，向服务价值链的高增值业务活动延伸，结构发生了改变。因此，其能力要求、客户评价的基础以及供需关系治理也相应地发生了变革。具体讲，从第三方物流的能力视角看，在服务功能上，除了传统的物流活动外，企业其他业务活动（如 IT 信息服务、采购管理和分销管理基础上的结算管理，甚至融资服务等）都是拓展的功能要素；而在服务评价和服务要求上，服务活动的延伸性、增值率以及其他业务的整合度是这一模式的特点。从需方绩效评价的视角看，除了及时性、准确性和稳定性物流服务外，应用平衡计分卡的方法体系，财务方面的所有权成本（即帮助客户企业降低综合运营成本、提高整体的资金效率）和净利润率成为对这一模式进行评价的基础；在市场方面主要是客户需求管理和多客户整合（即能通过第三方物流对利益诉求多样性明显、经营经济背景差异性较大的供应链参与者进行有机协调或整合，并且在从事物流金融活动时能较好地控制管理风险)；在流程上如何将物流流程与企业采购流程、分销流程、资金流程有机结合是延伸服务的关键；在学习成长方面要与流程要求相适应，主要是对多业务领域的熟悉，以及对连接整合能力的培养。从关系治理的角度看，这一类供需关系一方面运用契约方式来规定服务双方的责任和义务，保障金融业务和各项服务活动在协议的框架体系内展开，另一方面运用以信任、人力资本、知识投入为基础的无形的关系性资产。

二、典型案例：物流园区的物流金融服务模式

物流园区（Logistics Park）是指在物流作业集中的地区，在几种运输方式衔接地，将多种物流设施和不同类型的物流企业在空间上集中布局的场所，也是一个有一定规模和具有多种服务功能的物流企业的集结点。从事物流园区经营的企业可以依托园区内的物流管理和服务从事物流金融业务。总的来看，物流园区企业从事的物流金融服务模式有两种形态：委托授信模式和统一授信模式。

委托授信模式是指物流园区与金融机构合作，后者将质押物的价值评估、运输、仓储、监管、风险控制及拍卖等活动全部外包给物流园区。物流园区根据银行的要求，并根据质押企业的实际情况制定相应的优化方案，选择合适的第三方物流企业提供相应的服务，物流园区对第三方物流企业和融资企业进行监控（见图5-8)。其具体的操作流程是：将园区内的企业状况以及质押物的特性、价格等各类信息告知金融机构，金融机构将质押物的信息通过信息平台传递给物流园区。物流园区接收到相应信息后，根据不同的服务内容和项目，进行业务整合分解，通知园区内的第三方物流，第三方物流企业向物流园区提出服务承揽申请，园区进行审核后选择合适的第三方物流承担相应的服务。之后，企业将货物交付园区指定的仓库，由选定的第三方物流验收查点，检验合格后由物流园区向企业开具质押物

评估证明。企业凭借评估证明向金融机构申请融资并获得相应资金。待企业归还资金后，物流园区解除货物质押并注销合同。最后，金融机构对物流园区进行评估，以决定之后信贷业务开支的审核基础。

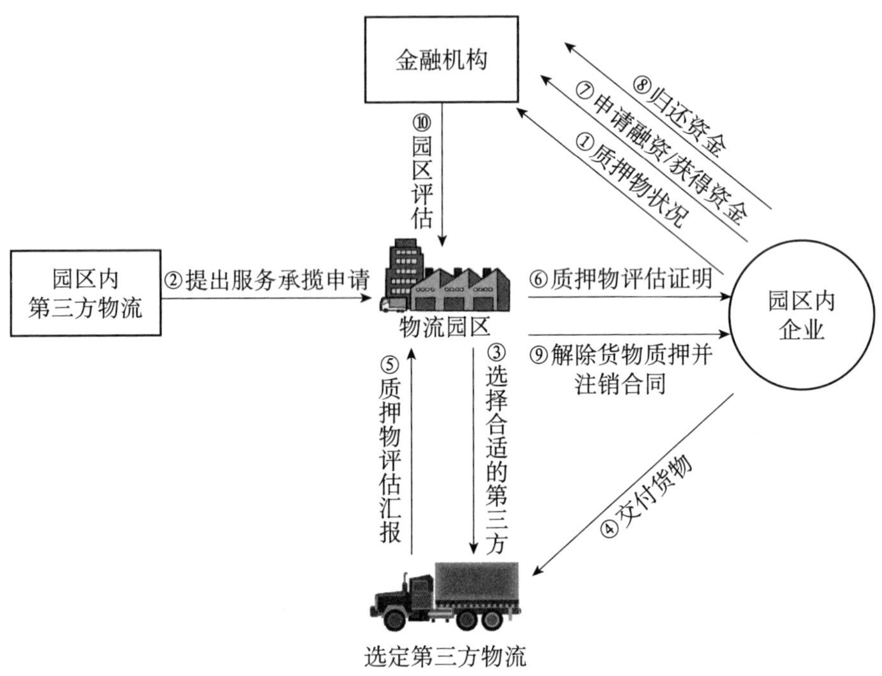

图5－8　物流园区的委托授信模式

统一授信模式是指金融机构在综合考察物流园区经营状况、业绩水平、资信状况等之后，授予物流园区一定的信贷规模，与物流园区签订信贷协议。物流园区在获得金融机构的统一授信后，直接同需要融资的园区企业谈判，并根据企业的实际情况和质押物状况，选择合适的第三方物流企业，物流园区利用其信息共享系统对第三方物流企业和融资企业进行监控（见图5－9）。其具体操作流程是：金融机构统一对物流园区进行授信，园区选择合适的第三方物流，园区企业将货物交付指定的仓库。第三方物流对质押物验收评估后开具报告，园区据此给予企业信贷额度。企业归还资金后，物流园区解除货物质押并注销合同。

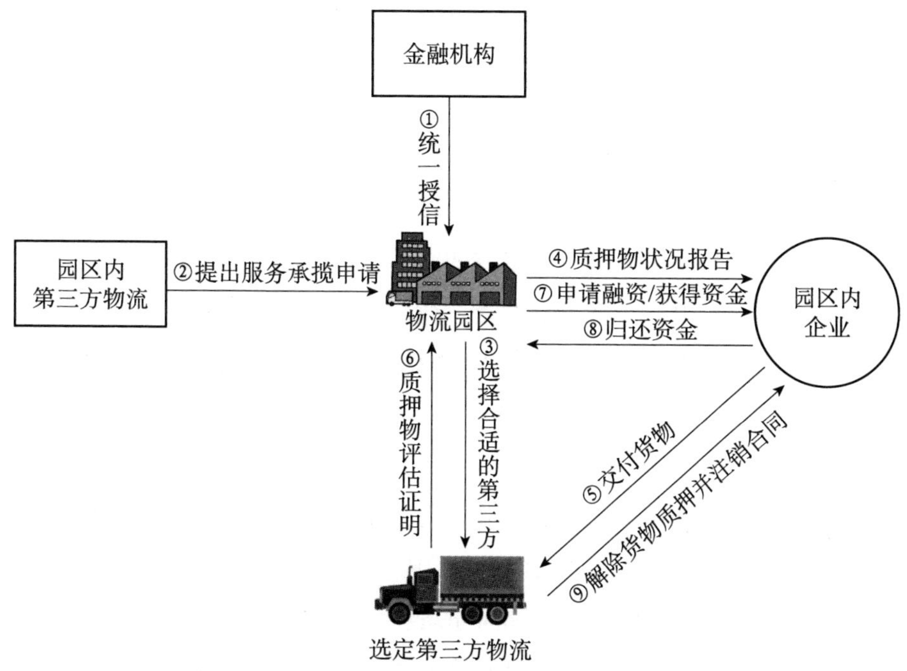

图5-9　物流园区的统一授信模式

显然，在上述两种模式中，物流园区不仅成为区域物流运作和信息管理的中心，而且通过与其他第三方物流、园区企业以及金融机构的合作，成为资金借贷的信用载体和流程优化推进者，同时通过自身的信息和监管体系，控制供应链金融活动中的潜在风险。

三、典型案例：现代农产品物流中心金融服务

区域变革发展型物流金融模式的另一种表现方式就是以现代农产品物流中心为依托的综合物流和金融服务。传统的农产品批发市场无法应对现代市场发展的要求，也不利于农产品供应链的构建和运行，交易的效率较低。具体讲，一是从交易市场的角度看，基础设施不完善，无法实现全程的物流管理，尤其是有些农产品需要建立全过程冷链。此外，传统的交易是一对一的交易，交易方式落后，服务功能不健全，不仅不能提供良好的物流服务，而且也不具备信息化的支持、参与主体之间的协调和资金扶持

功能，标准化程度低，缺乏规范。二是无法组织分散的农户进行规模化的经营，农户面临着严重的信息不对称，获得金融贷款的难度非常大。三是从流通渠道的角度看，购销渠道不顺畅，无法实现交易、库存、配送、加工和资金管理一体化的整合。正因为如此，现代农产品物流中心的建设长期以来一直是管理实践领域亟待解决的问题。

在这一背景下，一些第三方物流开始利用供应链管理的理念和方法重新打造农产品物流中心。R物流发展（集团）有限公司成立于2006年，主营食品物流服务，以冷库为中心，以物流配送服务为链条，以交易批发市场及大型超市为终端销售网络，整合食品物流产业链，为食品企业提供冷冻冷藏、产品交易市场、物流配送、食品代工、物流方案设计、金融服务、电子商务等一系列服务，提升食品物流特别是冷链物流整体产业链的价值，目前该公司是华东地区最大的食品集散中心之一。其具体的运行功能包括四个方面：一是展示中心和交易中心的职能，亦即按不同的食品划分不同的功能区，并由农产品生产基地通过交易平台和终端配送体系直连采购者，去除原来过多的中间环节，实现产销对接；二是冷藏、搬运和检测检疫的职能，即通过建立检测检疫系统和农产品溯源系统，从源头保障农产品安全，并通过冷链实现从农副产品生产和原料加工到市场销售全供应链环节的温度处于受控状况，同时对入园产品实施抽检，以保证食品安全；三是第三方配送服务以及物流系统和方案设计职能，该物流中心一方面整合上游供应商（经纪人与农户）、下游采购商，另一方面组织协调第三方物流和自身建设的冷链，提供物流的解决方案和冷链物流管理；四是针对目前农产品供应商难以及时获得资金的问题，该物流中心通过电子交易和电子结算，降低商家的财务成本和交易风险，保障资金安全，同时提供存单、保单、担保、贴现等供应链金融业务。

在供应链物流金融方面，其具体方案是（见图5－10）：由物流中心与金融机构形成紧密的合作关系，并由前者推介合格的经纪人（农户）和市场商户（采购商）。之后金融机构对推介的企业进行尽职调查，做出信用评估，并且签订合作意向。经纪人（农户）通过该物流中心的电子交易平台与市场商户进行交易，并向金融机构申请融资。物流中心为买卖双方提供物流方案，运用冷链系统对货物实施监管，并且选定第三方物流提供物流服务。金融机构根据物流中心的担保向经纪人（农户）贴现融资。到期后，市场商户通过物流中心的结算平台归还贷款，金融机构扣除本金和利息后，将剩余款项通过平台返还经纪人（农户）。在这一物流金融模式中，物流中心不仅及时融通了上游供应商，将原来分散的经纪人和农户与大市场有效地对接起来，而且借助于电子化的交易平台和结算平台，加之冷链物流系统和第三方物流之间的密切合作，有效地控制了农业供应链中信用体系不足造成违约的潜在风险。

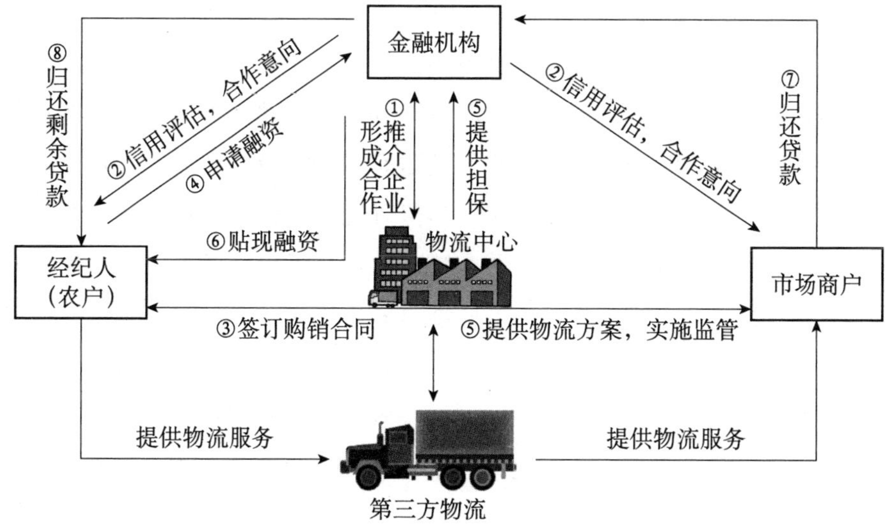

图 5-10　农产品物流中心主导的金融服务

第 5 节　广域变革发展型物流金融模式

一、广域变革发展型物流金融模式的特征

广域变革发展型第三方物流已经建立起了强大的服务网络，具有良好的规模经济性，但是原来物流服务的基础仍然是物质资产。然而随着能力的不断拓展和物流运营的发展，物流服务的基础开始逐渐向知识型增值服

务转移。这是因为健全的网络能够更好地维系客户，但是对于第三方物流而言，这并不能实现与客户的共同发展，盈利性受到挑战。通过向增值性服务延伸，诸如供应链金融服务与管理，不仅能够使第三方与客户维持长期的合作关系，更能够通过优化物流链和资金链，找到自身进一步发展的空间和盈利点。具体讲，从第三方物流的能力要求看，这类第三方物流需要具有网络规划/建设、综合性资产投资运营、海关报关通关、保税区保税库运作、安排当地物流的能力，除此之外还要能提供增值服务，诸如IT信息服务、采购管理、分销管理、结算管理、融资服务等。显然，这类第三方物流开展金融服务的基础在于网络的协调性和控制力（即网络的稳定性），同时要借助于其资源和能力实现服务延伸。从客户绩效评价的视角看，在财务资金上，既能高效率低成本提供融资服务，同时也能实现较低的所有权成本；在客户需求上，同时具有客户多样性管理（差别化客户的管理）和客户需求管理（优化客户经营过程）的特点；在流程管理上，兼有网络优化、多级库存管理、直接转运管理能力，以及采购流程、资金流程、分销流程的管理能力；在学习与成长方面，不仅要求第三方物流具有综合管理、协调和组织能力，而且需要具备熟悉多业务领域，以及连接整合的能力；在关系性治理方面，第三方物流一方面需要专用型资产的投资，亦即为客户投入特定专用的资产，以保证客户抵、质押的货物能够有效地存储和管理，另一方面，相互之间的信任和沟通也非常重要，需要双方建立起长期的战略伙伴关系。

二、典型案例：66云链的物流金融服务

六六云链科技（宁波）有限公司（以下简称“66云链”）由中化能源、中信兴业、宁波大榭管委会等于2021年6月共同投资设立，前身为创办于2017年的中化能源科技智慧供应链业务。经过多年深耕，66云链构建起国内首家覆盖“车-船-库闭环物流”的能化供应链数字基础设施，秉承“产业数字化基础上的金融科技服务”的发展方向，可为产业客户提供数字供应链、数字园区、数字仓单产业金融解决方案，助力客户的物流管理降本增

效、提升安全性，化解能化中小企业融资难、融资贵的痛点。

1. 行业背景

在中国，仓单信用一直是困扰大宗商品存货融资发展的顽疾。从2012年上海钢贸事件，到2014年青岛港事件，再到2022年张家港某液化品库区出现的伪造公章虚假质押液化品案等，失信仓单的大规模出现，不仅让仓单应用的参与方损失惨重，也使得现货仓单的信用几近崩塌。而在能源化工行业，仓单失信还根植于行业特有的痛点和难点：

首先，液货储罐不可视。储罐里有没有货、有多少货、是不是“罐中罐”（大储罐里套小储罐，以让液位计数据作假）等，仅通过肉眼直观难以判断。

其次，货物货权不清晰。《民法典》规定，仓单是“提取仓储物的凭证”，但“提货权≠货权”，使得银行在做质押货物货权审查时面临很大困难。

最后，货物数质量难确认。储罐里放的“是油还是水”等液货质量、数量问题，也经常困扰金融机构。

近年来，随着相关法律法规、产业数字化政策的完善，以及物联网、区块链、大数据等技术的日渐成熟，依托可信数字仓单应用的大宗商品存货融资市场的信用体系正在重建。

2021年1月1日起施行的《民法典》，为中国供应链金融领域打开了一扇通向大规模仓单应用的大门。《民法典》规定：“仓单是提取仓储物的凭证”，同时约束仓单出具和持有方的权利和义务，并明确了仓单作为法定可以质押的权利凭证的功能、交付方式、质权生效和行使的要件。

2020年12月，国务院发布《关于实施动产和权利担保统一登记的决定》，明确自2021年1月1日起，在全国范围内实施动产和权利担保统一登记，将仓单、提单质押等七大类纳入动产和权利担保统一登记范围，由当事人通过中国人民银行征信中心动产融资统一登记公示系统自主办理登记。

法律法规层面对仓单法定性质、作为质押权力凭证登记等方面的规定，为仓单应用奠定了最底层保障。而国家出台的一系列“鼓励金融机构开展存货仓单质押贷款业务”“推动产业数字化、加速智慧供应链发展”的大政方针，则为仓单应用市场的复苏吹来了政策“东风”。

2020年9月，中国人民银行、工信部等八部委发布关于《规范发展供应链金融 支持供应链产业链稳定循环和优化升级的意见》，提出规范发展供应链存货、仓单和订单融资，增强对供应链金融的风险保障支持。

2021年12月，工信部等十九部门发布的《“十四五”促进中小企业发展规划》明确提出，要提高供应链金融数字化水平，强化供应链各方信息协同，通过“金融科技＋供应链场景”，实现核心企业“主体信用”、交易标的“物的信用”、交易信息产生的“数据信用”一体化的信息系统和风控系统。

2. 66云链的解决方案

66云链从“液体石化产品的仓储物流服务”切入，以“产业数字化基础上的金融科技服务”为发展方向，创业4年来，在深耕能源化工行业智慧供应链服务的同时，逐步进化到有能力构筑行业级智能风控大脑。迄今为止，66云链的发展过程可分为以下两个阶段（见图5-11）：

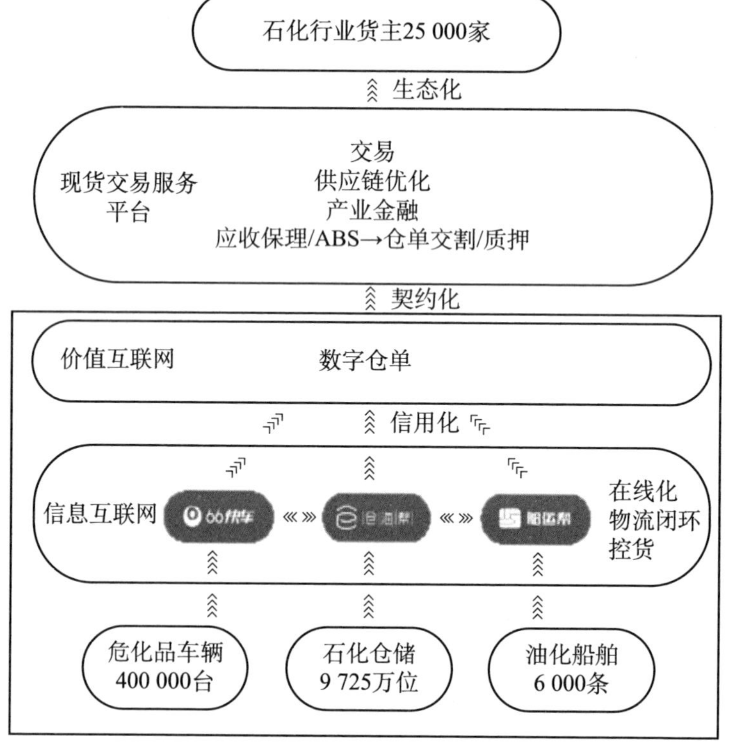

图5-11　66云链的商业模式进阶路线图

2017 年以来，66 云链相继推出 66 快车、仓海帮、船运帮三大数字化应用，构建能源化工供应链数字基础设施，核心解决客户物流业务在线化和业务逻辑闭环问题。

66 云链“车船库一体化的数字化可视物流体系”是伴随危化品物流管控要求而存在的技术应用。当人、货、场等供应链要素在一个高频率采样系统被统一连续记载时，自然就形成了液体货物在仓储聚集和经车船运输分拨的数字画像模型。66 云链用这些数字模型为相关的企业和政府提供“数字提单”“数字运单”“车辆预约排队”“智能靠泊”等液化品可视物流生产和安全监管解决方案，一方面推动客户物流业务在线化，促进客户物流管理降本增效、提升安全性；另一方面，也为构筑行业级智能风控解决方案奠定了“车-船-库闭环物流”可信数字化底座（见图 5 - 12）。

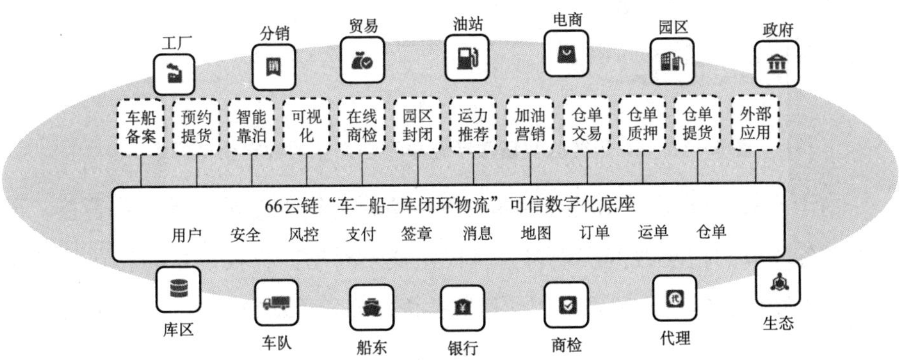

图 5 - 12　66 云链在线连接行业相关方，并搭建一系列数字化应用

2020 年以来，基于“车-船-库闭环物流”数据，66 云链以区块链、物联网等可信技术赋能可信仓库，由可信仓库开立可信数字仓单，确保仓单可附着物权，可查、可验、可溯，使得液化品数字仓单这个“提货权凭证”具备了参与金融应用的可能性（见图 5 - 13）。

需要说明的是，66 云链不是专门为了金融而打造的系统，它是一个生长于产业场景、为产业服务的数字基础设施。产业场景的数字化是 66 云链的主营业务，“区块链数字仓单”应用仅仅是这个数字基础设施之上的衍生品和工具。

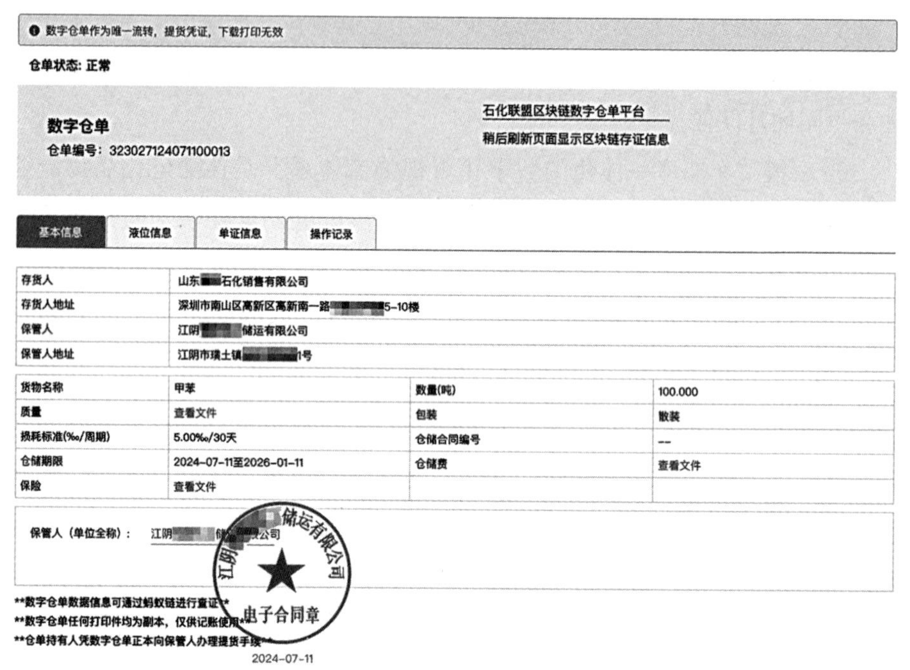

❶ 数字仓单作为唯一流转、提货凭证，下载打印无效

仓单状态：正常

数字仓单
仓单编号：323027124071100013

石化联盟区块链数字仓单平台
稍后刷新页面显示区块链存证信息

基本信息 | 液位信息 | 单证信息 | 操作记录

存货人	山东■■石化销售有限公司
存货人地址	深圳市南山区高新区高新南一路■■■5-10楼
保管人	江阴■■■储运有限公司
保管人地址	江阴市璜土镇■■■1号

货物名称	甲苯	数量(吨)	100.000
质量	查看文件	包装	散装
损耗标准(‰/周期)	5.00‰/30天	仓储合同编号	--
仓储期限	2024-07-11至2026-01-11	仓储费	查看文件
保险	查看文件		

保管人（单位全称）：江阴■■■储运有限公司

江阴■■■储运有限公司 电子合同章

数字仓单数据信息可通过蚂蚁链进行查证
数字仓单任何打印件均为副本，仅供记账使用
仓单持有人凭数字仓单正本向保管人办理提货手续

2024-07-11

图5-13　66云链区块链数字仓单平台开立的数字仓单样本

由于66云链实现了对危化品车、船、库供应链的全链路数字化管控，可以通过各环节的精准数据实现符合《民法典》对动产物权设立与转让的定义要求，以及用数字技术记录下“交付”这个唯一发生法律效力的具体动作。

66云链把合法实现动产物权的所有要素一并“捆绑”在数字仓单的附属数字文件中，伴随仓单的全生命周期，同时也将储罐的传感器实时信号传输给数字仓单。这样一份数字仓单已经超出了纸质仓单的表现形式，而是一份动态可视的数字化文件，既满足了法律对仓单基本要素的要求，也给仓单的使用者提供了传统仓单无法实现的应用场景。

具体而言，66云链“区块链数字仓单平台”如何破解大宗商品仓单质押融资风控的三大难点——落实物权、物流可溯、关注品质？

第一，实时获取并交叉验证仓储账存数据和实存数据，做到账实相符，延伸对车、船运输全程数据的在线追溯，把物权完整地附在仓单上。

在对第三方仓储企业进行数字化升级时，66云链会部署一套账存管理系统，并对接地磅、流量计等硬件设备，实时获取仓储收、发货数据；此外，66 云链还会在仓储部署物联网＋5G 通道，对罐区实施 IOT 设备数据集成，以实时获取仓储实存数据。

验证“账实相符”的过程，做到对仓储进出货的全过程、实时监控，解决了银行担心的控货问题；延伸 66 云链对货物车、船物流全过程的在线追溯，并结合对发票、货物单证、商务合同等票据和文件信息的交叉验证，66 云链“通过赋能可信仓库，由可信仓库开立的可信仓单”突破了银行顾虑的货权问题，真正做到了用数字技术让大宗商品产权清晰、实物可控。

第二，上线“在线商检”，线上一键下单，随时获取检存数据。

66 云链与国内头部的 14 家商检机构均建立了框架合作，委托人可在 66 云链一键下单，委托仓单保管人所在地的商检机构对仓单货物进行飞行检查，包括检验数量和化验质量指标。通过具备法律效力的第三方商检报告来固化底层资产的数量、质量数据。

液体能源化工品的数字仓单，其登记和应用落地涉及诸多相关方，是一项宏大的系统工程。深耕产业 4 年多时间，66 云链已连接银行、仓储企业、货主企业、IT 服务商、5G 运营商、商检机构、保险公司、期货公司、大宗商品交易中心等 18 类数字仓单应用的相关方企业及服务商，初步搭建起数字仓单便捷、可信运营的大生态。

在这个大生态中，IT 服务商为仓储企业提供业务管理系统，第三方商检机构提供货品的数、质检报告，仓储企业是数量和质量风险的直接承担者，贸易公司和做市商擅长弃质流转；期货公司通过场外期权交易来控制货物的市值风险，大宗商品交易中心、保险公司都可对货损风险进行专业管理。目前，66 云链已连接全国 20 多家第三方石化仓储企业（上线总库容约 955.5 万立方米，占市场总量的 8.03%）、近千家合法合规的危险品运输车队、14 家商检公司，可查询内贸液货危品船舶 6 000 余艘、全国 1 万多家危险品运输公司和近 40 万辆危险品车辆信息。此外，66 云链还与中国仓储与配送协会等单位共同发起编制《全国性可流转仓单体系运营管理规范》团体标准，并主导制定了《全国性可流转仓单体系运营管理规范》的配套文件——《全国性可流转仓单体系液化品类实施细则》，在引领国内外能源化工市场数字仓单规范化应用的同时，也为数字仓单的大规模行业应用奠定了基础。

3. 66云链供应链金融解决方案

2021年11月，华夏银行与66云链合作，通过双方的系统对接，完成了国内首笔全线上数字仓单质押融资业务，标志着华夏银行率先实现了仓单质押业务从仓单申请、授信、质押、登记到放款的全流程、线上闭环操作（见图5-14）。在这笔业务中，由融资企业通过66云链区块链数字仓单平台发起申请，信息实时推送至仓储机构——武汉恒阳化工储运有限公司，由武汉恒阳化工储运有限公司在系统平台开立了数字仓单；随后，融资企业通过人脸识别技术和数字化企业认证发起线上仓单质押申请，并完成贷款申请环节的验证；华夏银行的产业数字金融平台收到申请后做数字化授信审批，放款系统收到申请后，由系统替代人工，对仓单及相关附件的数据要素进行交叉验证，完成仓单质押登记，实现秒级放款，为融资企业发放了数百万元的低息贷款。这笔业务从仓单注册到审批放款，实现了全流程、全部角色、全线上操作。融资企业的贷款申请、授信申请、放款申请等，由系统替代传统授信中的信审、风险和客户经理角色，进行风险要素审核，并实现系统自动放款。

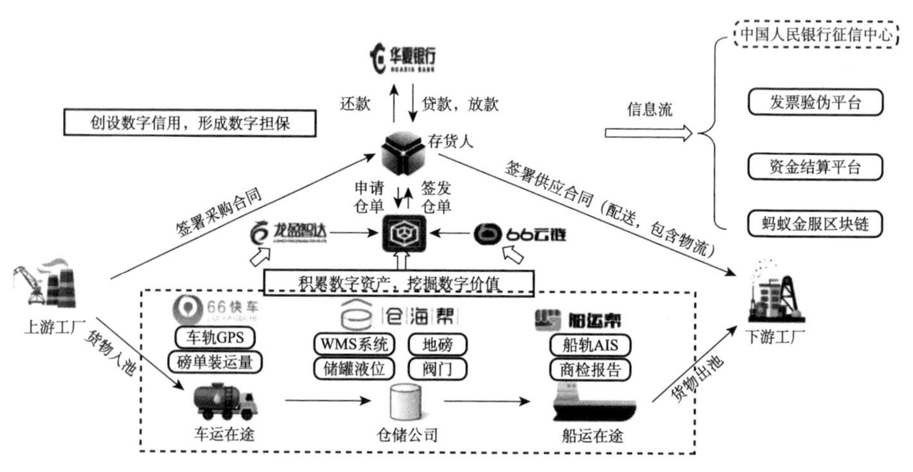

图5-14　数字仓单质押放款业务图

截至 2022 年 2 月底，66 云链已和中国建设银行、中信银行、华夏银行、恒丰银行等 6 家银行成功落地数字仓单质押放款业务，有效化解了能化中小企业融资难、融资贵等痛点，切实助力实体经济的发展。

第 6 节　知识型网络拓展物流金融模式

一、知识型网络拓展物流金融模式的特征

知识型网络拓展第三方物流已经具备了良好的物流管理和运营能力与经验，也能为委托客户提供增值性服务和流程优化，但是其运营和操作的空间原来只是在区域内。随着其不断发展，以及客户要求的不断提升，逐渐将服务的范围从局部拓展到全国，甚至开始向全球市场延伸。这种拓展无论对于第三方物流还是客户而言都非常重要。对于第三方物流来讲，网络的延展性能够极大地提高企业的运营能力和管理能力，因为区域性网络管理和全国性网络管理是不一样的，往往需要第三方物流具有规划、协调和管理中心库、分拨库，以及区域性循环集货、核心枢纽点直接转运、干线运输和支线配送管理等综合性能力，这种能力体系的形成对于第三方物流而言是一种能力上的极大提高，使得企业能够在全局上为客户优化整个供应链物流流程，如果再结合已有的经验和知识，特别是与物流金融结合，企业的服务空间将会有很大拓展，服务的黏度和盈利性同时得到提升。

对于委托客户而言，第三方物流的网络拓展同样非常重要。一是通过网络的延伸和整体服务体系的优化，更有利于客户降低物流过程中的交易成本。因为让客户自己组织网络运行，或者委托多个第三方物流从事该项活动，协调和管理的成本太大。特别是如何协调中心库与地区分拨库之间的管理，以及干线运输与支线配送之间的管理等往往需要大量的信息系统和管理经验，以及良好的运营协调能力。这些管理显然不是供应链产业企业所具备的优势能力。二是此时的物流金融能够更加有利于解决客户供应链运行中资金短缺的问题，或者有助于加速整合供应链运营中的资金流，

其原因在于，物流金融是站在整个网络的基础上对交易关系重新进行建构而开展的，换句话说，资金成本下降、现金流量周期加速是通过协调供应链参与各方的物流行为和活动，优化库存周转和资金流动过程来实现的，而不能单纯依靠延长应付账款或者减少应收账款来实现。

具体讲，知识型网络拓展第三方物流在服务能力上除了具备流程优化、采购分销执行管理、融资服务、IT服务等能力之外，还需要发展和培育网络规划、运营和管理的能力，特别是多级库的管理协调能力；在服务评价和要求方面，除了强调服务的增值性和延伸性之外，更加需要关注网络的稳定性、及时性和协调性。从客户评价的视角看，在财务方面，既能实现网络资产高效率低成本的投入、运行，又能从整体上降低所有权成本，进而降低整合供应链的资金成本；在市场方面，要求同时实现客户的多样性管理（协调管理不同的利益诉求）和需求管理（管理客户的价值预期）；在流程方面，除了需要具备采购执行流程、分销执行流程和资金管理流程能力外，还需要具备综合管理、网络协调和组织流程能力；在关系建构方面，第三方物流与委托客户企业之间从原来区域性的合作伙伴关系发展为全面的战略合作伙伴关系，信任开始形成和发展。

二、典型案例：普洛斯金融

普洛斯金融是全球领先的投资管理与商业创新公司，专注于物流、不动产、基础设施、金融及相关科技领域。在全球拥有和管理的物业组合达6 200万平方米，结合投资与运营的专长，普洛斯金融致力于为客户及投资者持续创造价值。普洛斯金融业务遍及巴西、中国、欧洲、印度、日本和美国，在不动产及私募股权基金领域的资产管理规模达890亿美元。普洛斯金融自2016年成立之后一直在自主摸索，探索如何基于中国的实情提供能够落地并有效解决融资困境的供应链金融服务。从2018年底开始，普洛斯金融逐渐完善了核心团队，开始打造全新的数字金融服务平台。

1. 客户融资痛点

在普洛斯金融产业场景中的各个主要节点，都存在各种各样的融资痛点。

第一是物流服务端的物流服务提供商。当前的物流服务提供商主要分为三大类：运输服务型、仓储服务型以及互联网平台。运输服务型企业的主要收入来源为运费，运费的账期为十几天到一年不等；主要支出项目为车辆等承运设备、路费、油费以及司机的工资。运输服务型企业的收入存在账期，但同时支出要实时支付，收入账期与实时支出的错配造成了运输服务型企业现金流紧张的状况。而仓储服务型企业的主要收入来源于服务费，支出项目包括仓租、货架等设备购买维护的固定成本，以及在仓库运作过程中与进出库有关的变动成本。服务费结算清分周期长，但仓租等成本的支出是实时的，仓储服务型企业同样面临现金流紧张的局面，存在获取融资的需求。互联网平台聚合并协调行业内的信息资源和实物资源，使物流企业能更透明地获取信息、更有效率地调配资源。互联网平台的收入主要来源于产业链中企业支付的平台相关服务费和有关技术支持的费用。互联网平台需要提供多样化服务来增强客户黏性，并与金融机构深度合作，增强产业链金融赋能。

第二是品牌端，尤其是在行业中具有成长性的品牌商企业。这些品牌商在市场上能够生产优质产品，具有一定的竞争力。其收入主要来源于回收的货款和回笼的资金。支出则主要来源于购买原材料，扩建生产线（包括建设生产基地、购置设备等），支付人员工资等。对于具有成长性的品牌商，为扩大业务范围和市场规模，需要投入大量资金实现战略，其同样存在迫切的融资需求。

第三是零售端垂直方向的零售商。无论是线上还是线下零售商，其主要支出都是消费端的服务和设施费（线上系统、App开发维护费用等；线下门店相关运营费用等）以及产成品的购入成本等，收入主要来源于销售收入。一般零售端的收入均采用现金结算方式。而在某些专属行业、一些B2B的零售端或者一些地区的小霸王企业，它们运营得非常好，需要扩张、升级，但是它们的融资渠道并不畅通，也存在融资需求。

第四是流通端，即连接品牌商和零售商的贸易商。贸易商是商品流动的主力军，也是物流运输服务的主要客户群。当前，贸易商的主要收入来源于贸易差价。但它们需要同时面对来自品牌商的囤货压力以及来自零售商的应收账款回款压力，同样是融资需求旺盛的一个重要主体。

2. 打造基于产业背景的供应链金融生态

普洛斯金融运用大数据、物联网、区块链等技术手段，搭建底层科技平台，实现多维度信息验真。同时依托普洛斯金融的产业背景，深入采购、生产、仓储、配送、销售等各个环节，针对不同的行业、场景、客户群开展业务，打造包括代采、设备融资租赁、库存融资、运费垫付、应收账款保理等在内的各类供应链金融产品。一方面为金融机构提供真实有效的数据和优质的资产，另一方面为中小企业源源不断地提供低成本资金。在提升风控管理水平的同时有效地提升了供应链黏性，形成了良性的供应链金融生态（见图5-15）。

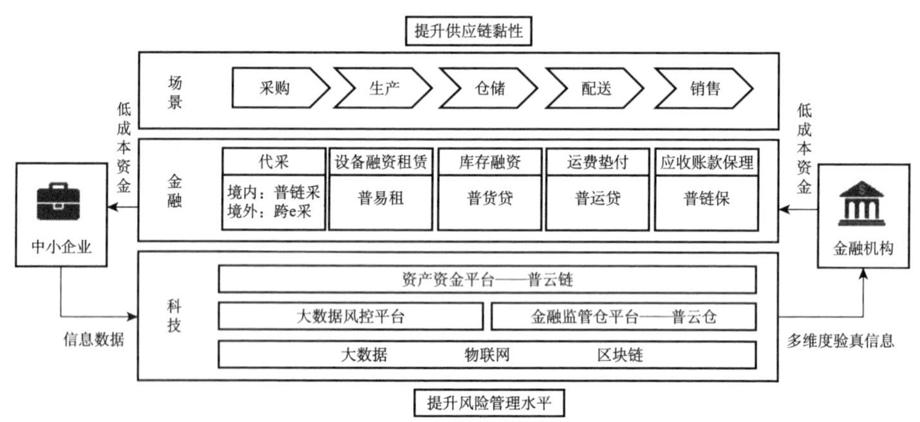

图5-15　普洛斯金融供应链金融全场景解决方案

具体来讲，普洛斯金融针对四个场景设计并提供不同的产品和运营模式，并结合普洛斯金融的产业背景，在园区赋能的同时提供金融赋能。

第一个场景为物流运输场景，普洛斯金融打造了“普运贷”产品（见图5-16），基于上游货主与承运商之间的真实运单数据，为物流运输企业提供高效、便捷的运费融资服务，可垫付的运费成本项涵盖加油费、过路费、外包运力费、保险费等，并支持公路、铁路、海运、空运等多式联运，帮助物流运输企业盘活流动资金，让下游车队与司机能够及时承运并交付货物。

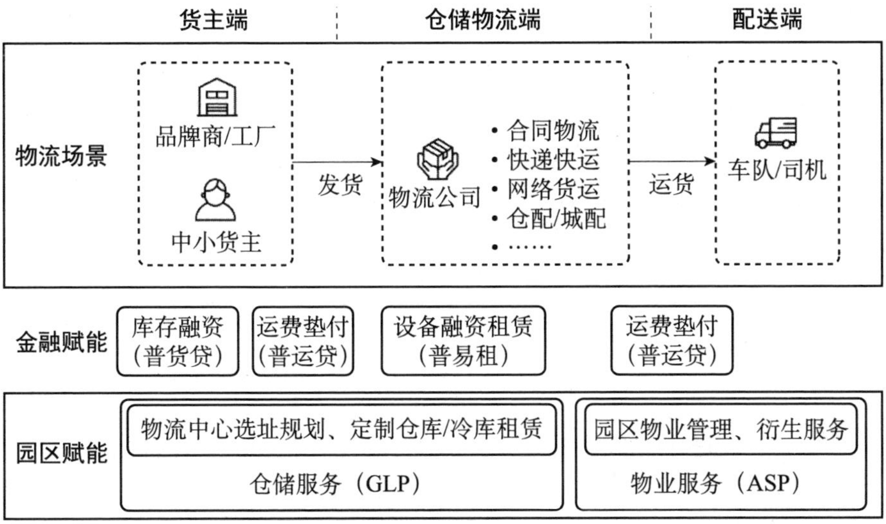

货主端 | 仓储物流端 | 配送端

物流场景：品牌商/工厂、中小货主 —发货→ 物流公司（·合同物流 ·快递快运 ·网络货运 ·仓配/城配 ·……） —运货→ 车队/司机

金融赋能：库存融资（普货贷）　运费垫付（普运贷）　设备融资租赁（普易租）　运费垫付（普运贷）

园区赋能：物流中心选址规划、定制仓库/冷库租赁　仓储服务（GLP）　园区物业管理、衍生服务　物业服务（ASP）

图5-16　普洛斯金融物流运输、仓储场景

“普运贷”产品的创新之举在于，可根据已完成的运单进行前置放款，即物流企业将货物运抵目的地后，可直接申请线上提款，无需对账、开发票等环节，款项当天就能到账，融资效率远超市场上的同类产品。

在风控逻辑上，“普运贷”通过多方数据对每张运单的业务真实性进行交叉验证。比如，从交通部、第三方平台等合作方获取数据，来校验每一张运单是否真实，以此识别业务真实性。

除了运费垫付服务外，普洛斯金融还能为有车且需要购买车辆商业险的企业提供车险保费分期服务，企业可自由选择险种、保险公司、代理人等保险要素，手续简便灵活。

第二个场景为物流仓储场景，普洛斯金融开发了“普易租”这款标准化融资租赁产品（见图5-16），租赁标的物为物流仓储行业中的装备，例如商用车、仓储内的物流装备，包括分拣线、货架、托盘、叉车等，这些都是物流场景中有独特需求，但是传统融资租赁公司很难进行标准化的资产。其中，“普易租”的干改冷服务已经非常成熟，企业可利用现有的冷库设备进行融资，盘活固定资产，扩大经营规模。

第三个场景为货物融资场景，普洛斯金融在中国有将近400个园区，园区租户涉及物流、零售、电商等众多类型行业，仓库内的货物价值在万亿元以上。基于普洛斯金融生态体系内丰富的货物资源，普洛斯金融打造了“普货贷”产品（见图5-17），以其监管库内的商品（货物）作为质押物，向品牌商、贸易商、经销商等货主提供货物融资服务，满足其短、中期经营周转的资金需求。

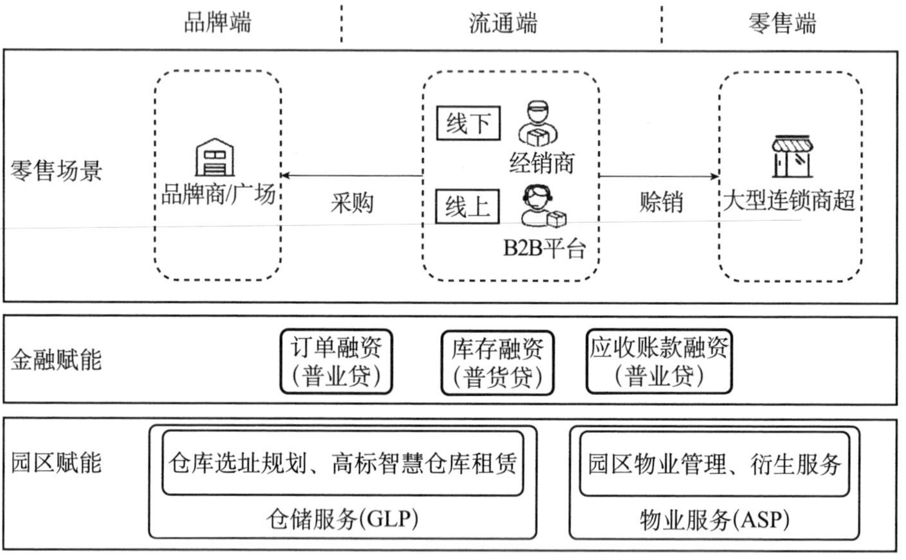

图5-17　普洛斯金融货押场景

基于以往货押产品的经验，普洛斯金融对货押融资业务规范以及业务流程进行了标准化。与“普货贷”产品配套形成的还有金融监管仓库体系标准，引导行业在货押融资业务领域更加健康地发展。

第四个场景为贸易代采场景，普洛斯金融针对食品冷链中贸易规模较大的牛羊猪肉冻品开发了“普链采”产品（见图5-18），借助核心企业和核心平台的数据，对食品冷链贸易链条的商流和物流进行把控，为贸易商、加工商、连锁餐饮等企业提供金融服务支持。经过长时间的摸索，“普链采”形成了标准的操作流程。迭代后的“普链采”可以服务的品类已经从冻品拓宽至酒水饮料、大宗农产品、乳制品、日化用品、数码家电等5大类近百种商品。

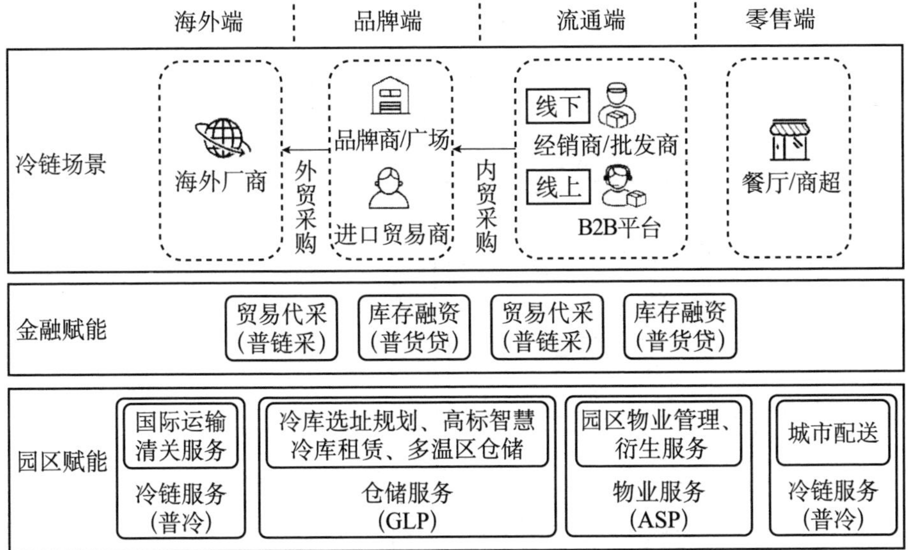

图5-18　普洛斯金融贸易代采场景

截至目前，这些标准化供应链金融产品中，底层嵌入区块链技术的有“普云仓”“普云链”和“普易租”。其中“普云仓”和“普云链”更为成熟。

3. 监管仓服务平台“普云仓”

普洛斯金融推出了金融监管仓服务平台——普云仓。利用区块链和物联网技术，以产业与仓库为切入点，牵头建立金融监管仓库体系标准，同时发起企业多头借贷联盟共享借贷信息，建立货押产品登记与查询平台，防止多头借贷。通过创新建设动产融资的基础设施和标准业务流程，为中小企业和金融机构服务，推动整个行业规范发展。

普云仓围绕金融监管需求，构建了“一体两翼”的系统架构（见图5-19）。“一体”围绕质押货物，上线金融监管仓系统，实现仓库、运营及监管方的准入管理，货物价值计算与监管管理，出入库管理，货物盘点管理等。“两翼”向下与仓储管理系统、物流系统连接，实现仓储货物的数字化管理，同时结合物联网技术，通过全库光扫描、视频监控、电子围栏等措施，可实现质押货物的动态监管。“两翼”向上与资金方系统对接，将监管能力快速便捷地输出，实现授信申请、合同签约、提款、还款的全线上操作，提高融资客户的体验。

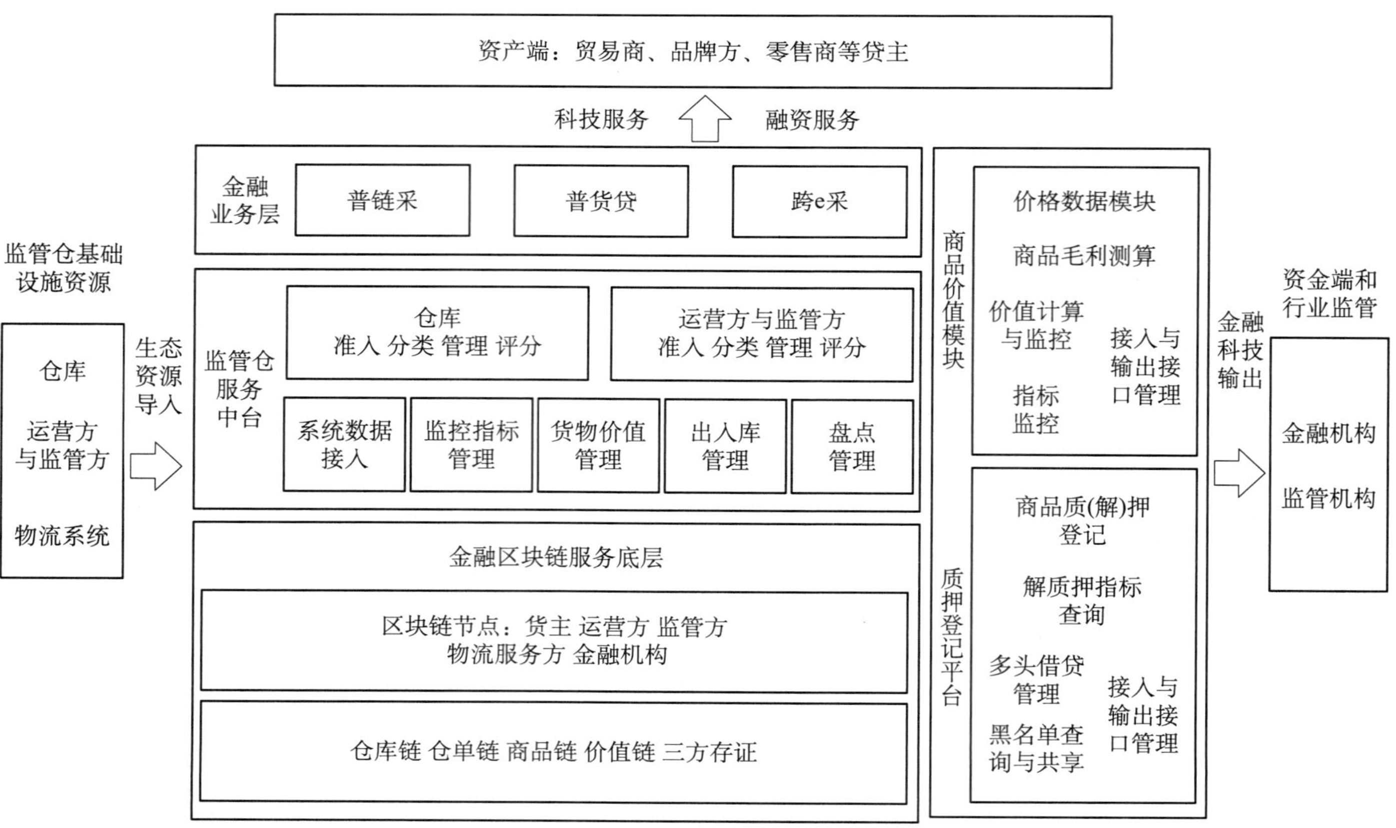

图5–19 普洛斯金融“普云仓”系统架构

为了实现底层资产透明可追溯的目标，普云仓采用区块链技术，联合仓储方、货主、监管方、金融机构、第三方增信机构等构建货物质押生态圈，并从供应链视角切入，将仓储环节中各个节点的信息上链，实现商流与物流信息的链上记账与存证，确保了货权及货物的真实性；同时利用区块链智能合约功能，实现交易自动化，提高整个交易效率。

4. 资产资金平台“普云链”

普洛斯金融既是资产提供方，又是资金提供方。作为资金提供方，普洛斯金融为产业中的上下游企业和服务机构提供资金支持；而作为资产提供方，普洛斯金融为银行、券商、信托等机构提供优质金融资产和服务。“普云链”平台是基于普洛斯产业背景打造的区块链资产资金平台。

一方面，“普云链”依托普洛斯金融强大的产业背景积累体系内外的仓储物流的运营数据，从独特视角捕获企业经营情况，建立全新的风控模型，更有效地杜绝欺诈行为和动态判断企业还款能力，并以此将服务对象拓展至传统金融机构无法触及的中小企业。另一方面，普云链平台还能为资产证券化（ABS）投资机构提供达到国际市场标准的资产服务，机构投资者不仅能获得 ABS 基础资产的实时、详细且真实的表现数据，还能够依托这些数据构建独立定价分析能力，降低二级市场交易的门槛，在发现该类证券真正价值的同时提升流动性，从而使前端中小企业更容易获得较低的融资成本。

“普云链”利用区块链技术刻画真实应用场景。在持续为中小企业提供供应链金融的产品时，对资产进行全生命周期跟踪记录，通过物联网技术在资产产生的时候就把资产信息上链，并为后续的各类投资者持续提供安全、真实、低成本的资产认购渠道，打破了中小企业融资的困境，推动供应链金融行业的有序发展。

“普云链”的系统架构和业务逻辑如图 5－20 所示。“普云链”本质上是一个基于超级账本技术的联盟链，通过区块链的共识和分布式账本技术存储的原理，对于普洛斯金融业务涉及的商业的商流、物流、资金流等数据实时上链，再进一步依托智能合约等技术来规范和限制数据的提交、催款等方式，实现覆盖资产与产品全生命周期的自动化风险管理，从而使金融业务对主体信用的依赖逐渐转变为对数据信用的依赖。

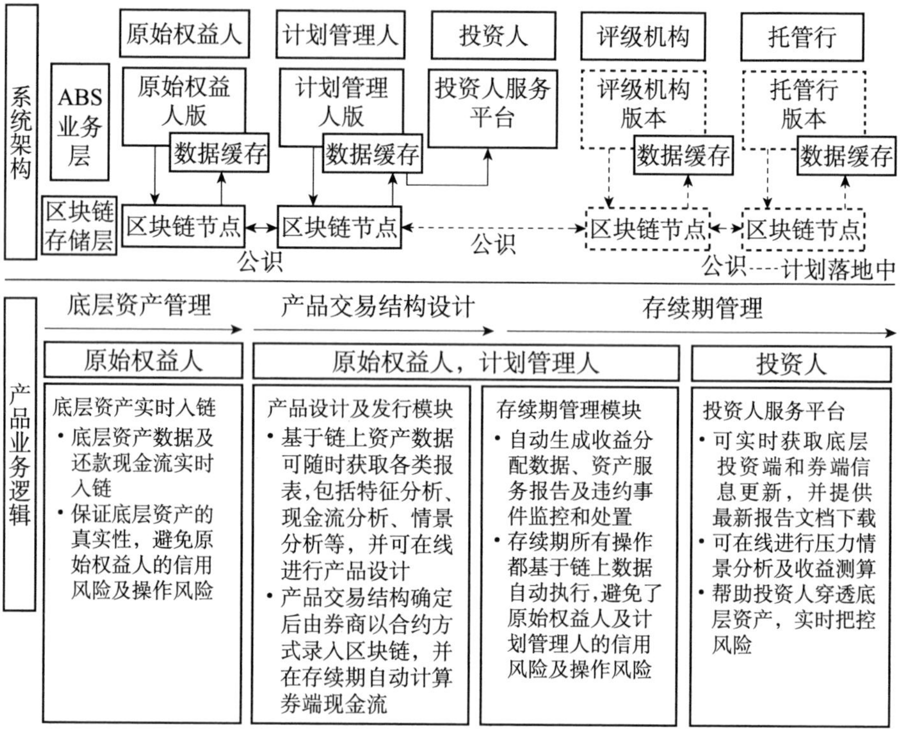

系统架构
原始权益人
计划管理人
投资人
评级机构
托管行
ABS业务层
原始权益人版
数据缓存
计划管理人版
数据缓存
投资人服务平台
评级机构版本
数据缓存
托管行版本
数据缓存
区块链存储层
区块链节点
区块链节点
区块链节点
区块链节点
公识
公识
公识----计划落地中
产品业务逻辑
底层资产管理
产品交易结构设计
存续期管理
原始权益人
原始权益人，计划管理人
投资人
底层资产实时入链
• 底层资产数据及还款现金流实时入链
• 保证底层资产的真实性，避免原始权益人的信用风险及操作风险
产品设计及发行模块
• 基于链上资产数据可随时获取各类报表，包括特征分析、现金流分析、情景分析等，并可在线进行产品设计
• 产品交易结构确定后由券商以合约方式录入区块链，并在存续期自动计算券端现金流
存续期管理模块
• 自动生成收益分配数据、资产服务报告及违约事件监控和处置
• 存续期所有操作都基于链上数据自动执行，避免了原始权益人及计划管理人的信用风险及操作风险
投资人服务平台
• 可实时获取底层投资端和券端信息更新，并提供最新报告文档下载
• 可在线进行压力情景分析及收益测算
• 帮助投资人穿透底层资产，实时把控风险

图5-20　普洛斯金融“普云链”的技术架构和业务逻辑

“普云链”的核心技术逻辑就是利用区块链技术交叉验证所有资产和交易信息的真实性。一是资产真实性，“普云链”利用区块链上业务相关方的多方数据进行交叉验证来保证资产的真实性，这样整个验证过程可透明、可追溯。二是“普云链”上的资产数据是可穿透的，所有资产数据都可以穿透所有业务开展过程中的各级机构，让投资者可以储纳用来判断资产风险的最底层的数据。三是实现了线上化、自动化，整个资产管理运作过程全程自动化，提升了运作效率，同时也减少了人工投入成本，减少了由人为操作造成的错误。

“普云链”的核心业务逻辑是让“合适的资金去寻找到合适的资产”。“普云链”对于加入联盟链的金融机构是完全开源的。这些金融机构可以有两种选择：有的内控比较紧的像银行类金融机构，希望普洛斯金融把底层的开源代码给它们，它们自己在内部部署，普洛斯金融会告诉它们维护的方法，后期完全靠自己维护；有的金融机构像证券公司，则希望普洛斯金融帮助它们维护，证券公司以云端的形式接入“普云链”的联盟链中。但不管是哪种形式，普洛斯金融都不会限制这些金融机构对资产的选择。

5. 大数据风控平台

传统金融机构往往仅能掌握核心企业产业链中局部节点的经营状况，而普洛斯金融则聚焦传统融资模式下服务不到的长尾中小企业客户，与传统金融机构相比，普洛斯金融各产品中的数据结构贯穿产业链全场景。针对不同场景的数据，普洛斯金融整合企业内合作数据、企业间交易数据、产业链运营数据，以及外部的工商数据、公检法数据、征信数据等，梳理相关主体间的关系，形成普洛斯金融的供应链知识图谱，并且应用于普洛斯金融的所有业务流程中。

从信用的维度看，传统金融机构仅依靠静态的主体信用对中小企业授信，不仅难以触及征信记录不足的长尾客户，也难以监控、管理贷后信用风险。而普洛斯金融则从主体、商品、合作平台等多个维度动态管控风险，基于场景内数据及产业链中相关主体关系，形成相应的供应链知识图谱与完备的风控模型。数据风控最重要的是数据的维度和广度。前期的基础设施建设已经让普洛斯金融拥有的数据覆盖了商流、物流、信息流以及资金流，基于这四流的数据，针对不同的产业和节点的企业，普洛斯金融设计了针对不同客户的风控逻辑，可分为贷前、贷中和贷后几个模块（见图5-21）。

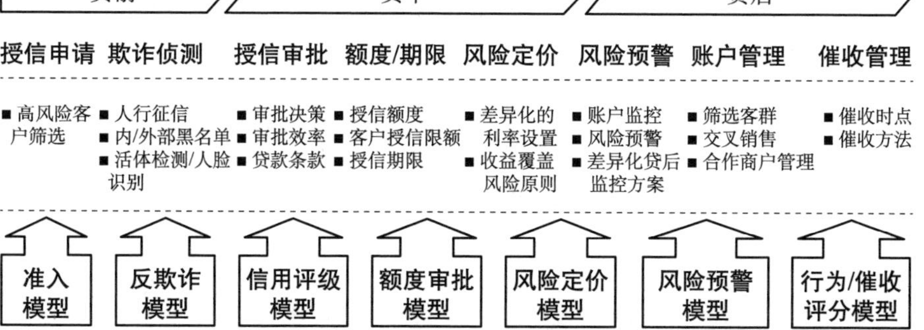

图5-21　普洛斯金融信贷风控体系

在贷前阶段，普洛斯金融对提出授信申请的企业进行筛选，排除高风险客户。同时，通过接入人行征信、人脸识别、普洛斯金融内部及第三方黑名单等数据，进行欺诈侦测，对于通过筛选的客户利用反欺诈模型、信用评级模型等大数据模型进行额度及期限审批。贷前阶段主要围绕数据标准化、授信模型及授信额度与利率的评估模型开展活动。首先，除了已经授权对接的数据，普洛斯金融还会利用爬虫、光学字符识别（OCR）等技术从借方获取更为立体的数据，将非标准化的数据标准化、维度化，使之成为可以验证的量化数据。其次，普洛斯金融建立了行业准入、最小存货单位（SKU）准入、公司准入三个维度的授信模型，结合体系内部的数据和第三方的外部数据，形成了 360°的授信模型评价，对授信企业做第一道审核，不符合模型标准的直接拒绝。

在贷中阶段，普洛斯金融利用评估模型预设授信额度和利率，通过模型预设输出可提供给客户的授信金额和利率，辅助人工风控决策，对已批准的授信额度内的授信需求通过系统直接授信。同时，授信额度模型自动输出提款审批条件和预设的提款审批模型，辅助提款审核。

贷后监控平台主要由风险预警模型与催收模型组成，普洛斯金融会从多维度的数据来源还原客户经营信息，以便及时预判风险，保障资金安全。目前普洛斯金融针对不同的行业监控指标形成了一定的行业标准。

第 6 章 商业银行推动的供应链金融

在供应链金融业务中，流动性提供商扮演着极其重要的作用，因为如果没有流动性提供商提供的资金支持，供应链金融只能成为空中楼阁。而由于供应链中的企业自身融资成本一般均高于银行，且具有优化其财务状况的动机，因此，由金融机构尤其是银行提供资金成为我国最普遍的实践。面临利差收紧、同质化竞争、金融脱媒等挑战，银行被迫思考未来的发展方向，对银行来说，创新服务内容与拓展服务对象是两条根本性的思路，供应链金融正是在这种背景下走入了银行的视野并得到长足的发展。目前国内外的商业银行都纷纷积极参与到供应链金融服务中。根据《2022 年全球供应链金融报告》，2021 年供应链金融基金规模相比 2020 年大幅增长，全球规模增长了 38%，达到 180 亿美元，而使用中的资金规模增长了 41%，达到 71 300 亿美元，这其中银行起到了重要的作用。

由于银行无法直接参与供应链的运营，传统模式下，它们只能通过寻找供应链中的“核心企业”，并根据其需求提供金融服务来涉足供应链金融。这种做法被称为“M+1+N”。然而，近年来，随着数字化技术的不断发展，商业银行开始利用数字技术全面了解供应链的运营状态和各参与主体的信用状况，这成为拓展供应链金融业务的重要方式。这种方式不仅能够帮助银行更好地评估风险，还能提高金融服务的质量和效率。因此，数字化技术已经成为商业银行在供应链金融领域竞争的重要手段。

第 1 节　商业银行的主营业务与贸易融资

一、商业银行的主营业务

在现代金融体系中，银行是最早产生也是最为典型的一种金融机构。银行起源于古代文明的发源地——希腊，由于需要处理大量不同城市的货币，因此，第一批“银行家”便是在“长凳”上进行货币兑换业务，这也成为“银行”一词的由来。当银行家们不再局限于货币兑换业务，而开始进一步为客户寻找货币时，银行便真正诞生了。随着 15—16 世纪航海能力的提升，世界商业中心由地中海转向欧洲与大不列颠群岛，而近代银行也出现在这里。目前可考证的近代银行包括 1587 年建立的意大利威尼斯银行、1609 年成立的阿姆斯特丹银行、1619 年成立的汉堡银行、1621 年成立的纽伦堡银行以及 1635 年成立的鹿特丹银行等，这些银行的主要业务为存贷款业务，其实质是高利贷业务。而真正意义上的现代银行起源于 1694 年由英国政府支持成立的股份制银行——英格兰银行。英格兰银行的诞生，标志着适应资本主义生产方式要求的、新的信用制度的建立，因而极大促进了工业革命和资本主义生产力的发展。

在我国，虽然早在春秋战国时期就产生了高利贷业务，但真正的银行产生较晚。中国关于银钱业的记载，较早的是南北朝时的寺庙典当业。到了唐代，出现了类似汇票的“飞钱”，这是中国最早的汇兑业务。北宋真宗时，由四川富商发行的交子，成为中国早期的纸币。到了明清以后，当铺是中国主要的信用机构。明末，一些较大的经营银钱兑换业的钱铺发展成为银庄。在银庄产生的初期，除了兑换银钱，还从事放贷，直到清代，才逐渐开办存款、汇兑业务，但最终在清政府的限制和外国银行的压迫下走向衰落。中国近代银行业是在 19 世纪中叶外国资本主义银行入侵之后才兴起。而与西方接轨的现代银行业是在新中国成立、改革开放之后才得到长足的发展。

目前一般认为，商业银行是指区别于中央银行、政策性银行与投资银行的，以营利为目的，以多种金融负债筹集资金，以多种金融资产为经营对象，具有信用创造功能的金融机构。我国《商业银行法》规定：商业银行是依法设立的吸收公众存款、发放贷款、办理结算等业务的企业法人。这一规定概括了商业银行的三大主营业务：负债业务、资产业务以及中间业务。

商业银行的负债业务主要包括存款业务和非存款业务两类。其中存款业务是典型的“被动型负债”，是银行的主要资金来源，为银行的资产业务、中间业务提供了基础、创造了条件。而非存款的负债业务是商业银行吸收各种非存款资金的业务，包括同业拆借、向中央银行或国际金融市场借款、发行金融债券等等，是“主动型负债”。

商业银行的资产业务是指商业银行如何运用资金的业务，也是商业银行主要的利润来源。资产业务主要包括现金业务、证券投资业务、贷款业务和在央行或同业银行的存款业务以及其他资产业务，如货币的买卖等业务。贷款业务是商业银行最为基本也是最为主要的资产业务，是商业银行获取利润的主要渠道。所谓贷款，是指商业银行对借款人提供的并按约定的利率和期限还本付息的一种借贷行为。如果按照贷款的保障条件分类，贷款可以分为信用贷款、担保贷款和票据贴现。其中信用贷款是指商业银行仅凭借款人的信用而无须借款人提供担保所发放的贷款。担保贷款是指以某些特定的财产或信用作为还款保证的贷款。票据贴现是指银行应持票人的要求，以现款买进持票人持有但尚未到期的商业票据的方式而发放的贷款。

商业银行的中间业务具有收益高、风险低和收入稳定等特点，近年来发展很快，在商业银行的经营战略中占有十分重要的地位，其创新已经成为商业银行竞争的重要手段。中间业务具体包括支付结算业务、代理业务、担保业务、承诺业务、交易性业务、信用卡业务等。

二、贸易融资的类型

商业银行主要提供两大类业务：个人业务与企业业务。其中，商业银行为企业提供的主要是资产业务与中间业务。资产业务包括贷款业务和现金业务；而中间业务则主要是支付结算、担保业务等。以往的传统融资的显著特点是：不同业务由商业银行各个专业部门分别开发，只能满足客户的某一核心需求。随着企业的需求日益复杂，商业银行开始考虑将服务进行组合，以满足企业多样化的需求。其中作为供应链金融前身与基础的贸易融资就是典型的组合化的金融服务。

根据《巴塞尔协议》（2004年6月版）的定义，贸易融资是指在商品交易中，运用结构性短期融资工具，基于商品交易中的存货、预付款、应收账款等资产的融资。与传统的融资不同，贸易融资强调操作控制，淡化财务分析和准入控制，能够通过对资金流和物流的控制动态把握风险，避开企业经营不稳定的弱点。贸易融资的理论基础是“真实票据理论”或“自动清偿理论”，即银行可以通过以真实票据为基础的短期自偿性贷款保持与资金来源高度流动性相适应的资产的高度流动性，从而控制风险。贸易融资按照不同结算方式可以分为以下几类：

（一）信用证项下的融资方式

贸易融资最为常见的就是与信用证有关的融资方式。最早的信用证可以追溯到18世纪后半叶。信用证是指银行（开证行）依照客户（申请人）的要求或指示或以自己的名义，在符合信用证条款的条件下，凭规定单据向第三者或其指定人付款，或承兑并支付受益人出具的汇票，或授权另一家银行议付的约定。信用证项下的贸易融资是商业银行中一项影响较大、利润丰厚、风险较小、周转期短的融资业务。银行向申请人（进口商）提供的融资产品有授信开证、进口押汇、提单背书、提货担保，向受益人（出口商）提供的融资产品有打包贷款、信用证保兑、出口押汇和出口贴现。

（1）授信开证（Credit Line for Issuing Documentary Credit）：指企业在银行授信额度内，在符合开证行有关规定的前提下免交或缴存相应比例的保证金开立信用证。企业可充分利用银行信誉减少资金占用。

（2）进口押汇（Import Bill Advanced against Letter of Credit）：指开证行收到信用证项下单据后，应开证申请人要求代其对外垫付该信用证项下款项的短期资金融通。进口押汇按照垫付资金来源分为两种情况，即以自有资金对外垫付和通过海外联行进行垫付，后者又称为海外代付。

（3）提单背书（Endorsement on Bills of Landing）：指开证行应开证申请人请求，在收到以开证行为抬头的正本物权凭证时背书给开证申请人凭以办理提货手续的行为。

（4）提货担保（Shipping Guarantee）：指当进口货物先于货运单据到达时，进口商为办理提货向承运人或其代理人出具的、由银行加签并由银行承担连带责任的书面担保。提货担保多用于信用证项下且信用证要求全套货权单据的情况。

（5）打包贷款（Packing Loan）：指银行应信用证受益人（出口商）申请向其发放的用于信用证项下货物采购、生产和装运的一种装船前融资。其第一还款来源为信用证项下出口收汇款，在出口企业不能正常从国外收回货款的情况下，企业必须偿还打包贷款的本金及利息，或允许银行主动从其账户扣划打包贷款的本金及利息。

（6）信用证保兑（Confirmed Letter of Credit）：指保兑行在开证行之外独立地对受益人承担第一性付款责任，有公开保兑和沉默保兑两种方式。公开保兑是指在保兑型信用证项下，保兑行接受开证行指示对受益人独立承担保证付款责任；沉默保兑是指在非保兑型信用证项下，银行接受受益人要求对其承担保证付款责任。

（7）出口押汇（Export Bill Purchase）：指信用证受益人（出口商）发货后，银行凭出口商提交的信用证项下单据向其提供的短期资金融通，有单证相符押汇和单证不符押汇两种情况。第一还款来源为信用证项下出口收汇款项，押汇银行对出口商有追索权，如开证行/承兑行到期不履行付款责任，押汇银行有向出口商追索押汇本息的权利。

（8）出口贴现（Export Bill Discount）：指银行在出口信用证项下从出口商购入已经开证行或其指定银行承兑的未到期远期汇票或已经银行承付的未到期远期债权。第一还款来源为信用证项下出口收汇款项，如承兑行/承付行到期不履行付款责任，贴现银行对出口商有追索权。

（二）托收、汇款结算项下的贸易融资

随着互联网技术的发展，在国际贸易结算的过程中，信用证的结算方式使用得越来越少，尤其在OECD成员和其他发达国家之间的贸易，已经逐步转变为以托收和贴现方式为主。

1. 托收项下的贸易融资方式

托收是指委托人（债权人）向银行（托收行）提交凭以收取款项的金融票据或商业单据或两者兼有，要求托收行通过其联行或代理行（提示行）向付款人（债务人）请其付款的一种结算方式。托收按是否跟有商业单据分为光票托收与跟单托收，按交单方式又分为付款交单（Documents against Payment，D/P）和承兑交单（Documents against Acceptance，D/A）。

托收业务本身是利用银行间的代理业务关系和资金划拨渠道加以延伸，使得两头客户间的债权、债务得以清偿，它依靠委托人与付款人之间的信用（商业信用或债务信用）完成偿债关系。以往商业银行在托收业务中考虑对委托人或付款人的融资总是比信用证项下的融资办法要少、风险要大，但随着商业银行的国际化竞争，对托收业务贸易融资的态度由谨慎转向相对积极。在跟单托收业务中，对进口商提供的融资产品有信托收据、进口代收代付和进口代收押汇，对出口商提供的融资产品有出口托收押汇，在光票托收中也可有选择地对银行作为出票行的本票、支票办理贴现、买汇处理。托收项下的贸易融资方式主要包括：

（1）出口托收押汇：是指采用托收结算方式的出口商在提交单据，委托银行代向进口商收取款项的同时，要求托收行预先支付部分或全部货款。出口托收押汇的还款来源为出口收汇，如进口商到期后不履行付款责任，托收行可向出口商进行追索。具体可分为D/P托收押汇和D/A托收押汇。

（2）进口代收押汇：是指代收行收到代收项下单据后，应进口商要求代其对外垫付代收项下款项的短期资金融通。

（3）进口代收代付：指在银行叙做的进口代收项下，根据代收付款人的申请，与其达成进口代收项下单据及货物所有权归代收行所有的协议后，代收行以信托收据的方式向其释放单据，并委托其他银行代为先期支付进口货款。

2. 汇款结算项下的贸易融资方式

汇款是指银行接受客户的委托，通过其自身所建立的通汇网络，使用合适的支付凭证，将款项交付给收款人的一种结算方式。汇款结算可分为汇入汇款和汇出汇款，分别都有相应或相关的贸易融资产品与之匹配。汇款结算项下的融资具体操作如下：

（1）进口 T/T 融资：指采用汇款方式结算的、进口合同规定货到付款的国际贸易项下进口货物到港后，根据申请人的书面申请，银行为其支付给国外出口商的部分或全部应付货款提供的短期资金融通。

（2）进口 T/T 代付：指银行对审批通过的进口 T/T 融资业务，委托其他银行代为支付进口货款的服务。

（3）出口商业发票贴现：指出口商将现在或将来的基于出口商与进口商（债务人）订立的出口销售合同项下产生的应收账款转让给银行，由银行为其提供贸易融资、应收账款催收、销售分账户管理等服务。其第一还款来源是进口商的付款，此时汇入行担当了保理商的角色。

（三）其他贸易融资产品

1. 国际保理业务

国际保理是近 30 年来在国际上发展起来的一种贸易结算方式。它主要指国际贸易中在承兑交单、赊销方式下，保理公司对出口商应收账款进行核对或购买，从而使出口商出口后获得收回货款的保证。根据国际统一私法协会《国际保理公约》的定义，保理是指卖方、供应商或出口商与保理商之间存在一种契约关系，根据该契约，卖方、供应商或出口商将其现在或将来与买方（债务人）订立的货物销售或服务合同所产生的应收账款转让给保理商，保理商为其提供下列服务中的至少两项：贸易融资、销售分账户管理、应收账款的催收、信用风险控制与坏账担保。保理的实质就是通过收购债权的方式对出口商提供融资。

2. 福费廷

福费廷又称包买票据或票据买断业务，它是包买商（可能是银行或其他金融机构）从卖方那里无追索权地购买已经承兑的、通常由买方所在地银行担保的远期汇票或本票，这种业务叫做包买票据业务，也就是福费廷业务。它实际上是包买商对卖方的一种融资行为。

福费廷融资的程序如下：第一，由福费廷公司向出口商提交包括固定贴现率在内的承担支付货款书；第二，由福费廷公司出面在出口商和进口商之间就销售合同进行协商和协调；第三，合同达成后，由出口商组织商品的生产和装运；第四，为取得货物的所有权，进口商向出口商提交一系列的本票或汇票；第五，出口商（供货人）无追索权地把本票或汇票背书转让给福费廷公司；第六，按照协定的贴现率，福费廷公司从本票或汇票的票面价值中扣除利息后，向出口商贴现；第七，当本票或期票到期时，福费廷公司提示本票或汇票索取货款；第八，福费廷公司取得货款。

3. 出口信用保险融资业务

出口信用保险是指信用保险机构对企业投保的出口货物、服务、技术和资本的出口应收账款提供安全保障机制的一种保险。出口信用保险项下贸易融资业务是指出口商在中国出口信用保险公司投保出口信用保险并将赔款权益转让给银行后，银行向其提供出口贸易融资。在发生保险责任范围内的损失时，中国出口信用保险公司根据赔款转让协议将按照保险单规定理赔后应付给出口商的赔款直接全额支付给融资银行的业务。

（四）结构性贸易融资业务

随着对外贸易的发展，单纯的和单项的贸易产品已经不能满足需要，机电产品和大型设备的大量出口需要贸易融资产品的创新。结构性贸易融资业务作为一种综合性的融资手段，有力地促进了进出口商品的结构优化，并且促进了我国进出口业务的发展。

1. 结构性贸易融资概述

结构性贸易融资并不是一种特定的融资方式，而是运用各种传统的和创新的融资方式，根据贸易的具体情况和社会环境的特殊要求，定制的综合性金融工具的统称。结构性贸易融资的主要目的是根据贸易业务的具体特征以及买方或者卖方在实施贸易合同过程中所需要的融资来为买方或者卖方设计的一个最适合的融资方案。所谓最适合的融资方案，是指银行在综合考虑借款人本身的信贷能力、贷款资金的来源、可承担的融资成本、可接受的最短贷款期限、可接受的风险程度，在政府法规的基础上，设定一个合适的融资方案，所以结构性贸易融资具有很大的灵活性，对于非常规、非标准、复杂、高风险的具体贸易业务具有很高的应用价值。

2. 结构性贸易融资的主要方式

结构性贸易融资是一种综合性的融资手段，它包含了各种融资方式及其辅助工具，其中常用的融资方式有官方支持的出口信贷，国际化的融资工具如保理、福费廷、银团贷款等，以及出口信用保险、担保等融资避险工具。利用各种融资方式的特点和长处，针对具体个案进行设计、创造、组合，形成结构性贸易融资的方案。结构性贸易融资相比传统融资有以下几个显著优势：

第一，结构性贸易融资业务以监控现金流和物流为基础控制贷款风险，风险小且易于把握。商业银行办理贸易项下融资时，由于企业有着清晰的贸易背景，而且利用贸易本身的现金流偿还银行融资，因此具有自偿性、还款来源确定的特点，贷后管理相对简单，即使客户无力履约赎单或还款，银行在掌握货权的情况下仍可通过处理货物来归还贷款或减少损失。

第二，有助于优化信贷结构，提高资金利用效率。长期以来流动资金贷款不流动、用途难跟踪，存在突出的风险隐患。而贸易融资期限通常比较短，资金周转快，流动性强，风险相对可控。特别是在融资规模受到约束的情况下，能够更好地满足客户的需求。因此通过发展贸易融资，逐步替代、压缩流动资金贷款，可使信贷结构更为合理，降低总体风险。

第三，贸易融资业务既可以沉淀存款，又可以吸收存款。存款是商业银行最重要的考核指标之一，也是商业银行贷款和利润的主要来源。在融资规模受到约束和人民币持续升值的背景下，存款对于商业银行来说变得尤为重要。

第四，有助于提高银行收益，尤其是商业银行的中间业务收入。贸易融资建立在国际结算的基础上，是国际结算业务的延伸，可针对不同类型企业和交易链各环节提供配套融资服务，丰富信贷产品体系，提升综合竞争力。该业务在前期属于中间业务，银行从中获得手续费收入、汇兑收益；在后期属于资产业务，银行从中获得利差收入。因此，该业务可有效带动国际结算、衍生产品、理财等业务发展，增加中间业务收入，提高综合回报。在相同的安全性和流动性下，多重收益提高了银行的盈利水平。

第五，有助于依托交易链的延伸拓展客户群，开拓新的信贷市场。贸易融资不仅考察企业本身，还考察上下游交易对手，对交易链进行整体分析，可以发现更多业务机会，为具有稳定供销关系的客户群提供配套服务，形成链条式、网络式市场开发，具有市场营销的乘数扩大效应。通常来说，传统信贷业务高速增长中往往会遭遇“天花板”效应，优质企业、优质项目资源有限，市场分割基本定型，面临信贷资金需要寻找出路问题。而贸易活动频繁发生，创造出源源不断的融资机会，且这一领域远未形成充分竞争，是发展信贷业务的新市场。

第2节　商业银行主导的供应链金融现状

一、银行视角下的供应链金融

一方面，随着全球贸易的深入发展，有两个趋势改变了原有国际贸易的版图：一是全球贸易逐渐转向买方市场，尤其在低附加值、无差异化的商品贸易中，买方的主导地位日益加强。为此，有利于买方转移风险、减少流动资金占用的赊销方式比例不断上升。二是供应链的形成使得买卖双方的合作愈发紧密，塑造整条供应链的竞争力成为供应链上下游的共识。

在这一背景下，原有针对某一贸易环节进行服务的贸易融资产品势必无法适应现有企业的需求。于是，国际性的商业银行开始探索针对整个供应链的“端到端”金融产品。

另一方面，由于市场竞争日益加剧，面对资金压力的不仅限于原来从事交易周期较长的国际贸易企业，还包括越来越多的其他中小企业。而且，对于银行来说，体量巨大的国内贸易成为银行重点发展的领域。国内贸易与国际贸易的交易特点和性质有很多相似之处，将国际贸易融资的操作方式移植到国内贸易融资上，既是一种业务发展策略，也是创新方向。借鉴国际贸易融资业务的成熟产品和做法，将成熟的国际贸易融资产品及其方式引入国内贸易融资中来，满足日益发展的市场需求具有很高的可行性。

在这一背景下，银行基于原有的贸易融资服务，开始为供应链中的企业发展出一系列服务，也就是今天银行所指的“供应链金融”。因此，供应链金融继承了贸易融资的核心本质：首先，供应链金融是集资产业务与中间业务于一体的金融服务，即通过多种资产业务（借贷）与中间业务所组成的打包产品为供应链中的企业提供金融解决方案；其次，供应链金融以供应链中上下游之间的真实交易为基础，而不仅以企业的财务状况为基础；最后，供应链金融主要的融资方式是基于存货、应收账款和预付款的。

因此，从银行视角出发，供应链金融就是银行根据特定产品供应链上的真实贸易背景和供应链主导企业的信用水平，以企业贸易行为所产生的确定未来现金流为直接还款来源，配合银行的短期金融产品和封闭贷款操作所进行的单笔或额度授信方式的融资业务。银行实施供应链金融的根本在于抓住供应链中所谓的“核心企业”。其原因在于银行对于供应链的实际运行缺乏必要了解，只能通过与大企业的合作获取供应链内部具体的交易信息，为整个供应链金融业务提供基础。

事实上，供应链金融中的产品元件早已被银行运用多年。如表6-1所示，供应链金融提供的产品其实就是银行多种资产业务产品和中间业务产品的有机结合。因此，供应链金融实际上是商业银行原有贸易融资的延伸，其与贸易融资的根本区别在于：

第一，贸易融资中主要使用的仍然是信用证（L/C），而供应链金融中主要使用的是赊销（O/A），因此，应收账款融资、存货融资与预付款融资成为最主要的手段。

第二，贸易融资主要依赖于企业的信用状况和贸易的真实程度来控制风险，而供应链金融要求深入各个交易环节，考虑参与该业务的上下游各企业相互之间的关联度即合作稳定性，在扩大了服务范围的同时对风险管控提出了更高的要求。

第三，原有的贸易融资基本均由银行主导，银行需要独立对某贸易融资进行评估。然而在供应链金融中，银行往往需要与物流企业、保险公司进行合作，共同完成供应链金融业务。

第四，贸易融资更多的是针对贸易中某一环节进行单环节融资（虽然也有结构性贸易融资），而供应链金融则提供的是产—供—销全过程的融资。

第五，在贸易融资的过程中，商业银行获得的是片段化的、不连贯的信息流；而在供应链金融中，银行掌握整个融资链的连贯信息，能够较为准确地把握业务实质和融资资金流向。

表6-1　供应链金融涉及的资产业务产品和中间业务产品

资产业务产品	中间业务产品
应收账款质押贷款	应收账款清收
保理	资信调查
保理池融资	财务管理咨询
票据池融资	现金管理
提前支付折扣	结算
存货质押贷款	贷款承诺
仓单质押	汇兑
出口信用险项下授信	换汇
先票/款后货授信	
未来货权质押	

二、我国商业银行实施供应链金融面临的挑战

为了积极拓展自身的业务范围，保障未来收入增长潜力，同时解决中小企业融资渠道单一、融资费率高等现实问题，商业银行在供应链金融上能够发挥更大的作用。银保监会《关于推动供应链金融服务实体经济的指导意见》指出，银行、保险机构在开展供应链金融业务时应坚持精准金融服务、交易背景真实、交易信息可得、全面管控风险四大基本原则，以在创新中规范供应链金融的发展。在这一背景下，国内很多商业银行从传统的贸易融资入手，从应收账款贴现、动产质押等单一服务开始，根据客户需求，基于自身资源，发展出了各具特色的供应链金融服务。

然而，需要看到的是，在大力发展供应链金融的趋势下，商业银行仍然面临着诸多挑战：

第一，商业银行供应链业务的数字化能力不足。在当前席卷全球的数字经济大潮下，数字化转型已成为不可逆转的趋势。尤其值得关注的是，数字供应链金融作为一种有力工具，能够有效触及并服务更广泛的实体经济领域，特别是在普惠金融业务拓展上展现出了巨大的潜力，这一点已获得金融行业内的广泛认同和高度重视。然而，尽管前景广阔，但我国商业银行整体在数字供应链金融的发展深度上尚处于较低水平，尚未取得突破性的进展。为应对这一挑战，商业银行亟须主动出击，积极探索与挖掘数字供应链融资的新路径和模式，努力开创新的业务局面。这意味着要在金融科技和大数据技术的强大支持下，大力推动数字供应链业务的深度开发和广泛应用，以期实现产品结构在不同担保方式间更加均衡、多元发展。同时，通过加速供应链金融业务的快速转型，商业银行有望实现从传统模式到现代化“飞跃式”发展的华丽转身，从而全面提升供应链金融服务的效率和质量。

第二，在供应链金融业务的实践中，银行面临的数据平台构建不足和技术人才短缺的问题尤为突出。鉴于供应链金融业务所涵盖的广泛领域以及其较高的专业技术和管理复杂性，这不仅要求银行具备高效的业务流程

管理体系，还对参与营销推广和具体执行业务操作人员的综合能力提出了极高的标准。当前，许多商业银行的风险管理和日常业务操作仍在很大程度上依赖传统的、人工主导的方式，但供应链金融业务快速迭代升级的特点决定了其必然需要依托强大的信息化基础设施作为支撑。然而，现实情况是，大部分商业银行在构建全面、先进的供应链融资业务数据统计与信息交互系统方面尚存在明显短板，未能有效建立起能够实时获取、精准分析业务动态与企业风险状况的信息平台。这一局限性无疑加剧了潜在风险的发生和应对难度，限制了供应链金融业务潜能的有效发挥。

第三，在供应链金融管理中，银行对参与企业动态变化的实时跟进与调整能力显得相对薄弱。由于市场经济环境和行业经营状况瞬息万变，产业链条及其主要企业的运营表现亦处于持续波动状态。然而，当前众多银行在供应链金融业务的风险控制上更侧重于准入阶段的严格审查，而对于合作后的企业动态信息更新与风险应对则不够及时有效，这无疑增加了潜在风险发生的可能性。因此，金融机构亟须强化对整个供应链链条运行状态及核心企业风险因素的跟踪监测机制，确保全面、准确地评估核心企业的经营变动趋势以及偿债能力水平。当核心企业的信用评级出现下滑不再满足标准时，应迅速采取行动，灵活调整核心企业名录及与其关联的供应链结构。同时，加强对供应链上下游相关企业的风险监控，密切关注已发生信用风险恶化的企业在担保意愿和担保实力上的变化，以相应的严谨态度重新评估并适时调整供应链上下游企业的业务等级和风险敞口。

第四，商业银行传统的属地化经营模式对供应链融资业务的全面发展构成了显著制约。在这一模式下，供应链融资的优势资源未能得到充分挖掘和整合，导致其业务拓展速度相对缓慢。一个主要原因在于当前银行体系普遍采用以属地管理为核心的营销架构，在这种框架下，不同地区的分行在客户资源分配、风险偏好设定、业务结构设计及市场定位等方面表现出明显的地域差异性，难以实现高效的客户资源共享与协同营销效应。异地分支机构间的紧密合作显得尤为匮乏，具体表现为：尽管供应链核心企业的主办分行在提供融资服务时表现出较高的积极性，但涉及核心企业上下游企业的所在地分行却往往积极性不高。这种状况导致供应链融资业务在核心企业所在区域能够取得一定规模的发展，然而当涉及跨省区的服务需求时，则面临较大挑战，难以有效延伸至更广泛的地理范围。因此，缺乏有效的跨区域合作机制成为阻碍供应链融资业务全面深化发展的关键瓶颈。

第五，我国在全球优势产业的国际供应链金融领域虽有深厚的基础，但发展程度尚不充分。我国在电子、机械及设备制造等关键行业中已深度融入全球价值链，不仅作为主要的生产供应方，同时亦是重要的市场需求端。特别是在轻工制造业，如纺织与服装行业中，中国所占据的市场份额高达52%，对全球产业链构成了不可或缺的重要支撑——中国纺织和服装产品出口占比达到40%，家具出口份额则为26%。然而，值得注意的是，在这些具有显著竞争优势的产业中，我国商业银行所提供的国际供应链金融服务的发展水平并未能同步跟进。目前，我国银行在全球供应链金融市场中的份额相对较小，这表明在众多产业链条上，供应链金融业务的全球化拓展仍存在巨大的发展空间与潜力。随着我国在全球贸易中的地位日益凸显，加强并优化国际供应链金融服务体系，对于进一步巩固和发展我国优势产业在全球价值链中的领导地位，以及提升金融业服务实体经济的能力至关重要。

第3节　商业银行主导的供应链金融创新类型

一、商业银行金融产品创新的类型

作为商业银行的创新产品之一，供应链金融业务的出现反映了商业银行金融产品创新的基本思路。所谓商业银行金融产品创新，是指商业银行运用新思维、新方式和新技术，在金融产品或服务、交易方式、交易手段以及金融市场等方面的创造性活动，从而实现银行经营利润最大化和风险最小化的一系列经济行为过程。从本质上看，商业银行的金融产品创新主要是从三个维度进行的，即国际化的程度、业务整合的程度与服务客户的范围，可分别概括为创新的“长度”“宽度”和“深度”。

（一）“长度”创新

银行业务的国际化一直在各个商业银行发展战略中占有举足轻重的地位。商业银行国际化的主要动因包括：

（1）引导效应，即银行跨国战略是由国际贸易和直接投资所引致的。一方面，跨国银行的主要发展动机是配合客户开展国际贸易，使得跨国贸易结算和支付更为便利；另一方面，银行也可以为国内企业进行对外直接投资（FDI）继续提供服务。

（2）获得区位优势，即获得东道国的独特优势，比如税收优惠、监管宽松、存贷利差等。

（3）规避风险，即银行资产在不同国家的分布可以有效规避国别风险，从而确保收益的稳定性。

（4）内部化。由于现实的国际金融服务市场是不完全的，市场的不完全造成了中间产品交易的低效率，由于银行业中间产品本身（知识、技术、业务专长以及客户的良好关系等）的可交易性很差，银行可以通过有效的管理手段和组织结构，把银行的外部交易转变为内部交易。

进入21世纪，全球经济一体化时代的来临要求商业银行具备在多国提供服务的能力。通过开放和国际化推动金融的“长度”变革非常重要，统筹本地发展与国际扩张是获得国际竞争力的必备条件。

（二）“宽度”创新

“宽度”创新指的是商业银行不断通过技术、流程的改进，使更多客户能够享受到金融服务。对于企业客户来说，原有的许多业务都是为资信良好、具有清晰财务报表的大企业准备的。由于银行客户也符合“二八定律”，优先为大企业服务是银行细分客户并提供差异化服务的现实需要。随着同业竞争不断加剧，商业银行纷纷开始为中小企业提供符合其特点的金融服务，比如应收账款贴现、产成品的质押等。另外，目前商业银行还推出了对高科技创业企业的资金支持业务，帮助初创企业解决资金问题。虽然中小企业业务量相比大企业少，但是大量中小企业构成的长尾所蕴含的利润空间是银行所不能忽视的。麦肯锡 2013 年的一份研究报告指出，中小企业 2011 年的借贷总额占国内银行贷款总额的 47%左右，到 2021 年这一比例将上升至 53%，而同期大企业的贷款总额仅占 26%。

（三）“深度”创新

“深度”创新指的是深入发掘特定客户的需求，为客户提供深度定制的服务。改善并不断提高服务质量是商业银行的基本职责和保持长期盈利的需要。客户服务是产品功能通过业务流程来实现的，提高服务供给能力是改善商业银行客户服务的根本出路。如表 6－2 所示，从商业银行的服务内容上看，金融产品创新存在三个不断推进的层次：基础金融产品创新分为资产类产品创新、负债类产品创新和中间业务创新。衍生金融产品创新是依靠某种资产作为基础来表现其自身价值而派生出来的产品创新。而组合金融产品创新则是创造出具有各大类金融产品的混合特征的组合金融产品的创新，这些产品是多种金融产品的复合体，具有多种金融产品的性质和特点。三个层次在一体化、客户化程度上逐次增强，其附加值也逐次增加。

表 6－2 金融产品的“深度”创新

创新层次	创新内容体系
基础金融产品创新	存款、贷款、票据、投资、结算、担保、代理、咨询、信托、租赁、保险
衍生金融产品创新	利率期货（期权、掉期、互换等）、票据发行便利、金融期货交易、期权交易、货币利率互换、备用贷款承诺和循环贷款等
组合金融产品创新	银证、银保、银证保业务资产证券化；银证保产品组合创新；各类金融产品、金融产品与非金融产品打包或一体化组合创新

资料来源：胡剑平．商业银行金融产品创新的层次分析和中国银行业的创新方向．上海金融，2004（7）：19－22.

纵观西方商业银行的金融创新，其特征和趋势表现为金融产品组合一体化程度不断提高，包括金融产品的衍生交易化、资产证券化和银证保产品组合化。以客户需求为导向实施金融产品的组合营销，体现了商业银行从“产品中心”思想向“顾客中心”思想的转化。原有商业银行的创新集中在单一的资产业务创新、中间业务创新、负债业务创新等方面，但这些从银行视角出发的业务由于大多数未能满足客户的实际需要，因而逐渐被定制化的服务取代，而定制化的商业银行业务也帮助银行实现了长期良好的绩效。

二、供应链金融的类型化

由于商业银行的实质就是提供金融服务的企业，因而也可以从服务企业的角度探讨商业银行的创新。对于服务企业来说，可行的创新可以大致分为三类：业务创新、技术流程创新以及管理流程创新。其中，所谓业务创新是指为了响应客户需求而将新服务提供给原有客户与新客户，以及将原有服务提供给新客户。结合资源基础观和开放创新，商业银行的创新有两种互补的思路：一种是外在内化（Outside In），即链接、整合各类外在资源，更好地响应客户需求，通过“一揽子”体系化的金融产品服务于产业客户；另一种是内在外化（Inside Out），即充分地深化银行的资源和能力，将自身的资源能力惠及产业供应链，帮助产业企业实现数字化，解决企业融资问题。

供应链金融业务的类型化正是基于上述两个维度形成的。在原有的中小企业融资过程中，中小企业经常遇到所谓的“信贷配给”（Credit Rationing）问题，即银行由于信息不对称而对借款人实行差别待遇。如果商业银行能够打通不同产业的数据壁垒，能够与物流企业、需要融资的企业、上下游企业乃至海关的数据库通过有效接口连接起来，那么信息不对称性将进一步降低，从而缓解信贷配给问题，将供应链金融业务推进一大步。因此，供应链金融类型化的一个维度应当是异产业数据整合度。另一个维度是跨环节、跨地域的业务整合。交易成本经济学指出，交易在缔约前后均会产生一系列的交易成本，包括前期的搜寻成本、谈判成本和缔约成本，以及签约后由机会主义行为带来的成本。由于企业自身是契约集合，降低了交易成本，才成为市场机制的替代，企业才具有了边界。然而，企业边界的不断扩大势必会增加管理幅度，进而提升管理成本，因此，需要一种混合结构，一方面降低交易成本，另一方面降低企业的管理成本。通过为客户提供跨地域、跨种类的整合业务，商业银行实质上是为客户降低了交易成本，同时实现了自身的规模经济和范围经济。

因此，我们可以根据异产业数据整合度与跨地域多业务整合度两个维度对供应链金融进行不同类型的划分（见图6-1），这也解释了为何各个商业银行提供的供应链金融服务品牌、服务内容均不尽相同。由于异产业数据整合与不同业务整合的程度不同，可以将商业银行的供应链金融区分为传统贸易融资服务、数字供应链金融、协同供应链金融与整合供应链金融。其中，后三种类型的本质区别在于：

第一，服务模式不同。数字供应链金融主要通过获取异产业数据，形成多维校核的数据链，进而为高信用企业提供融资服务，但从总体看，该类供应链金融服务只是为企业提供了运营资金，并没有涉及整体资金流的管理和优化。协同供应链金融业务整合度非常高，或者说为供应链运营提供了不同环节协同的资金优化，或者解决了跨境供应链运营中的资金融通问题，但是其对供应链运营的把握程度，或者说对于全供应链数据的整合度可能不及前一类。整合供应链金融则是由金融机构主导的、深度介入全供应链资金优化，同时对供应链运营各维度的数据能够进行全面整合、应用的模式。

第二，风险控制机制不同。协同供应链金融主要还是依据真实性原理，按照应收账款、存货、信用证、支付、清分等自偿性来保证还款、控制风险，而数字供应链金融主要依赖对客户运营数据的具体把控，通过客户筛选和信息控制减少风险，整合供应链金融则是二者的结合。

第三，能力要求不同。由于服务模式、风险控制点均不相同，三种类型对商业银行的能力提出了不同要求。数字供应链金融对银行的信息系统和数字化平台提出了较高的要求，因为银行必须能够对接客户的信息系统。协同供应链金融则要求银行的国际化能力与业务整合能力强，必须克服银行内不同部门之间的隔阂，以及进行银行之间的协同。整合供应链金融则需要银行与客户深度合作，根据客户的特殊需求设计解决方案，并且以数字化和国际化、整合化能力作为基础保障。

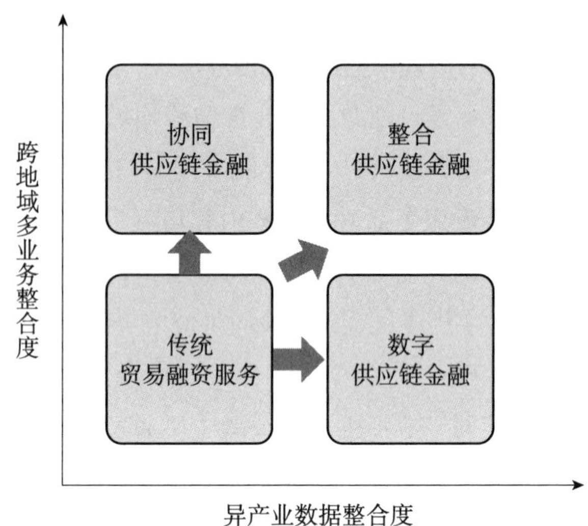

图6-1　供应链金融的类型化

第4节　商业银行的供应链金融创新实践

一、商业银行主导的数字供应链金融

在供应链管理的实际运作中，信息不对称现象是一个显著的挑战，它对金融机构推行供应链金融业务构成了实质性障碍。传统供应链中的信息传递不透明、更新滞后以及参与方间的数据孤岛问题，导致商业银行在进行信贷决策时难以全面而精准地把握整个产业链条的真实运营状况和资产质量。虽然商业银行历来依赖于传统的征信手段，包括但不限于企业的财务报表分析、信用评级、担保情况及抵质押物价值评估等，但这些静态且有限的信息源往往无法准确捕捉到供应链活动的动态变化和潜在风险。为了克服这一难题，并有效促进商业银行深度介入产业实体的金融服务，供应链金融创新的关键在于构建数字化、实时化的信息共享与管理系统。通过运用区块链、物联网、大数据分析等先进技术，可以实现供应链运营状态的实时监测和多维度呈现，确保商业银行能够掌握第一手最详尽的

业务数据，从而对供应链各环节的经营效率、资金流动、交易真实性等方面形成深入理解。这样，商业银行不仅能够针对特定供应链场景提供定制化的金融解决方案，还能通过提升风险管理能力，精准识别并量化潜在的信用风险，进而为供应链上的各类企业提供更高效、安全的资金支持，推动实体经济与金融资本的深度融合，促进整个供应链生态系统的健康发展。

为了切实达成这一愿景，商业银行必须通过深度的数字化转型来提升其在供应链金融领域的服务效能和风险管理水平。构建全面而高效的数字化管理体系是实现该目标的核心路径，主要包括以下四个关键组成部分：首先，构筑坚实的信息化管理系统基石。这一层面确保了商业银行能够实时、准确地洞察并管控供应链业务动态与资产状况。涵盖了从订单管理（OMS）、仓储物流管理（WMS）到仓单管理、金融监管仓操作乃至物联网设备监控以及办公自动化（OA）等一系列系统集成应用。这些系统无缝衔接，为银行提供了穿透式的信息视窗，使得供应链上下游各环节的运营细节得以多角度、全方位地呈现。其次，运用先进的数字化技术手段，以实现数据的实时采集与智能化决策支持。这包括但不限于物联网技术，用于追踪实物资产流动；区块链技术，提供透明且不可篡改的交易记录；人工智能及机器学习算法，助力精准风险评估与智能信贷决策；以及三维重建等前沿技术，增强对复杂资产形态的认知能力。再次，强化全链条的数据管理水平。这要求银行在数据生命周期的各个环节全面提升：从源头上优化数据采集机制，严格实施数据质量管理，确保信息的真实性与准确性；采用安全可靠的存证方法，保证数据可追溯、可审计；进一步通过深入的数据分析挖掘，揭示隐藏在海量数据背后的商业洞察，并在保护客户隐私的前提下，构筑坚固的数据安全保障体系。最后，推行全业务周期的数字化管理策略，覆盖贷前征信审核、贷中实时数字化监管直至贷后风险管理全过程。借助于数字化工具和模型，商业银行能够在贷款发放前有效评估信用风险，在放款过程中实时监控资金流向和使用效率，并在还款阶段通过大数据预警与智能催收手段降低违约风险，保障金融资产的安全。综上所述，商业银行通过对上述四大方面的深度数字化建设与整合，不仅提升了其在供应链金融领域的业务拓展能力和响应速度，也极大地增强了防控风险与服务实体经济的能力，从而在数字经济时代下持续推动供应链金融的创新发展与高质量服务。

（一）中原银行开放银行生态

近年来，科技革命的浪潮以前所未有的力度重塑着全球金融业的竞争版图，其中以数字化转型为引领的创新力量尤为突出。随着市场环境的快速演进和客户需求向更高层次的数字化、智能化深度转变，金融服务模式正在经历从 Bank3.0 移动银行时代的便捷化服务向 Bank4.0 数字化银行时代的全面智能生态服务跨越。这一代际跃迁不仅体现在服务渠道、产品形态的革新上，更深层次地要求商业银行在数据驱动、技术赋能、场景融合等多维度全面提升自身的数字化供给能力和生态化互联互通能力。

中原银行自创立之初，就深谙科技创新对于银行业长远发展的重要性，并将“科技立行、科技兴行”作为核心战略理念加以贯彻执行。2018 年，该行果断把握时代脉搏，前瞻性地启动了全行范围内的数字化转型项目，倾力构建起覆盖全流程、全业务、全客群的数字化服务体系。历经数年的不懈努力与持续投入，中原银行的数字化转型已初见成效，其创新实践不仅提升了内部运营效率，优化了客户体验，还在金融科技应用、大数据风控、智慧营销等领域取得了一系列具有行业影响力的阶段性成果。这些成果受到了金融业界以及广大客户的广泛关注和高度认可，标志着中原银行正稳步迈向未来银行的新纪元，为我国银行业乃至全球银行业的数字化进程树立了成功的实践典范。

1. 中原银行的数字化供应链金融平台

中原银行作为河南省城市商业银行创新实践的领军者，始终致力于推动金融科技创新与服务实体经济相结合，在供应链金融这一重要领域取得了显著成果。截至 2023 年底，该行的供应链金融业务规模已突破 600 亿元大关，实现了超过 31%的强劲同业增长速度，足见其在市场拓展和金融服务深化方面的卓越表现。在此过程中，中原银行成功携手了 80 余家行业内的龙头骨干企业，共同构建起了紧密的合作网络，累计为超过 2 万家企业提供了高效的融资解决方案。

尤为引人注目的是，中原银行精心打造的核心品牌“中原 e 链通”涵盖了全面而精细的供应链金融服务体系，共计推出了 5 大类别、多达 23 款产品矩阵，旨在满足客户在供应链各环节的多元化金融需求（见图 6－2）。具体包括：针对采购、销售和存货等不同阶段设计的融资产品如“购 e 融”“销 e 融”和“货 e 融”，通过线上化操作解决企业资金周转难题；同时，“e 收付”功能确保了企业日常结算的便捷性和安全性；以及通过“e 财富”提供一站式财富管理方案，帮助客户实现资产保值增值。“中原 e 链通”的核心功能模块集成了先进的金融科技应用，例如准入智能审批系统，能够快速精准地对申请企业进行信用评估与风险控制；合同在线签订平台极大地提升了交易效率；放款审核流程自动化，缩短了企业等待融资的时间；押品智能监管系统则利用物联网和大数据技术实时监控抵押物状态；价格监测功能可以实时反映市场价格动态，辅助企业决策；智能贷后预警机制能有效预防潜在风险，并结合对回款情况的全程监控，有力保障了银行及借款企业的资金安全和稳定运营。这一系列智能化、数字化的服务举措，不仅彰显了中原银行在供应链金融领域的专业实力与创新能力，更为我国中小微企业和实体经济的发展提供了强大的金融动力和支持。

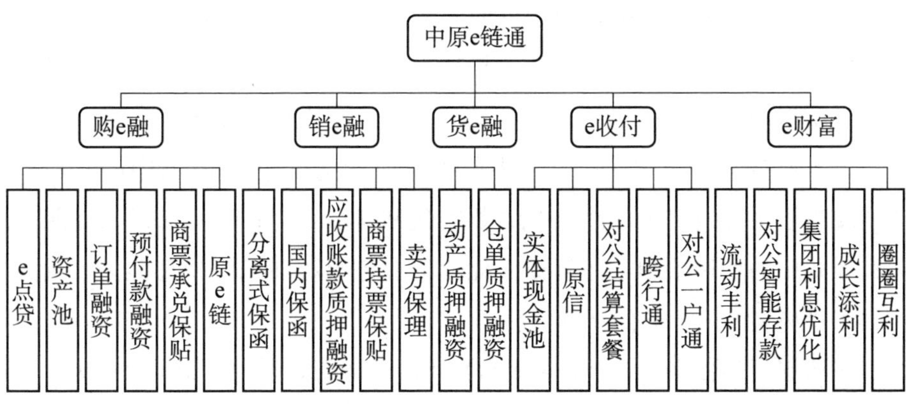

图 6－2 中原银行 e 链通

中原银行在推动金融业务深度融入产业链条的过程中，充分利用数据与系统标准化的双重优势，积极践行金融机构下沉至产业场景中提供精准金融服务的战略。通过精心规划和逐步实施的三个发展阶段，中原银行成功地将产融数字化建设推向了新的高度。在起步期阶段，中原银行倚重核心企业的信用背书，依托核心企业的优质资源拓展供应链金融业务，以此作为深化产融结合的突破口。然而，这一模式不可避免地存在一些局限性，如过度依赖个别核心企业，导致风险集中度较高；应收账款的确权过程复杂且耗时较长，加之物流数据不完善等问题，使得业务运营过程中人工参与程度较高、风险管理手段相对单一，从而制约了业务规模的快速扩张。随着战略推进进入突破期，中原银行开始打造以产融平台为核心的供应链金融新模式。此阶段，银行紧密对接产业自身信息系统，整合交易平台、风险管理以及物流等多维度数据，为资金方提供了翔实的合同信息、交易动态及物流状况，有力支持了其风险评估和决策制定。尽管这一模式在一定程度上打破了前期的瓶颈，但客户群体选择的局限性和信息完整性、业务处理效率等方面仍面临挑战，这在一定程度上阻碍了业务量的迅速增长。最终，在发展期阶段，中原银行携手大型产业单位，共同引领产融平台的全面升级与智能化转型。这一阶段，银行致力于实现订单生成、合同签署、物流发运、货物过磅验收、发票单据等全流程数字化，并通过可视化技术构建起完整而严谨的证据链条。同时，通过建立先进的智能化准入审批机制、资产审核流程以及贷后预警风控体系，中原银行能够高效完成一键申请、系统自动审核及在线放款等一站式服务，有效解决了风控难题，极大地提升了业务运行效率。总之，中原银行通过这三个阶段的迭代与发展，逐步实现了供应链金融的线上化、数字化和智能化运作，不仅成功克服了早期模式中的种种限制，而且极大优化了业务流程和风险管理能力，进而推动了供应链金融业务的蓬勃发展。

中原银行的数字供应链金融平台特点、业务管理和主要架构表现为：

首先，利用现代科技手段赋能大宗商品供应链，实现大宗商品实时交易的数字化。这将推动大宗行业和金融机构实现产业数字化和资产数字化场景应用的创新（见图 6 - 3）。通过对大宗商品交易全链条进行数字化改造升级，实现供应链业务生态的线上化、数字化和标准化，能够实时反映业务风险，为业务真实性提供保障。同时，通过整合客户各类场景资源和深度分析建模，可以对源数据进行规范性管理，助力企业精准识别产业风险，及时预警和评估风险影响，从而更好地做出科学决策。

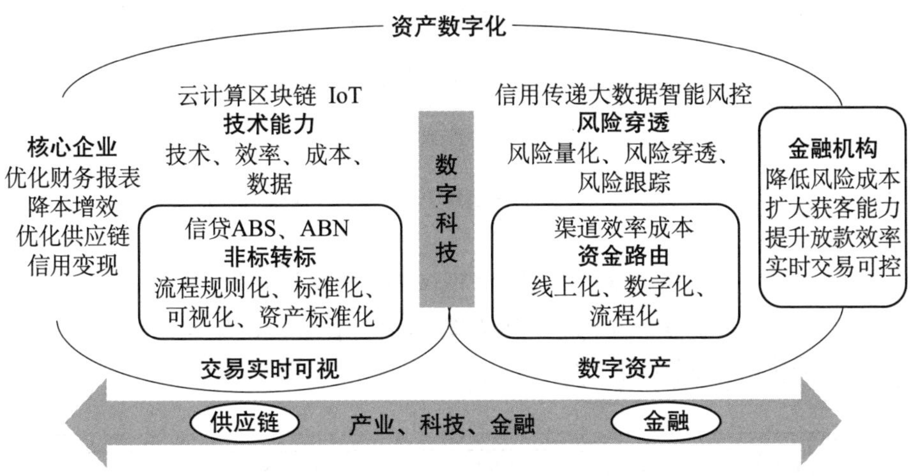

图 6 - 3　中原银行产融数字化平台

其次，从产融数字化平台的业务运营价值角度深入剖析（如图 6 - 4 所示），其主要表现为对交易全流程实施精细化的数字化管理，即通过实现贸易全程线上化操作，有力地提升了企业的整体数字化运营水平。该平台采用先进的电子签章技术、发票真伪验证机制以及多维度的数据核实手段，确保了贸易结算过程的真实性与可靠性。在此基础上，平台还提供了丰富多元的融资场景服务，包括预付账款融资、动产质押融资以及应收账款融资等，依托于平台上真实、实时的贸易数据信息，为客户提供精准、高效的供应链融资解决方案，有效降低了企业获取资金的门槛和难度。客户只需在线发起融资申请，即可享受到便捷的操作流程及显著提升的贷款审批效率。尤为值得一提的是，这一产融数字化平台创新性地实现了新的盈利模式。一方面，平台能够将自身成熟的技术解决方案和运营管理经验向其他集团客户进行输出，并通过收取科技服务费的形式拓展营收来源；另一方面，对于平台内部的客户，则采取以贸易价差形式收取服务费用的方式，从而在保障服务质量的同时，也构建起了可持续发展的商业模式。

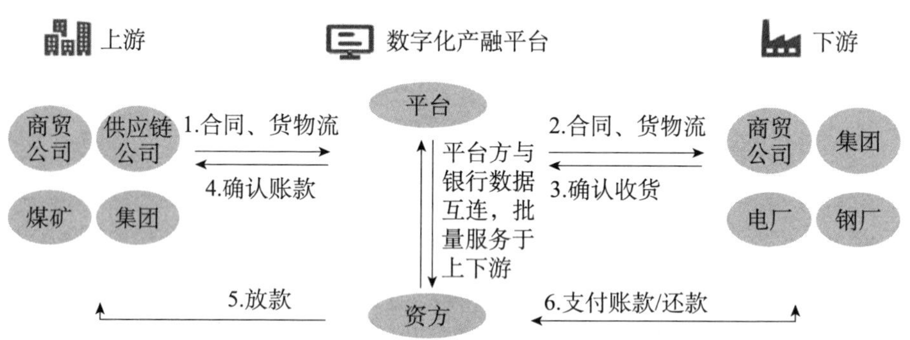

图6-4 中原银行产融数字化平台运营价值

最后，中原银行产融数字化平台架构主要有智能决策层、功能模块层以及产品服务层（见图6-5）。

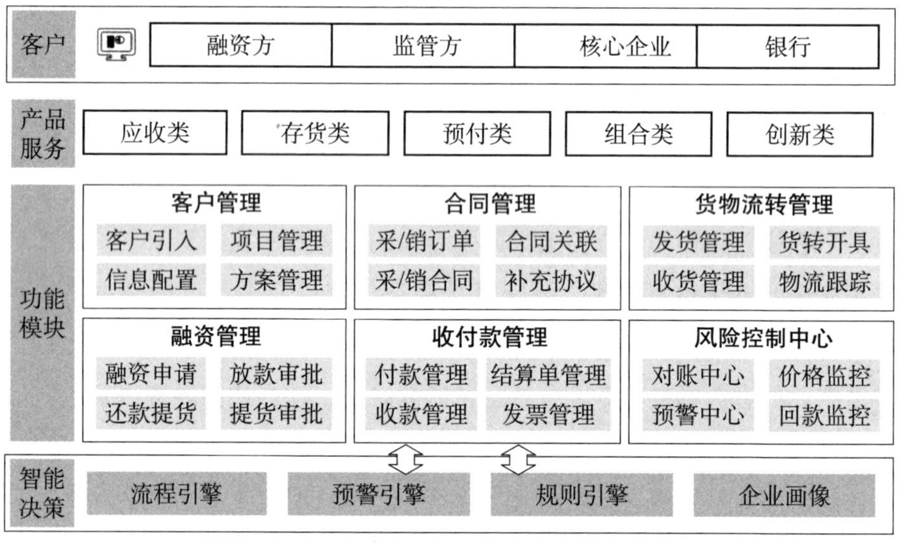

图6-5 中原银行产融数字平台架构

智能决策层包括流程引擎、预警引擎、规则引擎和企业画像。流程引擎作为智能决策层的核心组件之一，其负责定义、执行和优化业务流程。

通过图形化建模和灵活配置，流程引擎能够根据预设规则自动驱动业务流程流转，确保不同环节间协同运作，并支持实时监控与调整，从而提升组织效率和响应速度。预警引擎则是基于大数据分析及预测模型构建而成，它持续监测企业内外部环境的关键指标和行为数据，当发现潜在风险或机会时，能及时触发预警信号，并向相关人员推送决策建议，帮助企业提前做好应对措施或把握商机。规则引擎作为一种业务逻辑处理工具，将企业的业务政策、法规要求以及最佳实践等转化为可执行的规则集。在接收到相关数据输入后，规则引擎依据预定义规则进行推理判断，进而做出精确而快速的业务决策，有效分离了业务逻辑与应用代码，增强了系统的灵活性与可维护性。企业画像是一种全面反映企业特征、状态和行为表现的数字化模型。通过对海量异构数据的深度挖掘与分析，企业画像勾勒出企业在市场、信用、经营等多个维度的形象，为智能决策提供精准的企业内部现状及外部竞争态势洞察，使得决策者能够在充分了解企业全局的基础上，制定更加科学、精准的战略决策方案。

功能模块层包括客户管理、合同管理、货物流转管理、融资管理、收付款管理和风险控制中心。客户管理模块专注于构建并维护与客户之间长期、稳固的关系，涵盖了客户信息的收集、分类、分析及利用等全流程管理。通过精细化管理客户生命周期，从潜在客户挖掘、商机跟进到售后服务，实现客户资源价值的最大化，并为个性化服务和市场营销策略提供数据支持。合同管理模块对合同的起草、审批、签署、履行、变更直至终止进行全程数字化跟踪和控制。其不仅确保了合同流程的合规性与高效执行，还能够通过智能分析预测风险，辅助决策者及时发现并解决潜在问题，同时沉淀组织的知识资产。货物流转管理模块着重于供应链环节中的实物商品或服务的流转监控，包括采购入库、库存控制、订单处理、出库配送以及逆向物流等多个过程。借助先进的信息技术手段，实时更新库存状态，精准调度资源，有效降低运营成本，提升物流效率和服务质量。融资管理模块集中管理企业的内外部资金来源与使用情况，包括但不限于贷款申请、资金筹措、债务管理、投资计划以及财务报表分析。它为企业提供了全局视角的资金流动性管理工具，帮助决策者做出最优的资本结构配置和投融资决策。作为财务管理的重要组成部分，收付款管理模块负责统筹企业所有的收入与支出活动，包括应收账款追踪、应付账款结算、票据管理、现金流预测以及自动化的对账处理等，确保企业现金流量的安全稳定，提高资金周转速度。风险控制中心是企业风险管理的核心枢纽，其整合各类风险信息，运用量化模型进行风险评估与预警，涵盖信用风险、市场风险、操作风险、法律风险等诸多领域。通过建立全方位的风险防控体系，制定相应的应对策略与预案，保障企业在复杂多变的商业环境中稳健前行。综上所述，功能模块层通过上述各个专业模块的深度集成和智能化应用，实现了企业各业务领域的精细化管理和无缝协同，有力地支撑起企业持续、健康发展所需的高效运营和风控能力。

产品服务层是中原银行供应链金融业务的核心组成部分，其专注于为客户提供一系列多元化、创新性的金融解决方案。具体而言，在这一层级中，中原银行精心设计并实施了多种适应供应链不同环节需求的金融产品，主要包括：应收类金融产品、存货类金融产品、预付类金融产品、组合类金融产品、创新类金融产品。其中，应收类金融产品主要服务于企业应收账款的融资需求，通过受让核心企业的应收款权益，帮助上游供应商提前获取资金，解决流动性问题，如“中原 e 链通”中的“货 e 融”等服务。存货类金融产品针对企业库存商品的价值释放，提供以动产质押或仓单融资为主的金融服务，将库存转化为可流动资产，增强企业运营能力。预付类金融产品支持企业在采购阶段的预付款融资需求，通过担保或信用保险等方式，帮助企业提前锁定货源，保障生产经营活动的顺利进行。组合类金融产品结合上述各类基础产品的优势，灵活定制综合性融资方案，满足企业多维度、复杂化的资金需求，实现风险分散与收益优化。随着金融科技的发展和市场需求的变化，中原银行不断探索和推出新的创新类供应链金融产品和服务模式，例如，基于区块链技术的电子票据、利用大数据风控模型优化信贷审批流程的产品等，持续拓宽服务边界，助力产业链条各参与主体降低成本、提高效率、稳健发展。

2. 中原银行供应链金融创新——粮储贷

粮储贷是中原银行为粮食贸易与加工企业量身定制的一款金融产品，旨在有效应对企业在收粮存粮季节性高峰期间所面临的资金流动性挑战。该服务通过与专业的第三方监管公司深度合作，为客户搭建了一套完整的线上融资服务体系，涵盖从粮食快速入库到贷款即时发放（实现秒级放款），以及灵活的还款提货机制、智能的粮食存储监管和实时的粮情追踪等功能。

在传统的业务模式下，粮食企业和商业银行均面临多重难题：一方面，粮食企业虽然拥有大量的实物资产，但由于其行业特性，对资金需求具有额度大、期限长且随用随还的特点，却往往难以提供充足的担保；另一方面，商业银行在处理此类业务时，对于货权及粮权的确权确认难度较大，线下仓库管理复杂且监管成本高，同时，由于缺乏有效的市场信息监测手段，无法及时、准确地掌握粮价波动情况。此外，频繁的传统线下操作如放款、提货等手续烦琐，人工巡库与对账工作耗时费力，使得风险发现存在明显的滞后性。

针对以上痛点，中原银行创新推出了粮储贷解决方案（见图6-6），其具有以下显著特点：第一，高效质押与便捷融资：以粮食动产作为质押物，无需额外担保，最高质押率可达90%，最长贷款期限可达一年，并实现了T+0即时自动放款功能，允许客户在线部分还款和线上完成提货流程。第二，智能化监管体系：通过物联网设备集成技术，实时获取仓储现场数据，实现全天候（7×24小时）不间断远程监控和动态评估，同时对接外部市场数据源，实时跟踪粮价变动趋势。第三，全流程数字化转型：将整个业务流程全面线上化，极大提升了业务办理效率。客户可以随时在线查看市场价格波动、粮食品质变化、异常巡查记录以及系统预警提示，确保风险管理前置，降低潜在运营风险。

在风险管理层面，中原银行充分利用物联网和区块链等先进技术手段，确保数据的安全性和真实性。系统直接对接地磅系统，通过加密技术防止数据篡改，实现对粮食重量信息的精准采集与实时监控。同时，结合视频监控与物联网设备，在粮食存储环节的关键节点，如入仓、仓门开启、在仓储存以及出仓阶段，全天候24小时不间断地自动获取并记录粮食的数量、温度变化以及相关人车设备活动等关键信息。一旦监测到异常情况，系统

传统货押模式

1 签订合同	2 粮食入库	3 现场确认	4 提款申请	5 抵质押物确认	6 放款审核	7 贷后监管	8 现场巡查	9 手工对账	10 还款申请	11 提货申请	12 提货审核	13 提货出库	
信贷系统	线下												
1周	5小时	0.5天	2小时	5小时	2小时	全流程线下	1天	1天	2小时	2小时	2小时	2小时	2天 17小时

中原银行平台模式

1 签订合同	2 选库改库	3 粮食入库	4 提款申请	5 抵质押物确认	6 放款审核	7 贷后监管	8 预警处理	9 对账管理	10 还款申请	11 提货申请	12 提货审核	13 提货出库	
信贷系统	线下	监管方	太一平台										
1周	2周	5小时	2分钟	1分钟	自动化审批	7×24小时实时在线			2分钟	2分钟	1分钟	2分钟	10分钟

图 6-6　中原银行粮储贷

将立即触发自动预警机制，并即时分配任务给相关人员跟进处理，确保风险得到及时有效控制。此外，中原银行还构建了一套全面且精细的数字化实时预警体系，覆盖多个风险维度：

（1）价格预警：针对质押商品市场价格波动设置不同等级的预警阈值，当商品价格下降幅度超过预设范围时（例如，一般情况下，下降5%视为严重预警，下降4%视为中级预警，下降3%视为一般预警），系统会自动发出警报，提醒企业关注市场动态，以便及时调整经营策略或采取应对措施。

（2）工单预警：紧密跟踪质押货物或仓库状态，一旦第三方监管公司反馈存在异常情况（如：严重预警——监管公司确认结果正常但可能存在误报，或非误报的情况；中级预警——监管公司在T+1日仍未解决预警问题；一般预警——监管公司在预警当天虽已处理但结果存疑），系统将迅速启动预警流程，协助企业及早防范潜在风险。

（3）临期预警：针对计息日和还款日期临近时可能出现的资金流动性风险，系统提前判断还款账户余额是否充足（如：严重预警——利息或本金已经逾期未还；中级预警——利息日或还款当日账户资金不足；一般预警——利息日或还款日前一天账户内资金不足以偿还），以避免可能产生的逾期违约问题。

（4）对账预警：通过严谨高效的系统对账功能，对各项金融交易进行实时核验。当对账过程中出现异常或者超出对账截止日期未完成对账时

（如：严重预警——对账结果显示异常，或超过对账截止日期 7 个工作日仍未完成对账；中级预警——超过对账截止日期 5 个工作日还未完成对账；一般预警——截至对账截止日期后 3 个工作日仍未完成对账），系统将主动推送预警信息，促使各方加快对账进度，保障业务操作合规、透明。

由上可以看出，中原银行的粮储贷与传统的银行借贷不同（见图 6－7），其区别在于：（1）担保模式不同，粮储贷采用的是动产质押，而传统模式是保证担保；（2）监管措施不同，粮储贷是人防＋24 小时技防，而传统模式只是单纯靠技防；（3）线上化程度不同，中原银行太一平台支持线上放款、线上还款、线上提货，目前优粮优信支持提款线上化；（4）数据管理严谨程度不同，粮储贷模式下，数据落库中原银行数据库，而传统模式下，商业银行难以掌握产业运营数据；（5）全流程管理细致程度不同，粮储贷模式下，中原银行太一平台实现了从入库、卸货、在仓、还款、提货到出库的全流程监管；（6）货物处置方式不同，中原银行有着良好的处置平台，能够有效化解风险。

核心要素		监管模式（平台模式）	传统模式
担保模式		动产质押	保证担保
监管措施		人防+24小时技防	技防
是否线上化	线上放款	✓	✓
	线上还款	✓	✗
	线上提货	✓	✗
是否数据落库		✓	✗
全流程管理		✓	✗
数据模型管理		✓	✗
货物处置		✓	✓

图 6－7　中原银行平台与传统模式的区别

3. 中原银行煤炭供应链金融创新

在推动传统煤炭产业转型升级方面，中原银行积极与行业内的供应链领军企业建立了深度战略合作关系。通过整合商流、物流、信息流和资金流的四流合一数据共享机制，中原银行率先实现了以煤炭货权确认替代传统的供应商债权确认方式，这一创新举措有效解决了众多中小型煤炭供应商长期以来面临的融资难题，极大地提升了融资效率并降低了融资成本。

自2018年起，中原银行携手龙头煤炭供应链企业，开始探索并实践为中小规模煤炭贸易商提供定制化授信服务模式，并成功完成了首笔合作放款业务。至2019年，进一步实现了线下业务流程的标准化运作，同时发布了专项业务管理制度1.0版本，并启动了线上业务平台的试运行工作。进入2020年，中原银行迎来了新的里程碑，成功完成首笔线上贷款发放，并升级发布了管理制度2.0版本，标志着其在供应链金融领域的服务能力和管理水平再上新台阶。在此期间，中原银行逐步拓宽合作伙伴网络，引入了超过100家下游电厂及钢厂以及500多家煤炭贸易商参与合作。到了2021年及其后，中原银行持续优化线上平台功能，积极探索涵盖全产业链各参与主体的新型业务模式，力求构建更加开放、高效、共赢的煤炭供应链金融服务生态系统，为更多企业提供一站式、全流程的金融解决方案，有力地支持了我国煤炭行业的健康发展与转型升级进程。

煤炭供应链的复杂性源于其包含众多环节和多元化的参与方，涵盖了从采矿源头、煤业生产商、煤炭贸易商、物流公司到终端用户的完整产业链条。因此，有效管理煤炭供应链和在该领域内创新供应链金融模式是一项艰巨的任务。中原银行在煤炭供应链业务上的实践突破了传统运营框架（见图6-8）。

不同于常规做法，首先，中原银行摒弃仅依赖纸质发票、合同及实物验收单等线下手段核实供应链运营状况的做法，这些方式易于被篡改且效率较低。该行采用了全流程数字化管理，整合订单生成、电子合同签署、物流发运实时追踪记录、过磅自动化验收以及电子发票核验等多个环节，构建了不可篡改且连贯一致的业务证据链条。

	数字化 审核贸易背景	**去中心** 双模资金封闭	**智能化** 模型审批预警	**自动化** 线上出质放款
中原银行	• 订单生成、合同签订、物流发运单据、过磅验收、发票单据全流程数字化，形成完整证据链。	• 通过核心企业配合或引入大型做市商双模式控制账户，封闭回款，业务模式灵活。	• 智能化数据分析三大分析维度：智能准入、资产审核、贷后风险预警。 • 商流、物流、资金流交叉验证，智能预警。	• 一次提交 • 系统审核 • 快速提款
传统模式	• 仅通过发票、合同、验收单等线下核实，容易造假。	• 仅依赖核心企业配合，业务难以突破。	• 人工审批、线下对账。	• 人工放款

图 6－8 中原银行煤炭供应链金融的特点

其次，在核心企业配合方面，传统的模式往往受限于单一的合作路径，导致业务拓展存在瓶颈。而中原银行采取灵活策略，不仅与核心企业深度合作，还引入大型做市商共同实施双模式账户控制体系，通过封闭回款机制，确保资金流转的安全与可控。

再次，针对传统模式中的人工审批流程和烦琐的线下对账环节，中原银行依托智能化数据分析系统，构建了包括智能准入评估、严谨资产审核以及贷后风险预警在内的三大分析维度。通过对商流、物流及资金流数据的交叉验证和智能预警功能，大大提升了风险管理效能。

最后，在放款操作上，传统模式普遍依赖人工操作，而中原银行则革新为线上质押放款模式，实现了融资流程的自动化和高效化，显著提高了金融服务质量，增强了客户体验。

在风险评价体系建设方面，中原银行从数据层、业务层和风控层实现了全周期风险评价和管理：

在准入阶段，中原银行充分利用数据驱动决策，通过对历史交易大数据的深入分析来评估潜在业务的稳定性及合作主体的行业经验积淀。业务层面采取多维度信用评价体系，严谨实施贸易商准入管理，并依托白名单制度，确保合作伙伴资质可靠（见图 6－9）。风控环节上，中原银行采用严格的额度控制策略，并结合核心企业的信用增级与控货手段进行增信强化，以保障融资安全。在这一过程中，银行通过严密审核与管理授信额度、依赖核心企业的良好信誉以及对货物的有效管控，构建了坚实的风险防护屏障。

核心企业准入	准核心企业准入	授信企业准入
➢ 白名单管理：大型国企央企，上市公司500强、地方头部企业 ➢ 经营周期、营收规模、实控人从业经验、工商、涉诉、负面清单、税务评级等 ➢ 白名单申请、审批报备制	准入分层与授信策略分层差异化管理： ➢ 准入：营收规模、股东背景、资产负债率、经营周期、从业经验 ➢ 授信策略：打折率、核心企业封闭回款、产品匹配 · **第一层　订单融资**——打折率高、核心回款不封闭、核心企业分层 · **第二层　订单融资+未来应收账款质押**——打折率居中、核心企业封闭、核心企业分层 · **第三层　应收融资**——打折率低、应收融资、核心企业分层	➢ 准入管理：预评价（线上）、经营周期、营收规模、财报数据评价、实控人从业经验、工商、涉诉、负面清单、税务评级、外部评价等

图6－9　中原银行准入标准与分层机制

进入贷中阶段后，在数据层面，中原银行基于合同数据和各类单据信息，细致核查业务逻辑的合理性及其数据的一致性，涉及上下游合同内容对比、运输凭证与实物流动记录核实、质与量的验收凭证核验等多个方面。同时，通过精准匹配资金流与合同流，实现应收账款的有效管理和定向支付功能，确保每笔资金都有明确的对应关系。在业务运营层面，银行致力于还原并实时监控完整的贸易场景，借助端到端线上平台采集各参与方的数据信息，实现全程无纸化操作。在此框架下，针对特定贸易背景下的定向支付设计，有力地促进了资金闭环管理，杜绝资金挪用风险。风控执行阶段则着重于贸易背景的真实性验证，包括但不限于审核上下游合同条款是否合理、相关运输证明材料是否与合同条款相符、质量与数量检验结果是否符合合同约定（如称重报告、化验结果等）。此外，中原银行还实施严格的回款周期监测机制，一旦出现超期现象即启动预警系统。

到了贷后阶段，数据层会持续进行企业基础信息与最新交易数据的实时或定期更新与分析。业务管理层密切关注这些数据变化，以此为依据反推并跟踪企业的经营状况变迁。而在风控层面，银行运用工商登记信息、过往履约记录、信用表现以及交易行为异常检测等多种工具，进行全面的预警分析与监控，力求及时发现并防范可能出现的风险事件。

（二）日照银行的供应链金融

日照银行作为一家非上市商业银行，在供应链金融领域取得了卓越成就。该行通过倾力打造数字化、智能化的“黄海之链”供应链金融服务平台，为产业链上下游企业提供了高效、便捷的融资解决方案。借助前沿的信息化管理系统与技术手段，日照银行实现了对供应链运营状况和资产信息实时、精准的监控与管理，大大提升了服务效能。2021 年，日照银行为 132 家核心企业及 1 506 家上下游企业投放融资 234.01 亿元。2022 年，日照银行为 353 家核心企业及 2 061 家上下游企业投放融资 354.6 亿元。2023 年以来，日照银行为 172 家核心企业及 1 068 家上下游企业投放融资 127.5 亿元。日照银行融资小微企业 3 403 户，占比 95.01%；平均单笔融资金额 330 万元。同时，日照银行持续深化创新探索，积极推动数字化转型升级，旨在构建一个更为高效、安全且可持续发展的供应链金融服务生态系统。

1. 日照银行数字供应链金融服务体系

日照银行的供应链金融业务深深植根于山东省独特的产业背景与地理优势之中。首先，山东省工业体系完备且发达，是我国唯一涵盖全部 41 个工业大类的省份，其中 110 种产品的产量在全国名列前茅，规模以上工业企业数量更是突破 3 万家。其次，山东港口资源丰富，2022 年货物吞吐量跃居全球首位，而日照港作为区域内的重要枢纽，其货物吞吐量在全球排名第九、全国第六，不仅是我国最大的铁矿石、大豆、木片、原木、石油焦进口港，也是最大的焦炭中转港、第三大原油中转港，并且是国内唯一拥有两条千公里以上铁路直达港区的沿海港口。再次，山东地理位置优越，东联日韩，西接欧亚，国际物流大通道畅通无阻，随着中日韩自贸区建设及胶东经济圈一体化发展战略的深入推进，齐鲁号欧亚班列运行效率不断提升，“空中丝绸之路”与国际陆海联运双走廊加速构建。最后，作为沿黄河流域九省区中唯一兼具沿黄与沿海双重优势的省份，山东省政府在 2023

年的政府工作报告中明确提出，将加强与沿黄城市群的协作发展，积极推动规划建设和沿黄达海的大通道工程，进一步彰显了山东在区域协同发展中的关键地位和积极作用。

基于上述产业背景，日照银行在推进金融服务创新的过程中，重点发力线上化、数智化和场景化的融合发展，以“线上线下一体化、港区内外一体化、产业链节点深度融合”为鲜明特色，充分挖掘并发挥供应链金融在强化产业链条稳定性、弥补产业链短板、增强产业链活力以及拓展产业链边界等方面的积极作用。为此，日照银行构建了“621”数字供应链金融服务体系。其中，“6”代表的是一个综合性的六权合一池化管理体系，涵盖了股权、产权、债权、货权、碳权以及数权等企业核心权益的全面整合与高效利用；“2”则指向当前日照银行主推的两大拳头产品——“一单一票”，即通过数字化手段革新传统的实物资产凭证，打造了高度安全且便捷易用的电子仓单系统，以及能够有效解决供应链上下游资金流转问题的数字化供应链票据服务；“1”则是指由日照银行自主研发，专为企业级用户（B端）设计的供应链金融服务平台——“黄海之链”。这一平台集成了先进的金融科技力量，实现了供应链金融业务的高度集成化和自动化操作，有力支撑着各类企业的融资需求和供应链管理效能提升。

“黄海之链”供应链金融服务平台巧妙地运用大数据分析和人工智能技术，对产业链条上的各类融资需求进行精准识别与定位，精心打造了能够全方位满足产业链全链条、全周期、多维度金融需求的“橙系列”产品组合。该平台创新推出了适应仓储物流特色场景、集中采购场景以及港口生态场景等多元化行业应用场景，有效覆盖了包括港口、建筑、钢铁、汽车、石化、医药在内超过10个重要行业的供应链金融需求（见图6-10）。基于强大的“黄海之链”平台基础，日照银行紧密围绕核心企业及其上下游的供应商和经销商网络，依托真实的交易背景，深度嵌入产业链的各个环节，从采购、经营、生产到物流、仓储、销售等全过程，构建了一套完整且高效的供应链金融产品体系，并实现了线上线下服务渠道的深度融合。该产品的范围广泛，涵盖了应收类、预付类、存货类这三大主流供应链融资模式，同时积极拓展以数字科技为支撑的新兴供应链金融场景，如通过公开市场直接融资实现供应链资产证券化等先进业务模式（见图6-11）。

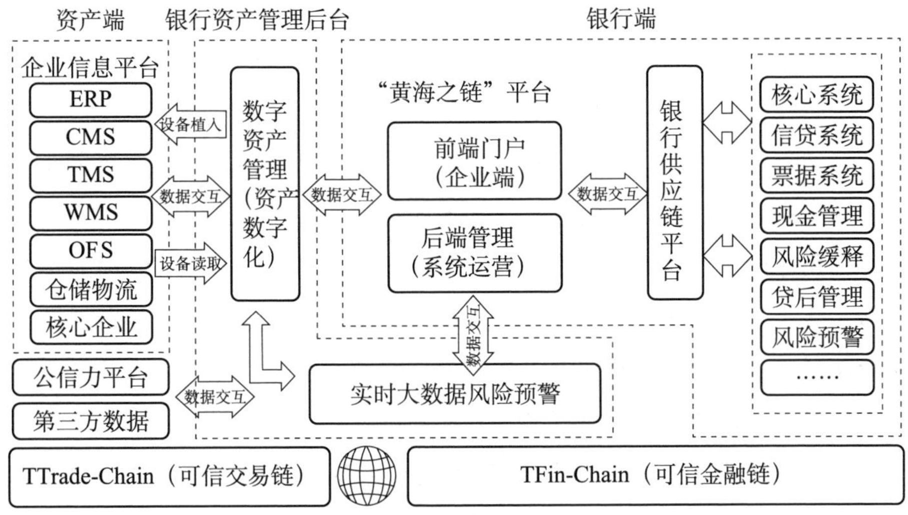

图6-10　"黄海之链"平台系统架构

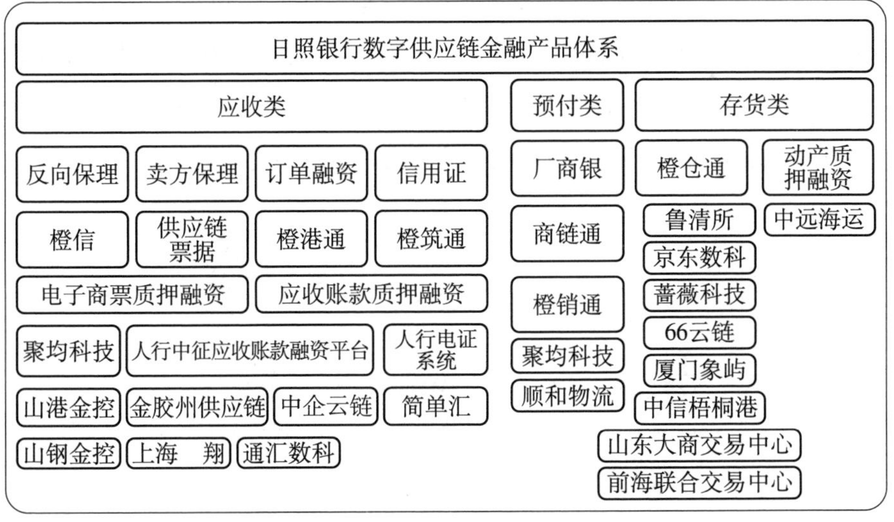

图6-11　日照银行供应链金融产品体系

2. 数字供应链金融创新

日照银行凭借其金融科技创新与实践，将电子仓单的"物的信用"、企业主体本身的"信用资质"以及交易过程中的"交易信用"三者深度融合，并将其嵌入供应链金融产品的设计和实施中，为产业链上下游的企业提供了涵盖支付结算、融资担保等全方位、多维度的综合金融服务解决方案。具体来说，该行充分利用区块链技术和物联网（IoT）技术，在实际操作层面与港口仓储系统深度联动，实时采集并整合货物存储状态、物流动态等关键节点数据信息，确保每一笔电子仓单都能够精准反映对应实物资产的情况。通过这种方式，日照银行不仅将传统意义上的港口/园区/数字仓库内的大宗商品转化为具有法律效力和金融价值的数字资产，还重构了大宗商品信用评估与管理体系，使原本静态的实物库存转变为高效流动的资金来源。按照截至最近的数据统计，日照银行在这一领域的货押融资规模已累计超过150亿元人民币，涉及铁矿石、焦炭、大豆、原油、橡胶、石油焦、玉米、木材等共18个重要大宗商品品种。

其中，"港云仓"项目作为日照银行与山东港口强强联手打造的标志性服务产品，实现了电子仓单系统与港口作业系统的无缝对接与数据实时共享，从而推动港口内货物全面实现数字化管理，监管过程可视化程度显著提升，业务流程透明度达到新的高度（见图6-12）。这一创新举措极大地加快了港口货物向标准化电子仓单转化的步伐，促进了仓单质押融资业务的现代化与金融化进程，为大宗商品市场注入了强大的金融活力与创新能力。

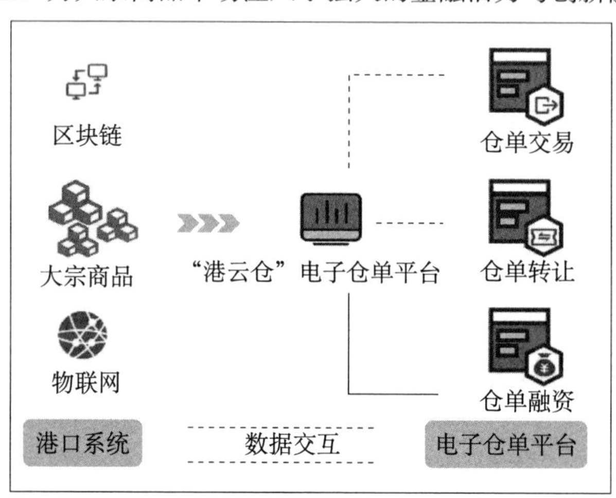

图6-12　"港云仓"电子仓单平台

在港口业务中，日照银行与中化集团旗下的“66 云链”合作，在原油罐区部署物联网技术设备，如液位计和压力传感器等，实时监测并记录货物温度、液位的细微变化。通过大数据算法精准测算货物的数量和质量，实现了对货值的动态管控，有效降低了市场价值波动带来的风险。该模式已在日照中海外能源、弘润石化、京博石化、鲁清石化等多个场景成功落地，并在此基础上累计投放了 15.1 亿元的液化品仓单融资。与此同时，日照银行还联手杭州高达金软公司共同推进钢材仓库的数字化转型。它们在日照地区的钢材仓库安装 AI 摄像头、电子围栏以及行吊、叉车上的物联网传感器等高科技设备，因此能够精确识别并实时定位库存钢材，确保每一笔电子仓单所载要素都能准确对应实物资产，实现精细化管理。

基于以上坚实的基础设施建设，日照银行开创性地提供了基于电子仓单的供应链金融服务（见图 6 - 13）。对于产业链上游企业，它创新实施应收账款融资服务：依托数字仓库及数字仓单系统，高效盘活核心企业的库存资源，结合反向保理、橙信（应收账款电子债权凭证）、供应链票据、电证福费廷等多种金融工具，通过橙仓通产品组合为上游供应商的应收账款赋予信用能力，满足其采购资金需求。自 2021 年以来，该行在应收账款融资领域的累计投放金额已达 616 亿元。

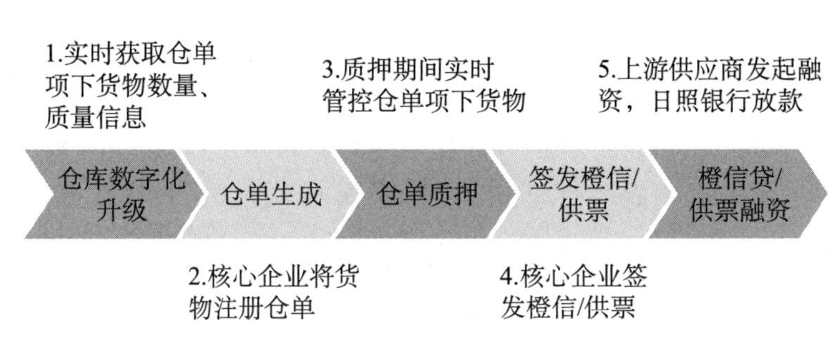

图 6 - 13　日照银行应收账款融资——引入物联网监管模式

对于下游客户，日照银行则推出了预付款融资服务，根据核心企业不同的责任承担形式（如发货、调剂销售、退款或担保等），灵活引入数字仓库及监管合作方，通过橙销通与橙仓通产品的联动，畅通下游销售环节的资金流动（见图 6 - 14）。自 2021 年 12 月“橙销通”产品上线以来，已累计投放预付款融资达19亿元，有力推动了整个供应链的稳定运行与发展。

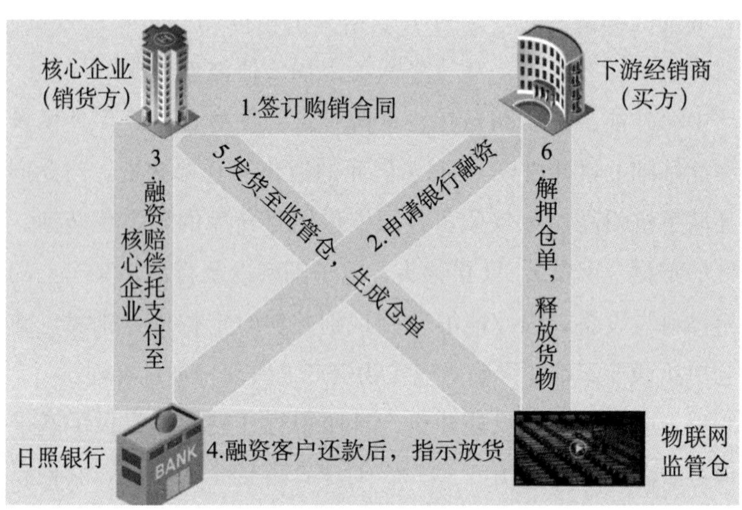

图6-14　日照银行“橙销通”——引入物联网监管模式

二、商业银行主导的协同供应链金融

企业在开展国际贸易时遇到的最大问题是对交易对方以及当地的法律法规等缺乏了解，因此在过去往往需要由交易双方分别寻找本国银行提供服务，让双方银行进行资金结算等一系列业务，双保理的产生也是由于同样的原因。而跨国供应链金融是银行通过自己在他国的分支机构或者良好的合作网络，以及对跨境供应链运营的把握，为国内进口商或出口商提供综合性的金融服务。从这个意义上说，银行已经不仅是流动性提供商，还为企业提供运营资金的咨询、帮助企业处理单证等，从提供显性资源（资金）变为提供知识、经验等在内的隐性资源。通过提供跨国供应链金融服务，银行逐步成为贸易企业的金融服务集成商。因此从事跨国供应链金融不仅要求银行在多国设有分支机构或者拥有合作方，还必须对多国的贸易流程、法律法规有多年的经验和深刻的理解，因此，能够提供跨国供应链金融的多是具有国际化背景的大型商业银行。

（一）浙商银行的跨境供应链金融

在国际贸易实践中，中小进出口企业长期受制于资金流动性难题。出口商由于海外账款周期长，大量应收账款无法及时回收，严重影响了企业的正常运营和生产扩张；而进口商则面临两方面的资金压力，即既要支付境外供应商款项，又要在产品分销过程中为下游提供信用支持。针对这一普遍痛点，浙商银行倾力构建“数智跨境”服务体系，大力推动国际业务的数字化改革，推出五大关键应用：自助跨境结算、大数据驱动的跨境融资、全生命周期汇率风险管理、智能跨境监测预警平台以及综合性的大跨境管理平台，以此打造具有显著差异化的“数智跨境”金融服务品牌。

在数字金融的具体运用上，浙商银行以“制度流程化、流程系统化”的理念强化对供应链全链条的精细化管理。事前阶段，借助内外部多元化业务数据资源，通过深度数据分析及客户风险画像构建，实现精准的大数据服务方案设计；事中环节，通过各系统的无缝对接与信息交叉验证，简化操作流程，大幅度提升业务处理效率；事后阶段，则利用大数据技术进行实时监测与回溯分析，强化风险控制力度。

作为首批试点机构之一，浙商银行在“数智跨境”服务体系下不断创新并深化跨境金融服务平台的应用实践。例如，在出口应收账款融资场景中，浙商银行加强科技研发与平台对接能力，实现出口应收账款贸易背景下的在线自动核查，企业无须提交纸质文件，仅需上传电子发票与出口报关单等资料即可申请融资。同时，浙商银行积极投身于国家外汇管理局与中国出口信用保险公司联合推广的跨境金融服务平台出口信保保单融资场景应用，率先实现系统直联，确保出口信用保险信息的在线核实，极大地提升了业务办理速度，切实便利了投保企业的融资。截至2022年底，浙商银行已累计在线核查逾万笔出口信用保险业务，放款金额达到数亿美元，其中通过直联模式完成的出口信保保单融资近两千笔。

此外，浙商银行的20家分行积极参与跨境金融服务平台银企融资对接应用场景试点工作，结合大数据授信手段，拓宽中小企业融资渠道。据统计，浙商银行浙江省内分行在2022年共为617家外贸出口企业提供高达15.12亿美元的出口应收账款融资以及3.05亿美元的出口信保融资，两项业务规模均位居同业第一。

浙商银行持续探索以涌金出口池为核心的“池化”及“链式”融资应用场景，并且创新运用大数据授信模式，为企业提供本外币一体化、内外贸融合的流动资金支持。具体体现在两个重要方面：首先，通过创新性的大数据授信模式解决外贸企业“融资难”问题。针对抵质押担保条件严苛的问题，浙商银行推出了基于企业出口退税数据的“出口银税贷”、依据跨境金融服务平台历史收汇数据的“出口数据贷”等产品，让企业能便捷地在线发起融资申请。其次，通过优化外贸供应链融资模式提高融资效率。浙商银行充分利用出口池、跨境资产池、“出口池链通”及“进口池融通”等一揽子融资功能，使得从提交材料到融资到账的过程最快只需几分钟，极大提升了客户的体验感和服务满意度。

（二）浙商银行“善融出口池”

“善融出口池”原为“涌金出口池”，是浙商银行池化融资业务的重要组成部分，通过全新的出口应收账款入池质押融资业务模式，能够有效解决出口企业办理出口贸易融资时普遍面临的“一一对应难、融资成本高、操作效率低”等难点问题，满足客户灵活的出池融资需求，打破内外贸隔离的障碍，有利于企业随时融资，减少利息支出，提高财务收益，增强流动性，提高业务处理和操作效率。善融出口池自推出以来，历经迭代更新，功能不断优化，外延持续丰富，现已推出4.0版。

1. 善融出口池的特点

第一，互联网＋操作便捷性。善融出口池运用了“互联网＋”技术，实现了在线申请、审批和放款等流程，极大地提高了业务处理效率。这一特点也就是浙商银行提出的“四极体验”，即极简入池、极速融资、极快入账、极广运用。其中，极简入池是指运用跨境金融区块链平台功能，在线核验报关单后即可办理入池，操作大大简化。极速融资是指客户办理直通车模式自助融资时，只需通过网银发起，无须传递纸质资料，融资快速完成。极快入账是指客户出口收汇资金自动解付入账，池内应收账款联动出池，无须人工沟通及确认。极广运用是指根据客户场景，可与浙商银行票据池、应收款链平台、银租通、e 家银工资代发等特色业务灵活组合，为客户提供定制化服务。

第二，池化融资模式：打破了传统贸易融资中每笔应收账款对应一笔贷款的局限，允许企业将多笔分散的出口应收账款汇集到一个资金池中作为质押资产，实现灵活高效的融资安排。具体运作时，出口企业无须受限于每笔交易独立融资的传统框架，而是可以将全部或部分符合要求的应收账款无缝对接至涌金出口池。这样一来，池内的应收账款总额形成了一种可循环使用的动态担保资源，不仅极大地提升了资金使用效率，而且赋予了企业灵活调配和高效利用流动资金的能力。

第三，批量受理与滚动质押：企业可以批量提交出口应收账款信息，并支持已入池资产的到期还款后自动续作，即当企业在偿还前期融资款项之后，原作为质押物的出口应收账款在完成收款并清偿债务后，释放出的额度可以立即循环利用，再次投入新的融资需求中。这种滚动质押的设计理念不仅确保了资金使用的连贯性和流动性，还为企业提供了持续不断的金融支撑，有效缓解了因应收账款账期较长而造成的现金流压力。

第四，期限灵活与差异定价：在融资期限设置上，善融出口池充分考虑了应收账款的实际账期与企业的现金流需求，摒弃了“一刀切”的传统模式，转而提供更加灵活多样的期限选择方案。无论是短期流动性支持，还是中长期的资金规划安排都能得到满足，以适应不同企业在国际市场环境中的多元化经营策略。而在定价方面，基于每笔应收账款的具体情况，如债务人的信用状况、交易历史记录以及市场风险等因素，浙商银行会科学合理地确定不同的融资成本。这意味着信用级别较高、风险较低的应收账款可以获得更优惠的利率，反之亦然。这种精细化的差异定价体系不仅体现了公平公正的市场原则，也鼓励企业提高自身的贸易信用水平，从而实现双赢。

第五，内外兼容：不仅适用于人民币计价的出口应收账款，也适用于外币计价的外贸业务，为企业提供本外币一体化的融资解决方案。在实际操作中，无论企业的出口贸易采用的是何种货币进行结算，无论是美元、欧元、日元等主流国际货币，还是其他地区性的交易货币，善融出口池都能够灵活处理和转化这些外币资产，将其纳入资金池质押体系，从而帮助企业有效规避汇率风险，并拓宽跨境融资渠道。通过这种内外兼容的服务模式，浙商银行切实解决了企业在多币种贸易环境中面临的融资难题，不仅有助于降低企业的财务成本和管理复杂度，更进一步提升了企业的全球竞争力。

2. 善融出口池的运作模式

善融出口池业务运营机制涵盖了出口应收账款融资和基于信保项的出口应收账款融资两种主要模式。无论是采取哪种融资方式，客户均需通过企业网上银行平台进行线上发起质押申请流程，或者选择提交纸质版的出口池质押申请表单，并根据不同的结算方式向浙商银行提供相应的出口单据材料：(1) 赊销（O/A）结算方式项下：出口商业发票；出口报关信息查询记录。(2) 信用证/托收结算方式项下：出口信用证或托收要求的全套出口单据。(3) 出口加工贸易项下：加工贸易合同；商业发票；出口应收账款申请入池清单。(4) 对外工程承包项下：出口商业单据［如商业合同（服务协议）、发票、运输单据、报关单等］等证明贸易背景或服务背景真实性的商业单据；已投保出口特定合同保险（简称“出口特险”）的有关凭证；赔款转让协议（非买断）或应收账款转让协议（买断）。(5) 投保出口信用保险，还需提供《赔款转让协议》《保单》《短期出口信用保险信用限额审批单》《短期出口信用保险承保通知书》等。(6) 针对不同业务场景和风控要求，浙商银行可能还会要求客户提供其他必要的补充资料，以确保整个交易过程的合规性和风险可控性。

出口应收账款融资的运作流程如下（见图6-15）：首先，出口商将其持有的各类应收账款（包括但不限于信用证项下、托收项下、赊销项下的应收账款）加入善融出口池。其次，银行对入池的应收账款进行审核并给予一定的质押率，据此向企业提供相应的融资额度。再次，企业可以根据需要随时从出口池中提取资金，用于生产经营或其他用途，同时按照约定归还本金和支付利息。最后，应收账款到期收款后，款项自动归还至出口池内，释放相应额度，供企业循环使用。

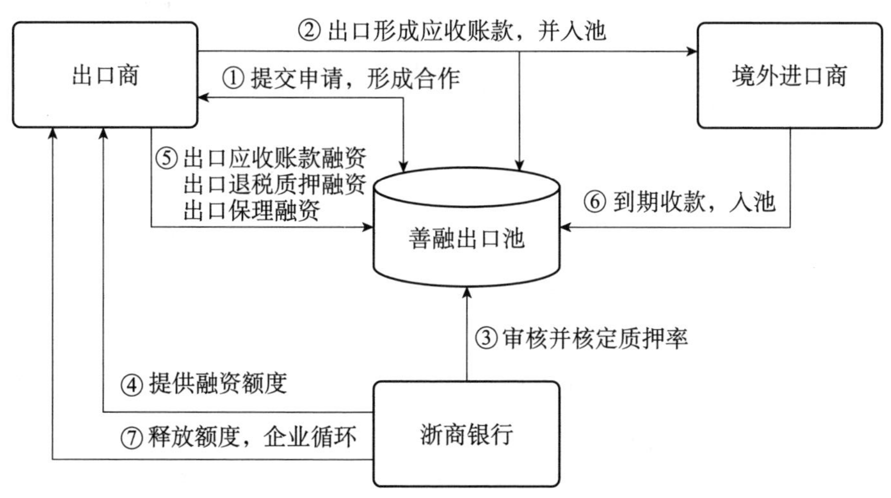

图6－15　浙商银行出口应收账款融资

信保项下的出口应收账款融资流程如下（见图6－16）：第一，出口商签订出口贸易合同后，出运货物并向中国出口信用保险公司（以下简称"信保公司"）投保，信保公司核定进口商额度并承保；第二，出口商与浙商银行、信保公司共同签署《赔款转让协议》；第三，出口商向浙商银行提交入池资料（含信保项下资料），申请入池质押；第四，浙商银行审核同意后，为出口商生成池项下可融资额度；第五，出口企业可在池可融资额度内，通过网银或柜面发起提款申请，经浙商银行审核后完成放款手续；第六，出口企业应收账款到期，收汇至浙商银行资产池项下保证金账户；第七，融资到期，出口企业归还池项下融资；第八，若出现承保责任范围内的违约，浙商银行向信保公司提出索赔申请。信保公司审核后，按赔偿流程将赔偿款支付到浙商银行账户。

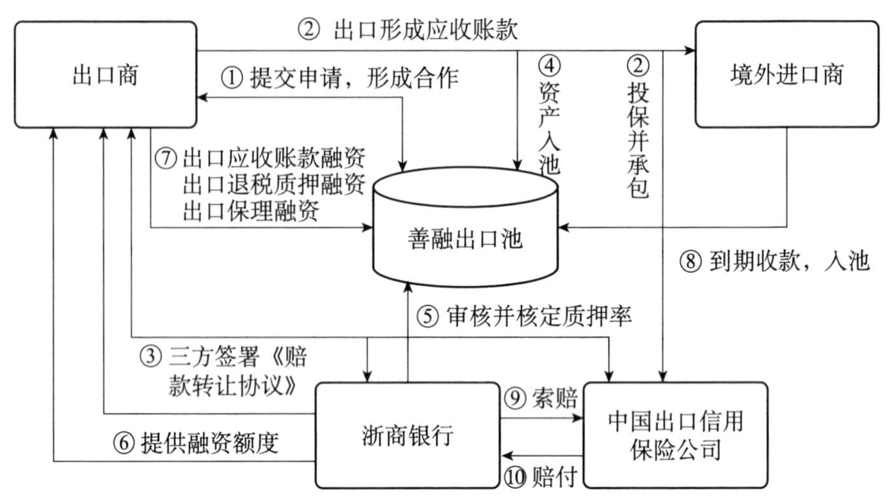

图 6-16　浙商银行信保项下出口应收账款融资

3. 善融出口池风险管理

浙商银行善融出口池服务在风险管理方面采用了严谨而先进的策略，确保为客户提供安全高效的融资环境：

首先，在贸易背景真实性审查环节，该行与海关、税务等相关系统的实时数据对接机制，能够对入池的每一笔应收账款所对应的出口贸易的真实性进行精准核实，从而有效保障资产质量。这种严格的审核体系有助于防范虚假贸易和欺诈风险，确保只有合法合规且具备真实贸易背景的应收账款才能成为质押资产。

其次，善融出口池实施了动态监控与调整策略，银行通过运用先进的信息技术手段，持续跟踪管理池内的每一笔应收账款，密切关注债务人的信用状况变动以及市场风险因素的影响。在此基础上，适时调整每笔资产的质押率和整体融资额度，以应对潜在的信用风险及市场波动带来的不确定性。

再次，善融出口池运作模式本身具有良好的风险分散特性。由于企业可将多笔出口应收账款汇集到同一资金池内作为共同的质押资产，单笔应收账款可能遭遇的违约风险被有效地在池内其他优质资产间分散开来，显著降低了单一交易对手违约对整个融资结构稳定性的影响，增强了整体抗风险能力。

最后，在特定情况下，为了进一步增强融资安全保障，浙商银行还可能要求企业提供额外的担保或保险措施，如出口信用保险等。此类增信措施不仅能够提高融资项目的安全边际，也为企业提供了更为全面的风险屏障，确保在国际经济形势复杂多变的背景下，企业仍能获得稳健的融资支持，并保持健康的经营发展态势。

（三）浙商银行“出口池链通”

“出口池链通”模式帮助大中型出口企业利用自身在银行的授信资源，在不增加其负债的情况下解决上游供应商的融资问题，构建更具竞争力的供应链生态圈，并可获得相应的财务收益。

1. 出口池链通的特点

该模式的核心运作机制如下：首先，出口企业将自身持有的多笔合法有效的出口应收账款集中整合，通过质押入池的方式形成一个可动态管理的资金池，并基于此池内资产的质量和信用等级，由浙商银行核定出一个相应的可融资额度。这一过程不仅显著提升了企业资金周转效率，还为企业拓宽了融资渠道。其次，在此基础上，出口企业得以利用其在出口池链通项下获得的授信额度，签发基于区块链技术的应收款凭证，这些凭证具有高度透明性、不可篡改性和高效的流转特性。上游供应商可以接收并保兑这些区块链应收款，从而获取急需的流动资金支持。值得注意的是，这种模式赋予了出口企业额外的收入来源，即通过对上游供应商收取保兑服务费用，或者选择投资自身的区块链应收款以实现财务收益最大化。与此同时，出口池链通授信模式特指浙商银行根据出口企业的信用状况和经营能力，向其授予一项专门的一般授信额度。该额度专款专用，旨在支持企业在办理出口应收账款入池质押业务后，进一步向上游供应商签发应收款凭证并申请浙商银行对其区块链应收款进行保兑，以及开展各类对客外汇衍生交易等进行风险管理，从而帮助出口企业强化资金流动性管理，有效抵御汇率风险，同时促进整个产业链条的协同与共赢。

2. 出口池链通的运营模式

出口池链通业务流程经过精心设计，旨在通过数字化和智能化的方式优化出口企业的供应链金融操作。具体步骤如下（见图6-17）：

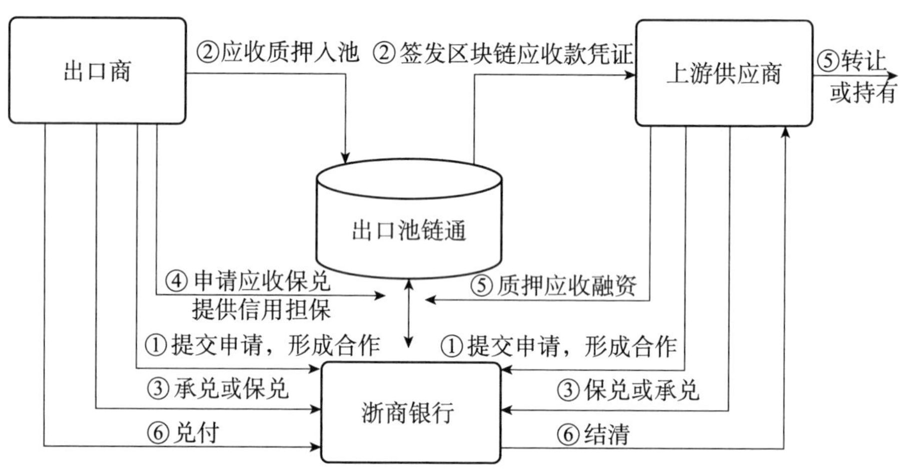

图6-17　浙商银行出口池链通

第一，授信额度申请与协议签署：符合条件的出口企业首先需在浙商银行正式申请并获批一般授信额度。为了参与出口池链通业务，出口企业须与银行签订关于出口池服务以及应收款链平台使用的相关协议。同时，上游供应商也需要签署相应的应收款链平台使用协议，以便参与到整个融资链条中。

第二，应收账款入池及签发应收款：获批授信额度后，出口企业将其合法有效的应收账款质押给银行，并将这些资产纳入出口池内，以生成可融资额度。在此基础上，出口企业可在核准的融资限额内，向其上游供应商签发基于区块链技术的应收款凭证。

第三，双层保兑机制：接着，上游供应商对收到的应收款进行承兑，而此应收款可由出口企业提供进一步保兑，或者根据具体情况，先由出口企业承兑后再交由上游供应商予以确认和保兑。这一双重保障机制确保了应收款的安全性和信用度。

第四，银行对应收款进行保兑：出口企业向浙商银行提出申请，要求对应收账款进行保兑，银行在审核无误后为该应收款提供信用担保，使得上游供应商能够凭借银行保兑的应收款进行融资或其他金融活动。

第五，上游供应商处理保兑应收款：得到银行保兑的应收款后，上游供应商具有多种选择权。它们可以将这部分应收款作为质押物获取银行贷款，也可以选择转让给其他第三方，或用于支付自身运营所需的资金流，当然也可选择持有至到期日。

第六，应收款到期结算：最终，在约定的到期日，出口企业按照应收款的内容履行偿付义务，完成兑付。银行作为保兑方监督整个过程，确保各方权益得到保护，并结清相关债权债务关系。

总之，出口池链通业务流程利用金融科技手段，不仅增强了出口企业的融资能力，还促进了供应链上下游之间的协同合作，实现了资金流动性的高效配置与风险的有效分散。

3. 出口池链通风险管理

出口池链通授信模式的客户准入条件在确保业务稳健与风险可控的基础上，仅针对已成功参与国家外汇管理局跨境业务区块链服务平台项目试点区域内的优质出口企业。具体而言，申请该模式的企业需满足以下严格的筛选标准：

第一，主营业务资质及出口业绩要求。企业须拥有稳固的核心业务基础，主营业务连续多年表现稳定，并且上一年度通过海关审核的实际出口额必须达到至少3 000万美元的标准。此外，企业在近三年内整体出口状况需保持稳健，其中至少有两年相较于前一年实现了正向增长；或者，在净利润指标方面，企业近三年净利润呈现稳定态势，且至少有两年相较上一年取得了积极的增长。

第二，信用评级门槛。为保障银行信贷安全，申请企业须在浙商银行内部获得不低于AA6级别的信用评级，体现出其良好的偿债能力和商业信誉。

第三，信用记录和监管合规性。企业在金融市场的信用记录应无瑕疵，既往履约情况无可挑剔，中国人民银行征信系统中的记录正常，表明其一贯遵守各类金融法规与合约义务。同时，企业需在国家外汇管理局货物贸易收支分类管理中被评定为A类企业，意味着其在国际贸易结算方面的行为规范、操作合规，且未被列入中国人民银行关于出口贸易人民币结算的重点监管名单之中。

第四，供应链稳定性与合作意愿。申请企业需要拥有一条结构稳定且合作关系长久的上下游供应链，与供应链上的上游供应商及下游买家均保持不少于一年的良好合作关系，交易商品种类相对固定，以显示其经营的连续性和市场竞争力。更为重要的是，企业需表现出强烈的意愿和实际需求去扶持和发展其上游供应链合作伙伴，共同促进整个产业链条的健康与协同发展。

（四）浙商银行“进口池融通”

“进口池融通”是浙商银行为进口企业推出的一种创新融资模式。该模式允许进口企业将在内销中形成的资产入池质押，生成资产池可融资额度，并以此办理各类进口贸易融资。这为企业提供了一种新的、灵活的融资方式，有助于解决进口贸易中的资金问题。

1. 进口池融通的特点

浙商银行的进口池融通具有如下特点：

第一是灵活性。进口池融通的灵活性体现在其为企业提供的个性化融资解决方案上。浙商银行深入理解企业的实际需求和运营状况，能够根据企业的资产状况、贸易背景、现金流状况等因素，为企业定制最合适的融资方案。企业可以根据自身的实际情况，灵活调整融资额度和融资方式，无论是短期融资还是长期融资，都能得到满足。这种灵活性不仅降低了企业的融资门槛，也为企业提供了更广阔的融资空间。

第二是高效性。进口池融通的高效性体现在其简化了传统的融资流程上。通过资产池质押的方式，企业可以将多笔应收账款、存货等流动资产集合起来，形成一个统一的资产池，并以此作为质押物向银行申请融资。这种方式不仅缩短了烦琐的单笔融资申请流程，还减少了银行的审批成本和审批时间，从而大大提高了融资效率。企业可以在更短的时间内获得所需的资金，更好地支持其运营和发展。

第三是降低成本。进口池融通通过资产池质押生成的融资额度，有助于降低企业的融资成本。首先，通过将多笔资产集合起来形成资产池，企业可以获得更大的融资额度，从而降低了单笔融资的成本。其次，由于资产池质押的方式降低了银行的风险，银行可能会为企业提供更为优惠的利率，进一步降低企业的融资成本。最后，通过优化融资流程和提高融资效率，企业可以减少不必要的费用和时间成本，实现成本的降低。

综上所述，浙商银行进口池融通的灵活性、高效性和降低成本的特点，使其在进口贸易融资领域具有显著的优势。这种创新的融资模式不仅满足了企业的多样化融资需求，还提高了融资效率和降低了融资成本，为企业的发展提供了强有力的支持。

2. 进口池融通的运营模式

浙商银行的进口池融通的运营模式分为普适性模式和场景化模式。普适性模式是进口池融通的一种基本形式，适用于广泛的进口企业融资场景。场景化模式是进口池融通的另一种形式，它根据具体的贸易背景和业务场景来设计融资方案。

在普适性模式下，进口企业将银行承兑汇票、国内信用证等内销时收到的资产纳入资产池。这些资产经过评估后，生成可融资额度。企业可以凭借这个可融资额度向浙商银行申请办理各类进口贸易融资、海关电子汇总征税保函、对客外汇衍生交易等业务。普适性模式的特点是灵活性和通用性，能够适应不同企业的融资需求（见图 6－18）。

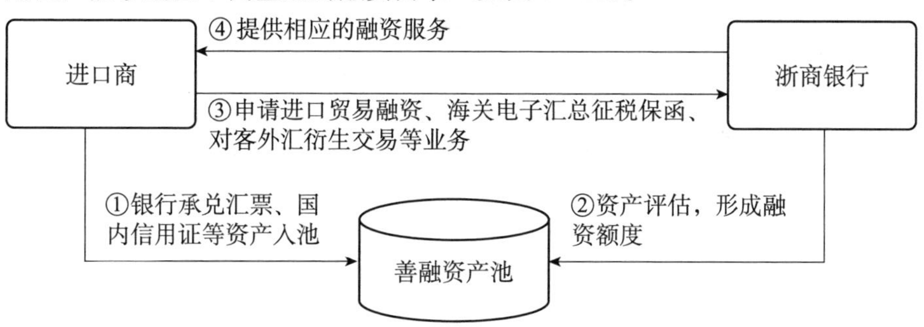

图 6－18　浙商银行进口池融通普适性模式

场景化模式的特点是针对性和定制性，它根据具体的贸易背景和业务场景来设计融资方案，能够更好地满足企业的实际需求。同时，通过订单通应收款的保兑和质押，场景化模式也增加了融资的安全性和可靠性。以“订单通＋进口贸易融资”为例（见图 6－19），场景化模式的工作流程如下：首先，境内下游客户签发、承兑订单通应收款。这通常发生在进口企业与下游客户签订销售合同后，下游客户通过签发、承兑订单通应收款来表示其对未来货物交付的承诺。其次，境内下游客户（或进口企业）向浙商银行申请对订单通应收款进行保兑。这一步骤是为了确保订单通应收款的安全性和可靠性，以便后续融资操作的顺利进行。再次，进口企业将订单通应收款入池质押，生成可融资额度。这意味着进口企业将其订单通应收款作为质押物，交给浙商银行进行管理和评估，从而获得相应的融资额度。最后，进口企业在可融资额度内办理各类进口贸易融资、电子汇总征税保函、对客外汇衍生交易等业务。在这一步骤中，进口企业可以根据其实际需求和业务情况，利用获得的融资额度来办理相应的进口贸易融资业务。

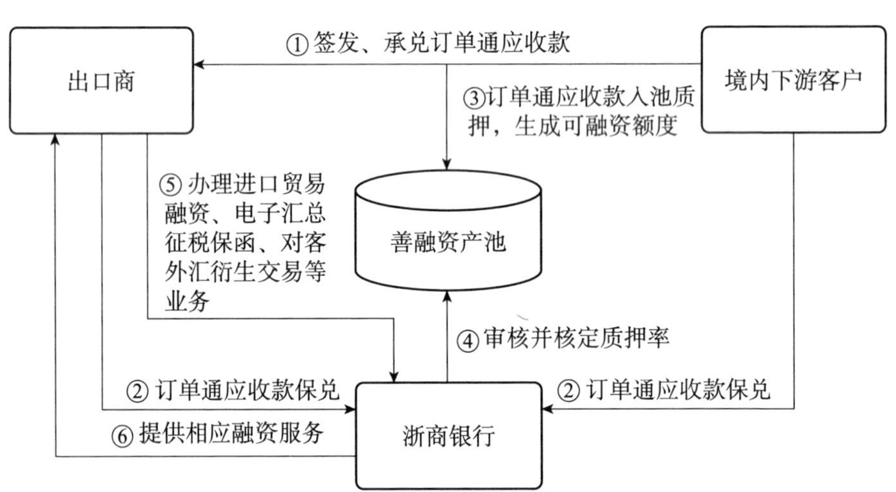

图 6－19　浙商银行进口池融通场景模式

3. 浙商银行进口池融通风险管理

在浙商银行进口池融通的业务模式中，风险管理是至关重要的环节。

有效的风险管理不仅能够确保资金安全，还能为企业提供更加稳健的融资服务。为此，浙商银行在进口池融通业务中实施了全方位的风险管理措施。

首先，信用风险管理。信用风险是银行业务中面临的核心风险之一。为了降低这一风险，浙商银行在为企业提供进口池融通服务之前，会进行全面的信用评估。这不仅包括对企业的财务状况、经营历史、市场前景等进行深入的分析，还会考虑企业主的个人信用记录。通过这些评估，银行能够更准确地判断企业的还款能力和意愿，从而筛选出信用良好的企业进行合作。此外，通过资产池质押的方式，浙商银行也进一步降低了信用风险。企业将其内销过程中形成的资产入池质押，为银行提供了额外的保障。一旦企业出现违约情况，银行有权处置这些质押资产，从而减少损失。这种方式不仅增加了企业的违约成本，还使得银行在风险控制上更加主动。

其次，市场风险管理。市场风险是指因市场利率、汇率等因素变动而可能给银行带来的损失。为了应对这一风险，浙商银行在进口池融通业务中密切关注市场动态。银行会定期分析市场利率、汇率等关键因素的变化趋势，并根据这些趋势及时调整融资政策和利率水平。这样，即使市场出现不利变动，银行也能够迅速作出反应，降低潜在损失。

最后，操作风险管理。操作风险是指因内部操作失误、系统故障等原因而可能给银行带来的损失。为了降低这一风险，浙商银行在进口池融通业务中建立了完善的内部控制制度和操作流程。这些制度和流程不仅确保了业务的合规性和安全性，还通过明确的职责分工和审批机制，减少了操作失误的可能性。同时，浙商银行还加强了对企业员工的培训和管理。通过定期的培训和严格的管理，确保员工在工作中遵循规章制度，避免违规操作。

三、商业银行主导的整合供应链金融

整合供应链金融是在跨国供应链金融的基础上进一步打通多数据库后提供的整合化服务，由于在整个贸易过程当中，参与方不仅包括买方双方，还包括物流商、贸易企业、海关等，如果银行能够进一步获取企业内部交易数据、物流商的运输仓储数据以及帮助在海关进行通关商检，则标志着银行真正实现了端到端贸易全过程的控制，帮助企业整合了资金流、物流和商流，同时可以良好控制自身风险。在整合供应链金融的模式下，银行已经完全蜕变为从企业视角出发为企业创造商业价值的合作伙伴，是商业模式的根本变革。这一类型已经突破了目前商业银行对供应链金融的理解，而与之前章节中所探讨的供应链金融概念比较契合。整合供应链金融要求企业具备国际化能力、多业务整合能力、数据整合能力，因而是目前所有国际性大银行都在努力的方向。

（一）网商银行大雁系统

网商银行是银监会批准成立的中国首批民营银行之一，也是第一家将核心系统架构在金融云上、没有线下网点、通过互联网为用户服务的科技银行。以普惠金融为使命的网商银行，立足于服务小微企业，尝试利用互联网技术、数据和渠道创新，探索一种新的运营方式，以满足小微企业、个体户、经营性农户等小微群体的金融需求，其使命和愿景是“无微不至”。网商银行在行业内首创无接触310信贷模式（即3分钟申贷、1秒钟放款、全程0人工干预），发挥了互联网和数据的技术优势，专注为更多小微企业和个人经营者提供金融服务。

2018年，网商银行成立三周年，已服务小微企业1 000万家，达成设立时的目标。但是时任副行长金晓龙在带队调研客户、品牌商和行业后发现，处于供应链末端毛细血管位置的中小企业长期存在融资难、融资贵、手续烦琐等问题，而且不同行业存在不同特点，传统金融机构提供的融资服务不能完全契合行业发展特点。此时，在新零售数字化浪潮的推动下，品牌商积极布局数字化转型战略，整个市场环境数字化程度不断提升。基于此，网商银行希望通过数字化供应链金融服务赋能核心品牌企业的上下游供应链，将金融服务嵌入供应链的各个需求场景，真正帮助到供应链中的小微企业，最终达成精准服务实体经济的目标。

经过三年时间的沉淀，网商银行根据供应链中的交易场景逐渐形成了合同贷、采购贷、加盟商贷、发薪贷、网商贴、票据付、云资金和回款宝等一套综合数字金融解决方案，即“大雁系统”，满足了不同行业、不同阶段的上下游供应链末端小微企业的金融需求。通过多年的实践，大雁系统已接入 500 多个合作品牌，从快消行业开始，慢慢覆盖到 18 个行业；上下游供应链客户的贷款可得率大大提升，达到了 80%，无需核心企业的担保；使用过贷款服务的经销商，其采购额平均增长了 20%，改善了品牌供应链“毛细血管”的金融供血状况，真正实现了金融助力商业发展。2021 年网商银行年报显示：约 70%的小微用户平均贷款时长在三个月以内，超过 70%的单笔贷款利息支出不高于 100 元，普惠小微贷款整体利率连续 4 年下降。

具体而言，大雁系统主要针对如下痛点：

1. 市场环境快速变化，针对供应链上下游小微主体的融资服务跟不上

随着数字化商业的发展，商业社会发生了巨大变化：一是全经营链路的数字化，从消费、零售、品牌经销到供应链，从组织数字化、交易数字化到营销数字化，全方位数字化在加快发展；二是品牌在整个链路当中起的作用越来越大，品牌在整个商家、经营业务和经济生产活动中的作用和掌控力越来越大；三是渠道下沉，仅局限在线上或者线下渠道，品牌很快会遇到发展瓶颈，需要渠道下沉，以开拓更大的市场；四是消费个性化和新兴人群需求催生了小单快反模式，需要敏捷供应链与之相匹配。

品牌的发展离不开一张完整的经销网络，更离不开供应链上的这些小微企业，供应链强则销量强、品牌强。核心品牌企业为了支持经销商的发展，通过担保方式给予经销商金融支持，但是存在头部效应显著的问题，只能服务销售额达到一定规模的大经销商，处于供应链上下游末端的小微经营者，由于数量众多、行业繁杂，往往难以获得资金支持。

2. 品牌企业供应链中不同主体、场景面临的融资困境不同

仔细分析品牌商供应链上下游各小微主体，可以看出，从供应商、经销商到终端零售商，在不同场景下都苦于融资难、融资贵问题，发展受到资金的制约，品牌企业的发展也受到阻碍。

(1) 采购订货场景。经销商上有品牌商，下有批发商或终端零售商，处于中间弱势地位。在实际业务中，经销商向品牌商采购订货时需预付货

款，品牌商基于订单排期生产发货。在向下游零售商铺货时，通常来说，体量较大的零售商与经销商还存在结算账期。因此，经销商只能垫款进货。遇到销售旺季，除了垫款进货，还要承担库存周转、人工成本和市场营销等费用，因此，经销商受两头挤压，资金压力倍增。不仅如此，实际上一家经销商代理数个品牌。比如在快消行业，经销商很可能同时代理两个或数个品牌，既卖粮油米面，又做零食饮品批零，这样的经销商对资金的需求更为迫切。而经销商的资金实力越强，对品牌的市场拓展的支撑相应也越强，其本身业务发展的可持续性和健康度也越高。由于技术手段匮乏，信用体系不健全，传统银行无法获得这些小微经营者的风险信息，品牌商在做市场拓展时，也无法满足其供应链各个环节参与方的融资需求，导致商业规模增速有限，成本还很高。而传统供应链金融一方面主要依赖核心品牌企业的信用，因此只能满足经销商在单一链条上的金融需求，另一方面尽调时间过长、流程复杂、覆盖度有限和授信方案调整慢，无法快速满足此时的经销商资金需求，效率相对低下。

（2）经营性设备赊销场景。传统的赊销场景涉及品牌商/厂商/经销商、终端商家、传统金融机构三类群体。针对大额经营性设备（100万元以上），融资租赁公司或银行已经提供了完善的解决方案。但是针对100万元以下的设备，根据网商银行调研，市场规模达万亿元但是传统金融机构进入的少。原因在于：第一，风控成本高，传统金融机构需要花费上千元的人力成本进行上门尽调，以及1～3周时间收集材料；第二，要求品牌商/厂商/经销商额外担保，但是融资租赁担保在财务报表上意味着资产不确定性，企业未来上市也会面临巨大压力，所以设备厂商或者品牌商一般不愿意担保，特别是医疗器械、餐饮设备品牌商；第三，产品还款周期短，银行提供的融资租赁金融产品一般是一年以内，而小微企业的生意在3～5年回本，希望在中长期还款。小微商家希望通过传统金融渠道购买设备、扩大经营的小目标常常化为泡影。

经销商在这个环节的上下游资金周转压力也很大。以单价几十万元的工程机械设备为例，购买的小微经营者希望分2～3年回款，但是经销商需要一次性拿到货款才能向上游采购，上下游存在较大的资金水位差。即使经销商愿意给熟悉的老客户做赊销，相信它们讲信用并按期回款，但是账期长，每到年关，经销商的催收成本也非常高。伴随经济环境的波动，经销商的回款压力更大。对于新客户，经销商一般不愿意赊销，其销售规模会受到一定限制。

(3) 产业支付结算场景。这里主要指品牌分销渠道、加盟渠道、批零市场中的资金结算问题。品牌分销渠道由于纵深长、覆盖面广、涉及主体多，其资金管理存在诸多痛点：第一，一些品牌商中间环节多，数字化基础设施还处于初级阶段，对终端消费者、产品、价格的把控较弱，不能准确了解终端销售情况，个别品牌商尝试采用会员管理、建立数字商城等方式了解终端信息，但是收效甚微。第二，一方面，随着分销渠道扩张，门店、经销商数量增加；另一方面，下游企业向上支付存在多种方式（现金、微信、支付宝、对私账户、对公账户），理清资金和账务、资金归集成为首要问题。第三，小微企业的数字化程度与核心企业还存在较大差距，传统银行还是以账户方式、B2C的逻辑服务核心企业，没有将上下游企业纳入服务系统中，品牌商、上下游小微企业、银行三者之间的商流、信息流、资金流还没有打通，出现了账单与订单分离、资金与业务分离、“资金-业务-客户”不同步等问题。对于品牌加盟渠道，从2019年开始，连锁加盟发展非常快。但随着加盟数量的增加，品牌总部对加盟店的资金管控越来越吃力，无法解决如采购支付、服务费收缴、门店装修分账等问题。受新冠疫情影响，加盟店单店生存率也大大降低。品牌总部困扰于如何通过资金的整体运营、管理，优化后端供应链、提高加盟店的生存率和盈利率。

对于小微企业自身，也存在资金管理难题。例如对于经销商，终端门店回款方式较杂（包括个人微信转账、银行卡转账、公对公转账、业务员当面收现金等），导致资金与货不能匹配，资金与账务不够清晰；对于零售商，每天都有营业收入，但是资金分布在各个通道（微信、支付宝、银行账户等），无法将这些资金统筹起来，让这些钱在增值的同时又能灵活使用。

(4) 保函/中标/合同场景。对于政府采购，网商银行分析了大量公共资源交易中心公布的交易合同后发现，从中标到签署合同中间往往需要半个月到30天的周期，大部分供应商企业将利用这段时间备货、购买材料或者设备，然而在这个阶段，几乎所有企业大概都有50%的资金缺口。而且政府采购的品类较为复杂，根据复杂程度可分为三大类，即货物类、工程类和服务类，如何管理这三类供应商的资金风险也是不小的挑战。核心企业的上游小微供应商从传统银行很难拿到灵活、快捷的资金支持。

（5）其他场景。品牌商供应链上还存在终端铺货收款、灵活用工、连锁加盟等场景。终端铺货场景的痛点在于下游零售门店账期长、压款多，催收难和对账难；灵活用工场景的痛点在于用工企业招人难、找钱难；连锁加盟场景的痛点则在于品牌加盟店成本比较高，前期投入大，加盟商拓店难、经营难。

（二）网商银行大雁系统的解决方案

网商银行开发出的大雁系统，作为数字化授信及资金管理利器，针对品牌企业供应链中各场景痛点开发了一系列数字金融产品（见图6-20），包括合同贷、采购贷、加盟商贷、发薪贷、网商贴、票据付、云资金和回款宝等，目的是满足各行业核心品牌上下游供应链中小微企业的供货回款、采购订货、铺货回款和发薪加盟等生产经营全链路的金融需求，将金融服务穿透到毛细血管中，使供应链从主动脉到毛细血管都恢复活力。

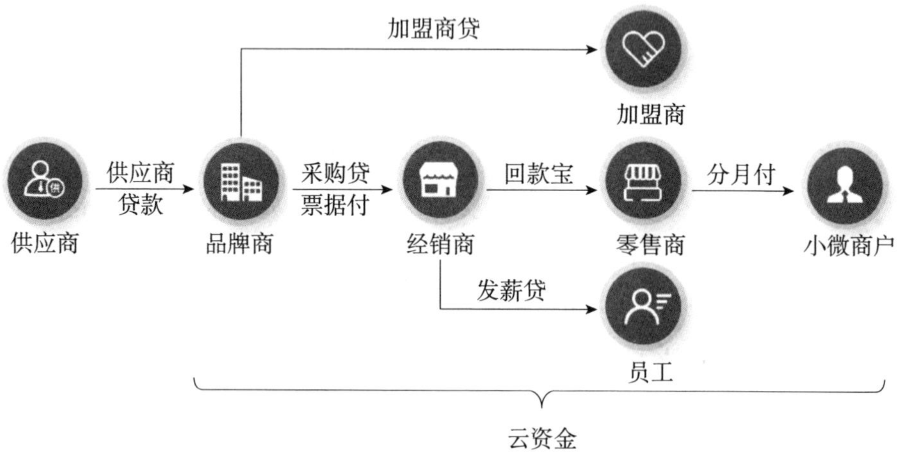

图6-20　大雁系统——数字化供应链金融产品矩阵

相较于过去的供应链金融服务，大雁系统基于数字风控优势和服务小微基因，将310服务理念首次引入供应链金融领域，以纯信用的方式服务核心品牌供应链和下沉末端经营者，改善供应链金融服务体验。并且，大雁系统继续发扬网商银行的优势，秉持无微不至服务小微企业的初心和理念，一是能“即贷即用”，以往银行的审批流程较长、尽调成本高、服务意愿低、审批通过率低，等银行审批完，小微企业可能已经错过了资金使用的最佳时机或者需要核心企业担保、固定资产抵押，小微企业主甚是无奈。二是灵活性，即“随借随用随还”，小微企业经营的都是小本买卖，贷款利息能省则省。三是可以结合地域、行业等差异精细化运营，满足灵活的融资需求。作为蚂蚁集团发起成立的互联网银行，网商银行最初服务的主要群体就是电商卖家，而它们的用款需求受电商平台的大促活动周期影响极大，大促前备货周转需要大量资金，因此网商银行沉淀了一套能够根据商户动态需求快速做出反应、为其提供临时提额和利率优惠等金融权益的风控能力，这套能力也充分应用在了数字供应链金融的服务中。四是开放合作，将携手品牌企业、科技服务商以及同业机构共同服务品牌供应链。

相较于网商银行既有的金融服务，大雁系统在以下三个方面做了改进：(1) 交易场景，供应链金融围绕交易场景而生，需要从交易当中去理解客户的生意模式和客户的经营特点；(2) 行业视角，供应链金融面对千差万别、多种多样的行业，每个行业的品类都有不同的特征，需要深入行业里面寻求更多的认知和理解；(3) 从微到小，大雁系统承载了网商银行“相伴成长”的使命，为小微商家提供相伴成长的金融信用。随着小微企业经营规模的扩大，其需要的资金越来越多，网商银行将逐步提高授信额度，实现从微到小服务的跨越。

1. 采购贷缓解经销商资金周转难题

针对供应链的采购订货场景，网商银行与品牌商合作开发了采购贷产品，为其旗下的经销商提供定制的纯信用订货/采购贷款，解决小微经营者进货难、周转慢、额度低等问题，为品牌商拓展供应链广度提供金融支持。不同于以往的订货模式，在采购贷中，经销商先申请采购贷资金进货，卖完货后再还款，有效扩大了进货规模（见图6-21）。

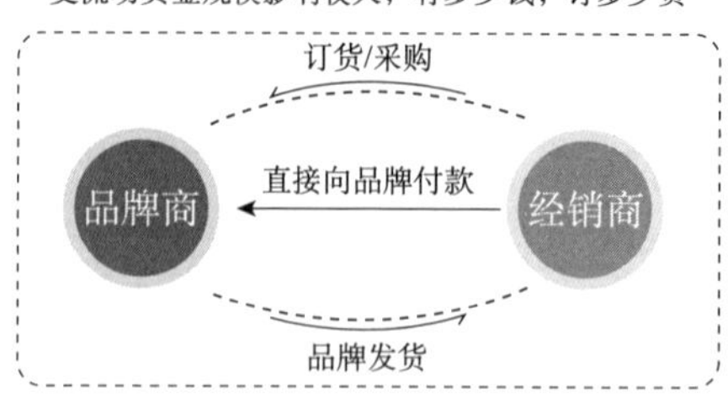

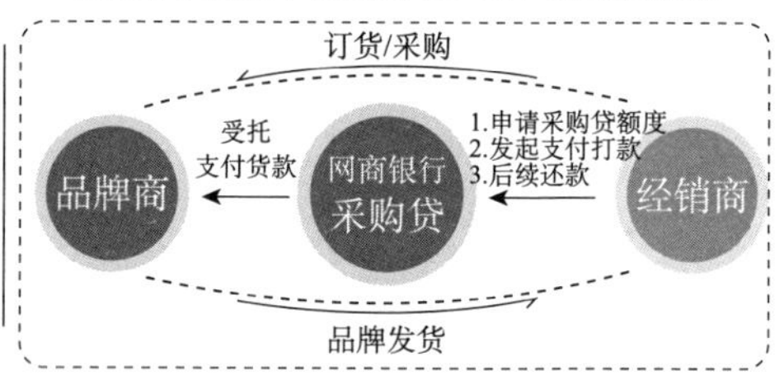

图6-21　大雁系统采购贷产品

相对于以往的供应链金融产品，采购贷有以下优势：（1）310模式，无需抵押和品牌商担保，无需人工尽调。（2）贷款可得率高，平均审批通过率达80%。（3）支持随借随还，按实际使用时间计息。（4）兼容性强，付款方身份支持个人和公司类型，即支持私对公、公对公打款。（5）数智化还原供应链网络，融资额度根据所在品牌供应链数量状态叠加。（6）使用方便，目前有三种使用方式：第一种是网商银行给每家品牌商提供一个专属二维码，经销商只要用支付宝扫码，输入金额，就可以直接将货款打到品牌商账号下，并附带资金和订单信息。对于要求经销商预付款（即先打钱再发货）的品牌商，可以通过品牌专属二维码提前收款，与网商银行合作的大部分企业都采用这种方式。第二种即通过支付宝搜索采购贷产品，点击借钱后，选择相应的供应商/品牌商，就可以直接付款。第三种，将采购贷产品嵌入品牌订购场景系统，可以更灵活便捷地完成采购付款。

普惠的背后都是大雁系统的核心技术支撑：首先是基于识别及验真技术[①]，为小微企业提供关键增信维度。其次是基于大规模图计算及数据处理技术识别企业关系，生成企业信贷数据大底盘。另外，网商银行通过图计

① 识别技术指通过光学字符识别技术OCR（Optical Character Recognition）、图像识别技术IRT（Image Recognition Technology），可识别客户授权提供的合同、发票、生物信息等。验真技术指基于企业输入的供应链关系及区块链公共可信数据库，通过多模可信数据刻画供应链各方信用，提升授信匹配度；借助隐私计算技术，以“可用不可见”的方式利用双方的数据结论，通过加密数据的计算就能够判断客户当前处于供应链的哪个节点。

算及数据处理技术，还原供应链贸易关系网络，从而预测信用风险，给用户提供增信、提额、定向支付以及反欺诈、反套现等风险防控策略。

同时，在运营过程中，网商银行与品牌商在贷前、贷中和贷后都保持充分、深入的互动与合作，控制风险的同时切实帮助小微经销商解决资金周转困难。在贷前，网商银行建立专属服务群，为经销商提供一对一服务。在贷中，网商银行的业务人员整理品牌、行业动态，不断优化风控模型，最终形成品牌档案和行业档案。此外，网商银行帮助打通品牌商与经销商之间的资金流与订单流，并与品牌商联合营销，帮助经销商获得补贴。在贷后，采购贷拥有一套完整的措施，实现风险管理、逾期管理和资金闭环。

2. 分月付助力小微企业轻松购买经营性设备

分月付在陌生的供应链赊销场景中，提供了一个买家分期支付、卖家能一次性提前收款的服务（见图 6－22）。整个结构分成两段：第一，小微商家购买经营性设备时，可以向网商银行申请分期付款，按月再把钱支付给网商银行，网商银行帮助它做整个的设备采购和管理；第二，经销商在销售这台设备之后，与小微商家之间建立了采购关系，构建了赊销场景，可以向网商银行申请提前收款，类似银行保理业务。

常规经营模式

销售压力大，资金周转紧张，催收压力大

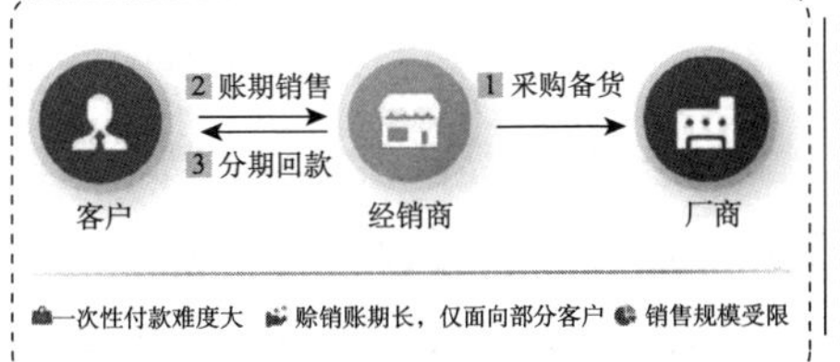

分月付模式

客户分期支付，经销商一次性回款，促进销售

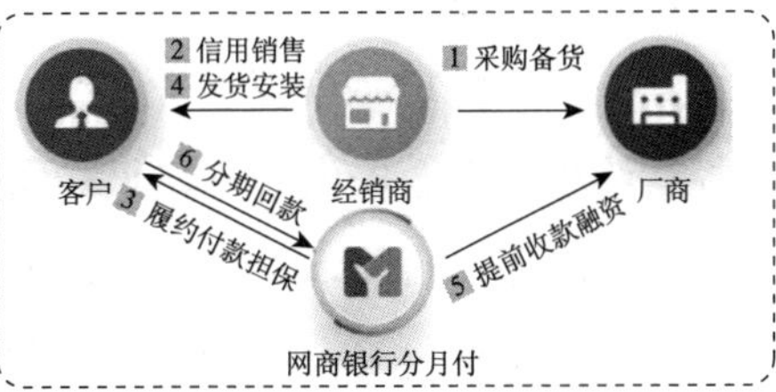

图 6－22　大雁系统分月付产品

分月付的产品特点为：（1）线上提供资料，线上实时授信效率高。（2）支持随借随还，能相对缓解小微企业的资金压力。（3）分月付的实质是担保交易，而不是贷款，最终资金通过网商银行定向支付给经销商/品牌商，不能挪作他用。（4）传统融资租赁或者贷款都是面向企业，分月付支持个体

工商户，在大数据风控逻辑下，授信通过率在70%以上。（5）灵活的两段结构，其好处在于：一是真实交易，所有的销售不是一笔现金贷，必须有确定的一笔采购或是一笔设备销售；二是明确双方的权利和义务，双方确立的分期付款合同明确了应收账款金额和时间。基于双方明确的关系、小微商家相对分散的信用，网商银行向经销商提供相对大额的提前收款额度。分月付客户额度普遍较低，刚好符合现在个体工商户和小微经营者购买中小型设备的需求。

分月付的价值在于：第一，帮助经销商覆盖更多的小微客户。通过分月付，经销商可以使用信用销售或者赊销方式将产品卖给更多原本负担不起的新客户。第二，对于小微经营者来讲，分期支付减轻了资金压力。目前，分月付已经应用于通信安防设备、商用办公设备租赁、停车场IOT设备等场景。

3. 供应商数字金融服务解决方案帮助供应商在线灵活回笼资金

供应商数字金融服务解决方案以供应商的资金需求为核心，应用于核心企业或政府采购的上游场景，为招采供应商提供全采购周期的一揽子金融服务方案。目前，大雁系统支持央、国企和政府上游采购供应链场景，未来随着经验的不断积累，将陆续放开到优质民营企业、上市企业场景中。目前，供应商数字金融服务包括供货贷、中标贷、合同贷、投标保函和履约保函五种产品。

其中，供货贷是根据企业历史中标情况、平台交易数据，结合大数据风控，给小微企业提供的一款非常稳定的小额信贷产品。供货贷支持310模式，随借随还。目前，供货贷覆盖了全国大概70%的政府和公共资源交易中心群体。中标贷、合同贷可以理解为中标以后的订单阶段基于应收账款提供给小微企业的融资服务。网商银行将融资时间节点提前到中标阶段，帮助小微企业快速回笼资金，保障经营的持续性。在签完合同后，小微经营者可以使用合同贷，解除账期回款风险。除了供货贷、中标贷、合同贷，为了完善产品图谱，网商银行还根据合作方的需求，在招投标以及组织生产、组织备货和施工履约过程中开发了投标保函、履约保函产品。和大部分金融机构产品相比，这两种产品不需要线下开户，开保函的速度非常快。

供应商数字金融服务的优势在于：（1）满足了供应商履约各节点的融资需求，不论是没有中标，还是中了标到签约合同，每个节点上都有匹配的贷款解决方案；（2）流畅的客户体验，包括申请开户到放款的 310 体验，实现实时准入和额度策略化，利用 RPA 技术自动登记；（3）灵活支用和还款，支持随借随还和提前部分还款，中标贷下提供借款人 6 个月先息后本和 12 个月等额本息等不同的还款方式选择；（4）产品延展性强，支持多类型资产进入授信，例如中标项目、应收账款、订单、交易卖场等。

4. 云资金打通供应链，赋能品牌商降本增效

云资金基于品牌供应链场景，为品牌客户提供一整套在线化、低费率、易对账的交易分账、采购支付、资金划拨及资金管理服务，助力实现品牌企业资金管理的合规性和全面性，进而实现全链条降本增效。相较于大雁系统中的其他产品，云资金服务的链条更长，从品牌核心企业到小微商家，纵向上跨越更多的供应链节点。云资金的服务逻辑为开源降本，即通过生态赋能增加供应链核心企业的收入，以数字化方式将供应链各个环节串联起来，在前端将采购款、收银款分拆清晰，促进后端仓库发货、及时配送，降低运营成本，提高运营效率。

目前云资金的服务客户主要包含三类：（1）品牌分销渠道；（2）连锁加盟渠道；（3）批发市场综合零售企业。在这些客户的辐射范围内或者产业链中，存在大量的小微企业。网商银行希望通过与这些品牌核心企业合作，在帮助这些核心企业数字化升级过程中，让小微企业也能够享受数字化升级带来的在线便利性或者能减少小微企业的复杂操作。以上客户及其背后的小微企业在数字化转型过程中，在供应链上下游之间会遇到不同的资金管理问题，存在不同的诉求，云资金产品团队深入供应链，针对不同类客户开发不同的解决方案。

（1）品牌分销渠道。品牌商有非常强烈的诉求希望将整个销售链路数字化，配套支付、结算、管理等服务，在降低运营成本的同时增加对终端的把控。云资金先帮助品牌商搭建整个生态的数字化账户体系，在数字化

链路中实现客户、业务、订单、资金之间的连接和匹配，再提供相应的、适配行业的在线 B2B 支付及资金管理服务方案，帮助核心企业与小微商家解决资金归集、交易分账、资金划拨等难题，实现降本增效。当小微商家与核心企业一起参与到数字化升级后，小微商家的交易行为就沉淀到生态中，网商银行可以基于交易行为和商家信用为小微商家提供信贷服务。云资金还叠加大雁系统中的其他产品，如采购贷、多收多贷、加盟商贷、回款宝等，提供一整套解决方案。

（2）连锁加盟渠道。相较于分销渠道，连锁加盟渠道已经有了一定的信息化基础，所以网商银行更多的是为加盟渠道中的小生态提供资金管理服务，包括门店资金统筹、在线采购、在线支付、品牌运营费扣缴、装修款分账等。针对加盟新开店场景，网商银行还配套了加盟商贷产品，解决连锁加盟经营场景的资金周转问题。连锁加盟类客户行业不同，遇到的问题也不同。以客户快乐番薯为例，作为全国头部茶饮连锁品牌之一，旗下全国各地加盟店数量近 2 000 家，在收银系统、进销存、采购系统互相隔离的情况下，每家店的打款方式不一、款项归类困难、没有供应链金融服务能力，管理上有时会出现发货不及时、加盟门店分润有失误等系列难题。2021 年快乐番薯接入大雁系统云资金管理平台，将业务系统和资金管理系统打通，通过账户系统准确识别线下打款的资金来源，在系统中自动记账，加盟门店在采购系统下单支付后，总部可以实时得到和订单匹配的支付结果，立刻安排发货，财务部门不再需要到多个系统取数对账，提升了 30％的财务管理效率。改革后，总部一是可以实时看到营业额、收入情况和客群形态，二是控制得住，三是能够做相应的资金管理。

（3）批发市场综合零售企业。在数字化转型升级过程中，一些批发市场综合零售企业从传统线下企业积极转变为线上线下一体化企业，由原来的房东角色转变为服务商角色，希望为入驻商家带来新的增量。为此，网商银行为批发市场提供组建数字商城所需的账户结算能力，将厂内交易、找货车、付运费、交保险等业务在线化。

除了以上五种产品，大雁系统还推出了发薪贷、回款宝、加盟商贷、票据付等产品。发薪贷解决劳务/人资公司的灵活用工发薪痛点，回款宝解决经销商的资金清晰化、账务清晰化和资金归集问题，加盟商贷提供加盟开店采购的定向用途资金支持，这些产品与云资金、采购贷、分月付配合，共同服务于品牌供应链上下游场景。

第 7 章
平台化的供应链金融

平台化的供应链金融形态正在经历以从核心龙头企业为核心的模式向以专业化平台为核心的模式转型。在这一新型模式下，供应链金融的运作呈现三大特点：首先，主导力量转变为生态系统和平台的构建者，这是一类独立于买卖双方与金融机构的第三方实体，在生态系统中发挥着关键的建构与协调作用；其次，在业务流程管理层面，平台作为供应链金融的推动者，并不直接参与供应链运营的具体执行，而是致力于维护产业链条的运行秩序，制定公正合理的交易规则和物流标准，实现价值链全流程的有效管理；最后，在信用体系构建上，其重心不在于单一企业的信用状况，而在于整个网络生态系统的信用健康。

之所以形成这种由专业平台驱动的供应链金融趋势，主要原因有两点：一方面，传统由核心企业引领的供应链金融模式往往局限于为核心企业上下游直接合作伙伴提供服务，形成了“链条式”的金融服务范围，难以广泛聚合各类供应链参与者，特别是跨链（即不同产业链之间的）深度合作难以有效展开。另一方面，在各个行业中，除大型核心企业之外，还存在一批规模较大或中等规模的企业，这些企业在行业内具有一定的竞争优势，但它们缺乏足够的资源和能力去构建完善的供应链服务体系，同时受限于自身条件，无法像核心企业那样与金融机构紧密合作，为其上下游客户提供充分的金融服务。

第1节 平台化的供应链金融实现的框架

在这样的背景下，平台化的供应链金融应运而生，并从本质上提升了金融服务于中小微企业的公平性和公正性。专业平台驱动的供应链金融模式，其优势在于：第一，它为所有参与者提供了更为平等的接入机会，使得各企业在供应链服务平台上能够更透明、自主地获取和掌握相关信息，减少了信息不对称问题。第二，在传统核心企业主导模式下，若缺乏有效监管，容易导致产业信息被核心企业垄断，形成新的信息壁垒。第三，独立且专业的供应链金融平台通过整合众多产业实体、金融机构以及其他相关方，构建了一个高效运作的服务市场，有效地避免了核心企业可能利用供应链金融手段对供应商给予潜在不公平待遇的情况。平台化的供应链金融因其广泛的参与主体汇聚特性，表现出显著的业务融合特征。这种融合体现在两个维度：一是产业活动与多元化金融产品的深度融合，即各种金融产品如融资贷款、资产证券化、保险保障、投资基金等紧密围绕产业链的实际需求设计与实施；二是不同金融产品间的组合创新，它们相互协同，共同服务于特定产业场景中的各个环节，形成了一个全方位、立体化的供应链金融服务体系。

平台化的供应链金融作为产业互联网环境下的金融创新实践，其成功的关键在于深入理解和践行客户价值（VALUES）系统。只有当金融与智慧供应链紧密结合并切实实现了客户价值时，才能带来产业和金融的双重效益。此处所指的“价值”，既包含平台化的供应链金融追求的目标内涵，也体现了其实现路径的具体策略。从目标层面出发，平台化的供应链金融旨在沿着“价值层级”逐级提升，致力于为生态体系中所有利益相关者创造发展价值。“价值层级”理论指出，在企业供应链与金融融合过程中，利益实现与客户价值获取可分为三个递进的层级（见图7-1）。首先，在基础层级上，供应链金融服务提供商需以最优性价比提供产品和服务，并通过金融工具确保客户需求的资金供应，使客户能够以合理的成本获得所需的产品、服务或资金，满足基本的使用价值需求；其次，进一步提升至中级层级，服务提供商需助力客户降低整体供应链所有权成本，包括运营全过程中的交易成本，并优化现金流管理，从而建立紧密的战略合作关系，形成稳定可靠的供应链生态系统，此时客户获得的是情感价值；最后，在最高层级上，服务提供商不仅要能降低成本，还要协助客户减少机会成本损失，通过创造新的市场机会和订单流，为客户注入新的价值增长点和资金来源，使客户得以实现自身难以达成的发展状态，收获超额收益，这是平台化的供应链金融运作的核心宗旨。从实现途径上看，推动平台化的供应链金融的创新与发展，需要在六个关键领域积极采取变革措施和持续努力。

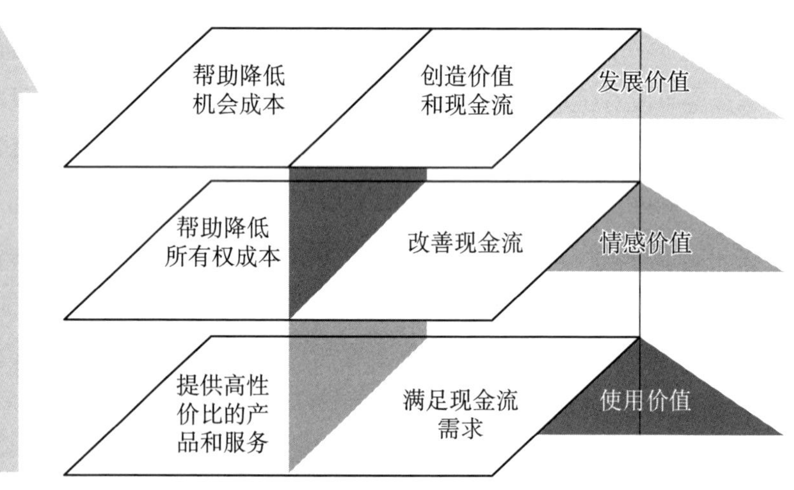

图7-1　供应链价值实现的三层级

第一，通过多元化（Variety）服务推动平台化的供应链金融创新，旨在构建全面且高度融合线上线下能力的丰富的供应链服务体系。借助多样化、一体化的线上线下流程和供应链服务手段，促进传统供应链向智慧供应链或网络化的方向升级，并凭借强大的供应链整合能力，实现平台化的供应链金融模式的创新。

第二，深度融入供应链运营底层，以增强客户归属感（Affiliation）并驱动金融活动革新。作为平台化供应链金融服务的核心角色，平台应具备深入客户供应链底层服务的能力，通过提供基础性服务创造价值与拓展渠道，从而为平台化供应链金融实践打下坚实的基础。

第三，通过持续的创新创业举措拓宽供应链价值循环（Loopback），同时在提供增值服务过程中创新供应链金融。强调供应链业务中价值流动与创造的重要性，不断扩展的创新创业导向的供应链网络不仅能够开拓产业供应链的价值空间，也为平台化供应链金融的创新提供了丰富的应用场景。

第四，运用大数据技术揭示产业供应链的运作实景（Using Data），有力支撑平台化供应链金融实施。这意味着要从供应链运营和其他各类来源收集结构化与非结构化、静态与动态、生产与生活等多维度数据，用以优化供应链运营，并在此基础上创新金融活动形式。

第五，构筑协同演进的产业生态系统（Ecosystem），为平台化供应链金融提供稳固的产业环境支持。汇聚智慧供应链中的多元主体，尤其是三大产业供应链中的直接参与者与间接关联者，形成一个共同进步、共创价值的产业互动生态体系。

第六，建立产业生态、金融生态与创客社区生态之间的互动迭代与融合发展机制（Syncretism），塑造智能型供应链。这要求不同类型的生态之间相互影响、相互融合，共同构成智慧供应链的核心要素。

综上所述，以上六个方面互为因果、相辅相成，构成了平台化供应链金融创新的基础框架和实现路径。这种架构使得产业活动与金融活动紧密结合，在依托智慧供应链高效运行推进产业发展与企业价值创造的同时，也确保了金融活动的创新风险可控，在催生产业新价值的过程中，实现金融价值的极大释放。

第2节　基于融合服务和顾客归属的供应链创新

一、基于丰富融合性服务的平台化的供应链金融

（一）供应链多样性融合服务与供应链金融

1. 供应链运营中的线下服务

供应链运营中的线下服务指的是在运营管理供应链过程中真实发生的、面对面的通过人与人之间的互动而产生的行为和能力，或者说是具备实体管理要素的供应链管理活动。供应链运营中的线下服务流程有综合需求管理、客户关系管理、供应商关系管理、服务传递管理、复合型的能力管理及资金和融资管理等六个方面（Ellram，et al.，2004）。这六个方面管理的原则是在质量、成本和创新之间寻求平衡，即线下服务既要在保证持续稳定的质量前提下合理地控制成本，同时又能在现有服务的基础上，根据环境的变迁和供应链网络的动态演变，及时地创新发展，实现良好的效益。

2. 供应链运营中的线上服务

供应链运营中的线上服务主要指利用互联网等虚拟媒介而实现的一系列没有发生面对面交谈交互的服务和活动，这类服务充分利用了IT和互联网的优势，通过信息的聚集和管理，实现了供应链线上的有效管理（Rubiano Ovalle & Crespo Marquez，2003）。这类服务包含了供应链交易信息管理、供应链物流信息管理、供应链资金流信息管理、信用信息管理、知识信息管理以及环境信息管理六个方面。供应链六种线上管理服务的原则是透明、及时和对称。透明意味着所有六个方面的信息都能够为供应链各参与方可获得或者可介入，能够通过一定的渠道和方式获得参与者试图获得的相应信息（Patnayakuni，et al.，2006）；及时指的是信息的更新应当是实时的，反映了最新发生或将要发生的信息；对称是针对供应链中交易双方而言，即买卖双方获得的信息应当是对等的，否则一旦出现信息不对称，就有可能因为一方拥有信息优势而产生机会主义动机。

3. 供应链线上线下服务融合与供应链金融

互联网供应链金融开展的前提是线上和线下服务的融合。融合意味着通过线上和线下供应链服务的交汇和整合，消弭智慧供应链运营中可能因为多主体、多行业、多行为而产生的管理盲区，这些盲区在原有的供应链运行中经常存在，而这些盲区一旦不能加以很好地识别和管理，就会产生供应链运营风险，进而使得金融活动出现危机，产生大量的坏账或违约状况。因此，供应链中线上和线下两条服务线的融合成为互联网供应链金融创新的关键要素之一。

（1）线下活动线上融合。这种融合是针对大多数实体产业而言，对于大多数产业企业来讲，线下都有既定的供应链体系和相应的作业活动，诸如技术研发、采购供应、服务传递、生产加工、库存、运输、营销、分销以及其他相应的服务性活动，这些活动共同构成供应链运营的环节和要素，而这些活动的实施也往往涉及不同的地域、不同的合作者、不同的交易状况、不同的物流形态、不同的环境，因此，所有与线下活动相应的信息能够及时、有效地在线上得到反映是金融活动开展的基础（Song，et al.，2016）。

（2）线上交易线下融通。对于从事网上交易的企业而言，线上发生的任何交易行为、结算行为、支付行为等都需要线下的管理活动支撑。这种线下的行为包括企业内部的流程管理和企业之间的流程管理。

通过以上两类线上和线下的融合，为互联网供应链金融活动的开展提供了基础，线下活动线上融合为金融服务提供商提供了整合化的信息，在组织产业供应链运营的过程中，更能够及时、准确地了解供应链运营中中小企业的业务状态，更好地把握静态和动态信息，帮助互联网供应链金融服务提供者建构多渠道、多来源的综合交易平台，进而为设计和运作互联网供应链金融业务奠定基础。线上交易线下融通为互联网供应链金融提供了系统化的业务流程和架构，任何交易性行为如果没有清晰的业务流程和架构，其交易的真实性或者质量就会受到挑战，其结果是金融活动的风险就会上升，而有了线下良好的业务流程和架构，任何线上的交易以及与之伴随的金融行为就会有保障。

（二）平台化的供应链金融创新案例：中国电建

中国电力建设集团（以下简称“中国电建”）作为一家以工程业务为核心的中央建筑企业，在其所处行业中普遍存在着几大结算支付特点：一是工程项目的结算周期较长，部分业主未能及时履行付款义务，从而造成企业内部现金流压力增大；二是资金流动呈现出小额而高频的特征，每亿元产值对应的对外支付笔数大约为150笔之多；三是全年支付活动在特定关键时点高度集中，尤其是在每年的元旦、中秋和春节前会迎来全年的付款高峰期；四是与公司合作的众多中小微供应商对融资需求尤为强烈，但由于融资渠道相对狭窄，加上融资成本高企以及通常要求提供抵押或担保等附加条件，使得其融资难度显著加大；五是由于款项支付延期的现象较为普遍，导致工程项目工期延误的问题频繁出现。针对上述特点，中电建商业保理有限公司运用数字化思维，锚定数字科技赋能金融的探索实践，通过搭建以“互联网＋供应链＋供应链金融”为基础的共享服务平台，使产融结合更好地发挥效能。

1. 在统一集成的平台下构建“三横三纵”

该平台的核心用户群体涵盖供应链金融、保理、资产支持证券（ABS）等中国电建内部用户及产业链上下游的各类用户，用户总数超过20 000人。为实现资源整合和效率提升，中国电建提出了“统一集成”的理念，旨在构建一个统一的门户网站，制定统一的数据标准，并提供汇总分析界面，从而形成一个综合性的供应链管理和金融服务平台（见图7-2）。在功能设计上，遵循“三横三纵”的原则。“三横”指的是，根据国家法规要求，横向布局三项核心功能：供应链全过程管理、信息公开功能以及监督管理功能。这三项功能相互补充，共同确保供应链运作的透明、高效和合规。而“三纵”则是围绕集团“瘦身健体”的扁平化管理战略和交易业务管理需求，纵向建立三级交易管理体系：集团级、企业级以及项目级。这种分层管理体系能够确保不同层级的交易需求得到满足，同时实现集团内部的资源优化配置和风险控制。综上所述，该平台通过“统一集成”和“三横三纵”的架构设计，为用户提供了一个高效、便捷、安全的供应链管理和金融服务平台。

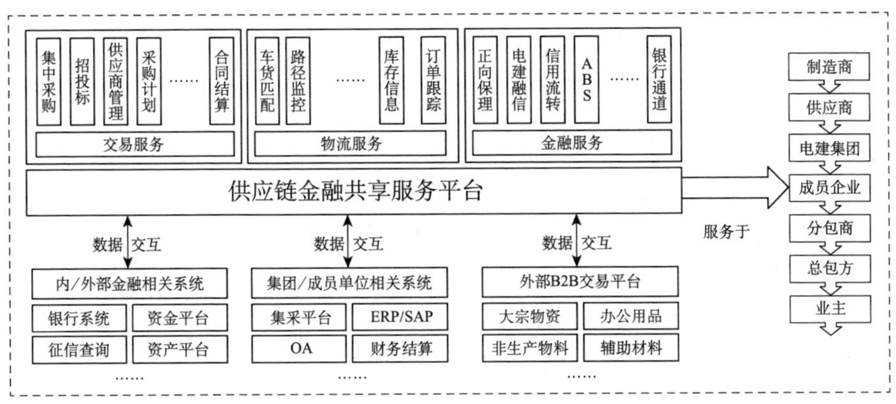

图7-2　中国电建供应链管理和金融服务平台

2. 一数一源，多方协同下的数据共享共用

中国电建供应链金融共享服务平台始终坚持贯彻“开放、包容、成长”的核心价值理念，这一理念强调平台的开放性，即对外部合作保持积极接纳态度，对内部管理坚持灵活创新；同时倡导包容精神，力求在多元化业务场景中兼容并蓄各类参与者和需求；并且追求持续的成长与进步，不断适应市场变化，完善服务功能（见图7-3）。此外，该平台严格遵循“一数一源”原则，确保所有数据源头唯一、真实有效，杜绝信息冗余和不一致性，从而为用户提供可靠的数据支持。

在这一指导思想下，中国电建供应链金融共享服务平台已成功地逐步实现与多达13个关键内外部系统的深度集成对接，包括但不限于：中国电建集团集中采购平台，以优化物资采购流程；电建供应链云服务平台，用于实现云端协同运营；各子公司内部所使用的ERP（企业资源计划）和PRP（项目资源计划）系统，旨在提高资源配置效率；中国电建公共招标采购平台，强化公开透明的招投标管理；电建财务共享服务平台，整合财务管理资源，提升财务处理能力；中国金融认证中心（CFCA），提供权威的电子认证服务；办公自动化系统（OA），协助企业高效处理日常办公事务；

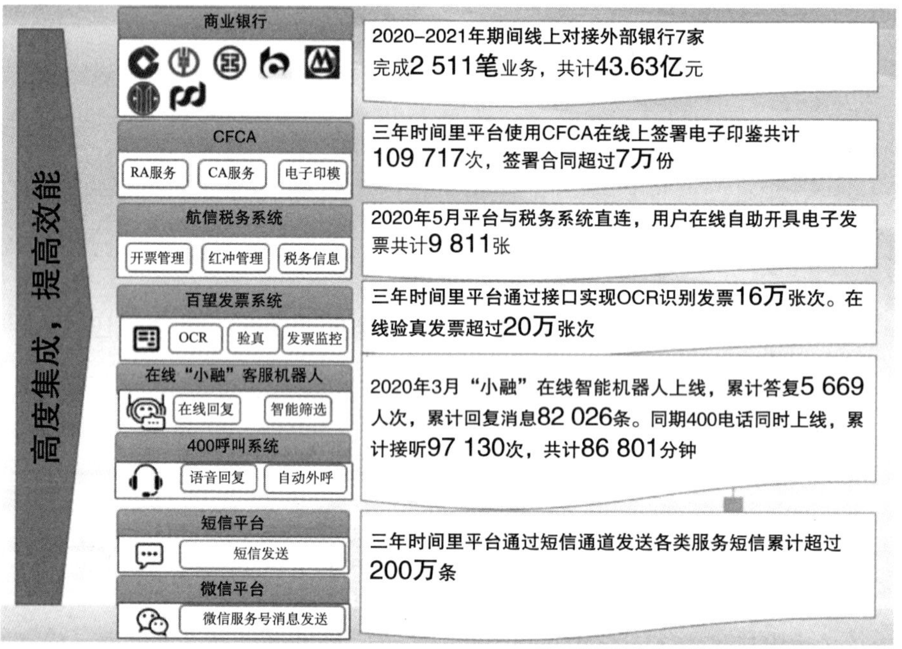

图 7-3　中国电建一数一源体系

百望发票系统，实现电子发票全生命周期管理；以及多家银行相关系统，确保资金流与信息流无缝衔接。通过这些系统间的深度集成，中国电建供应链金融共享服务平台成功构建了一个跨系统、跨部门、跨企业的协同工作环境，实现了多方主体之间的高效协作，并在此基础上达成了全面而实时的数据共享机制。这不仅极大地提升了产业链上下游企业的沟通与协作效率，还促进了整体供应链生态的现代化和智能化升级。

3. 供应链＋互联网＋金融，“一能三要”的全新科技性平台

中国电建供应链金融共享服务平台充分利用“供应链＋互联网＋金融”这一创新理念、先进技术与新型模式，通过实施“线上合约”机制和运用“大数据分析”技术手段，将风险控制内置于线上流程中，从而实现了对招标采购、合同签订及履行、电子商务交易、物流信息追踪、在线支付结算以及金融服务等多元资源要素的高效整合。该平台真正意义上达成了供应链运作与金融服务之间的无缝对接和深度融合（见图 7-4）。

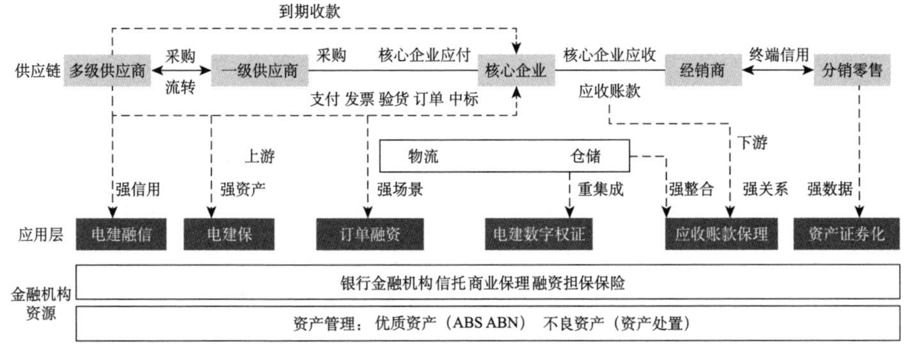

图7-4　中国电建供应链金融

按照“一能三要”的高标准运营策略，该平台致力于确保各项功能和服务达到如下要求：(1) 能用：确保平台功能完备且易于使用，所有用户无论身处供应链的哪个环节，都能够快速上手并实现各类业务操作；(2) 要顺：优化流程设计，使得整个业务流程顺畅无阻，从项目发起、审批到执行、结算，全程体验流畅便捷；(3) 要美：界面设计人性化且美观，提升用户体验感，使用户在视觉感受和交互过程中获得愉悦体验；(4) 要慧：利用智能科技力量，依托大数据分析能力和人工智能算法，为用户提供智慧化的决策支持，精准把控风险，科学预测市场趋势，进一步提升金融服务的智能化水平。

总之，中国电建供应链金融共享服务平台不仅构建了一个全面覆盖供应链各环节的数字化生态系统，还凭借先进的金融科技，打造了服务周全、体验良好、风控严谨的智慧化金融服务环境。

4. 数据穿透高效协同，精准营销管理协同齐头并进

随着数据仓库技术的日益成熟和精细化管理策略的实施，中国电建已成功构建了初步的量化分析模型，并逐步推动数据仓库从单纯的数据存储向富含信息价值的知识仓库演进，进而有望成为行业智慧知识库的核心组成部分。这一转变旨在将海量原始数据转化为具有洞察力的信息资产，为企业决策提供有力支持。为了更好地实现业务部门的数据驱动决策，中国电建上线了“银行通道数据看板”与“银行通道余额看板”，这些可视化工

具能够实时、直观地呈现银行交易数据及资金流动情况，使得市场部能够基于精准数据分析进行有针对性的市场营销活动，从而提升营销效果与客户满意度。

在财务管理层面，集团财金部门通过优化对账规则体系，摒弃了过去成员企业需要独立填写烦琐报表的做法，实现了内部财务流程的高度协同与效率提升。同时，开发了针对东疆、人行以及天津金融局等监管机构要求的报送数据报表系统，确保了集团内所有财务数据符合监管规定，增强了合规性和透明度。为进一步挖掘数据的内在关联并实现管理层对关键信息的一目了然，集团引入了全新的成员单位"数据洞察"单元，通过数据穿透技术实现管理可视化，便于决策者快速把握业务现状和发展趋势。此外，在数据服务创新方面，企业积极采用OCR（光学字符识别）、NLP（自然语言处理）等前沿数据挖掘技术，并结合高效的数据建模方法，深度挖掘隐藏在庞大数据资源中的价值。通过这些先进技术手段，企业成功实现了合同自动识别功能与智能审单流程，极大地提高了供应商资料录入的准确性和及时性，为供应链管理带来了显著的效能提升。

5．提高融资效率，快速清理三角债，提高供应链竞争力

中国电建集团年末应付账款余额庞大，高达上千亿元。面对上游供应商融资难、融资贵的问题，集团积极引入供应链金融平台系统，以高效的服务响应庞大的业务量需求。此系统不仅提升了保理融资速度，从传统的"周放"提升至"日放"，更实现了快速的"秒放"。同时，通过电子支付凭证，解决了传统商票不可拆转、拆融的难题，大幅提升了供应链的整体支付效率，迅速清理了三角债，增强了供应链上的资金与资产流动性。

此供应链金融平台凭借其卓越表现，荣获了国家部委级、协会级、集团公司级等20余项奖项。在知识产权方面，平台累积了63项成果，包括2项实用新型专利、22项著作权和39项商标权。平台还通过了公安部的"等保三级"安全认证，注册用户已突破2万余家。2022年，公司更是取得了AA＋级主体信用评级，并荣获"2021年度纳税信用等级A级"称号，成功获得了中国人民银行征信系统的准入资格。在资产证券化方面，公司表

现出色，股份公司荣获上海证券交易所颁发的“资产支持证券业务优秀发起人”称号。此外，公司在债券市场上成功发行了首单“信用模式”企业资产供应链 ABS、疫情防控专项资产支持计划以及首单碳中和资产证券化产品，充分展现了其在金融市场的领导力和创新能力。

（三）平台化的供应链金融创新案例：龙腾云创

大宗商品货物流通过程中，单货不符、一货多卖、重复质押等问题时有发生。而现货质押又是大宗商品领域融资的重要手段，有的企业没有多少房产，银行授信又低，大部分资产都是商品现货，开展新业务又需要大量的流动资金，现货质押就成为这些企业重要的融资途径。面对大宗商品供应链领域长期存在的“货难控”“钱难融”“价难估”等痛点，龙腾云创基于数字化可信仓开展供应链创新服务。

龙腾云创于2021年开始运营，是由五矿发展（SH.600058）发起设立的产业链全要素综合服务平台。多年的线下供应链渠道，加之电商平台的升级，使得龙腾云创在建设大宗商品数智化供应链服务平台过程中，基于供应链业务场景和全面数字化风险管控系统，打造“龙腾钢翼”品牌，提供“交易服务”“供应链服务”和“产融服务”，构建集物资资源整合平台、钢厂资源与客户对接平台、各类金融机构交易服务平台于一体的大宗商品供应链综合服务平台，具备完善的交易、仓储、加工、配送和产融服务能力，可为客户提供一站式供应链解决方案。

在不断夯实供应链和产融服务能力的基础上，龙腾云创从货物底层仓储入手，对传统仓库进行数字化改造，以物联网解决实物确权问题，以区块链解决数据确权问题。通过科技手段，确保货物安全性和货权唯一性，打造“货权清晰可追溯、货物安全零风险”的第三方专业仓储加工服务平台。基于数字化可信仓和监管云平台，龙腾云创开立电子仓单将动产资产数字化，创新供应链一体化服务商业模式，上线现货质押业务在线化产品“钢翼存”，以可信数据连通货主、贸易商、仓库和金融机构多方，为存放在平台监管仓的货物提供融资服务，并对仓库存储操作、监控记录及质押融资等信息进行上链存证，通过“人防”+“技防”相结合的方式，确保货物和货权安全，为大宗商品领域客户解决资金周转难题。

此产品模式充分挖掘了客户深层次需求，从优化准入流程、质押流程、赎货流程、预警管理、结算开票等环节，为客户提供一站式线上协同服务，实现了客户前端自主查询、全流程可视化的业务体系（见图7-5）。客户在提交的材料资质审核通过后，通过自主操作，几天内就能够完成其他金融机构通常需要20～30天的流程，并根据自身融资需求选择拟质押货物，可分批、可整体，方便灵活，且费用低、账期长、额度高、放款放货快，客户可按需赎货、自助结算、核账，极大提升了客户体验。同时，可信仓能够对质押货物的库内状态进行跟踪与预警信息反馈，保证质押货物的安全、透明、可视和可控管理。

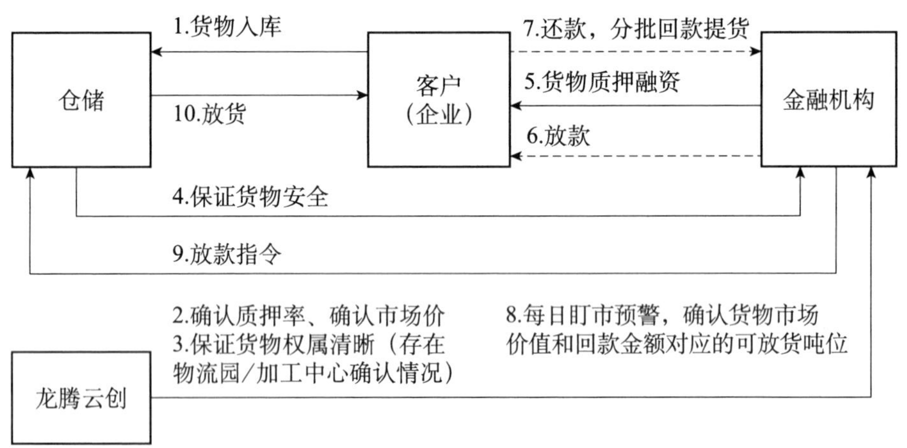

图7-5　龙腾云创供应链金融

2022年“钢翼存”全年共计服务客户7家，基于可信仓的质押融资服务量增长超过70%，累计放款18次，综合发挥了仓库方的货物监管能力和贸易商的货物处置能力，增加了客户黏性，同时为金融机构进场，优化完善产融协同模式，发挥供应链金融服务实体经济的作用搭建了平台、打下了基础。

二、基于客户归属的平台化的供应链金融

（一）客户归属与供应链服务底层化

在营销学中，客户归属是一个关键术语，描述的是客户在人际交往或组织群体交往中感受到的轻松、舒适和熟悉等正面情绪。这种归属感来源于经验性的互动，一旦客户认同成为某一特定关系的一部分，合作关系便会得到发展，客户会因此产生归属感和习惯。这种黏合不仅促进了信息的揭示和关系的改善，还揭示了如何通过互动和关系建立来促进客户与服务者之间的紧密联系，并最终形成归属感（Chakkol，et al.，2014；Lusch，et al.，2007），这也是平台化的供应链金融开展的基础。

为了培养客户对供应链合作关系的归属感，服务提供商需要构建开放式、低成本、高效率的业务平台，以便客户能够在此平台上顺利开展业务活动（Boniface，et al.，2010），这种客户供应链运营的底层化，不仅鼓励客户进行创新性的创业行为，还增强了他们对供应链的归属感。只有当这种归属感形成后，金融活动的创新才能真正得到推动。

在供应链运营中，我们遵循四层架构的逻辑（见图 7－6）。首先是产业呈现层，涵盖了供应链运作的各个领域，每个领域都有其独特的特征和价值诉求。例如，机械产业和医疗产业面临的挑战和价值诉求各不相同，这就形成了产业特定的价值诉求。接下来是服务传递层，根据各领域和客户的需求，提供各种形态的服务活动，如进出口贸易服务、虚拟制造服务、销售预测等。这些服务活动构成了供应链运营的具体业务形态。第三层是业务逻辑层，这是供应链活动的核心，连接着基础数据和服务传递。业务逻辑不仅驱动着服务的组织、服务水平、服务时间和地点以及服务对象，还为之后的数据积累、分析和运用提供了渠道。这一层涉及生产服务底层化、交易服务底层化和物流服务底层化，旨在提高供应链运营的效率。最后是基础数据层，这是供应链服务底层化的关键。通过挖掘三种不同功能应用平台生成的大量数据，可以建立供应链参与者的信用体系，为平台化的供应链金融的决策提供依据。这一体系不仅促进了信息的流通和利用，

还提高了供应链金融的效率和准确性。

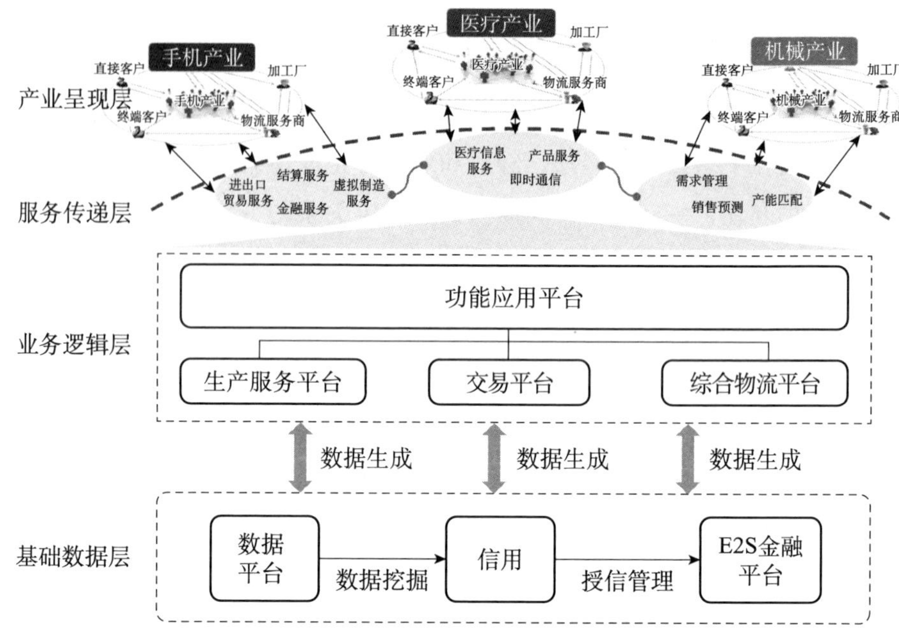

图 7-6　供应链运营四层架构示意图

（二）平台化的供应链金融创新案例：宝凯道融

宝凯道融投资控股有限公司（以下简称“宝凯道融”）为立白科技集团的关联企业，成立于2014年，实缴注册资本6亿元，管理资产超过50亿元。宝凯道融以“成为领先的产业生态金融服务公司”为企业愿景，希望“通过技术与创新，让金融交易各方获益，推动产业快速增长，促进产业稳健长远的发展”。

宝凯道融深植快消行业场景，坚持以供应链金融服务运营商的角色，帮助快消产业链中无抵押物、无外部增信、无核心企业担保的三无中小微经销商获得融资，平台放款超百亿元，融资利率从普遍的年化12%～18%下降到最低6%的水平，整体融资成本最大降幅可超50%，帮助产业降本增效。经过多年的实践，宝凯道融也已形成一套行之有效、可复制推广、可落地性强的供应链金融服务运营方案。

2021年12月，宝凯道融凭借“立客融”数字化供应链金融平台，获得广州地方金融监督管理局授予的广州首届金羊“点数成金”数字金融创新案例示范案例奖。“立客融”通过整合产业生态链上的业务场景和各参与方的标准产品，形成产业生态金融圈。通过经销商体系分层评价标准，协助核心企业更好地理解与管理自己的经销商体系。通过资金方对接及匹配，解决上下游中小微企业融资难、融资贵的问题，帮助资金方获得合理的风险溢价。通过专业的运营服务，降低核心企业开展供应链金融业务的运营成本。通过平台服务，实现业务与管理流程的全线上化。

1. 核心企业端

区别于传统的供应链金融，宝凯道融通过搭建快消品内生（产业链数据）＋外生（第三方征信数据）＋主体（核心企业）的行业独特信用控制模型及经销商分层评价体系，帮助核心企业生态圈对接资金方，建立自身的供应链金融业务运营与风控体系。

（1）经销商体系分层评价标准。

宝凯道融摆脱了对传统的财务报表分析、货物房产抵押、核心企业增信的依赖，以贸易背景真实、融资用途和还款来源明确为风控原则，围绕供应链生态圈的外生风险、内生风险、主体风险，利用对产业链的深刻理解和产业信息优势，提取供应链关键数据信息，并结合国内头部征信服务商的信息，为核心企业及其经销商渠道搭建分层评级体系标准，便于核心企业从金融维度识别经销商经营和信用风险，实现对产业链内在风险的有效控制（见图7－7）。

（2）对接与匹配资金方，提升供应链金融的服务覆盖率。

宝凯道融按各层经销商的信用及评级，智能匹配并推荐给合适的资金方，提升经销商覆盖率及使用体验。基于对产业链的深刻理解，在进行金融产品设计时结合行业产品淡旺季特征，核心企业的生产销售策略，上下游企业的盈利模式、经营特点、现金流动和融资需求及痛点等，制定建立在真实贸易背景和资金用途可控基础上的供应链金融产品，如采购贷、聚合收款、一键对账等综合供应链金融服务。宝凯道融多年积累形成的独特的“自证信用”服务经验，在无需核心企业担保责任的前提下，将“主体

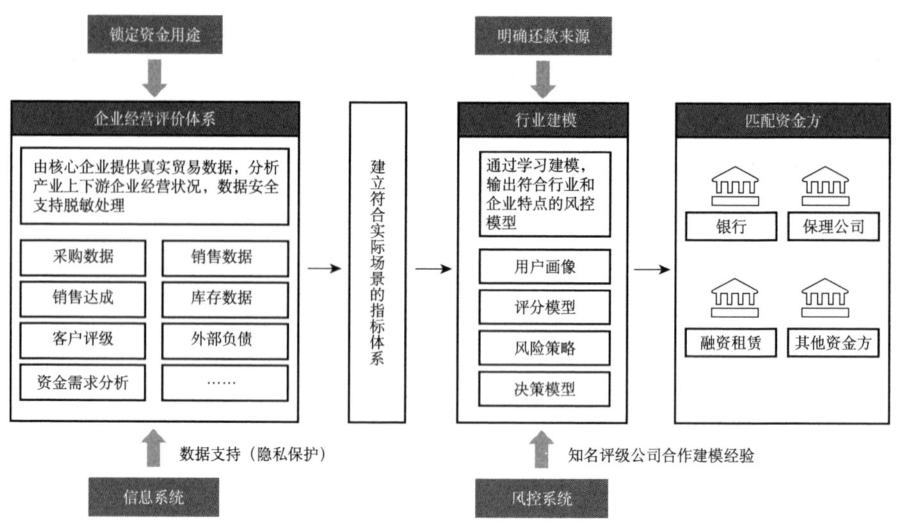

图7－7　宝凯道融经销商体系分层评价标准

信用”“组织信用”及“数据信用”复制给下游经销商，帮助其获得更优惠的融资（见图7－8）。宝凯道融将普惠金融推送到大快消产业链的远端末梢，真正做到服务中小微企业。

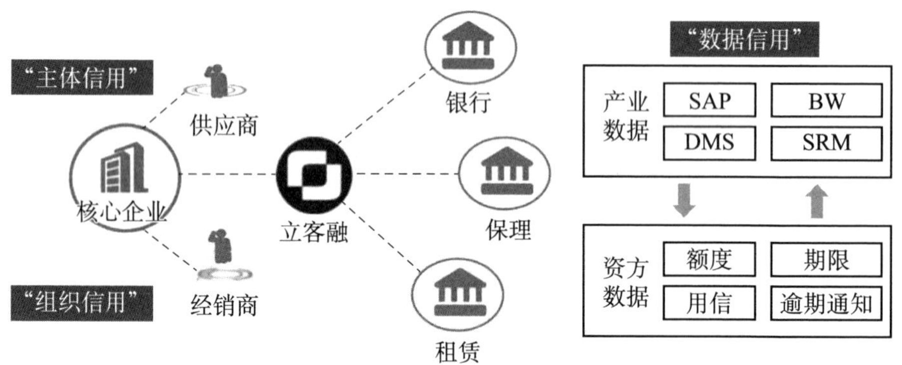

图7－8　宝凯道融数据协同模式

（3）“立客融”数字化供应链金融平台服务。

宝凯道融为核心企业提供全面、精细的供应链金融运营支持，借助此服务，核心企业无须额外招聘人员，即可顺利开展供应链金融业务，从而大幅减少人力投入和成本支出。立客融提供的服务涵盖了业务分析、辅助准入审核、客户沟通、客户营销以及到期还款管理等多个环节，确保企业运营的流畅与高效。更重要的是，利用金融科技的创新力量，推动了供应链金融业务的全面线上化与数字化。这包括统一的融资预申请与信息查询入口，用户可轻松查询授信额度、可用额度、申请记录、还款账单等详细信息；线上电子签约，简化了合同流程，提高了签约效率；资金闭环管理，确保了资金的安全与合规，支持向核心企业或上一级经销商的定向采购；资方管控，建议单户经销商引入的资方不超过2～3家，优化资金结构；以及旺季额度调整，与资方紧密合作，协调旺季临时增额，以降低融资利率，助力企业在高峰期间保持资金流动性。

2. 资金方（银行）

由于资金方普遍存在中小微企业获客和风控需求，宝凯道融基于多年积累的产业资源、产业经验与金融运营经验，可为资金方提供线上获客引流、数据风控管理、追偿和催收合作等服务。

（1）线上获客引流。

通过多年的积累和行业深耕，宝凯道融“立客融”数字化供应链金融平台拥有丰富的产业客户资源，通过与政府及行业协会建立合作，推动搭建行业服务子平台，与优质核心企业建立战略合作关系，并引入资金方，实现多方共赢。宝凯道融“立客融”数字化供应链金融平台可帮助资金方迅速扩大业务规模，实现批量获客。宝凯道融更懂产业，坚持产融结合，根据核心企业的销售政策，协同资金方定制产品、旺季额度及促销产品，在满足中小微企业购货资金需求的同时，帮助资金方实现批量放款。宝凯道融“立客融”数字化供应链金融平台可发挥专业与运营经验优势，帮助资金方宣传与营销推广供应链金融产品，协助处理客户投诉与优化建议，减轻核心企业与资金方的对接和运营成本。

（2）数据风控管理。

如何保证贸易数据的真实及完整至关重要，而离开了场景，贸易真实性便无从谈起。宝凯道融“立客融”数字化供应链金融平台通过本地化部署数据采集和加工模块，通过数据沉淀挖掘及合法充分授权机制，采集数据并通过接口传送给资金方，如每月的采购及达成情况、拟闭户情况，在确保数据真实性的同时，又能减轻核心企业烦琐的运营工作（见图7-9）。宝凯道融独特的风险计量模型发挥了风控挡板的作用。在经销商准入、预授信（推荐额度）、贷后预警等环节，协助资金方做好风险联动管理，降低逾期风险。

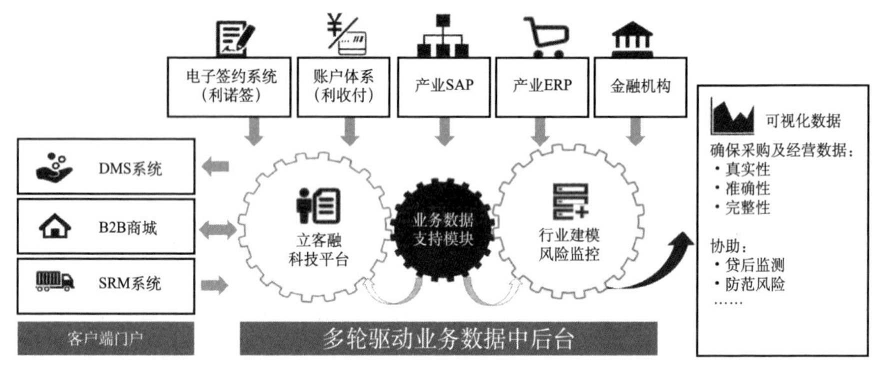

图7-9　宝凯道融业务数据平台

（3）追偿和催收合作。

供应链金融业务的追偿和催收离不开核心企业的配合与支持。核心企业内部离不开销售总公司、各省区、各区域人员及财务的协调。宝凯道融作为专业的产融服务运营商，站在有利于产业发展的角度，评估分析经销商的经营状况与目前困境的原因，从经销商债务重组、延长还款期限减免罚息、经销权转让等方面，协调各方推进业务的追偿与催收合作。

3. 中小微企业端（经销商）

产业生态圈的中小微企业（如下游经销商客群），可通过宝凯道融“立客融”数字化供应链金融平台线上化操作入口，获得便捷的普惠供应链金融服务，破解融资难、融资贵问题。

（1）普惠融资服务。

宝凯道融“立客融”数字化供应链金融平台通过准入筛选和智能匹配，帮助中小微经销商对接合适的资金方与供应链金融产品，基于核心企业生态圈获得无需抵押、无需外部担保、利率优惠的信用贷款，其推出的短、中期产品可满足中小微企业不同发展阶段的资金需求，破解融资难、融资贵问题。

(2) 线上化操作入口。

宝凯道融“立客融”数字化供应链金融平台搭建了移动入口，中小微经销商可随时登录平台，查看订制的银行信贷产品情况，并通过平台实现线上融资预申请、线上签约，线上查看授信额度、可用额度、融资记录及到期还款等明细，实现业务全流程线上化操作。

第3节　基于价值回路和大数据的供应链金融创新

一、基于价值回路的互联网供应链金融

(一) 价值回路的绩效表现

供应链管理过程在宏观层面上可以被视作一个价值创造、传递和分配的持续循环。在这一循环中，价值回路的效率直接决定了供应链运营的增值程度。虽然“回路”这一术语最初源自通信领域，用于描述电子信号或数字数据在无干预情况下自动返回发送点的过程，但在供应链管理的语境下，它已演化为一个更广泛的概念。随着产业服务化的推进，客户不再仅仅是价值的接受者，而是成为价值的协同创造者。服务市场导向和服务供应链更加强调价值协同创造对合作绩效的正面影响（Fu，et al.，2017），在这一背景下，客户价值诉求的提出、实现及分享构成了一个闭环回路。这一价值回路的绩效表现直接反映在供应链运营的现金流量周期上，这是评估企业供应链运作绩效的关键工具（Farris，et al.，2005）。现金流量周期的核心思想是单位货币从原材料投入到最终市场价值实现的周期时间。而要实现高效的现金流量周期，即优化价值回路的效率，必须考虑供应链运营的广度和深度。广度涉及供应链运营中涉及的利益相关方数量和协同价值创造者的多样性，而深度则体现在管理流程活动的细致程度和延伸范围。这种广度和深度不仅决定了供应链金融的应用空间，还直接影响了其创造的价值大小。

（二）平台化的供应链金融创新案例：华能大宗

上海华能电子商务有限公司是国家能源巨头——中国华能响应国家供给侧结构性改革和发展现代供应链号召，顺应能源行业市场化发展趋势，贯彻“央企改革”新思路而成立的互联网创新公司，旨在打造大宗商品供应链集成服务生态平台，深耕能源互联网、冶金供应链、工程配送、工业备品备件等B2B大宗商品领域，同时为客户提供智慧物流、供应链金融、电商交易、大数据应用等一站式、平台化集成服务，推动产业结构升级。旗下华能大宗平台聚焦电力、能源与相关产业链，服务领域以煤炭、电力物资、钢材为主，逐步拓展到建材、有色、化工等大宗商品主要品类，打造千亿级交易额、国内一流、业界领先、供应链管理服务一体化平台。平台基于央企品牌和资源优势，利用大数据、云计算、物联网等互联网技术，构建了以“能”系列产品为核心的智慧供应链集成服务平台，为产业链上下游客户和合作伙伴提供“端对端”的一站式服务。经过近些年的发展，华能大宗已经逐步形成了一套打通线上线下，涵盖物流、采购、销售、金融和技术服务于一体的供应链集成服务体系。

1. 华能大宗数字化供应链服务平台

中国的电力改革促使行业竞争环境面临重大变革，能源供应链转型升级迫在眉睫，这主要表现在：一是电力市场化改革促使电价逐步下行。新一轮电力体制改革的总体思路是“管住中间、放开两头”。在放开两头的背景下，电力的商品属性将逐渐被还原，发电企业需要在市场上直面竞争，在供大于求的情况下，电价将由政府定价向市场供求均衡价格方向趋于下降。二是售电市场同质化竞争将会加剧。电力市场充分开放后，如果发电企业不能够迅速转型为综合能源供应商、不能够设计出有差异化的能源服务套餐产品以满足终端大客户的需求，其将面临严重的产品同质化竞争局面。三是电力企业控制电煤供应成本压力将进一步增大。在电力市场价格竞争加剧的背景下，电力企业将会面临更大的降本压力。目前我国电力企业仍以火力发电为主，对煤炭资源依赖度较大，度电成本中电煤成本占80%以上。而我国煤炭运输物流成本大大高于日美等发达国家，占煤炭供应总成本的 60%以上，成为制约电力企业降低发电成本的关键因素。四是发展新型综合能源服务领域将成为电力企业竞争的新蓝海。未来的能源行业将是“客户为王、渠道为王、服务为王”的崭新时代，能源服务企业的竞争力将来源于为客户提供的能源服务方案竞争力，而不是单纯的能源产品竞争力，能源企业如果能够积极运用新模式、新技术为客户创造能源服务的新价值，势必将在未来的竞争中塑造全新的竞争优势。根据中国能源研究会和埃森哲联合预测，预计到 2030 年，中国能源产业链、能源管理和能效提升产业链的增加值将达到 12.3 万亿元，综合能源服务领域将成为新电改后电力企业竞争的新蓝海。

面对上述行业挑战和机遇，华能大宗确定了通过数字化实现能源供应链服务化的发展定位，即华能大宗通过数据驱动云端资源，以“智”打造“能”系列产品为核心的数字供应链集成服务体系。华能大宗平台基于行业庞大的产业业务规模基础，汇聚形成海量优质上游供应商资源池和流通渠道，高效整合仓储、运输、金融服务资源，并借助数据引擎的推动，以“智”系列子产品和“能”系列核心服务产品，通过可视化、智能化、生态化的方式支撑能源及相关行业各类场景的数字供应链解决方案（见图 7－10）。

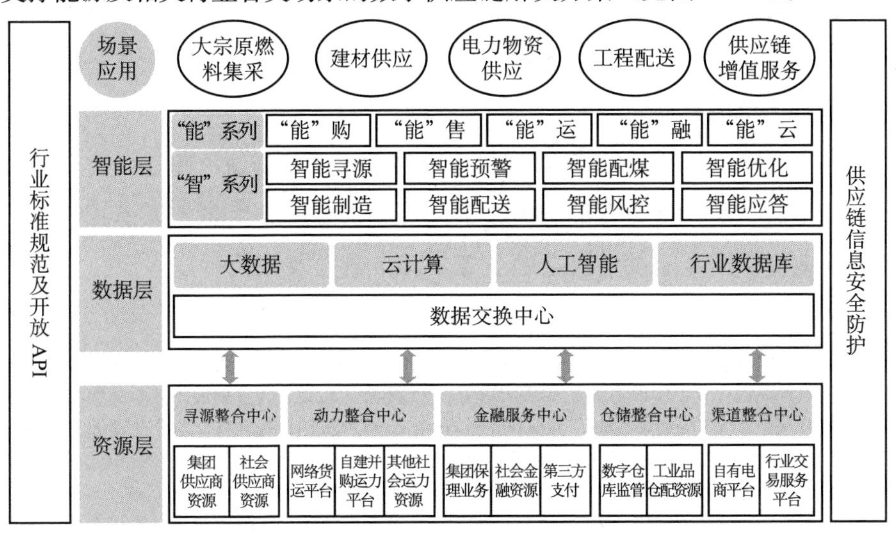

图 7－10　华能大宗数字化供应链服务平台架构

具体讲，针对行业客户供应链的痛点，华能大宗创新打造了以智能寻源、智能预警、智能配煤、智能优化、智能制造、智能配送、智能风控、智能应答为代表的“智”系列微产品库，再通过将多个“智”系列微产品进行有机组合，形成了针对采购、销售、物流、金融和技术服务环节的“能”系列核心产品体系。

（1）“能”运：面向电力行业客户的燃料运输需求，投入建设铁路、港口码头、公路物流港等基础设施，通过“LES＋TMS＋运力交易与管理”产品体系[①]，整合火车、船舶、汽车资源，为客户提供基于移动互联网、大数据、物联网等新技术的货源发布、运能交易、物流可视化跟踪、运输路线智能优化、厂内物流整体解决方案等综合物流服务，满足客户对物流集中、统一、透明化的管理需求，帮助客户降低综合物流成本。

（2）“能”购：整合培育能源行业优质供应商资源，以电子商务手段为客户提供电力行业备品备件超市、电力物资在线集采、定制化采购、端到端采购供应链优化和原燃料综合效益优化（VIU）配煤[②]等综合采购服务解决方案，解决用户寻源难、采购成本高、采购效率低的痛点。

（3）“能”售：凭借华能大宗的品牌、规模和专业技术优势，构建集客户管理、需求管理、渠道管理、价格管理和结算管理于一体的平台服务体系，为电力行业上下游供应链客户提供煤炭、电力物资、钢材乃至电力等商品的分销渠道服务。

（4）“能”融：通过全面掌握供应链数据，构建商流、物流、资金流的闭环，形成“N＋1＋N”形态的数字化普惠金融服务生态发展模式，为上下游企业提供丰富的供应链金融业务，满足电力及相关行业客户在各种交

---

① 物流执行系统（Logistics Execution System，LES），是以物料拉动为核心，统筹考虑物料在不同仓储单元的交互，实现物料从入库、库内管理、出库、拉动、转移到最终装配的物流管理系统。运输管理系统（Transportation Management System，TMS），是高效、合理分配资源并处理管控运输任务的管理系统，能对订单进行管理，对车辆使用情况进行调度与分配，对行车过程进行记录与定位，对车辆以及司机进行管理等等。

② 原燃料综合效益优化（Value-in-Use，VIU），是麦肯锡针对能源行业开发的智能系统，通过建立综合效益数学优化模型，对煤电价值链上从采购、物流、燃料的库存管理、发电生产、设备的管理和维护到上网议价的各个环节实现全面系统的端到端降本。

易场景下的融资服务需求，实现“资产端”和“资金端”的高效低成本匹配，从而促进供应链整体融资成本的降低。

(5)“能”云：运用信息技术将电力及相关行业客户供应链运行数据采集、传导至华能大宗构建的“供应链云”端，通过华能大宗大数据引擎分析、挖掘供应链运行数据的潜在价值，以 SaaS 化的方式帮助客户实现供应链可视化，提升供应链精细化管理程度，降低供应链运行风险，提升供应链运行效率。

2. 华能大宗供应链金融

华能大宗的“能 E 融”产品是基于数字化技术，针对能源行业特别是光伏等清洁能源领域的企业提供供应链金融服务的解决方案。该平台以供应链平台中的“能 e 融”品牌为基础，旨在通过线上化、智能化的方式，解决产业链上下游企业融资难、融资贵的问题。“能 E 融”综合运用互联网技术和大数据分析，实现了供应链金融业务的线上操作和风险管理，为企业提供应收账款融资、订单融资、仓单融资等多种灵活便捷的金融服务模式。通过与产业链上的核心企业深度合作，将真实贸易背景下的资金流、信息流和物流有效结合，构建了覆盖整个供应链的金融生态体系。这些供应链金融服务包括：

(1) 能理——商业保理服务。

华能大宗的“能理”业务专注于服务集团内部及外部能源与大宗商品供应链、能源物资供应链以及工程基建行业的上游企业，为它们的应收账款提供高效、专业的商业保理解决方案。该业务紧密围绕核心企业的上下游产业链条，凭借核心企业的强大信用背景和市场优势地位，通过创新的平台金融服务机制，着力解决处于供应链中相对弱势环节的企业面临的融资难题。在保障整个供应链体系内各企业间稳定合作关系的同时，“能理”业务帮助这些中小企业获取急需的资金支持，同时为企业自身带来稳定的息差收益和服务回报，最终实现供应链金融的双赢局面，有力推动了产业生态的健康发展和资源优化配置。

（2）能保——保险中介服务。

作为保险中介方与商业保险公司开展线上和线下合作，针对物资招投标环节、物流运输环节，整合保险资源，精选保险品种，华能大宗为供应商（招投标中的应标/中标企业）、物流企业（车队）、个体司机等客户提供包括财产险、责任险、意外险、投标保证金保险、投标履约保险、车辆保险、货运保险等保险产品的中介服务。

（3）能租——融资租赁服务。

针对能源产业建设项目中业主方的大型电力基础设施需求和物流运输业务中物流企业（车队）或个体司机对重型装载车辆的使用需求，根据承租人对设备车辆的特定要求和对供货人的选择，向承租人提供固定资产融资租赁服务。通过对集团内部项目情况的专业掌控和对物流资产回款来源的控制，构建业务流程管理闭环，将融资租赁业务风险降至最低。

（4）能函——电子保函服务。

为有效缓解参与华能集团项目招标的投标企业在招投标过程中的资金压力，减轻招投标环节人力物力投入，通过与融资担保公司等金融、类金融机构合作，为参与华能集团招标的投标人提供在线化、价格优的电子保函服务。

（5）能单——存货类数字金融服务。

针对电力物资供应链上中小企业存货量大、周转慢等痛点，为供应商提供基于库存的仓单质押融资服务。与商业银行开展合作，作为第三方物流监管主体执行货值评估、监管服务和回购处置功能，解除传统融资模式给中小企业带来的束缚，通过仓单质押融资盘活企业库存资产，释放库存资金占用。在盘活物资供应链上企业流动资产的同时，推动物资资源的有效配置。

（6）能订——订单融资数字金融服务。

针对风电、光伏等供应链上游设备生产企业普遍存在的生产资金压力大、周转困难等问题，以华能集团核心企业信用良好的买方产品订单为场景，为风电、光伏等供应链上游设备生产企业提供用于购买材料、组织生产的专项短期信贷支持。

（7）能票——票据融资服务。

以票据经纪服务为切入点，基于票据的支付、流通、融资三大功能应用，推动应收账款票据化，让中小微企业的结算、融资更简易、更高效，并帮助中小微企业全面打通普惠金融。此外，通过对接上海票据交易所供应链票据平台，实现“能信”在源头上的票据化。

二、基于大数据分析的互联网供应链金融

（一）大数据与供应链金融

随着供应链运营全球化、互联网化以及信息化的发展，数据已经渗透到每一个行业和业务职能领域，业已成为一个重要的生产因素，并且海量数据可以通过多种方式产生价值，因此，对于大数据的运用（Using Data），就成为企业获得竞争力以及获得供应链金融长远发展的关键。如今海量（Volume）、多种类型（Variety）、速度快（Velocity）、价值高（Value）的大数据成为企业增进绩效、推动业务创新的重要要素（Hazen，et al.，2014），这是因为一方面，大数据不但是企业为客户提供增值服务的基础，还能有效地降低供应链成本费用，另一方面，大数据还能促进企业间的信息协同，并且在供应链金融兴起的背景下，大数据分析技术还能成为企业的一种战略性资源（Colangelo & Borgogno，2018；Zetsche，et al.，2017）。

由于供应链金融是通过各种金融性行为，包括融资，立足于多利益相关方建构的网络来优化商业流程和经营行为，促进产业与金融的融合，产生产业与金融的倍增效益，因此，大数据的运用主要是为了更好地了解互联网供应链金融中的关键利益方，特别是融资对象的经营能力、潜在能力和潜在风险（Rishehchi Fayyaz，et al.，2021）。

了解经营能力是为了了解和掌握服务对象在市场和行业中的地位，以及表现出来的竞争力。供应链金融的服务对象往往不具备资金、资产和信誉，大数据分析的另外一个重要的目标是分析、判断供应链中服务对象的潜在能力，也就是说不仅仅要分析一个组织业已表现出来的能力，还要关

注其未来具备的能力。大数据分析的第三个主要目标还包括分析、判断供应链参与主体，特别是融资对象的潜在风险。企业风险是指某一对企业目标的实现可能造成负面影响的事项发生的可能性，企业在制定和实现自己目标的过程中，会碰到各种各样的风险，所以需要通过大数据分析、了解企业可能存在的各种负面影响因素（Rishehchi Fayyaz，et al.，2021）。具体看，需要分析、了解的风险主要有五大类：一是运营风险，是指企业在运营过程中，由于外部环境的复杂性和变动性以及主体对环境的认知能力和适应能力的有限性而导致的运营失败或使运营活动达不到预期的目标的可能性及其损失；二是资产风险，指公司在经营过程中，由于外部不确定因素、内部人为因素及相关条件而导致的资产质量发生偏差，从而使财务公司信誉、资金、收益等遭受损失的可能性；三是竞争风险，是指企业由于外部的因素或者能力不足或者失误，使得企业在竞争和经营过程中，实际实现的利益与预期利益目标发生背离的可能性；四是商誉风险，是指组织目前在所有利益各方心目中的地位以及在当前环境下的运营能力和形象受到损毁；五是战略风险，这类风险是影响整个企业的发展方向、企业文化、信息和生存能力或企业效益的各类不确定因素。上述所有五类风险都是危害互联网供应链金融有效率和效益运行发展的威胁，因此，需要借助于大数据分析，了解相关主体可能存在的这五类潜在风险。

（二）先进分析支撑的供应链金融创新案例：金网络

近年来，随着应收账款电子凭证在数字化供应链金融领域的广泛应用和深度渗透，这一模式正逐步逼近其创新的边界与效能极限。传统的中小企业信贷市场不断向复杂化、精细化方向演进，已深入融资服务的深水区，泛行业、基于低维度数据的传统风控模型逐渐难以满足日益多元化的产业需求及对金融服务深化创新的支持。

面对这一行业痛点和发展瓶颈，金网络（北京）数字科技有限公司（以下简称“金网络”）凭借其植根于航空产业的深厚底蕴和专业技术优势，精准定位并聚焦战略新兴产业与以高新技术为引领的先进制造业细分市场。该公司致力于研发一套覆盖上下游企业交易全流程、深度融合多维度主体信用评级与债项信用评估机制的综合金融解决方案，旨在突破传统模式，挖掘产业链深层次价值。通过整合大数据分析、区块链技术以及人工智能算法等前沿科技手段，金网络构建起一套高度智能化、体系化的金融产品和服务矩阵。这套方案不仅提升了金融服务实体经济的能力，更有效地破解了中小微企业尤其是先进制造业企业在融资难、融资贵问题上的枷锁，助力企业优化资本结构，增强产业链协同效应，从而实现整个行业的可持续发展与金融科技创新的良性循环。

1. 发扬数据信用、服务实体企业全生产周期的订单融资

金网络携手光大银行、浦发银行、中航信托等十余家知名金融机构，共同构建了一套面向航空航天及其他先进制造业产业链内中小企业供应商的创新型金融服务方案。该方案利用了合同履约记录、订单信息、中标数据以及企业历史经营状况等一系列关键数据要素作为风控基础，创新性地打破了对核心企业授信额度的依赖，转而采用纯信用担保或基于贸易自偿机制的现金流闭环管理模式，为遍布全国的供应链企业提供便捷的一站式融资服务。

在这一交易结构的设计与实施过程中，金网络充分发挥其在金融科技领域的专长，为合作金融机构提供了涵盖展业支持、资信评估和全程运营管理在内的全方位服务。通过引入先进的数字化技术手段，金网络持续优化授信流程，显著提升了资金审批效率，并助力降低了中小企业的信用融资综合成本至5%以下的低位，有效缓解了产业上下游的资金压力。

值得一提的是，金网络推出的订单融资标准化产品上线仅一年多时间，即已累计为先进制造业产业链中的中小企业成功筹措接近10亿元人民币的宝贵资金。以四川省某具有代表性的民营碳纤维复合材料制造商为例，在2022年该公司因下游市场需求激增导致订单数量翻倍增长的关键阶段，该制造商借助金网络的订单融资产品，顺利对接到两家金融机构所提供的总计6 000万元纯信用贷款，有力支撑了企业在快速成长期的产能扩张和技术升级，充分体现了金网络在推动实体经济与金融深度融合方面所发挥的积极作用。

2. 基于行业供需、批产能力的知识产权与固定资产融资

针对先进制造业企业普遍存在的高研发投入、大规模固定资产投入以

及较长的财务回报周期等特性，金网络凭借其精准的数据洞察和深厚的行业理解能力，对产业链中的中小企业进行了全方位的深度剖析。通过严谨的数据分析与评估手段，该公司不仅关注企业在产业链配套环节的地位稳定性，而且深入探究其技术领先性、产品生命周期的可持续性以及订单获取与执行能力等多个核心维度。

基于上述多维评价体系，金网络构建了一套精细化的中长期主体信用与债项信用评估模型，旨在准确反映先进制造业中小企业的内在价值与发展潜力。该模型还充分考虑了企业的知识产权资产价值与固定资产作为有效增信措施的作用，将无形资产与有形资产相结合，为金融机构提供全面而科学的风险评判依据。

在此基础上，金网络携手银行、信托公司、融资租赁公司等多种类型的金融机构，共同设计并推出了针对性极强的一系列金融产品，包括但不限于中长期订单融资方案、以知识产权质押为担保的创新型融资产品以及灵活高效的生产设备融资租赁服务等。这些产品和服务的创新组合，旨在切实解决先进制造业企业在技术研发阶段的资金需求、扩大生产规模时的资本瓶颈，以及科技成果产业化过程中面临的资金难题，从而有力推动我国先进制造业的创新驱动发展与产业升级。

3. 基于企业中长期价值增长的投贷联动、财务管家服务

针对高新技术企业在初创期和成长期普遍面临的研发投入高、产出效益低、现金流紧张等挑战，金网络积极联合国家层面的多项战略性产业投资基金以及核心企业旗下的专业股权投资机构，共同创新实践了一种“投中选贷、贷中选投、投贷联动”的新型财务管家综合服务模式。该模式旨在紧密围绕在关键领域拥有核心技术突破潜力的成长性中小企业，从资本运作、资金供给、产品研发、品牌建设、市场流量获取以及组织优化等六大维度全方位构建起一套“成长陪伴计划”。

通过这一计划，金网络为相关企业提供包括种子轮、天使轮直至上市前多阶段的股权投资，以及短期、中期到长期的债权投资组合，确保企业在不同发展阶段均能得到精准匹配的资金支持，并辅以高效的供应链管理

服务。这种深度介入和定制化的金融服务策略，不仅能够有效解决企业的融资难题，还能促进产融结合，形成“以金融资本驱动产业升级，而产业升级又反哺吸引更高质量金融资本”的良性互动循环。

在此过程中，金网络助力企业深度优化自身的财务结构，提高资产运营效率，从而实现毛利率、净利率乃至整体资金成本率等方面的显著提升，增强盈利能力和增长韧性。通过精心策划与实施这套全面赋能方案，金网络成功助力众多高新技术企业快速成长为细分领域的“小巨人”企业甚至全球瞩目的“独角兽”，有力推动了我国科技创新及实体经济高质量发展。

4. 金网络的先进制造业供应链金融综合服务体系全景图

金网络致力于成为行业领先的产融数字化与供应链金融综合服务商，打造共赢生态，以数字科技推动产业-金融深度融合，助力产业链供应链健康发展。公司积极推动各大链主企业、各类金融机构及相关部委支持建设实体产业链金融综合服务平台，运用金融科技手段，深入产业链供应链场景，以“N（核心企业）＋N（金融机构）＋N（供应商)”模式广泛服务供应链场景各类主体，提供供应链融资、知识产权融资、设备租赁融资、项目融资、股权融资等多样化产品，构建多元化的金融服务体系，提供贯穿服务供应链条各个层级、生产经营各个环节、企业发展各个阶段的综合金融服务（见图 7－11）。

截至 2022 年底，金网络在供应链金融业务方面取得了显著成果。其业

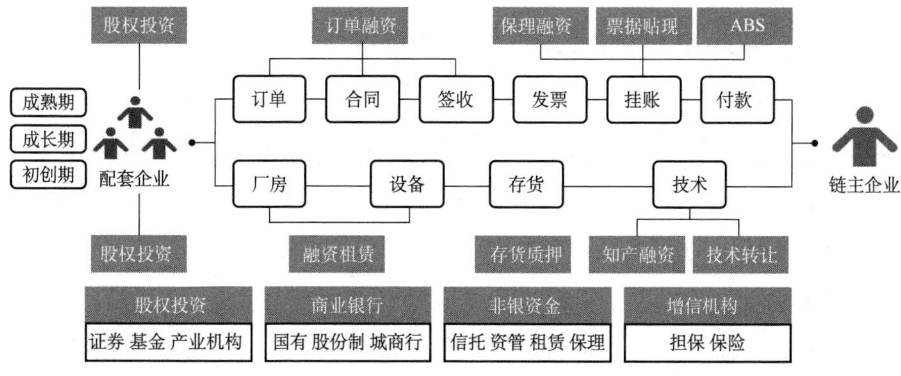

图 7－11　金网络的先进制造业产业链金融产品与服务体系

务已广泛覆盖各产业领域的“链长”企业，共计1 100余家，并延伸服务至5万余家供应商。在此期间，金网络累计为企业间提供支付结算与三角债清理服务金额高达约3 000亿元，并成功促成供应链融资超过1 000亿元，其中对先进制造业产业链中的中小企业融资支持逾300亿元，显示出其在助力中小企业发展方面的强大实力。

值得一提的是，金网络的融资客户中中小企业占比高达90%以上。公司提供的各类信贷服务加权平均综合成本约为年化3.7%，这一数字显著低于全国中小企业的平均社会融资成本，为企业大幅降低融资成本提供了实实在在的财务支持。

此外，基于金网络在产融结合数字科技领域的创新和深厚技术积累，其参与并负责技术部分的“航空工业产融结合数据公共服务空间”项目已成功获得工信部的立项批准。该项目被认定为国家级行业大数据应用试点示范项目，进一步凸显了金网络在数字科技与产业金融结合领域的领先地位和卓越实力。

第4节　基于产业价值生态和产金融合迭代的供应链金融创新

一、基于产业价值生态的互联网供应链金融

（一）共同进化的价值生态网与供应链金融

供应链管理的起源可追溯至传统的作业管理活动，如采购、分销与物流管理。然而，随着管理理念的不断进步，供应链活动已演变为一种高度综合性的管理流程。这一转变的核心在于信息共享平台的建设和信息分享，它使得产业链中的所有参与者能够实现高效协调与互动。特别是近年来，产业生态概念的兴起进一步拓展了供应链管理的范畴。产业生态借鉴生物科学的概念，描绘了一个充满新技术可能性的世界，其中差异化的物种相互依存，共同在创造性和可持续的环境中创造价值（Brown，et al.，

2007)。产业生态的引入为供应链管理带来了革命性的变化。这种基于产业生态的供应链运营（Ecosystem Operation）鼓励不同的组织和机构，通过互动与合作，创造和分享知识。这种运营模式不仅提高了供应链的效率，还构建了一个能够为所有参与者带来价值的有机网络（Ketchen，et al.，2014)，这种网络超越了传统企业管理中简单的资产互补，更加强调共同进化、共创知识和共享价值。这种变革也为平台化供应链金融的发展提供了契机。一方面，产业价值生态网络为平台化的供应链金融的开展提供了广阔的空间和条件；另一方面，平台化的供应链金融本身也成为产业价值生态进一步发展的重要手段。因此，打造产业共同进化的价值生态成为平台化的供应链金融的重要方面（Bals，2019)。

共同进化的价值生态网是一个将所有相关利益方有机组织起来共同创造价值的体系。在实现各自利益价值的同时，它还能够产生产业价值。这正是平台化的供应链金融发展的关键和手段。互联网供应链金融的宗旨在于依托产业生态，优化金融资源的配置，加速产业现金流，降低资金使用成本，从而构建具有强大竞争力的产业生态。通过构建这样的价值生态网络，平台化的供应链金融得以顺利推进。同时，良好的金融创新和活动又能进一步推动网络的进化与发展，促进产业生态的演进。具体而言，基于价值生态网的平台化供应链金融主要呈现出三种形态：首先是对原有产业供应链中的“1”进行价值解构；其次是将分散的碎片聚合成虚拟的“1”；最后是将两端的碎片整合到一个生态平台中。这三种形态共同构成了平台化供应链金融在价值生态网中的重要表现形式。

（二）平台化的供应链金融创新案例：新建元和融

2021年9月，苏州新建元和融科技有限公司（以下称“新建元和融”）正式在苏州工业园区注册成立。这家公司与政府、银行和企业紧密协作，共同构建了一个综合而开放的金融服务平台。公司以数据资产管理作为核心，通过推动地区经济生态的数字化升级、数据治理、智能分析以及数字化监管，活化了生态数据，并在政府、企业与金融机构之间架设了沟通的桥梁。依托苏州工业园区丰富的供应链场景，新建元和融围绕生物医药、工程技术、科技等关键行业，打造了一个基于数字资产的开放性综合金融服务平台。该平台旨在实现政策对实体经济的精准扶持，以及对金融服务于实体经济的精确对接。政府在此过程中发挥保驾护航的作用，为金融服务于实体经济提供支持，同时重塑区域产业风险管理体系。这样的模式促进了实体经济与金融、地方政府治理之间的良性互动，实现了多方共赢的局面。在政府的大力扶持下，新建元和融成功引入了国资控股，占比达到51%。目前，新建元和融已经形成了供应链业务运营、技术服务、金融服务三大核心竞争力，并正致力于构建一个产银融合的生态系统。

1. 平台成立的背景

新建元合融作为政企银技多生态合作平台，其产生的背景在于：

第一，传统供应链金融服务平台有一定的受限因素。供应链金融区别于传统的信贷业务，实际上是一种跨银行、跨地域、跨行业的交易金融模式，需要考虑整个业务及客户群体。而现实中，供应链链条上的信息孤岛与信息不对称造成了银行难以判断中小微企业的真实情况。能够真实反映中小微企业运营和交易场景的数据往往无法做到互通，造成了一个个信息孤岛。随着《中华人民共和国数据安全法》的出台，出于数据安全保护的需要，难以将数据直接开放给企业使用。如果政务数据与相关企业的供应链运营和交易数据无法向金融机构有效传递，商业银行将很难进行有效信贷风控，同时，保险、担保等金融机构也难以为相关融资业务提供增信。

第二，金融信息撮合平台作用有限。各地建立了基于企业融资的信息撮合平台、金融超市，需要融资的企业在平台上发布需求信息，资金方在平台发布融资产品，平台将银企供需信息进行对接。信息撮合平台主要解决供需信息的发布与匹配问题，只是帮助金融机构获取客户需求信息，并不帮助客户获取风险信息，没有协助风控的职能。

第三，地区政府希望通过链长制、奖补措施、引导基金、产业基金、担保基金、风险补偿基金、贴息政策、普惠金融政策等各种手段来支持中小企业的发展，切实保障产业供应链安全或转型升级，也希望筑巢引凤、提升地区经济竞争力。但是精准施策存在一定难度，难以从企业发展之

"根"上去解决问题，数字化金融就是要精准扶持供应链毛细血管末端的大量中小微企业，需要服务主体综合主体信用、交易信用、物的信用、数字信用来评估中小微企业的发展水平，地区政府难以也没有必要仅凭一己之力构建如此复杂的评估体系。

总而言之，政府、金融机构、实体企业三者之间缺乏链接器，如果没有一个组织能将政府的数据资源、信用资源、政策资源、国企资源等更安全有效地开放、输送给金融机构，将政府对企业的监督管理能力间接开放给金融机构，金融机构扶持实体企业会受限；如果没有一个组织能将金融机构、供应链管理服务等第三方服务企业对实体企业的经营状况的洞察与把控能力更直接地开放给政府，政府也难以形成主体信用、交易信用、物的信用、数字信用相结合的创新的治理能力和精准扶持能力，如果没有政府、金融机构的支持，实体企业难以更好地发展，金融风险难降，地区经济难上一台阶，招商引资会遇到瓶颈，进而反过来会制约政府治理和金融机构的发展。

2. 平台发展模式

新建元和融一步步构建起一个政、企、银相互加持、多方共赢的开放生态：

第一步，整合国有资本与市场化运营的力量，成立建设及运营公司。

第二步，基于政府赋能，结合产品设计、技术应用提高金融机构的意愿和能力——利用核心企业＋区块链形成信用流解决上游供应商融资问题，利用大数据（政府公共数据＋园区场景中的四流数据）＋模型＋保险/担保增信解决下游经销商融资问题。

第三步，新建元和融、金融机构及其他配套服务商形成"联盟"，帮助政府更好地精准施策，包括贴息、风险补偿、招商引资等政策的落实。

最后，各方、各环节良性循环、相互加持、多方共赢。同时，新建元和融正在探索数据资产管理、交易、服务模式，希望构建地区金融数据资产交易大生态（交易所模式），基于第一阶段的业务驱动数字化、资产金融化升级为更大范围的数据资产化、资产交易化。

3. 平台业务创新

新建元和融围绕园区产业集群场景，构建起了支持支付结算、融资、财富管理、投融资等多场景运作的综合服务能力（见图7-12）。

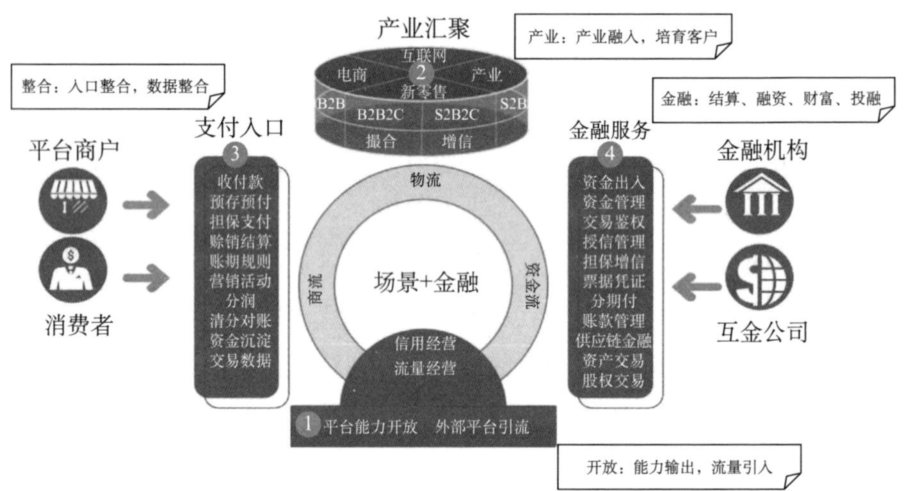

图7-12 新建元和融产融平台

其中，供应链金融是其产融服务功能的核心功能之一。新建元和融立足"园易融"平台，结合园区管理与服务所形成的供应链风险缓释能力，以大数据治理、区块链、多方安全计算、可信身份认证等科技技术应用为基础，构建五流合一、数据信用＋主体信用＋交易信用＋物的信用的风控体系，并配套政府（白名单、贴息、风险补偿）、保险、担保等各方的增信，围绕上下游设计了两大类供应链金融产品（见图7-13）。

（1）信用传导支撑金融机构扶持核心企业上游供应商。

"元信产品"是一款基于债权债务转让的一种在园区供应链金融平台上流转的企业信用票据；它是由大型企业集团通过园区供应链金融平台提供的，将其优质企业信用转化为可流转、可融资、可灵活配置的电子付款承诺函，将其债务支付运用"元信产品"生命周期在园区供应链金融平台周转使用的全过程互联网服务，是一种便捷的创新型金融服务产品。

同时，"元信产品"也触发了保险公司的业务创新，可由客户选择，新

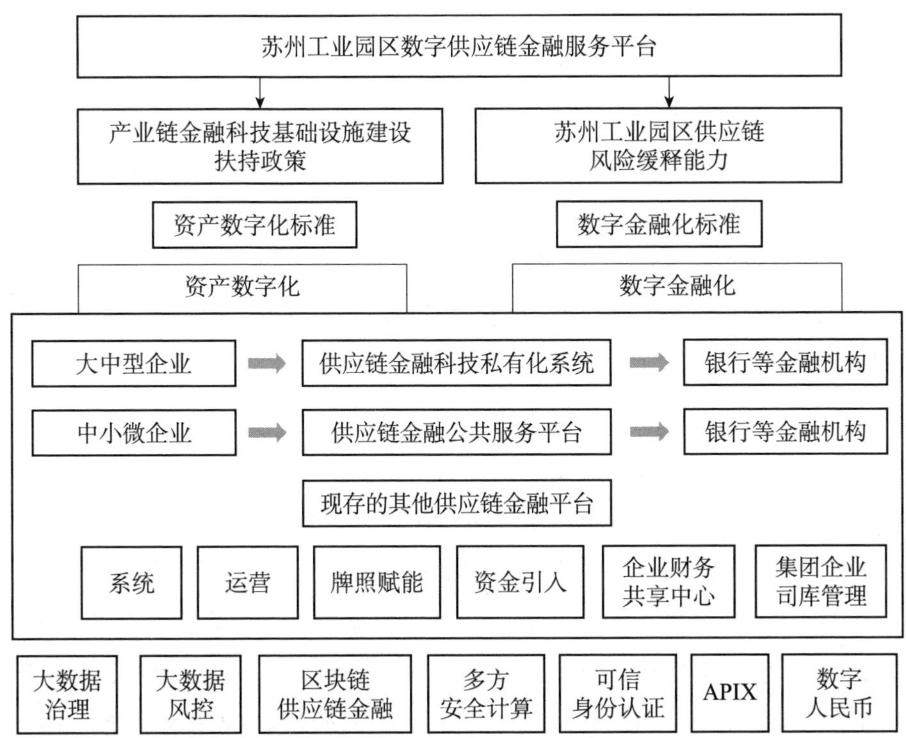

图 7-13　园区数字供应链金融服务平台示例

建元和融将保证保险产品加载于元信产品之上，形成了更强力的风控措施。

基于核心企业的未使用授信和多样的风险缓释，现阶段“元信产品”已经实现在线上放款，时间大约为两小时，整个流程快速简洁。

(2) 大数据风控支撑金融机构扶持核心企业下游经销商。

针对核心企业下游中小微企业的融资，以往情况下，由于游离于供应链场景之外，金融机构难以获得风控所需的必要数据量和数据维度，开展信用融资难度很大。在园区，新建元和融通过金融科技监管与创新服务平台，采用“数据不跑模型跑、数据可用不可见、数据不出域”的方式，符合《中华人民共和国数据安全法》的监管与合规性，并且使用人工智能、多方安全计算、隐私保护等创新技术，自研数智模型。与金融机构根据交易场景联合创新各类金融产品，让融资业务更加安全，从而以一种开放共享数据服务的方式为供应链金融的风控赋能。

4. 平台技术创新

科技能力是数字金融发展的核心根基，技术的发展也是日新月异，同时技术最后一定是为需求服务的，新建元和融围绕两大应用场景——“金融数据底座（数字资产管理能力与大数据风控创新）”和“供应链金融服务平台（区块链等）”进行技术创新。

（1）金融数据底座（数字资产管理能力与大数据风控创新）。

通过 APIX 有序落地，建立数据交易中心平台雏形，优先面向金融机构开展交易服务。

首先，新建元和融在数据集成中心、数据资产与数据血缘分析、知识可视化规范设计三个方面做了应用创新。在数据集成中心方面，做到了数据不出域，数据不跑模型跑。通过隐私计算＋区块链技术，对数据进行分级分类管理，围绕场景实现了以数据治理、数据监管、数字可信身份认证等为基础的产业金融大数据生态应用。在数据资产与数据血缘分析方面，数据地图围绕数据搜索，服务于数据分析、数据开发、数据挖掘、数据运营等数据表的使用者和拥有者，为其提供方便快捷的数据搜索服务，拥有功能强大的血缘信息与影响分析。在知识可视化规范设计方面，可视化规范设计平台以关系建模、维度建模理论支撑，实现规范化、可视化、标准化数据模型开发，定位于数据治理流程设计落地阶段，输出成果用于指导开发人员实践落地数据治理方法论。规范设计作为数据治理的一个核心模块，承担数据治理过程中的数据加工并业务化的功能，主要包括数据调研、标准设计、模型设计和指标设计四个部分。规范设计支持 DLI、POSTGRESQL、DWS、MRS _ Hive 数据连接类型。

其次，大数据智能风控创新：建立了国内了第一个基于区块链与隐私计算的微贷数据分析与建模平台。在数智模型方面，自研 DMA＋BEST 数智模型。数智模型匹配算法模型是基于专家经验、人工智能的双轮驱动的风险控制算法，旨在辅助构建具有政府公信力的园区企业风控体系，以科技赋能金融机构降低获客成本和风险，提升金融机构和用户的体验。DMA 数智模型与一般的科技风控不同的是，一般的科技风控仅关注企业风险评估，而DMA数智模型将针对企业的金融价值、风险水平、产业链地位、核心技术和产品、成长性等，综合产出企业的数字分，全方位评价企业的成长性、股权投资价值、信贷投资价值，方便金融机构为企业成长的全生命周期提供综合性金融服务，帮助地方政府将中小企业扶持培育上市，达到协同发展地方经济的目的（见图7-14）。BEST模型最核心的功能就是资产方与资金方的精准匹配，为银行、企业、其他机构和合作伙伴提供精准的、优质的客户名单。通过BEST模型对金融机构、企业客群、产品、业务进行精准分类，刻画客群画像，帮助银行等合作伙伴进行精准的客群-策略匹配，以展开动态、精准管理。

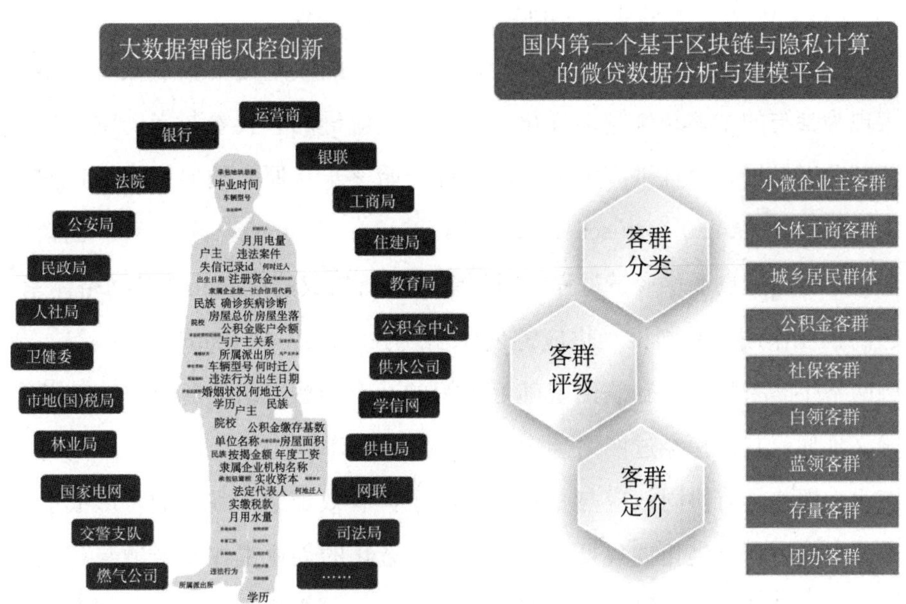

图7-14　大数据智能风控——数据分析与数据建模

（2）供应链金融服务平台（区块链等）。

区块链技术：自主研发区块链技术，真实链接、不可篡改、可追溯；数据安全隐私：分布式存储、数据隔离，双岗审核，权限管理；安全认证：国际PCIDSS认证、ICP EDI认证、区块链服务备案。

系统基于J2EE架构，符合主流技术要求，采用WEB、SERVER、DB

三层结构的B/S模式设计。基于Internet/Intranet的B/S体系结构的应用软件系统正广泛地在世界各地实施，已经成为当前和未来一段时期内企业信息系统开发的潮流。供应链金融平台即完全支持B/S体系结构，它为构造企业信息化平台系统提供了可靠的技术和方法。

供应链金融平台的实现采用的是纯B/S技术架构，基于J2EE技术体系研发，是一套基于WEB、可分布式的应用平台，主要特点有：采用组件化设计思想，各模块组件可独立运行，按需分布部署，提高整体灵活性。

二、基于产金融合迭代的互联网供应链金融

（一）供应链产业生态、创客生态与金融生态

随着产业供应链生态化的发展，生态的影响效应逐渐被放大，这不仅表现为参与的主体越来越多样化，逐步从供应链的直接参与者向供应链创新创业者扩展，而且供应链中的金融也开始逐步从原来的要素特征走向了生态化（Arslanian & Fischer，2019b，2019a；Strumeyer，2017）。创新创业生态指的是创业供应链过程中的创新主体所构成的组织互动和网络体系，它们相互作用，共同推动供应链创业创新（Suresh & Ramraj，2012）。金融网络生态指的是在互联网基础上编织的一个金融网络，各个部分彼此影响、延伸。它是指经过网络金融中不同业态、不同个体之间的相互融合与淘汰，那些具有协同效应与相乘效果的个体有效地组织在一起，形成能动态地自我更新与进化的集群。这一集群生态化的创业主体和金融与产业生态形成了良性互动，既相互依存又相互影响，最终实现了产业、创客和金融的多重创新和融合（Syncretism），推动了互联网供应链金融的发展。

上述三种类型的生态体系存在着迭代效应，共同支撑了互联网供应链金融的发展。迭代的含义是重复反馈过程的活动，其目的通常是为了逼近所需目标或结果，每一次对过程的重复称为一次“迭代”，而每一次迭代得到的结果会作为下一次迭代的初始值。在互联网供应链金融的发展中，产业生态、创客生态与金融生态之间互为影响，每种生态都为其他生态的建构和运

行提供输入，同时又反馈于输入端的生态，推动三种生态的协同发展。

随着创客生态和产业生态的发展，创业者的创业行为与产业运营不断地促进产业供应链竞争力的发展，这种不断发展的供应链为金融生态的形成奠定了基础，一方面，它使得互联网供应链金融有了实体产业和创业者的支撑，更有利于管理和控制风险；另一方面，由于产业和创客行为的推动，又促进了金融工具的创新和生态体系的建构（见图7－15）。

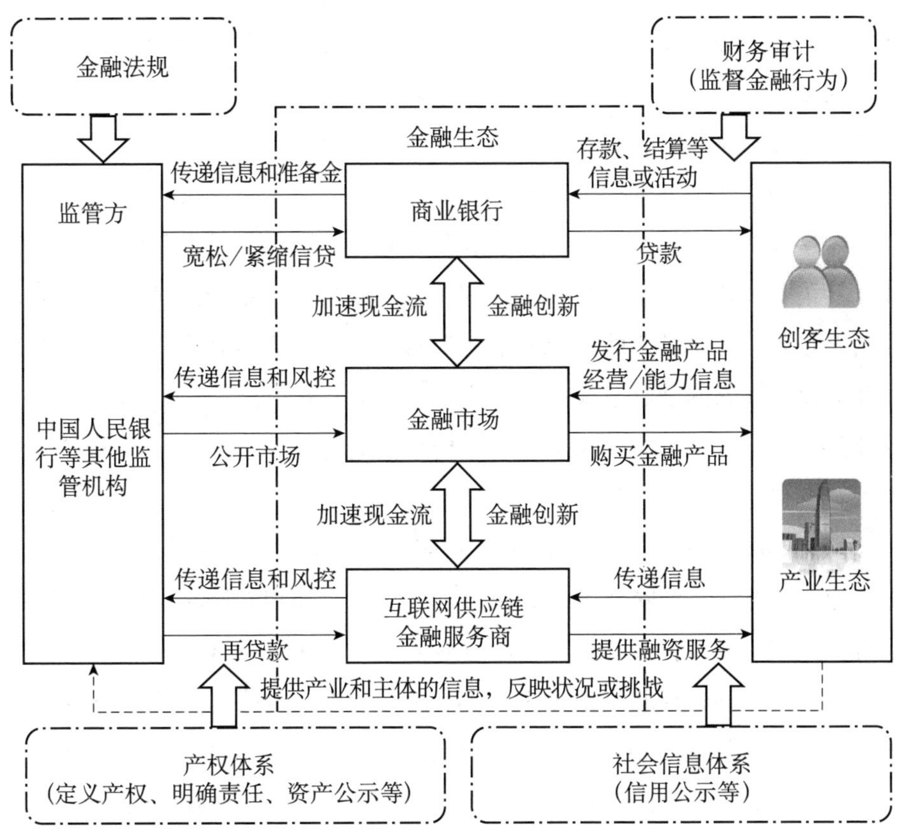

图7－15　产业和创客生态迭代下的金融生态

（二）平台化的供应链金融创新案例：京东科技

京东科技是京东集团旗下专注于以技术为政企客户服务的业务子集团，致力于为企业、金融机构、政府等各类客户提供全价值链的技术性产品与解决方案。基于京东多年的供应链业务与科技沉淀，京东科技运用云计算、人工智能、区块链、大数据、物联网等金融科技能力，从供应链产业链整体出发，为供应链金融业务实现科技赋能，提升产业链融资的可获得性，帮助降低融资成本，助力产业链提质降本增效。

从宏观层面来看，当前国家大力倡导数字经济的发展，各行业也纷纷推出了各自的数字经济发展规划，特别是很多大型央企国企也在积极探索数字化转型的道路。然而，当前很多企业甚至地方公共部门对数字化转型的概念，以及数字化与具体业务的结合方式等方面认识的清晰度较低。根据麦肯锡最新的研究报告，目前中国企业数字化转型成功率只有20%，虽然许多企业从事数字化转型，并将资源投入数字化构建和运营，但成效并不显著，数字化转型进程相对缓慢。

数字经济转型的本质是通过数据手段驱动业务发展，以及借助大数据、人工智能等手段为决策提供帮助。因此，京东科技旨在通过"金融科技+供应链场景"方式及全线上化的业务流程，借助金融科技全面呈现供应链场景，反映交易的全业务流程，并以核心企业为出发点构建包括核心企业、上下游企业、金融机构以及第三方机构在内的一体化金融供给与风控防范体系，提供系统性金融解决方案。

截至2022年初，京东科技在全国70多个城市建立了京东云服务基地，为北京市经开区、雄安新区、天津市河西区、上海市普陀区、江苏省南通市和宿迁市、山西省大同市、陕西省西安市、山东省济南市和滨州市、河南省鹤壁市、湖南省湘潭市等多地政府及相关部门提供了智能城市数字化平台和政务数字化服务；在金融机构服务领域，京东科技已为包括银行、保险、基金、信托、证券公司在内的超800家各类金融机构提供了数字化服务的综合解决方案；在企业服务领域，已为超1 500家大型企业、超150万家中小微企业提供了包括业务和技术在内的数字化解决方案。

1. 科技服务输出的"四驾马车"

（1）顶层规划——咨询服务。

京东科技围绕企业数字化转型，建立面向产业数字化平台的解决方案，并整合京东零售、物流、工业品等生态资源，规划供应链布局，设计交易路径。同时，规划供应链上下游链条的业务逻辑和风控，设计资金对接渠道。

京东科技以瞬时竞争优势战略为核心，运用PAM模型进行业务分层定义、业务组件定义以及问题排序，运用PSM模型帮助企业系统梳理业务链和价值链，明确对外输出的产品和服务，并以此构建一种基于自身内部数字化支撑平台的规划模型。除此之外，京东科技还综合运用安索夫矩阵、标杆分析法、波特价值链分析模型、雷达图分析法、利益相关者分析、鱼骨图分析法、PEST、SWOT、KANO、MP、CBB等工具构建客户企业数字化转型蓝图。

在企业供应链数字化转型设计的基础上，京东科技进一步从商流、物流、信息流、资金流四个方面提供供应链金融平台解决方案，规划供应链上下游链条的业务逻辑和风控支撑，设计资金对接渠道，助力企业描绘供应链金融服务蓝图。

（2）系统建设——平台产品服务。

京东科技为供应链金融构建覆盖核心企业、上下游企业、金融机构、第三方机构等领域的金融供给和风险防控体系，深入理解产业链交易规律与习惯，利用金融科技能力，以平台形式为全链路提供数字化金融服务，实现资产与资金的良好匹配：一方面，在底层设计上，基于云计算（公有云、私有云、混合云的多种模式）搭建基础设施，满足不同企业架构的底层需求；另一方面，在交互系统层面，京东科技从能力建设和生态建设出发，提供交互协同的产品与服务，为供应链金融作支撑。其代表性产品有应收融资、B2B订货/预付融资、预付款/订单融资以及存货及货权质押融资等。

例如，平台系统基于核心企业与供应商的交易及债权情况，为核心企业上游供应商提供应收账款融资的金融产品，使其销售资金迅速回笼，提升资金周转率。由此，京东科技通过结算优势增强竞争力，提升与核心企业的合作黏性。再如，基于京东自身物流资源开展的存货及货权质押融资，前者通过对库存商品的数量监控、价格监控、周转趋势、销售预估等实现计算授信额度，支持静态和浮动质押（库存池融资）；后者的订货阶段基于未来货权（预付转质押），运用采购融资与动产融资相结合的保兑仓模式，实现快速放款。另外，京东科技还基于信息技术提供京票秒贴平台，对接银行，为核心企业及其上下游企业提供简单、便捷的票据融资信息服务。

（3）运营管理——运营服务。

京东科技从技术、产品、业务、风险等层面为客户提供贴合项目需求的运维和运营服务，其中包括：①技术运营为平台持续高质量运转提供可靠的技术保障，包括7×24小时的运营维护、系统维护与升级、云端处理中心等；②产品运营是围绕产品价值与功能实现，制定在线产品长期发展策略，打磨产品细节，包括产品需求采集、产品运营通道建设、产品的拥护体验优化、产品策略制定与评估等；③业务运营是为保障业务合规稳健高效发展提供的业务运营服务，包含后台管理、业务数据监控、资产质量持续关注、客户触达经验赋能等；④风险运营是围绕产品上线后客户的行为表现，制定相应的风险策略，优化存量资产风险水平，包括贷中风险预警、提额降息优化策略、风险预警规划配置及策略等。

以上四方面的运营是基于信息技术的数据运营实现的，即从供应链上下游运营中庞大的、杂乱无章的数据中分析有价值的数据规律与产品问题，从而帮助企业决策与优化，推动业务闭环与产品迭代。

（4）协同建设——一体化服务。

为减少企业各方资源寻找成本，提高融资效率，依托京东的综合科技能力，京东科技构建了供应链金融科技一体化服务体系：一方面，输出与供应链金融相关的风控建模、风险管理经验、账户与支付体系、资产管理等能力，打造面向客户的综合型科技服务体系；另一方面，将资产数字化、标准化，组织有效资产，高效匹配资金。

因此，京东科技根据客户的业务特征建设了与融资业务全生命周期相对应的信贷风险模型，实现了金融业务的全流程风险管理。另外，京东科技设计了一站式的企业账户与支付体系，在降低平台运营管理成本的同时，还集各角色账户和资金的收、管、付于一体，一站式完成支付和结算。同时，京东科技通过与企业征信、个人征信机构进行合作，并为政府大数据相关部门提供数据模型等技术能力，逐步为各种场景赋能数据价值。

2. “四位一体”的新型供应链金融科技平台

京东科技以供应链为依托，以产业场景为驱动，以智能化为重要手段，以产业高质量发展为目标，构建了“供应链＋场景＋数智化＋产业”四位一体的供应链金融科技平台。该新型平台以京东云混合数字基础设施为底座，可覆盖核心企业及其供应链上下游企业，对接金融机构提供金融服务，帮助供应链上的各类企业解决资金端和资产端的需求匹配问题。利用云计算、区块链、人工智能、物联网等多项技术，京东供应链金融科技平台构建了简捷、高效、标准化的供应链协作和供应链融资的在线全流程体系，通过数字化平台解决方案，实现系统高效整合，业务闭环，全链条数据可视，助力降低操作风险、运营及人工成本，改善企业现金流管理，放大协同效应，推动产业链共同发展。

与金融机构的传统供应链金融产品以及其他产业供应链金融平台相比，京东科技搭建新型供应链金融科技平台具备三大独特优势：

（1）京东是一家同时具备实体企业基因和属性、拥有数字技术和能力的新型实体企业，根植于实体经济，成长于实体经济，服务于实体经济。京东十余年的数智化能力以及经验沉淀，是供应链金融科技平台推出的内在基因。

（2）京东在全国33个城市运营43座“亚洲一号”、1 300个仓库，在近1 000万自营SKU商品的基础上，库存周转天数进一步降至30.3天，保持运营效率全球领先。依托京东仓、配、运一体化供应链优势，拥有完整的生态体系和产品体系，为供应链金融科技平台的发展奠定了根基。

（3）能为不同客户输出全面解决方案，对金融机构、企业、政府这三个客户群体均可提供服务。在企业侧，助力核心企业搭建供应链金融服务平台，链接各业务平台，服务产业链上下游中小企业；在金融机构侧，目前与城市商业银行、信托公司等金融机构合作，通过金融机构渗透到原有的产业链中，再通过科技能力去助力服务实体企业；在政府侧，可帮助政府搭建供应链金融的交易平台与产品平台。

3. 京东科技供应链金融服务场景

（1）场景1：生产型核心企业＋供应链金融科技。

当前很多生产型核心企业根据自身发展需要，存在提升主营业务收入、稳定供应链、提高业务数字化水平、增加金融业务收入、降低资金成本、优化报表等不同诉求。此时，京东科技可根据具体的运营场景帮助核心企业客户梳理全产业链的业务逻辑。然后，京东科技基于应收融资、动产融资、融资租赁等业务场景以及其他拓展业务场景设计动产融资、仓单融资、融资租赁、应收账款融资等业务，并根据业务需求与相应的资金方对接（见图7－16）。

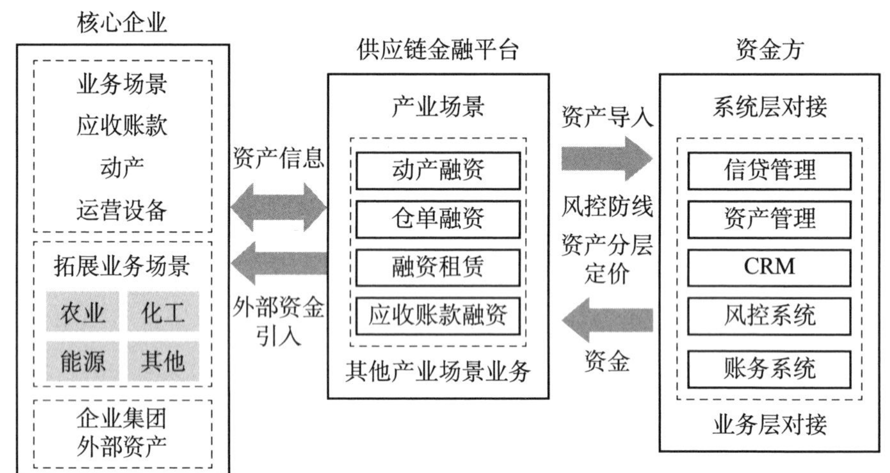

图7－16　生产型核心企业＋供应链金融科技实践场景

例如，某典型酒业生产型核心企业是京东科技的重要客户，京东针对其供应链场景，创建了“供应链金融科技平台”。平台利用“大数据＋风控模型＋供应链金融组合展业”的方式，接入外部和内部系统数据，实现现有业务管理系统的集成，并提升核心企业面向供应商、多级经销商甚至员工提供多场景的金融服务系统能力（见图7－17）。同时，平台搭建风险决策中心，实现准入、反欺诈、量化定价等相关功能。此外，酒业核心企业存在面向下游拓展销售渠道的需求。面向经销商提出的采购融资需求，京东科技针对核心企业链接其业务平台，根据具体场景评估风险并设计合理的交易结构，帮助客户企业实现销售资金回笼。

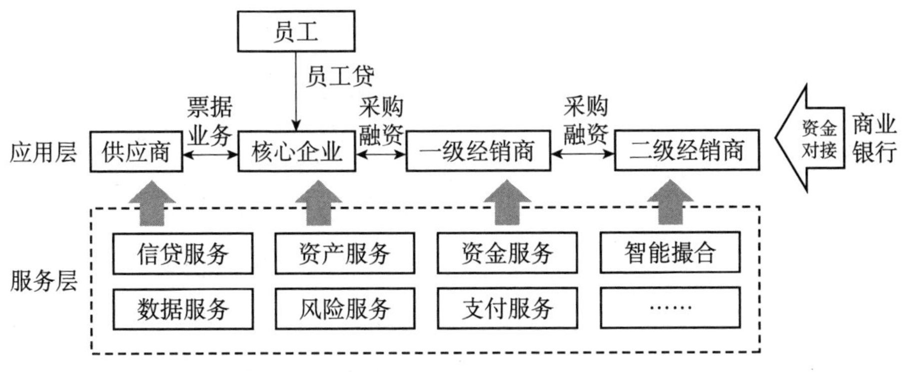

图 7-17　客户案例——某酒业生产型核心企业供应链金融服务平台

（2）场景 2：大型企业集采平台＋供应链金融科技。

很多大型企业内部各部门存在采购需求，以往这类采购多采取各部门分散采购的形式。然而，分散采购的形式存在成本过高、采购流程不规范不合规问题，非标准化采购导致产品质量难以保证，非精细化管理导致存货占用流动资金过大，原材料标准化程度低导致缺乏产品质量管理体系，以及难以对供应商实现全生命周期管理导致无法进行考评分级，从而难以形成针对性策略等一系列问题。因此，当前很多大型企业（尤其是国企和央企）会整合企业内部的采购需求后进行集中采购，这种集中采购一般表现为代理采购或撮合形式。此时，京东科技可基于企业的真实集采场景，为客户搭建集采业务平台（见图 7-18）。

这种集采型平台更多关注供应链上游，客户的主要诉求在于一方面稳定上游的供应商，另一方面为向上游付款提供便捷方式。针对客户这两方面的诉求，京东科技建立起统一的采购管理制度体系和操作流程，实现了流程统一、操作规范、信息共享、过程控制的信息管理。此外，采购线上化沉淀交易数据后，平台系统可以开展以核心企业为中心的产业链上下游供应链金融服务。

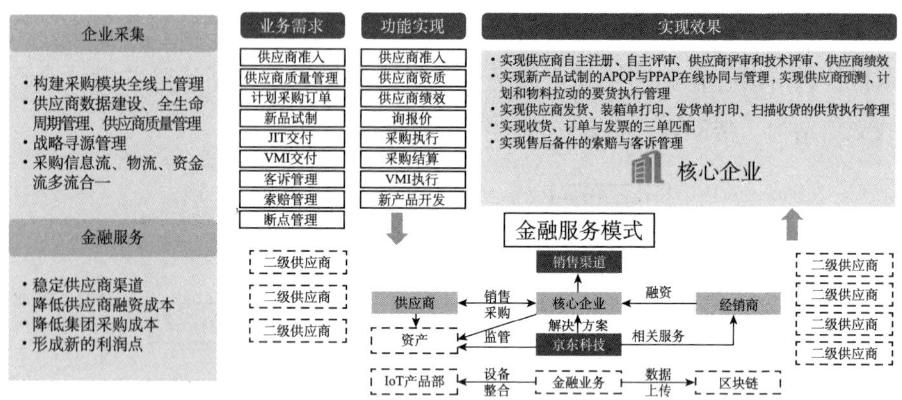

图7-18　大型企业集采型平台＋供应链金融科技实践场景

（3）供应链管理协同（大宗及一般贸易）＋供应链金融科技。

当前大宗及一般贸易的海运成本大幅提高，且我国每年有大量大宗物品需要进口。在此背景下，很多供应链企业利用自身在地理、政策以及资金方面的优势开展大宗商品的海外代采、进口转内贸，以及经自贸区粗加工的转口贸易等业务。此类供应链企业通常本质上是开展托盘业务，面临业务覆盖面广且复杂，涉及多个行业、品类及业务模式，信息分散、数据碎片化，合作方类型及数量多，协同部门范围大，风控管理要求高等痛点。因此，此类企业需要将信息科技与原有业务精准匹配，为自身金融业务赋能。例如，在企业原有账期不足时通过金融手段展期，或在资金额度不足时增加额度，以支持其在不增加负债的基础上，有效降低存货风险。

针对开展大宗贸易的供应链企业的大宗交易、代理开证、代理采购、集销定采等业务场景，京东科技为客户构建了数字化交易网络，推进流程合规，管控贸易和应收风险，升级交易结算机制，优化从询价到回款的全流程，从而支撑各业务环节的供应链金融服务。同时，京东科技通过供应链管理协同及供应链金融科技平台推动数字化转型，实现了供应链与金融两个业务板块的协同。基于此，京东科技提升了客户供应链智能化管理能力，结合金融盘活存货，降低供应链企业负债及存货压力，助力企业构建稳定的产业生态。

例如，某大宗贸易公司具有核心业务覆盖面广、复杂度高，涉及多个行业及品类、多种业务模式，协同部门人员范围大，风控管理要求高，合作方类型及数量多等特点，且对系统的灵活度及响应速度要求高。针对以上客户痛点，京东科技通过供应链管理协同平台整合商流、物流、资金流和信息流，增强了集团内外部业务协同能力和供应链流转效率。同时，京东科技通过横向推动供应链金融协同发展，延伸各业务板块的合作。

具体而言，由于前端业务包含了多个不同交易模式的品类和行业，京东科技基于业务中台和数据中台汇总以上前端业务的采购、销售、货运及金融等信息，并通过整合集团内外部产业资源（仓储物流、加工、金融机构等），打造了高效的生态体系。基于此，京东科技依托上述业务场景提供反向保理、应收融资、未来货权、采购融资、订单融资等供应链金融产品。此外，京东科技还结合风险评估，优化了其供应链风险策略（见图 7－19）。

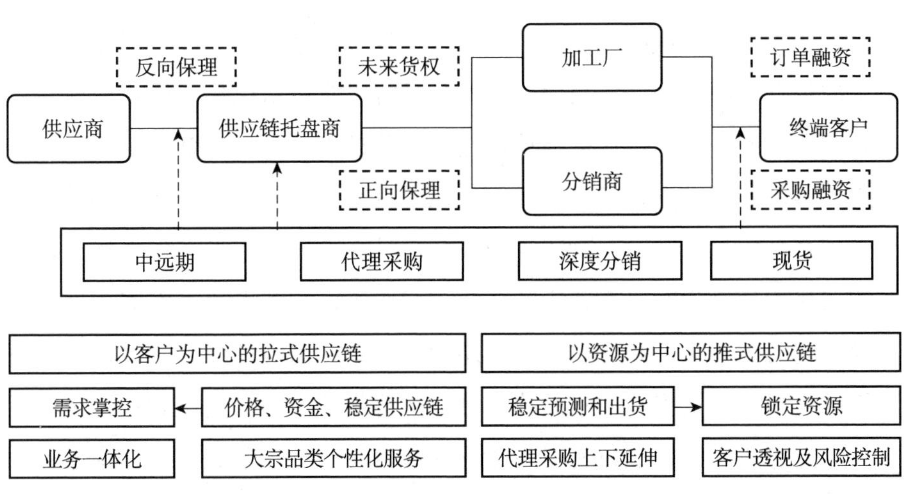

图 7－19　某大宗贸易公司供应链金融方案

（4）场景 4：产业交易一体化平台＋供应链金融科技。

当前我国产业集群密集，当地各企业之间交易频繁、协作紧密，但由于地方产业的基础设施比较薄弱，导致产业转型升级困难、后继乏力，其原因主要体现在六个方面：①缺资金，产业发展过度依赖财政支持，社会资本投入不足，产业链融资缺少低成本、高效、灵活、便捷的金融服务；②缺模式，当地产业缺少对新兴商业模式的综合运用，例如，自营模式、平台模式、流量变现模式以及短视频或直播营销模式等；③缺运营，企业尤其在品牌形象管理、渠道维护、媒体投放、口碑维护、产品迭代、用户体验、流量与转化策略等环节缺少运营；④缺人才，产业内部缺少科技、管理、研发方面的人才以及产业专业人才，导致创新不足；⑤缺配套，产业系统内标准化的仓储、物流体系、供水供热供电、固废及污水处理等配套设施建设薄弱，承载能力有待提高；⑥缺技术，相关企业缺少对行业、销售、推广、用户触点消费习惯等方面的大数据分析能力，难以有效实现调整投放与产品开发。因此，地方产业集群的发展基础薄弱，企业对政府依赖程度高，政策在则活，政策停则亡，企业无自身运营造血能力，难以持续发展。

京东科技联合地方政府立足于本地的实际情况，研究产业发展规划和布局，完善当地产业配套政策体系，重点发展当地特色及优势产业，结合京东的生态资源（物流、仓储、零售）优势以及技术优势，构建当地产业生态与金融服务体系，促进当地产业数字化升级。例如，京东科技与国内某地联合开展的“乡村振兴项目”引入“京东农场”，聚焦当地优势产业，并引入京东的生态资源，赋能当地农业，具体表现在：①在生产环节，利用智能化检测设备对农业各生产环节进行监控，实现土地、农资、种植等要素管理的数据化，并可进行农产品溯源；②在销售环节，通过京东业务网络进行多渠道销售，构建品牌建设与运营相结合的绿色食品专属销售网络；③在物流环节，进行标准化仓储建设和立体仓储改造，对线上零散交易进行快速分拣、派送，实现物流信息与订单的匹配数据可视化；④在金融环节，整合上述生产、销售、物流各环节的数据信息，为金融提供数据支撑，实现数据信用化，支持动产融资、订单融资等金融产品（见图7-20）。

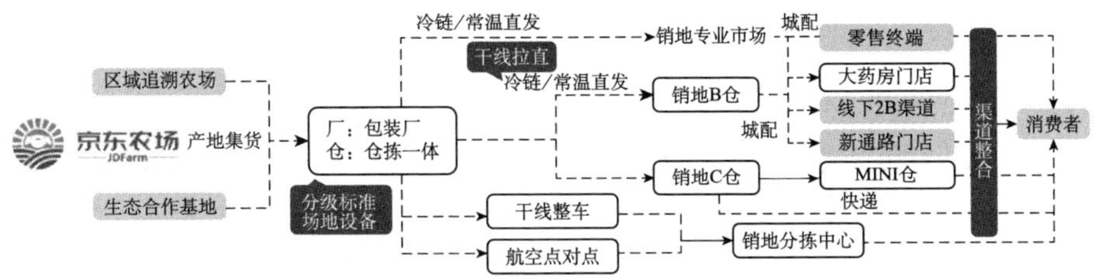

图 7-20　京东农场赋能某乡村振兴案例

（5）场景 5：面向政府的产业金融（供应链金融+普惠金融）服务平台。

当前很多地方政府为响应国家扶植当地中小微企业发展的号召，纷纷开展了供应链金融及普惠金融项目。该项目形式一般是聚焦地方国企中的城投平台及核心企业，针对当地产业链中核心企业的上下游中小微企业开展融资。现实中，政府通过搭建产业金融服务平台，构建当地产业供应链占主导地位的核心企业与上下游企业一体化的金融供给和风险评估体系，提供供应链金融及普惠金融的一体化产业金融服务。

因此，地方政府的诉求主要表现在：①通过普惠金融扶植中小微企业；②通过供应链生态建设协同当地龙头企业、产业园区、金融机构，提供便捷的金融服务；③以“产业+金融+科技”的形式服务实体经济，盘活全产业链条；④推动产业数字化转型升级，催生新业态、重塑创新链、重构产业链。尽管政府具有良好的出发点，但在实际操作过程中依然存在很多优化点。例如，平台上的企业及交易数据更新迭代存在滞后性，或在风险识别过程中平台与当地数据结合紧密度不高等。

京东科技基于不同地方的产业结构，构建了“五位一体”的金融服务平台，即企业数据增信、需求与供给高效链接、金融服务聚合窗口、金融业务协同生态、地区经济活动晴雨表。企业客户、政府部门、金融机构等通过“五位一体”的金融服务体系进行业务生态协同（见图 7-21）。如此一来，对金融机构而言，平台可提升金融机构精准获客、识别风险、辅助决策的能力，以及提供贷后风险预警等；对产业企业而言，通过普惠金融、供应链金融以及政府融资政策的支持，平台可为中小微企业提供便捷的融资渠道，降低融资成本；对当地政府而言，平台可引导金融服务实体经济，改善营商环境。

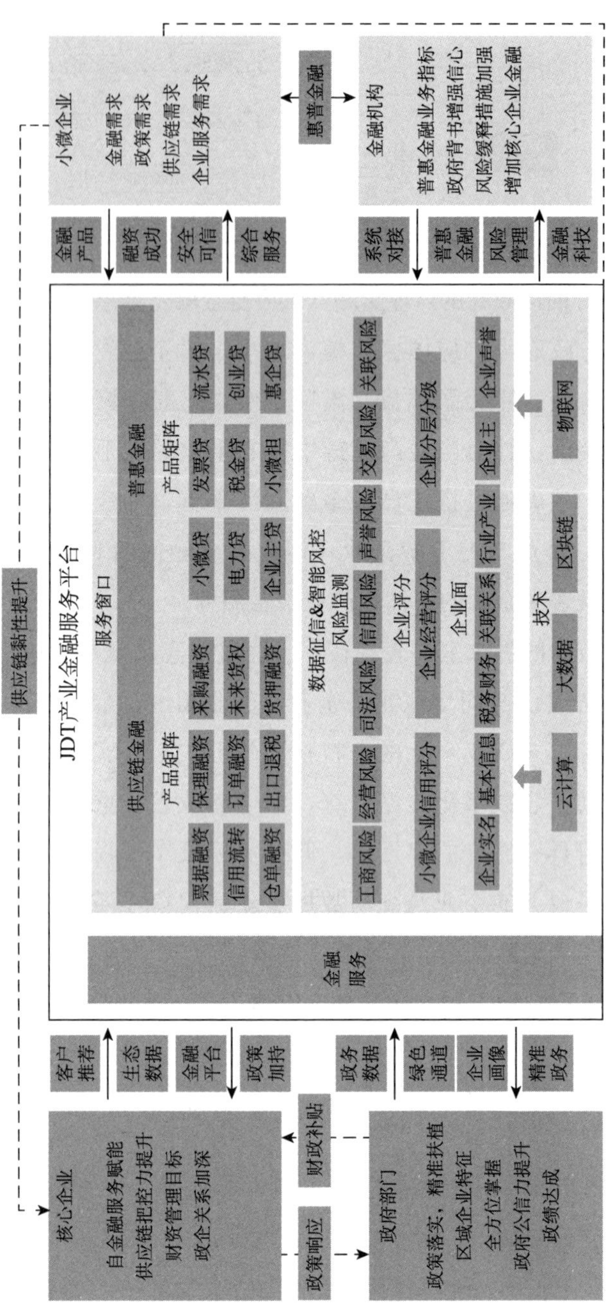

图7-21　面向政府的产业金融（供应链金融+普惠金融）服务平台实践场景

例如，京东科技与某政府合作构建了长三角产融公共服务平台。该项目依托当地产业集聚的优势，聚焦建筑行业上下游的交易场景，通过数字平台推动建材采购的透明化、规模化。京东科技构建供应链核心企业、上下游企业、金融机构一体化的金融供给和风险防控体系，提升了供应链金融的运行效率。该公共服务平台先进的供应链金融服务支撑了采购的现金化、智能化，实现了数据资产增信。

第 8 章
数字化赋能的供应链金融

随着新兴技术，如互联网、物联网、云计算、大数据和人工智能等的崛起，供应链运营及供应链金融的智慧化已成为该领域不可忽视的发展趋势。端对端供应链金融的提出，正是基于供应链运营服务的全程化、无缝化理念。任何供应链环节、主体或活动管理的失误，都可能对端对端供应链金融的顺利发展构成严重威胁。当前，供应链和供应链金融的发展对数字化、智慧化的要求日益提升。这背后的原因主要有两方面。首先，随着环境的变化，供应链活动变得越来越复杂。企业早已超越了“原子主义”的竞争模式，成为供应链网络中多种业务和关系的积极参与者（Lambert & Cooper，2000；Ben-Daya，et al.，2017）。全球化的分工使得许多供应链在全球范围内开展运营活动，从而进一步扩大了供应链整体面临的风险（Butner，2010）。同时，客户对产品个性化定制、价格和服务质量的要求也在不断提高（Christopher，2016），技术的快速变化和产品的不断升级换代，使得许多行业面临着越来越大的时间压力，产品周期缩短，复杂性增加（Levi，et al.，2003）。为了在这样的环境中生存，企业和供应链都需要构建自身的弹性和风险缓解能力，并保持整体结构的灵活性，以迅速应对不确定性的挑战（Ben-Daya，et al.，2017），这对供应链以及供应链金融的“数字化”“智慧化”提出了更高的要求（Butner，2010）。

其次，信息通信技术对供应链中企业的管理行为产生了深远影响。随着信息技术、半导体技术以及其他分析技术的不断发展，现代供应链开始充分利用这些先进技术，以及“价值共创”的生态合作理念（Lusch，2011），通过无缝整合数据、信息、物理对象、产品和业务流程，企业能够以更加精细和动态的方式管理生产和生活，达到“智慧”状态（盘红华，2012），这种转变也催生了具有类似人脑主动分析、反应功能的“智慧供应链”（Wu，et al.，2016）。例如，配备智能设备的工厂可以与全球团队通过智能分析和动态订单管理系统实现订单的协同、实时管理（Hessman，2013）。这样的智慧供应链不仅提高了企业的生产效率，还增强了供应链金融的风险控制能力。

在本章中，我们将首先从理论上探讨数字化的供应链平台及其对供应链金融的赋能过程。接着，我们将系统阐述数字化供应链金融中所运用的综合性技术。最后，我们将分析不同状态下的数字供应链金融模式，以深入理解其在实际应用中的运作方式。

第 1 节　数字化平台与供应链金融赋能

一、供应链金融中的数字信任与数字平台

长期以来，供应链金融在中国的发展从最初商业银行主导，发展到以产业核心企业信用为主的 M+1+N 模式，都是以主体信用为基础，或者说是一种建立在人际信任基础上的金融借贷。这种信任一方面建立在对交易主体征信或者信用额度使用条件下进行借贷决策的基础上，另一方面也是需要长期合作与业务往来才能够有效形成借贷关系。但是这种人际信任在目前的市场状况下难以有效建立。一是因为中小企业经营历史短、运营不

稳定、财务数据不完善、缺乏有价值的资产予以抵质押，因此，传统的征信无法应对；二是虽然核心企业具有良好的信誉，也有较好的信用额度，但是在核心企业不确权、不配合的状态下，这种人际信用也无法为金融机构借用。这也就是为什么这些年来供应链金融在实践中出现了“雷声大雨点小”的状况。在这一情境下，要实实在在扶持中小微企业，有效解决融资难、融资贵和融资慢的问题，就需要从根本上改变信用的建立机制，即从传统的人际信任走向数字信任。

所谓数字信任，指的是通过将业务和行为数字化，客观、真实、全面地反映供应链运营中的状况和各经营主体在其中的能力，据此做出金融借贷决策。而要实现数字信任，就需要实现四个方面的信息把控：一是信息数字的实时（Real Time），即能够在零延迟的情景下获取供应链运营以及各类金融活动的数据和信息，任何数据和信息反馈的延迟都有可能产生机会主义和道德风险；二是信息数字的透明（Transparency），即供应链运营及其金融活动中发生的数据和信息能够为相关利益方获取和知晓，并且一定可视、可见；三是信息数字的关联（Interconnected），即供应链运营各环节、各维度的数据信息能够相互印证、相互映射；四是信息数字的可溯（Traceability），即供应链运营和金融活动的全生命周期能够监测、管理和追踪。

显然，建立数字信任需要综合性的供应链运营和金融信息数据获取、分析和应用体系，亦即数字平台。数字平台指的不是将供应链运营局部业务数字化，或者在运营和金融活动中运用某些先进技术，而是支持在线社区的综合服务和信息体系结构，结合核心模块服务和实现互补的接口，以支持信息共享、协作和/或集体行动。具体讲，数字平台具有三个重要的组件（Spagnoletti，et al.，2015）：一是核心模块化的服务。这包括围绕产业供应链形成核心的资源和能力（如产业运营中不同的利益相关者以及各类金融机构，以及提供的技术和业务服务），此外，各类服务能够实现标准化和模块化，以支持多变的服务和金融诉求。二是良好的界面。即该数字平台能够有良好的链接，将内外不同的产业和金融资源和能力进行聚合，实现灵活构造和资源迅速配置。三是形成高度互补。即聚集的产业和金融资源与能力能够产生巨大的效能，提升产业供应链的效率和效能。需要指出的是，这种聚合不是封闭的，它能够形成既具有合力，也不过于封闭的业务关系。这种综合性的数字平台对于供应链金融的开展提供了强大的支撑，特别是对于风险管控提供了良好的保障，并且也使得金融活动的效率和效能产生了裂变。其原因在于借助于数字化实现了在线社区，这种在线社区具有三种效应，即数据信息在产业端和金融端的实时共享、产业和金融生态的协同以及遏制机会主义和道德风险的集体行为。正是因为如此，当今国际供应链金融的发展越来越从传统金融机构主导转向专业化的金融服务和数字平台，如 PrimeRevenue、Demica、C2FO、Orbian 等。2020 年全球最佳非银行供应链金融服务商 Orbian 管理了 100 多个由买方主导的供应链金融计划，注册了 5 000 多个供应商，通过分析挖掘其数字平台中集聚的信息或数据，促进了银行向中小企业提供资金，并提供量身定制的供应链金融解决方案。

新型供应链金融中所需的数字平台包括三层最为重要的功能结构。一是中台化的建设（见图 8－1）。中台是一种技术、数据及应用架构，支撑供应链及其金融业务创新，反哺能力进化，实现高可靠、高复用、易融合和良好的客户体验，其特点是使供应链运营和金融活动实现能力注册及负责制，不断迭代，支持赋能前台化的供应链金融业务。而这种中台包含了三类：技术中台，即供应链金融活动中具体的技术采用，诸如支持存货与资产实施管理的 IoT 技术、建立可信数据的区块链技术等等；通过技术中台形成的数据中台，即将产业供应链运营各个环节和各个主体的信息数据构成数据湖（结构与非结构信息数据的整合），并且基于数据湖进行智能分析，形成供应链征信；供应链运营及其金融业务中台，即具体的产业供应链与金融服务的子服务模块。二是供应链金融数字平台资源层建设。供应链金融的顺利开展一定是立足于强大的产业供应链，因此，产业生态资源的整合是形成数字平台的基础之一。然而，当今供应链金融的有效开展还需要金融生态的建设。供应链金融虽然是立足产业供应链向中小企业提供融资解决运营资金问题，但是，实现这一目标不仅要提供资金借贷服务，更要采用多种金融手段和工具，帮助中小企业优化资金流。诸如面向农业产业开展的供应链金融活动中，不仅需要融资决策以支持农业生产者的经营，更需要保险的配合来规避农业生产不确定性带来的风险，因此，在资源层两个生态的建设至关重要。三是支持整个产业供应链和供应链金融的控制塔。供应链控制塔最早是由高德纳、埃森哲、凯捷咨询等机构提出的，指的是提供端对端的无缝整体可见性，提供实时数据分析，提供预测和决策，及时解决问题，协同的、一致的、敏捷的和需求驱动的供应链（汪传雷等，2019）。显然，通过智能控制塔不仅能够有效看见业务和资产的运行状态，而且能够通过异常判断和根源分析，进行风险预警，监测供应链及其金融活动的合规性，保证供应链金融的安全、有效。

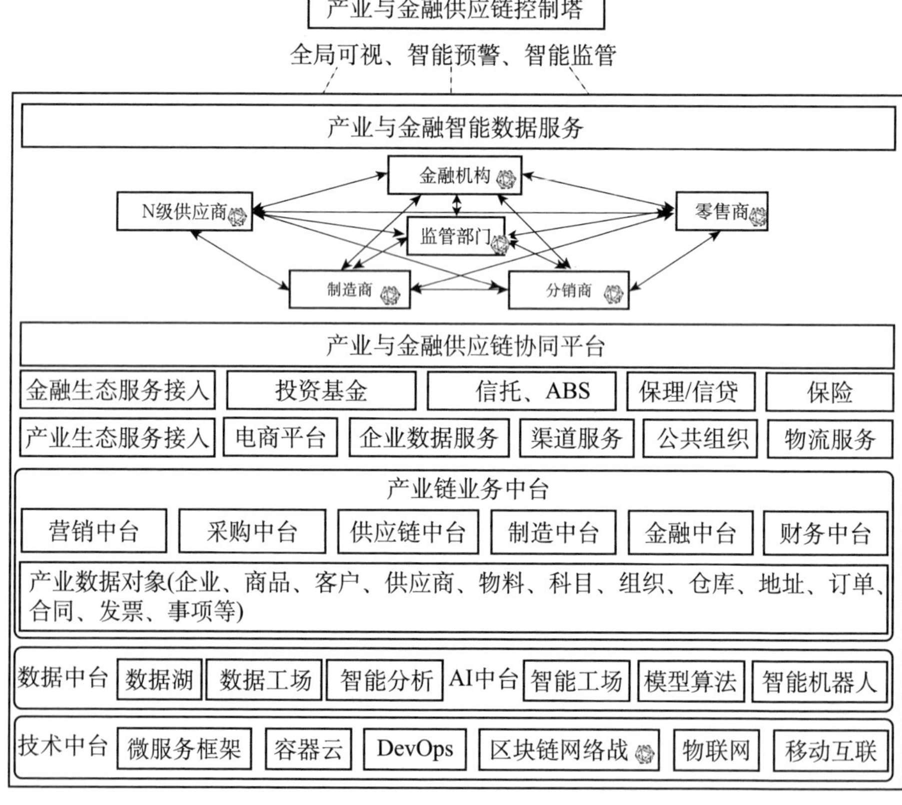

图8-1　供应链金融数字平台拓扑结构

二、典型案例：小硕数科

上海小硕数据科技有限公司（以下简称“小硕数科”）成立于 2019 年 11 月，是一家专注于产业场景数字化升级的综合服务提供商。小硕数科核心团队来自找钢网、京东等知名企业，拥有丰富的产业场景数字化经验，并拥有金融与产业的复合背景，了解钢铁、农业、纺织等大宗领域产业的交易习惯，对产业链痛点和潜在风险点有深刻的理解。基于丰富的实践经验，小硕数科已沉淀了一套支持产业场景数字化的技术平台框架，包含多种通用业务技术组件及大数据技术基座，为企业数字化转型提供强有力支撑。

小硕数科以业务中台、数据中台、金融中台三轮驱动，助力客户实现数字化升级与产业互联网转型；以“管理咨询＋产品技术＋运营服务”的服务模式，为产业客户和各类金融机构提供全链条、多维度、跨周期的综合解决方案，陪伴客户从 0 到 1 到 100 成长。其已成功为圣农集团、积微物联、普洛斯、百布网、粮巴巴等知名行业头部企业提供数字化解决方案或者数字化管理工具。

（一）农业行业特征与市场痛点

在我国各行业数字化转型进程中，农产品行业的数字化步伐相对比较滞后。目前大部分农产品企业尚未构建起完整的供应链交易数字化体系，原因主要有以下两方面：首先，农业数字化发展外部环境制约突出，转型成本相对更高。与其他产业相比，农业发展区域多位于农村或比较偏远的地区，关于互联网发展的基础设施及制度体系相对欠缺，从而限制了交易数字化的普及与应用。其次，传统的农产品企业较难自建有一定规模的数字化转型专业团队，新技术、新模式的应用、管理能力均有待提升。另外，有些企业虽然已经建立看似完善的数据管理系统，但企业运营数据散落在各业务部门系统之内，各系统之间相互独立，数据缺少整合，难以通过数据报表向管理层和运营部门及时直观地反映企业运营情况，且无法形成能被外部机构认可和采用的数据资产。因此，农产品企业供应链数字化转型不仅是企业技术层面的变革，也与企业的经营管理模式高度相关，具有长期性、曲折性和不确定性的特征。这个重要且庞大的行业急需“行业样板房”，将满足多种经营管理需求的成功经验在行业内进行推广。

SS集团作为国内某农产品领域的龙头企业，近年来，集团决策层持续把更多资源投向数字化“软投资”上，饲养、加工、深加工等全产业链与大数据、人工智能技术深度融合，打造智慧农业“新样板”。集团在长期的供应链运营数字化实践中，还存在着以下几个痛点：

1. 管理痛点

企业有很多套软件系统，信息化建设投入很大，但这些系统之间很多是没有互相打通的，系统之间没有形成很好的协同，导致还是有大量业务需要在线下完成，甚至需要重复、多次录入，很多个岗位的人员在做简单重复的工作，系统没能很好地起到提升效率的作用，管理还有很大的提升空间。

2. 数据痛点

近年来，SS集团一直在推动企业的数字化转型，以求对企业运营数据进行商业化应用，通过数据建模辅助管理决策。但是多系统之间在数据上也没有互相打通，数据也没有形成统一的存放规则和标准，在此基础上，就很难响应管理层对于不同维度的数据分析要求，也无法真正发挥数据的价值；在数据的存放和管理上，不同系统中命名、口径的不一致造成维护成本居高不下，数据使用的不规范使得各业务部门重复开发，导致公司资源的浪费；在数据分析上，数据可视化服务与自助报表等分析工具还不够完善，对数据分析需求的响应时间较长。

3. 供应链协同痛点

SS集团的销售以总代-分销模式为主，这种模式在缺乏数字化对供应链协同赋能的前提下，企业将产品销售给一级经销商后，难以对下游进行进一步穿透，从而无法有效采集市场需求的信息波动。由于缺乏对下沉市场的需求响应，对不同区域市场的需求偏好难以把控，进而造成产销协同水平难以进一步提高。产品供给与市场需求的信息难以有效匹配，一方面导致无法实现需求牵引供给、供给创造需求的良性互动，另一方面也导致产品资源配置上的浪费。如果能够精准把控下游供应链需求，SS 集团有能力结合不同市场的需求对产品进行进一步的改良和创新。

4. 下游客户融资痛点

经销商旺季需垫资采购，时常发生资金短缺，且凭自身资信较难获取方便、快捷、低成本的金融机构资金。同时，平台采用传统线下方式管理赊销客户与业务，效率低、风险高。SS 集团需要一套信用销售管理系统，实现核心企业对下游客户的评分评级、赊销业务的在线化、智能化管理和外部金融机构链接，在帮助核心企业更好地管理赊销业务、平衡好业务发展与风险管控的同时，结合自身的数据优势和金融机构的资金优势为下游的优质客户提供更多更优惠的资金。

（二）小硕数科的数字化方案

小硕数科针对 SS 集团当前面临的问题及发展规划，为其制定了“数字化升级三部曲”，帮助 SS 集团分阶段构建以集团为核心的数字化产业链生态体系（见图 8－2）。

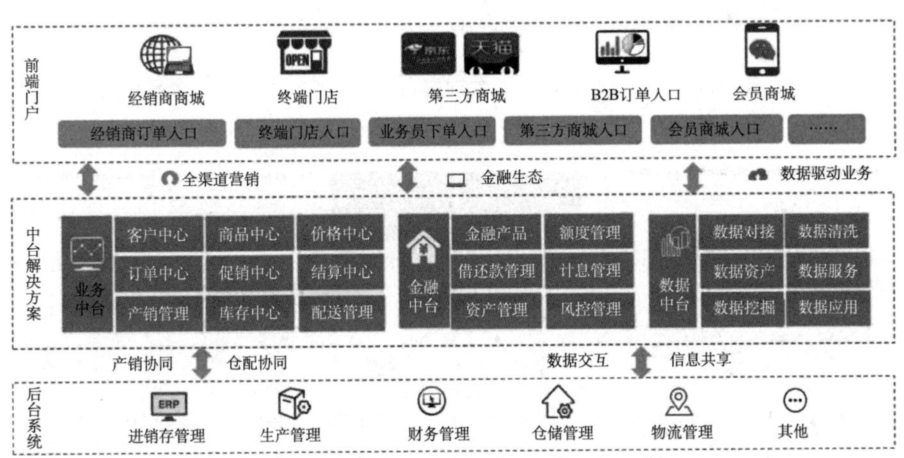

图 8－2　小硕数科供应链数字化解决方案

第一步，搭建企业数字化基础设施：小硕数科基于之前企业的业务数字化方面的经验，帮助集团基于自身的产业背景和实际业务场景，与集团一起梳理了业务流程和系统情况。基于小硕数科的业务中台模块，帮助集团搭建了一套业务在线化工具，业务流程变得简洁高效，很多简单重复的工作也被系统取代，大幅提高了管理效率。

第二步，打通数据孤岛，形成数据协同：基于企业多套软件并行且数据互相不打通的情况，小硕数科基于自研的数据中台，对各个系统的数据进行汇总、清洗、统一等一系列操作，让之前沉睡在各个角落的数据变成了可以转换为实际价值的数据资产。

第三步，供应链金融运营支持：在搭建好数字化基础设施和形成数据资产后，小硕数科又提供了金融中台管理工具，很好地解决了客户赊销数字化管理的难题，让交易产生数据、数据转换为信用，信用为SS集团的下游客户带来了支持它们的资金。小硕数科不仅仅提供了管理工具，还提供了后续诸如培训、答疑、机构对接、产品设计等一系列运营工作，让金融得以更好地为这些经销商进行赋能。

（三）三大中台产品

小硕数科通过三大中台（业务中台＋数据中台＋金融中台）的共同驱动，支撑SS集团供应链生态的数字化升级（见图8－3）。

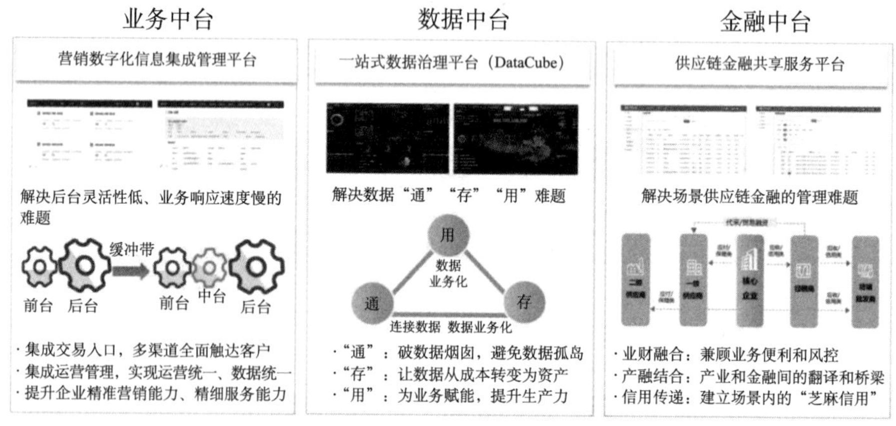

图8－3　小硕数科三大中台

1. 业务中台

首先，为集团不同业务线下的运营主体提供统一的交易集成入口和运营管理平台，实现集团的数据、运营和管理的统一。业务中台系统通过客户中心、商品中心、价格中心、订单中心、促销中心、结算中心、产销管理、库存中心、配送管理、内容中心等模块组件，实现销售业务的数字化升级，提升了集团整体的业务运营效率、精准营销能力与精细服务能力，同时，也提升了供应链的产销协同与仓配协同能力。SS集团在上线这套业务中台系统后，员工很多简单、重复性的工作得到了释放，近百人的运营团队，平均每人节省了2小时/天的工作量，运营成本得到了大幅下降；同时通过在线化的交易，交易效率提升了20%，客户触达与体验也都有明显提升。

2. 数据中台

小硕数科帮助企业整合全域数据，建设满足业务发展需求的数据治理平台，实现信息数据的采集汇聚，加工处理形成数据资产，为后续业务场景应用和数据化运营等打下坚实的基础，帮助企业实现精细化管控。具体包括：

（1）数仓基础设施：联通数据孤岛，提供数据采集、离线同步、主题标签、数据清洗等服务，为后续形成数据资产，为支持数据挖掘、数据服务、数据深度应用打下基础。

（2）数据治理：将数据质量监控、数据审计等治理流程产品化，无须投入沟通成本、研发成本即可落地行业数据治理标准方案。

（3）数据资产：数据资产体系包含7大数据域、23个业务过程、700+维度和事实表，基于沉淀的数据资产，数据报表开发效率将得到极大提高。

（4）数据展示：通过可视化大屏和自助报表，管理层与业务运营部门能够及时掌握客户分布、交易趋势、排名情况等信息，直观了解公司实时的经营情况和存在的问题，为经营管理层提供全局洞察工具，做到实时掌握信息，提高工作效率。

3. 金融中台

为SS集团建立信用销售管理系统，依托赊销业务的标准化、在线化、数字化管理，可实现：第一，在管理赊销客户时，大部分操作在线上完成，大幅提升了集团的管理效率，释放了人力；第二，风控模块和信用评分体系清晰地画出了SS集团的客户画像，让它在更了解客户的同时，也解决了业务发展和风控平衡的问题，在风险可控的前提下，赊销规模大幅度提高；第三，基于交易数据、仓配数据等供应链数据形成了交易信用与数字信用，结合系统对接后形成的实时的数据同步，为SS集团进行赊销管理或外部金融机构进行贷前贷中贷后风险管理提供充分支持；第四，明显降低外部金融机构对核心企业担保的依赖程度，在SS项目上，实现了核心企业不需要担保；第五，支持SS集团或外部金融机构针对不同类型客户，灵活精准地设定不同的额度、利率、期限，实现了一个集团同时对接多个金融机构的多种产品。

（四）供应链金融绩效

通过三大中台的赋能，能够为SS集团提供主观＋客观、定性＋定量的科学化决策分析体系，更准确、更高效地指导销售、仓配、生产。同时，三大中台进一步提升了供应链上下游的协同效率，使针对下游的交易效率提升20%，运营人员平均节省2小时/天，客户活跃度明显提高，用户体验感明显提升；实现了供应链高效协同，能够有效促进SS集团面向市场需求波动的响应效率，使产销预估准确率提升15%。在此基础上，供应链上下游的产品仓配运营成本得以大幅降低，仓储、物流等供应链运营能力得到大幅优化。

基于小硕数科打造的三大中台，SS集团能够在交易场景中充分了解下游经销商的信用资质，进而为一级经销商乃至二级经销商的采购提供供应链融资服务。自2021年SS集团平台正式运营以来，供应链融资的准入客户已超过800家，授信成功率达70%。同时，由于针对客户融资的相关审核、评估等环节全部可在线自动完成，授信开通时效仅需5分钟，授信规模超过2亿元，用款金额超过2亿元，成果显著。

第2节　供应链运营与金融活动中的数字化技术

在构建数字化平台的过程中，数字技术的部署与应用是非常重要的，整体而言，供应链运营中的数字化技术包含着四层架构（见图 8-4），包括感知层技术、数据层技术、流程层技术和模式层技术。其中位于感知层的 ICT 主要通过物联网技术获取供应链各个流程环节中设备端所采集的基本数据。感知层获取的数据将传递给数据层，利用移动边缘计算在靠近设备端进行诸如降噪、降维和特征抽取等数据处理后将后续分析所需的信息发送到云端，通过云计算技术整合、挖掘和分析供应链数据并基于以上挖掘与分析的数据信息进行决策。而在决策过程中，通过人工智能（AI）技术能够精准按需分析数据层的数据并基于数据进行决策模型的构建，从而可靠地辅助决策者进行决策。决策结果将会被传输给位于第三层的流程层。流程层负责供应链单证、票据、凭证等电子化的流转以及基于上述电子单证的区块链技术和管理，同时区块链技术也将应用于数据层可信和安全的数据信息的共享和访问控制，为供应链中各参与方的流程层提供可靠和按需共享的数据源。而电子单证及管理信息作为流程层的输出将会被传输给模式层来做进一步的价值评估与价值创造，例如，行为监控、利益确认、流程活动图示化呈现等用于供应链流程管理与风险管理，以及供应链业务的确立与创新。价值创造结果最终以数据需求驱动的流程演化的形式被反馈给下层供应链业务。

具体而言，驱动感知层根据最新的数据需求来重新获取业务信息，数据层根据新的数据需求来分析和提炼新的数据特征并调整数据分享规则以共享新数据，流程层则根据数据需求的变化调整流程进行演化。各层的演化将在供应链运营过程中反复迭代进行，从而使得供应链运营中的各层能够进行自适应调整，从数据采集到数据处理，从流程制定再到模式更新，形成完整的供应链运营反馈演化闭环，从而提高供应链运营的总体效率。同时通过物联网（IoT）和边缘计算技术的应用，使数据采集与分析过程逐步从面向设备数据采集的信息化阶段迈进到面向数据分析需求进行数据采集和分析的数字化阶段，从而利用人工智能和云计算技术将供应链中的设备端数据采集完全重构建模为数字化流程与模型，使得供应链运营全生命周期中大部分活动与交互都在数字化流程中进行，少量决策信息反馈回到供应链设备端指挥设备和机器完成操作。

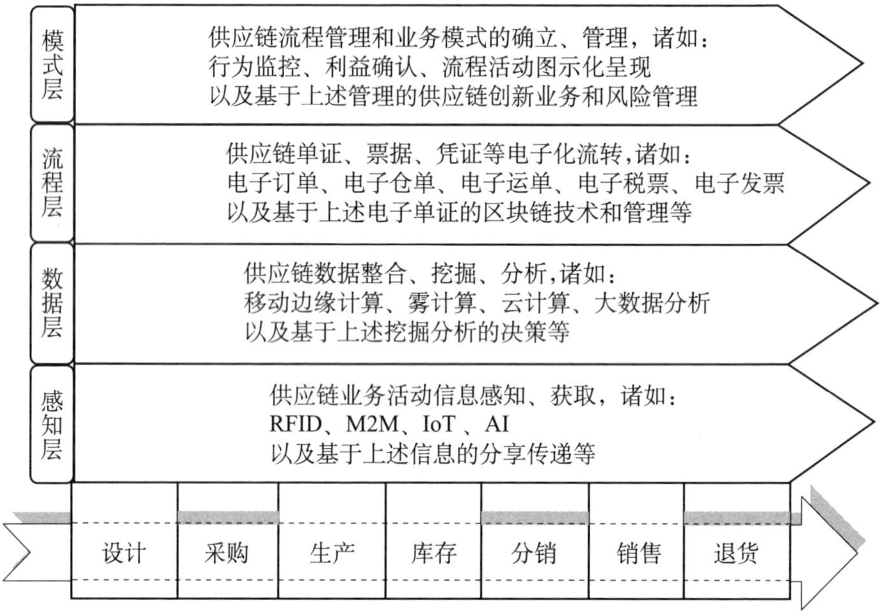

模式层	供应链流程管理和业务模式的确立、管理，诸如： 行为监控、利益确认、流程活动图示化呈现 以及基于上述管理的供应链创新业务和风险管理
流程层	供应链单证、票据、凭证等电子化流转，诸如： 电子订单、电子仓单、电子运单、电子税票、电子发票 以及基于上述电子单证的区块链技术和管理等
数据层	供应链数据整合、挖掘、分析，诸如： 移动边缘计算、雾计算、云计算、大数据分析 以及基于上述挖掘分析的决策等
感知层	供应链业务活动信息感知、获取，诸如： RFID、M2M、IoT 、AI 以及基于上述信息的分享传递等

设计	采购	生产	库存	分销	销售	退货

图 8-4　供应链运营中的数字化技术

一、物联网技术与供应链运营

广义上的物联网技术是指通过各种信息传感设备和协议［即通过射频识别（RFID）（RFID+互联网）、红外感应器、全球定位系统、激光扫描器、气体感应器等］，实时采集任何需要监控、连接、互动的物体或过程等各种信息，与互联网结合形成的一个巨大网络。其目的是实现物与物、物与人、所有的物品与网络的连接，方便识别、管理和控制。物联网技术主要应用于供应链各环节所涉及的设备端的数据采集的感知层。感知层好比供应链运营体系中的神经末梢，起到以下两方面的作用：一是设备端数据的采集和共享，对设备端所涉及的所有有价值的数据进行实时搜集并分享给上层数据层进行进一步的数据提炼和抽象。同时设备端也可能需要按照参与方之间的流程的共识结果将该设备的实时数据直接分享给其他参与方。二是设备端根据流程层的决策作出相应反应并执行指令。

而为了保障供应链运营过程的可靠可信，设备端必须应对以下两方面的挑战。首先是数据的可靠性保障，此处的可靠性不仅指需要排除人为因素对设备端采集数据的干扰和篡改风险，也指设备数据接收端需要有足够的数据预处理能力（如快速缓存和数据压缩），以并行处理高频传感器端所产生的高频数据流，同时也需要考虑到数据信息本身的异构性。其次是设备端数据基于身份的访问控制。在设备与供应链上层数据层和流程层进行数据和指令交互的过程中，需要做到设备端数据在传输过程中保证不被篡改，对设备的指令在设备端或者靠近设备端进行可靠验证，同时不同的参与方需要根据流程预定义的访问控制规则获取设备端的数据。

以上所有需求均需要对设备端在物联网层面上进行统一的身份管理。通过物联网身份管理赋予每个物联网设备唯一的网络可识别身份，并基于此进一步在供应链运营框架内管理设备端与使用方、拥有方和租赁方等之间的关联关系，从而使得设备端与交互方能双向验证对方身份和访问控制权限，从而保证供应链运营过程中，端设备数据流可信安全地从感知层流向流程层，而设备指令流可信安全地从流程层流向感知层。此处，设备数据流和指令流的可信性主要指接收端能够通过身份机制验证数据和指令的真实性，也即未被篡改。而设备数据流和指令流的安全性则主要指数据与指令传输过程中通过加密等数据隐私保护技术保证数据传输过程中不被未授权的第三方截获并破解。当前对于设备端的数据预处理主要通过后面讲述的边缘计算技术得以实现，而对于设备端隐私保护和可靠身份管理的主要研究方向则集中于嵌入式硬件安全模块（HSM）。其主要思想是：通过为传感器等设备物理嵌入带有不可获取私钥且私钥唯一的加解密和签名硬件模块，唯一标识其身份，并通过该模块对其所输出的数据按需进行加密和签名。

二、人工智能技术与供应链运营

在供应链运营中，如果说物联网技术为感知层提供了可量化、可采集的直接数据源，那么人工智能（AI）技术则为供应链运营中感知层数据的采集赋予了智能。当前其在感知层主要用于以下四个方面。

首先是从传感器采集的数据中转换获取所需信息，例如从物流运载车辆的物联网传感器所采集的视频图像中通过 AI 图像识别技术识别车辆驾驶人员的身份信息；又比如产品通过安全检测后，检测人员通过语音进行确认并由 AI 语音识别系统核实后为产品信息附加检测人员的电子签名，之后写入数据库。

其次是对传感器数据进行实时监控分析，例如钢材成品可能存在内部气泡，也就是缺陷，而超声波探伤技术是探测钢材内部气泡的有效手段之一，通过分析超声波穿透钢材成品过程中震动传感器所返回的震动图像的形态，AI 能够对潜在存在缺陷的钢材成品实时报警，提高质检效率。

再次，AI 技术还能够在感知层实现人机交互并收集交互信息，例如在驾驶过程中车辆驾驶人员可实时通过语音识别系统与 AI 交互了解冷链运输的实时温度和湿度。

最后，AI 能够对物理世界中的资产实体与数字化之后存于参与方的信息进行自动识别和映射，从而实现由感知层的反馈触发，由模式层和流程层发起的对物理世界资产在参与方账本中的数字投影的更新。例如，在货品运输过程中，货运车辆入库可通过 AI 图像识别技术从车辆图像中识别车辆唯一 ID（例如车牌号），并由流程层触发对货运车辆入库后的一系列货品验收等流程环节。这些图像、视频、音频的识别分析，根据其响应时间的要求，往往会在边缘侧进行实时计算，而对于大量的数据训练的建模往往会依赖云计算来进行。

三、边缘计算技术与供应链运营

边缘计算是指在靠近物或数据源的一侧，采用集网络、计算、存储、应用核心能力于一体的开放平台，就近提供最近端服务。其应用程序在边缘侧发起，以产生更快的网络服务响应，满足行业在实时业务、应用智能、安全与隐私保护等方面的基本需求。具体到供应链运营架构中，边缘计算技术主要用于衔接感知层和数据层之间的数据预处理环节，在数据预处理执行、数据处理程序的安全部署与更新以及数据在设备端可靠共享方面发挥核心作用。

在数据预处理执行方面，通常数据层所需的是从原始数据中提炼抽象出的数据特征，例如，数据层需要对多个传感器数据每 5 分钟的平均值进行数据相关性分析。若直接将传感器数据传输到云端对数据层进行计算，将导致网络带宽浪费和过大的延时，而通常供应链中的设备传感器（例如运输车的车载温度和湿度传感器）是通过将数据先收集到车载数据网关设备再经由具有较大数据存储和计算能力的网关设备将数据发送至云端数据层的。因此，一方面，通过在靠近设备端的本地网关设备上运行可定制化的边缘计算处理程序对设备数据进行特定分析场景所需的预处理并将处理后的数据特征或摘要上传至数据层，将能够大大降低数据层的计算负载。另一方面，通过在靠近供应链运营所涉及的设备端的网关采用边缘计算技术，能够根据流程层对数据需求的变化动态地接收来自上层更新的数据预处理程序在设备网关端的自动化部署与更新，实现感知层与数据层之间的数据预处理，从而简化了数据层和感知层对模式层和流程层数据模型更新的响应，增强了数据层数据处理的灵活性。此外，通过为设备网关配置前述身份管理模块将能实现基于身份识别的访问控制，从而安全地管理边缘计算程序在设备网关的部署与更新，设备网关端能够通过身份管理模块验证边缘计算程序部署请求者的身份的合法性。

此外，边缘计算也可实现多方安全的数据共享。参与方通过设备拥有方的授权即可访问已部署于该设备网关上的指定边缘计算服务。该过程能够支持双向验证，即设备端可验证参与方的授权签名的合法性且在验证通过后向参与方推送指定的边缘计算结果并对计算结果签名；参与方接收计算结果并验证设备网关的签名以确定数据的真实性。该方法的优势在于降低了数据共享的信任成本。

具体而言，设备数据使用方无须也无法获取设备原始数据，而是通过授权访问指定边缘计算服务获取数据处理结果，从而降低了设备拥有方数据隐私泄露的风险；同时又通过在设备侧引入基于身份识别模块的验证机制使数据使用方可验证所接收到数据的真实性。

四、云计算技术与供应链运营

前述物联网技术与边缘计算功能主要着眼于设备端的数据采集和数据预处理，然而，供应链运营决策所需的数据通常不是单个传感器设备所能提供的，而可能需要对整个供应链运营所涉及的大量设备的数据进行计算密集型的数据聚集、数据融合和特征提取；也可能需要对大量设备端的数据进行迭代式的数据模型训练。而这些场景非常适合采用云计算技术发挥其在并行性和可伸缩性方面的优势。具体而言，对于历史业务交易数据分析而言，采用云计算服务可以加速从历史交易的金融数据中抽取特征并计算金融模型，从而为供应链金融的风险控制和供应链优化等分析需求构建价值模型。例如，对供应链上下游企业的历史货款应收应付的逾期情况和交易金额等敏感数据进行风控建模的过程。对主要由供应链设备端产生的大量操作数据而言，通过云计算大数据分析设备端数据能够帮助供应链上下游企业从微观传感器数据中提取供应链全局特征并从全局的视角构建供应链优化模型，优化企业在供应链中的原料配置、产能安排以及交付日程等重要生产活动。此外，云端分析企业管辖范围内的设备端数据，例如通过大型机床的生产和检修时间段以及设备温度传感器与故障率之间的关联等因素评估企业当前的最大月产能；通过各物流供应商的历史出车和故障率以及当前运载负荷等因素评估供应商当前可用运力等。

在云计算用于供应链运营的过程中，需要特别注意云计算如何安全地运用在数据层上。其原因在于，数据层所包含的信息分布于供应链所涉及的各参与方，而如何在各参与方之间可信地共享设备数据是云计算能够用于供应链运营的分析场景的前提。一种可行的方案是：各参与方通过边缘计算服务以信息可控的方式向云计算任务提供所需输入数据，从而保证云计算所涉及的所有输入数据均具有各参与方的访问授权。另一种更加先进的方案是，通过同态加密技术在数据传输到云计算服务之前，各参与方对传输数据进行同态加密保障数据对其他参与方不可见的同时，仍然保持数据在云计算环境内的可计算性，该方案适用于对涉及多参与方的高度敏感的海量数据进行数据抽象的过程。

五、区块链技术与供应链运营

狭义来讲，区块链是一种按照时间顺序将数据区块以顺序相连的方式组合成的链式数据结构，同时也是以密码学方式保证难以篡改、不可伪造的分布式账本。广义上讲，区块链技术是利用块链式数据结构来验证与存储数据，利用分布式节点共识算法来协调智能合约的执行和生成更新数据，利用密码学的方式保证数据传输和访问安全，利用由自动化脚本代码组成的智能合约来编程和操作数据的一种全新的分布式基础架构与计算范式。

区块链有两种常见形态——公有链和联盟链。其最大区别在于身份和权限管理。在公有链上，任何节点成员都可以入链并获得相同的操作权限；在联盟链上则需要专门机构审核许可，发放证书，不同身份的节点具有不同的操作权限。公有链一般适用于对权限、身份管理要求较为宽松的场景；而联盟链可以根据业务场景设计出不同的网络拓扑架构，实现完善可靠的权限管理，满足更加多样的需求。考虑到供应链网络应用的自身特点，一般说来，有权限身份管理的联盟链技术更加适合供应链网络的各种应用。具体而言，联盟链技术主要由共享账本、智能合约、机器共识以及权限隐私四大类技术构成。

1. 共享账本

共享账本以链式结构存储了交易历史与交易以后的资产状态。每一个区块的哈希将作为下一个区块的数据头，如此一个一个地串联在一起。由于各个有存储账本权限的节点和相关方有相同的账本数据，于是通过哈希校验可以很方便地使得账本数据难以篡改。账本中存储了交易的历史，且这些交易都是由交易发起方签名，由一定的背书策略验证过，并在达成共识以后被写入账本中。

2. 智能合约

智能合约描述了多方协作中的交易规则和交易流程。这些规则和流程将会以代码的形式部署在相关参与方的背书节点中。智能合约将由一个内外部事件来驱动执行。

3. 机器共识

在分布式网络中，机器共识保障了各个相关节点将按照同样的顺序来执行所接收到的交易。这些交易都会通过智能合约所代表的逻辑来执行，最终保障在各个账本中所记录的交易记录和交易结果一致。

4. 权限隐私

所有加入区块链网络的人、机、物、机构都需经过授权才能加入联盟区块链网络。隐私保护保障了共享账本的适当可见性，使得只有一定权限的人才可以读写账本、执行交易和查看交易历史；同时保证了交易的真实可验证性、可溯源性、不可抵赖性和不可污蔑性。

从商业角度看，区块链可以帮助供应链网络更方便地管理共享的流程规则和数据，如图8－5所示。基于这样一个模型，可以使得供应链网络中的各个参与主体之间更好地进行共享、互信以及价值交换。从法律角度来看，其交易可溯源、难以篡改、不可抵赖、不可伪造的特性，能使人、企业、物彼此之间因“连接”而信任，将带来前所未有的组织形态和商业模式。当监管部门以联盟节点的身份获得审阅权限介入的时候，由于联盟内相关节点的可见性，监管部门可以非常方便地实施柔性监管。通过区块链技术介入供应链网络，可以形成核心企业内（从设计到生产、到销售、到服务、到回收的上下游的数据共享价值链）、核心企业间（生产运维经验分享的价值链）互信共享和价值交换。通过各类相关的数据可信共享来全面提高企业在网络化生产时代的设计、生产、服务和销售的水平。

区块链技术在供应链运营框架下主要运用于流程层，如前所述，流程层连接了数据层和模式层，主要目标是利用区块链技术等实现供应链单证、票据、凭证等电子化流转。供应链运营过程涉及多个参与方，而供应链上下游参与方之间资产、物权货权关系的变更以及资金流动过程的中间可追溯的状态，是由大量参与方信用背书的票据、单据等凭证来记录的。传统票据管理和记录模式管理方式存在以下两大挑战。其一如何对贸易的真实

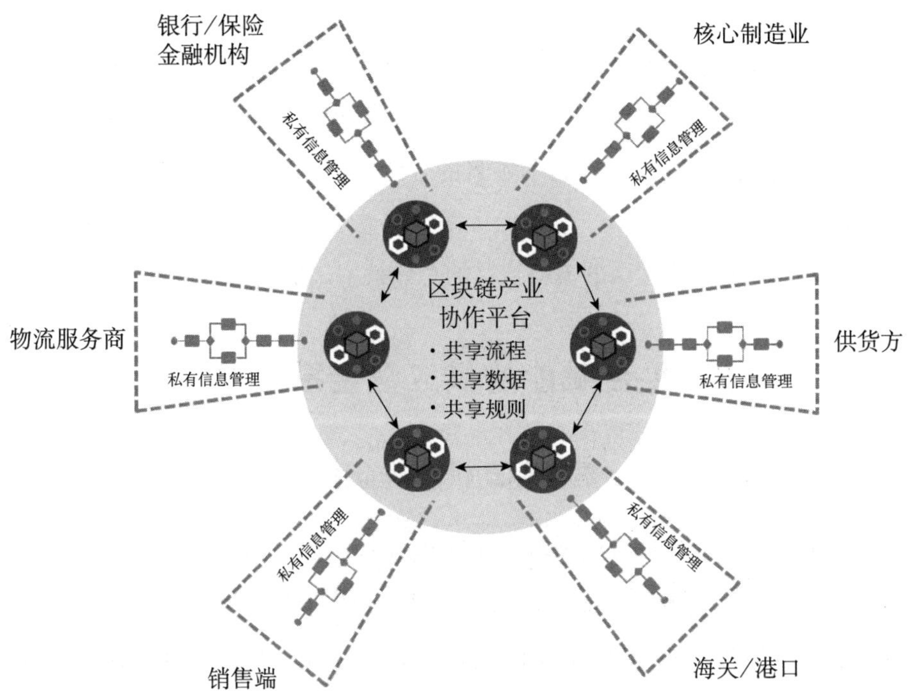

图 8－5　区块链＋供应链双链商业网络

性进行多方验证。其二是如何对贸易过程中所产生的票据等数据记录进行追溯并可信地共享。对以上两大挑战，一种行之有效的解决方案是，通过在参与方之间共享不可篡改的一致性的贸易规则流程，以保证流程执行状态以及所产生的电子票据等记录在多方账本上的一致性、可追溯性和可验证性。这就需要在供应链运营的多参与方之间建立分布式可信的账本来记录流程的所有中间环节以及其所涉及的电子票据，以保证电子票据到流程执行状态的可追溯和多方可验证性。可信票据共享以及基于票据的融资的核心是票据所对应的贸易真实性。因此，电子票据的可信共享不仅需要可信地共享票据本身，也需同时共享该票据所关联的一系列流程的执行状态，通过这些流程以及相关状态的可追溯和多方可验证性来确保交易的真实性。此外，通过一致的智能合约来刻画流程执行的各个环节并由参与方各自执行智能合约，且将对合约执行结果达成一致性的共识后写入各自账本，以保证流程执行状态的一致性。而区块链正是实现上述过程的一种切实可行的解决方案，通过建立供应链运营网络，各参与方以密码学可验证的身份加入网络并以智能合约的方式执行流程各环节，且对流程环节中所产生的票据进行密码学签名后将其一致性地写入各自时序不可篡改的账本，以保证之后的流程环节可验证密码学签名的合法性以及流程执行与其所产生票据之间可追溯的因果关系。这将大大降低各参与方之间由验证票据所带来的信任成本，提高流程层的流程执行的总体效率，加速价值流通。

第3节　数字平台赋能的供应链金融模式

一、数字驱动供应链金融模式

基于上述数字化技术以及数字平台的建构，确立数字信任，推动金融活动创新和持续发展已经成为目前供应链金融发展的趋势和方向，这也就是目前实践界提出的N2N供应链金融模式的内涵。然而，随着运用数字平台的程度不同，形成了差别化的供应链金融模式。产生这种差异化的驱动因素有两个：一个驱动因素是数字平台赋能的广度差异，或者说数字化在供应链中应用的范围。这可以体现在数字平台整合供应链参与主体的异质程度或层级度（即涵盖多少供应链上下游企业，或者供应链的环节数，如一级供应商、二级供应商、…、n级供应商）上。另一个驱动因素是数字平台赋能的深度差异，即数字化对供应链及其金融业务关系的改变程度或者说数字信息的丰富度（通过数字化改变业务维度的多样性程度，是某一维度的数字化改变，还是全方位的数字化改变）。正是这两个驱动因素形成了目前中国正在开展的四类供应链金融模式（见图8-6）。一是数字平台赋能的广度和深度都相对有限的传统在线供应链金融模式；二是数字平台赋能的广度较高，而赋能维度相对单一的流转式数字供应链金融模式；三是虽然数字平台赋能的广度不高，但是深度较强的融合式数字供应链金融模式；四是数字平台赋能广度和深度都较强的整合式数字供应链金融模式。

		数字平台赋能的广度	
		有限	宽广
数字平台赋能的深度	多维	融合式数字供应链金融模式	整合式数字供应链金融模式
	单一	传统在线供应链金融模式	流转式数字供应链金融模式

图 8－6　数字化供应链金融模式示意图

传统在线供应链金融也是俗称的“供应链金融 2.0”，它是将传统的金融业务通过互联网在线化，提高资金借贷过程中的自动化程度，降低人为介入的可能性，防范潜在的机会主义和道德风险，但是由于其并没有实质性地改变产业运营活动和金融行为，因此，其产生的效果是有限的。

流转式数字供应链金融模式是最近较为流行的供应链金融操作，这种供应链金融模式的特征在于：通过将应收账款标准化、电子化，借助于数字平台帮助产业供应链实现将核心企业的信用在多级供应商中拆分、流转，或者凭借拆分的标准化票据通过再保理实现中小企业的融资。这一模式的典型服务商有 TCL 简单汇的金单、中企云链的云信以及欧冶金服的通宝。这类供应链金融服务模式的关键在于主体信用凭证化（即通过应收应付凭证化实现核心企业采购业务的确权）、数字凭证链上化（所有债权债务关系都以电子化的标准凭证形式进行管理）、价值拆分共识化（产业链中企业对标准票据拆分产生共识）、流转信息透明化（能够借助数字平台实时追踪标准化票据流转的状况）。其实现的价值不仅在于可以让供应链上的中小供应商有效获得运营资金，而且通过核心企业的信用穿透，提高资金结算清分的效率。为了实现这一目标，在技术采纳上，主要依赖于标准化电子票据和区块链技术来实现对流转单证的管理。

这一类供应链金融模式也有其局限性或挑战，这主要与数字平台赋能的维度较为单一有关（即只是数字化单证票据），具体讲，如何保证单证与实物资产的对应，做到票据资产的穿透和管理是一个需要深度探索的问题。值得提出的是，随着这种形式金融活动的普及，2020 年 4 月上海票据交易所公布了供应链票据试运营，供应链票据指通过供应链票据平台签发的电子商业汇票。供应链企业之间产生应收应付关系时，可以通过供应链票据平台直接签发供应链票据，供应链票据可以在企业间转让，通过贴现或标准化票据融资。企业通过供应链金融平台进行电子商业汇票的签发、承兑 、背书，并依托供应链票据平台的业务系统履行相关操作、实现到期处理等功能。企业可实现固定金额/标准金额签发电子商业汇票，形成票据包，票据包内每一供应链票据可履行分开流转功能，同时，企业可以委托授权上海票据交易所进行到期自动提示付款。

为了进一步引导金融进入实体产业，发展供应链金融，规范标准化票据融资机制，2020 年 2 月 14 日，中国人民银行发布《标准化票据管理办法（征求意见稿）》，并且于 2020 年 7 月底正式实施。标准化票据是存托机构归集商业汇票组建基础资产池，以入池商业汇票的兑付现金流为偿付支持而创设的等分化受益证券。《标准化票据管理办法》对于基础资产提出了一些基本条件，包括承兑人、贴现行、保证人等信用主体的核心信用要素相似、期限相近；依法合规取得，权属明确、权利完整，无附带质押等权利负担；可依法转让，无挂失止付、公示催告或被有关机关查封、冻结等限制票据权利的情形；承兑人、贴现行、保证人等信用主体和原始持票人最近三年内无重大违法、违规行为；法律法规和中国人民银行规定的其他条件。标准化票据的推行一方面使得更多高质量的资产能够有效对接资本市场；另一方面也使得更多金融机构能够有效地介入供应链金融活动中。

融合式数字供应链金融虽然并没有实现供应链全链条的数字化，但是在局部供应链上实现了数字平台的深度赋能，即实现了多维度、多方面的数字化，从而能够全面地把握局部供应链的交易、物流以及伴随着的资产状况，或者说这类供应链金融的基础在于同时实现了线上信息与线下资产的融合管理，这为供应链金融活动的开展提供了坚实的基础。

这类供应链金融模式的关键在于资产管理透明化（即供应链资产管理实现了实时、透明管理，建立了可信资产池），交易数据互联化（即围绕着产业交易的各维度信息实现了相互映射，建立了可信数据池），合作关系价值化（即围绕特定交易主体的业务关系实现了清晰的刻画和动态反映），线上线下互审化（即线上的可信数据池、可信资产池与实际的交易活动和供应链资产实现了一一对应）。这种供应链的组织方式对于供应链金融的价值在于凭借着可信数据池和可信资产池的建立，真正有利于促进创建多种形态的供应链金融产品，使原本难以在国内开展的仓单质押、存货质押等金融产品得以实施。并且由于能够做到线上线下交互审计（即可以用数据验证资产、用资产验证数据）与数据和资产溯源，更有利于资产证券化的顺利开展和实施。诸如易见股份推动的供应链金融就是从运用物联网、AI和大数据建立的可信仓库，以及运用区块链技术形成的可信数据入手，围绕产业核心企业及其上下游提供了供应链公司预付款、仓单融资和动态库存融资服务。从技术采纳的视角看，这类供应链金融的数字平台由于需要同时对线上活动和线下资产进行数字化管理，因此，往往需要通过物联网、AI以及区块链技术来实现。

这类数字化供应链金融模式的挑战在于两个方面：一是由于需要建立可信数据和可信资产，因此，如何平衡企业数据隐私与数据交互之间的矛盾，并且保证交互验证的各类数据完全符合供应链金融风控的要求，这是需要探索的方向；二是由于该数字供应链及其金融只是涵盖了局部供应链，因此，如何从全流程、全周期的角度管理好交易以及资产，也是需要解决的难点。

整合式数字供应链金融模式是未来供应链金融发展的方向，它既实现了运用数字平台从广度上覆盖不同交易主体和交易环节，又从深度上实现了对围绕供应链运营的各个维度进行交叉融合管理。这种供应链金融模式真正实现了综合性供应链征信（即通过外部数据和供应链实时运营数据挖掘和分析，结合债项和主体评级，确立信用质量），其建立的关键是：伙伴管理生态化（即需要将供应链运营中不同的交易主体有机地嵌入网络中，并且形成良好、有序的互动关系，产生共营和共赢），交易物流多级化（即能够对不同阶段的交易和物流实现整合性、标准化管理），数字信息可溯化（即能对公共数据和围绕供应链运营的活动的数据进行整合，并且透明、可见和可追溯），运营规则共识化（即所有的交易、物流、资金活动都能够形成明确的运营规则，获得参与方共同的认同和执行）。

这种模式对于供应链金融的价值在于它通过全面数字平台的建立，综合赋能于产业端和金融端的参与方，不仅有利于满足运营资金融资的利益诉求，而且对于提高资金清分效率、提高资产证券化的管理质量都具有良好的支撑作用。从技术采纳的角度看，要实现上述数字供应链金融，需要系统地运用各类先进技术，包括能对资产实施管理的 IoT、确保数字信息安全可信的区块链技术、对多数据进行挖掘分析的大数据、云计算技术等。这类数字供应链金融模式在实施过程中可能遇到的最大挑战在于达成共识，特别是在数字平台覆盖广泛主体、纵深多维度的状况下，商务共识和技术共识都成为供应链金融模式落地的挑战。商务共识指的是所有的产业和金融活动主体能否形成一致、协同的行为，就供应链运营和金融活动达成标准化的规则。技术共识则是需要解决跨网络、跨链技术融合问题，这是因为各参与主体都在建构自身的技术和数字平台，从而产生了众多异构的技术和数字体系，因此，跨链整合成为整合数字供应链金融发展的关键。

二、典型案例：数链科技的供应链金融技术解决方案

郑州数链科技有限公司（以下简称“数链科技”）由一群兼具深厚大宗商品行业洞察能力、丰富金融领域经验和前瞻科技视野的高级管理精英发起，并于 2021 年 1 月正式启航。公司运用人工智能、大数据分析、云计算及区块链等前沿科技工具，全力推进大宗商品交易实时数字化进程。其核心策略是将交易行为转化为“数据信用”，赋予交易商品以“物的信用价值”，并将这些信用形态与产业链中核心企业的主体信用无缝融合。通过这一创新路径，数链科技旨在突破性解决大宗商品行业内核心企业长期面临

的资金流动性瓶颈问题，尤其针对中小贸易商普遍存在的“融资难、成本高”痛点，提供切实有效的解决方案。数链科技致力于搭建一个高效透明的金融科技平台，使得金融机构的资金能够直接触及并服务于过去难以覆盖的大宗商品资产，从而实现整个产业链条上资源的优化配置和普惠金融服务的拓展深化。

（一）数链科技的数字供应链解决方案

仓储在大宗商品流通领域扮演着不可或缺的中转站与调节阀角色，其效能直接影响供应链管理和供应链金融的稳健运行。作为大宗行业整体战略布局的关键棋子，合理的仓储能力布局不仅关乎物流效率，更是市场需求响应速度和产业链资源整合能力的重要体现。然而，在实际市场环境中，传统的仓储建设思路往往过分聚焦于仓库设施本身的扩容和完善，而忽视了将其置于整个供应链管理的大框架下进行深度融合与优化。这种割裂的视角导致了一系列问题的凸显：

首先，在业务流程与管理标准化方面存在明显缺失。出入库操作缺乏统一、严谨的标准作业流程，货物边界不清，以及在贸易过程中的合同签署、发票开具、商品品质控制、资金流转监控以及税务合规等关键环节，难以严格遵循相关行业标准和法律法规的要求，从而增加了运营风险和管理难度。

其次，数字化程度低下的问题尤为突出。当前，许多仓库仍依赖人力登记和传统的手工台账管理模式进行库存进出管理，这不仅降低了数据处理效率，还引发了需要多方反复对账、监管成本高昂等问题。此外，由于信息化手段落后，账面库存数据更新不及时且准确性受限，实物库存盘点则因技术手段不足而面临重重困难。

最后，交易透明度的匮乏进一步加剧了行业的痛点。孤立运作的仓储节点犹如供应链上的信息孤岛，使得从入库到出库的全过程难以实现有效跟踪与验真，从而为潜在的造假、欺诈行为提供了可乘之机。一旦发生此类事件，不仅会直接造成经济损失，更会对市场的公平性和参与者信任产生深远冲击。

针对以上所述的一系列挑战，数链科技以前瞻性的视野推出了集数字仓库、数字供应链和数字金融于一体的创新解决方案（见图8－7）。该方案旨在通过先进的数字化技术和智能化平台，全面升级仓储管理流程，确保各环节无缝衔接，并实现全链条可视化。

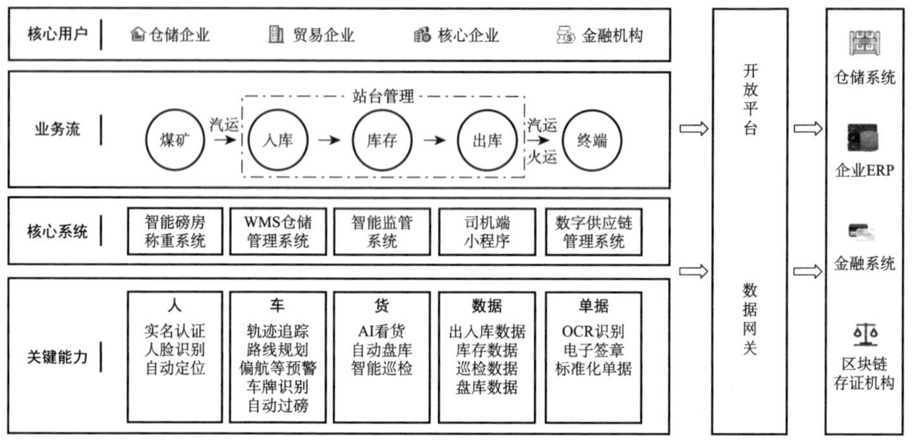

图8－7　数链科技数字供应链架构

具体讲，数链科技的数字供应链平台首先打造了人（即对供应链业务参与者的管理，包括实名认证、人脸识别以及自动定位），车（即对物流运输车辆的管理，包括轨迹追踪、路线规划、偏航等预警、车牌识别、自动过磅），货（即对大宗商品的管理，包括AI看货、自动盘库、智能巡检），数据（即对业务数据的管理，包括出入库数据、库存数据、巡检数据、盘库数据）以及单据（即对供应链物流单证的管理，包括OCR识别、电子签章、标准化单据）整合能力。此外，通过建设包括但不限于智能仓储系统，实现自动化的货物追踪与库存实时更新；推动供应链各参与方间的数据共享与协同作业，强化业务流程标准化与合规性；运用区块链等先进技术提高交易透明度，有效降低信用风险和运营成本；并通过数字金融工具赋能，打通资金流，使金融机构能够基于真实可靠的动态数据提供更为精准高效的资金支持服务，最终助力大宗商品行业步入高效、透明、安全的现代化发展轨道。

（二）数链供应链数字技术应用

为了实现大宗商品供应链数字化管理，数链科技围绕供应链运营各个环节部署了一系列技术，以实现供应链运营全程透明、可控（见图8-8）。

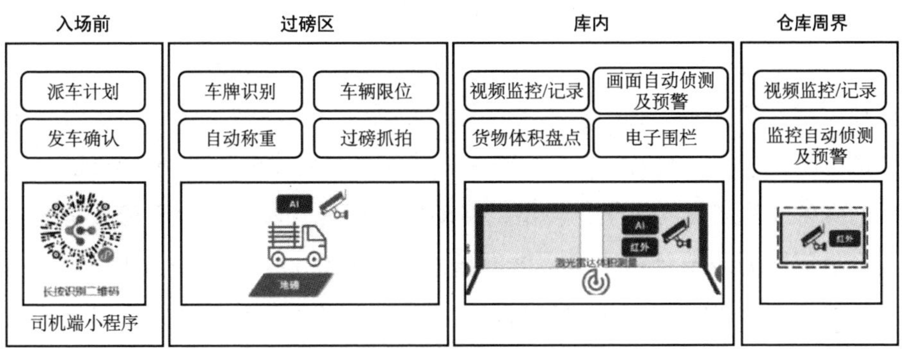

图8-8　数链科技物联网管理系统

首先，数链科技专注于对大宗商品流通环节中的关键节点包括港口、站台及仓库等进行深度数字化升级与改造，并全面部署先进的物联网系统。这一举措旨在构建一个覆盖全流程、全场景的实时数据监控网络，确保对站台每一环节的操作活动都能实现精准掌控和无缝对接。通过对货物存储状态、物流动向以及作业流程等信息的实时采集与分析，显著提升了仓库内外部环境的全方位可视化监控能力，进而极大地优化了站台管理效率，实现了从被动应对到主动预防的风险管理模式转变，能针对潜在问题进行提前预警，有效降低各类运营风险。此外，数链科技还引进并实施了智能化磅房称重管理系统，该系统集成了自动上磅检测、离车零点校验、高精度动态称重记录、区块链存证保真、下磅操作完成及自动数据上报等功能于一体。通过全程无纸化、无人化的智能控制，不仅保证了称重数据的真实准确，杜绝了人为误差和舞弊行为的发生，而且极大提高了称重环节的工作效率，使整个过磅过程得以高效有序地进行，进一步完善了供应链整体信息化建设，为推动行业标准化、透明化运作奠定了坚实基础。

其次，通过部署先进的数字监控大屏技术，对港口、站台、仓库的核心区域进行全面而深入的可视化管理，包括堆场、库房、物流通道和地磅等关键节点的全天候无死角监控。该系统不仅支持实时视频预览功能，以便管理者随时了解现场动态，还具备事件录像回放能力，确保重要环节可追溯，便于事后分析与问题排查。系统进一步集成了智能预警机制，如网络连接状态监测与掉线预警通知功能，以及移动目标检测预警，一旦发生异常情况或潜在风险，能够迅速发出警报，从而显著提升对突发事件的响应速度和处理效率。这一体系化的监控方案有力地增强了站台的运营管理效能，实现了实时的风险预警，确保运营安全和物流流程顺畅。与此同时，针对日常巡检工作的数字化转型，移动端应用为仓库和站台管理人员提供了高效便捷的线上管理工具。借助精准的自动定位技术和电子围栏设定，严格把控巡检路线与范围；通过视频/拍照数据云端上传并添加不可篡改的时间地点水印，结合人脸识别验证手段，有效保证了巡检过程的真实性与合规性，极大地提升了风险管理的精细度与准确度。此外，通过定制开发的“司机端小程序”，成功实现了货物从矿山源头到入库再到出库直至终端客户的全程物流信息无缝对接。这一创新举措使得站台仓储数据与实际货物流转状态紧密结合，形成完整闭合的监管链条，确保在途运输与库存管理的每个环节均可透明化监控，从而实现货物全流程的安全可控与高效运营。

再次，与华为合作实现对大宗商品的数字管理。华为推出的动产融资金融仓解决方案，深度融合了华为云、人工智能、物联网、边缘计算和区块链等前沿技术，构建了一套创新的“三维可信”架构体系。这一系统通过端、边、云智能协同的方式，对产业数字金融平台进行了全面升级，旨在以技术驱动方式确保动产金融仓在物理状态确认、权属证明以及价值评估等方面达到高度可信，进而有力地支持金融服务与实体经济的紧密融合。该方案的独特之处在于利用尖端的传感器技术和算法优化：针对室内外不同的场景应用了激光雷达，结合室内三维重建算法和无人机搭载室外三维重建算法，实现站台货物数据的自动化采集。其中，一方面，室内部分采用精密的点云技术智能模拟现实环境，精确建模并计算库存货物体积，经过持续迭代优化，其盘库精度已高达95%；而在室外露天堆放区域，预设的无人机巡飞路线定时执行自动巡拍任务后，将所采集的数据传输至华为云平台，由高效算法处理生成目标堆场区域的精确体积信息（见图 8－9）。另一方面，对于有煤棚或封闭式仓储环境，华为引入了车载雷达设备来降低成本并提高部署效率，通过车辆搭载的雷达进行堆货轮廓扫描，实时生成并上传点云数据至华为云端。同样基于强大的后台算法分析，可迅速输出煤棚内目标存储区域的准确体积信息（见图 8－10）。这一系列技术手段共同赋予了金融仓智能化的自动盘点能力，极大地提升了动产融资业务中的资产管理和风险控制水平。

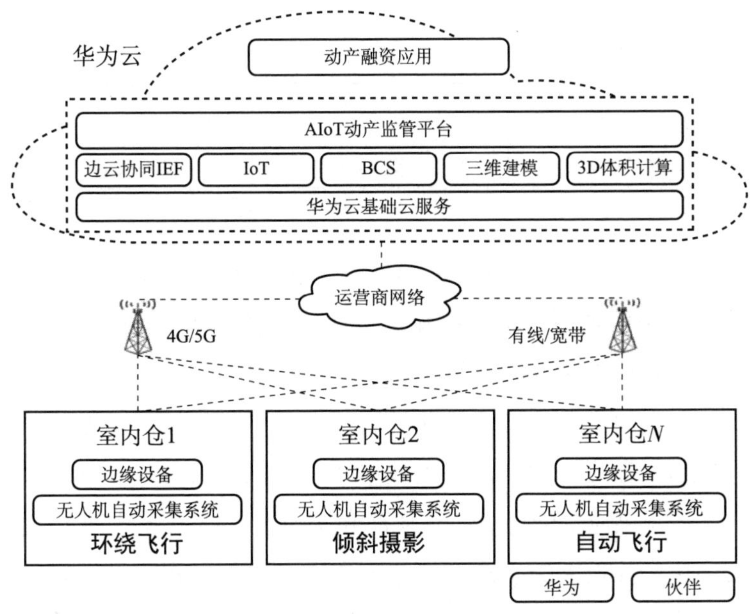

图 8－9　室外场景无人机＋华为三维重建算法

最后，数链科技通过集成先进的数字化技术手段，对供应链中至关重要的合同、发票、物流单据、化验结果以及结算凭证等关键字段信息，严格遵循平台预设的规则引擎体系进行深度整合与交叉验证。这一严谨的过程不仅确保了每一份单据的真实性与合法性得以有效核验，而且能够将这些零散的数据点编织成一条坚实且连贯的证据链条，为企业的交易安全和业务合规性构建起坚固的基础屏障。更进一步，数链科技积极倡导并实施

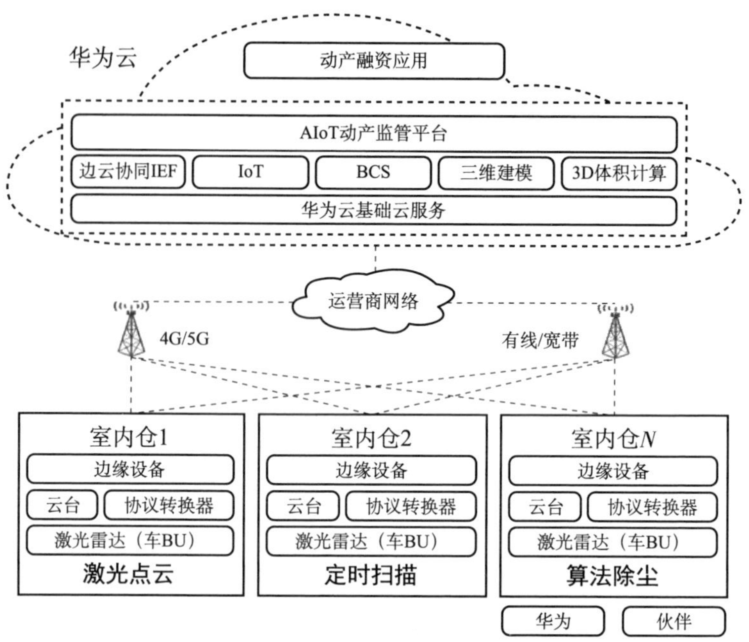

图8-10　室内场景激光雷达+华为三维重建算法

区块链技术的应用创新，精心构建了一个由多方参与的区块链联盟网络。在这个联盟内，核心业务数据经过加密后被记录在区块链上，形成一个分布式的、透明化的信任网络。这种机制使得所有经确认的关键信息具备了不可篡改性和全程可追溯性，极大地增强了数据的可信度和安全性，从而彻底颠覆了传统供应链管理中信息孤岛和单点信任的风险隐患。不仅如此，数链科技还凭借其强大的生态系统整合能力，成功对接了铁总联运管家系统、宝船网船舶动态信息系统及中交兴路公路运输大数据平台等多个行业权威机构，实现了对铁路、海运、公路等多种运输方式下货物物流轨迹的实时无缝追踪。这一全方位的立体化跟踪服务，不仅提升了整体供应链效率，也为企业客户提供了更为精准和高效的物流可视化管理工具，有力地推动了多式联运物流行业的现代化进程。

（三）数链供应链数字技术对金融的支撑作用

基于上述科技手段，数链科技重新定义和改造了大宗商品供应链，实现了大宗商品实时交易数字化。数链科技把参与链条的贸易商、国有供应链企业（核心企业）、金融机构整合进平台，通过搭建全场景、可视化的全流程交易数字化平台，助力核心企业和金融机构精准识别产业风险、及时预警、评估风险影响、提供应对决策等，同时帮助中小企业对接各类场景的资金需求。

1. 对金融机构

金融机构在面对大宗商品行业时面临显著痛点，该领域产业链条错综复杂且交易规模庞大，对资金需求强烈。尽管金融机构对此类市场的介入意愿强烈，但传统授信模式过度依赖单一主体信用评估，尤其是在核心企业的信用基础上进行决策，使得金融机构在有效进入并管理大宗行业的金融风险时遭遇了巨大挑战。

数链科技凭借其深厚的行业实践经验和与银行业务的紧密对接基础，精准洞察到这一市场需求，通过整合不同业务场景和满足金融机构多样化的融资要求，创新性地开发了金融机构云资产平台。该平台集成了自动化资产数据整理与验证功能，为金融机构搭建起对接大宗商品供应链资产的云端桥梁。数链科技对纷繁复杂的供应链资产数据进行数字化、标准化处理，构建出具有高度可信度的数字资产包，极大地提升了资产透明度和可操作性。

针对金融机构的具体需求，数链科技推出了全面的大宗商品供应链全周期数字风控解决方案，并包含了一系列配套服务：如产业链企业多维度评级服务、资产真伪验证服务、AI智能监控预警系统以及基于大数据的贷后管理系列服务等。这一系列云风控服务旨在打造一个聚焦于大宗商品供应链生态系统的新型风控模式，它强调过程管控、数据驱动及场景定制化开发，贯穿贷款发放前的风险评估、发放中的动态监控至发放后的全流程风险管理。

具体而言，在整个信贷生命周期中，数链科技提供的金融机构云风控服务能够创建涵盖供应商、核心企业和终端用户的详尽企业画像；通过自动化流程实现资产审核和贸易背景交叉核验，生成富含多维度数据分析的资产审查报告；同时提供实时的全周期监控预警服务，精确推送针对性强的贷后数字报告，以确保金融机构对潜在风险有前瞻性的把握与响应能力。

2. 对参与贸易的国有供应链企业（核心企业）

核心企业在大宗商品供应链管理中所遭遇的核心挑战尤为凸显。交易环节的不透明性问题严重，供应链上的各个节点间信息传递犹如孤岛般割裂，缺乏有效的交叉验证机制，导致行业内假冒、欺诈等不法行为频繁发生，严重影响了市场的健康发展。此外，业务流程标准化程度偏低，从合同签订、发票开具、货物质量控制、资金流动监管到税务合规等一系列贸易流程环节，往往难以严格遵循既定的标准与规定进行操作，增加了风险管理的复杂性和不确定性。

数链科技深刻洞察这一产业痛点，凭借对行业的深入理解和现代前沿科技的应用能力，为解决上述难题提供了全面而有力的支持。数链科技致力于为核心企业提供涵盖大宗商品交易全链条的数字化转型和升级服务，通过运用物联网、区块链、人工智能等先进技术手段，将传统的供应链业务生态彻底迁移至线上，并实现全流程的数字化和标准化运作。借助数链科技的服务，企业能够实时追踪并反映业务执行过程中的各类风险情况，确保每一步操作都清晰可见、可追溯、可校验，从而有效保障业务的真实性、合规性及安全性，极大地提升了整个大宗商品供应链领域的信任度和效率。

3. 对中小企业

在煤炭行业的应收账款融资业务场景中，数链科技实现了合同签订、单据传递、还款安排及物流仓储管理等全流程的数字化和线上操作。通过整合核心企业的实际控货能力，数链科技为参与供应链的中小企业提供了一站式的线上应收账款融资解决方案。当煤炭贸易商与核心企业达成合作，将货物转交由核心企业代为销售并取得货权后，贸易商便能够在数链平台上便捷地申请对应应收账款的融资服务。平台依据核心企业和金融机构设定的标准与要求，精准匹配并引入适合的金融资源，确保资金高效流转至有需求的贸易商手中。

同样，在钢材领域的仓押类融资产品应用场景下，数链科技亦发挥了关键作用。在主要的钢材集散物流仓库内，贸易商将钢材存入，并转移给具有强大销售网络的核心企业代理销售。一旦核心企业确认掌握货权，贸易商即可通过数链平台提交融资申请。平台会根据核心企业和金融机构的具体条件，快速筛选出合适的金融机构资金来源，完成线上对接，以满足贸易商对融资的需求。

针对煤炭领域的预付场景类融资方案，数链科技进一步优化了交易流程。当中，核心企业从贸易商指定的采购方采购煤炭时，在贸易商向核心企业支付了一定比例的保证金之后，可在数链平台发起线上融资申请。审核通过后，核心企业得以使用该笔融资款项向指定采购方全额支付相应的煤炭货款。此后，贸易商可以根据约定，采取一次性或分期方式从核心企业购入这批已预先支付货款的煤炭，从而实现资金流与物流的有效联动和风险控制。

第 9 章
全球供应链金融发展态势

供应链金融被定义为使用融资和缓解风险的实践和技术来优化对供应链流程和交易中投入的营运资金和流动性的管理（Gomm，2010）。供应链金融通常应用于存在账期的交易过程，并由供应链事件触发，其服务的对象常常是供应链运营中的中小企业。

供应链金融不同于传统的中小企业借贷，供应链金融是基于供应链运营而产生的金融活动，因此，金融活动的发生不是存在于借款人和贷款人之间，而是供应链多参与主体之间的合作性行为。在供应链金融活动中至少存在着四类紧密合作的主体：一是供应链运营中的企业。这类主体往往是供应链金融开展的基础构成，它们从事供应链交易和运营，建构了供应链金融开展的业务场景，提供了必要的基础资产。二是供应链金融服务支持者，如今在国际社会通常被称为金融服务提供商（Financial Service Providers，FSPs）。它们是为风险承担者或者流动性提供者提供必要应用（诸如电子账单呈现与传递，即 EIPP、应收应付等）的主体，它们促进了采购订单、票据、应付等文件在供应链买卖双方以及金融机构之间的交换与信息整合，能使相应的参与方自动及时地获取供应链交易过程和信用（Martin & Hofmann，2017；Song，et al.，2019）。三是交易风险管理者。这类主体拥有交易、物流数据，整合内外部数据进行挖掘分析，并将分析结果传递给投资者以做出相应决策。其功能在于证实数据、整合数据、分析数据以及呈现数据，确立供应链运营主体特别是中小企业的信用，促进供应链中金融活动的顺利开展。四是流动性提供者，即直接提供资金的主体，一般是商业银行或其他非银机构。这四类主体通过紧密的合作和协同，促进了资金的流动，优化了产业供应链中的现金流。

正是由于供应链金融具有立足于产业、服务于产业的特点，20 世纪 80 年代其在国际社会就得到了业界的广泛关注。初期供应链金融主要是以贸易信用的形式展开，之后随着产业对供应链金融认识的不断加深，供应链金融无论在规模还是形态上都发生了重大变化。在规模上，供应链金融呈现出了巨大的发展空间，一直以两位数的增长速度发展。根据 BCR Publishing（2023）的报告，与 2021 年相比，大多数市场的供应链金融增长都有所放缓，但非洲地区一直保持着增长势头。然而，所有市场仍表现出良好的增长势头。全球供应链金融总额增长了 21%，达到 21 840 亿美元，正在使用的资金增加了 20%，达到 8 580 亿美元。该报告称，在供应链金融总额方面，美洲占 55%，欧洲占 24%，亚洲占 19%，非洲占 2%。在资金使用方面，美洲占 52%，欧洲占 30%，亚洲占 15%，非洲占 3%。非洲增长最强劲，增长率达到 40%。其他市场的增长虽然与去年相比有所放缓，但仍保持在 15%至 30%的健康范围内。在规模和速度高度发展的同时，供应链金融的模式和形态在全球也发生了重大的创新和变革，这种模式和形态的变革主要沿着两个维度演进发展：一是供应链金融涉及的主体与地域范围，亦即供应链金融活动中所涉及的参与主体的多样性程度，以及供应链金融活动开展的地区范围；二是供应链金融方案的成熟度以及活动的范围。这主要指的是供应链金融方案能否覆盖供应链全流程业务要求，以及运用技术手段管理、控制风险的程度。

第1节　供应链金融在全球的发展状况

中小企业融资是一个世界性的问题，因此，如何能够针对性地因应中小企业在经营过程中存在的现金流问题，提供相适应的供应链金融服务，这是全球共同面对的课题。2019年普华永道与全球供应链金融协会联合开展了对全球供应链金融发展的调查（PWC & Supply Chain Finance Community, 2019），从五个方面揭示了全球供应链金融的发展态势，即供应链金融的采用状况、供应链金融推进中的成本与收益、供应链金融开展的驱动力和障碍、供应链金融运营平台类型与资金来源以及供应链金融未来发展中的新兴技术。从该调查中我们可以对全球供应链金融的发展格局和特点略见一斑。

一、供应链金融的采用状况

供应链金融的采用状况反映的是主体企业推动供应链金融中的主要管理要素、动机，以及由什么样的主体协助企业实现供应链金融，这一调查反映的是主体企业对实施供应链金融的倾向和状态。根据该调查反映的状况来看，企业中各管理功能或要素对供应链金融活动开展贡献度最大的是财务和采购，其次是管理和现代信息通信技术（ICT）。相反，物流和销售对于促进供应链金融作用较小（见图9－1）。由此可以看出，目前供应链金融仍然主要是为了帮助主体企业更好地维系上游供应商而开展。此外，通过有效的管理和信息化来开展供应链金融成为目前大多数企业的重要手段。

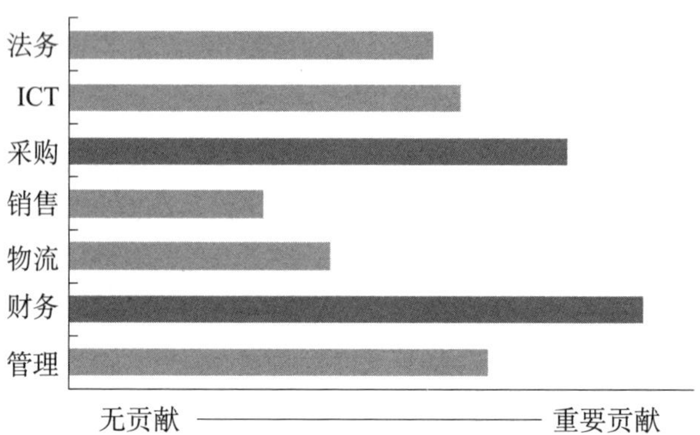

图9－1　主体企业各管理功能对供应链金融的贡献度

进一步，主体企业出于什么动机对上游供应商开展供应链金融反映了企业对待供应链金融的态度。调查显示（见图 9－2），主体企业开展供应链金融的目的仍然是强化自身的供应链竞争以及维系战略合作伙伴，或者说主体企业开展金融服务针对的上游供应商主要是战略供应商。从具体采用的供应链金融产品看（见图 9－3），目前主要实施的供应链金融产品仍然是基于应收账款的反向保理，但是从发展趋势看，存货/仓单融资、订单融资和动态折扣成为下一步主体企业考虑的重要金融产品。从全球各区域供应链金融产品结构的状况看（见图 9－4），北欧市场以反向保理和动态折扣为主，南欧仍然以反向保理为主，亚洲地区以存货/仓单融资、订单融资和动态折扣为主，美国市场主要是反向保理、预付票据融资和动态折扣。从促进供应链金融开展的推动者，即协助企业开展供应链金融服务的组织类型看（见图 9－5），全球供应链金融行业的推动者仍然以商业银行和保理商为主，但是从发展的趋势看，越来越多的物流服务商、平台服务商以及上游供应商成为推动供应链金融发展的新生力量。

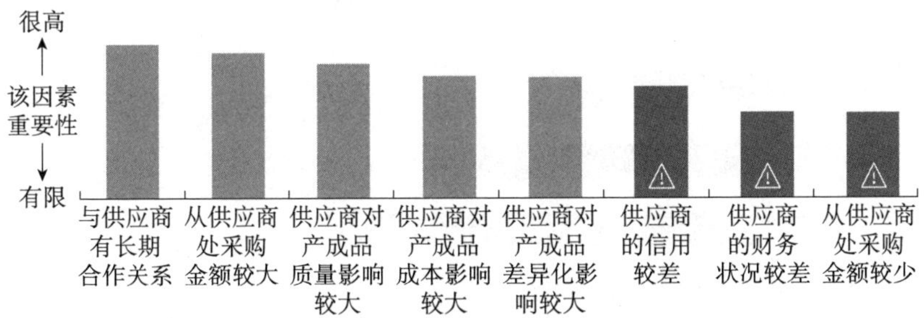

图 9－2　主体企业对供应商开展供应链金融考虑的因素

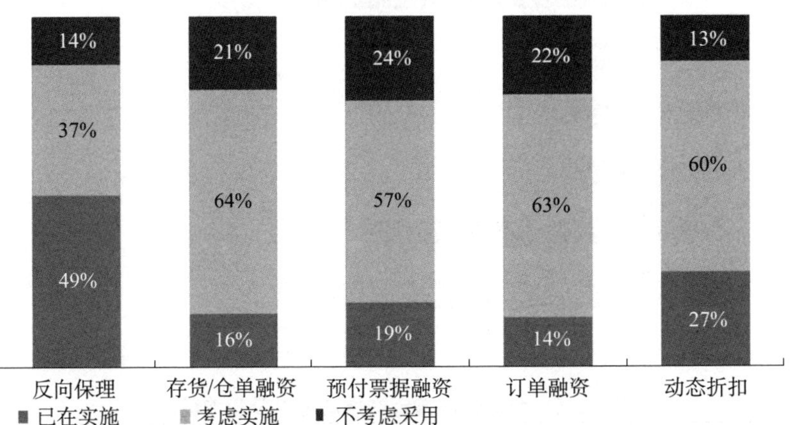

图 9－3　主体企业对各类供应链金融产品的态度

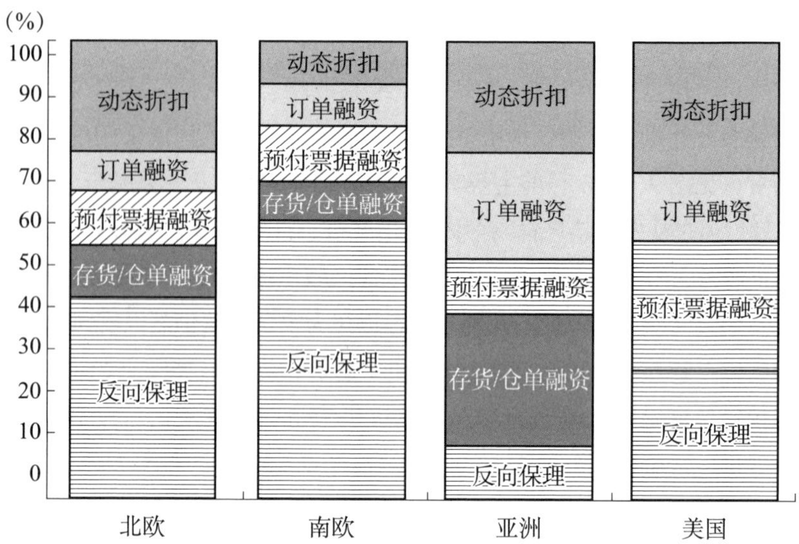

图 9-4　全球各区域供应链金融产品结构

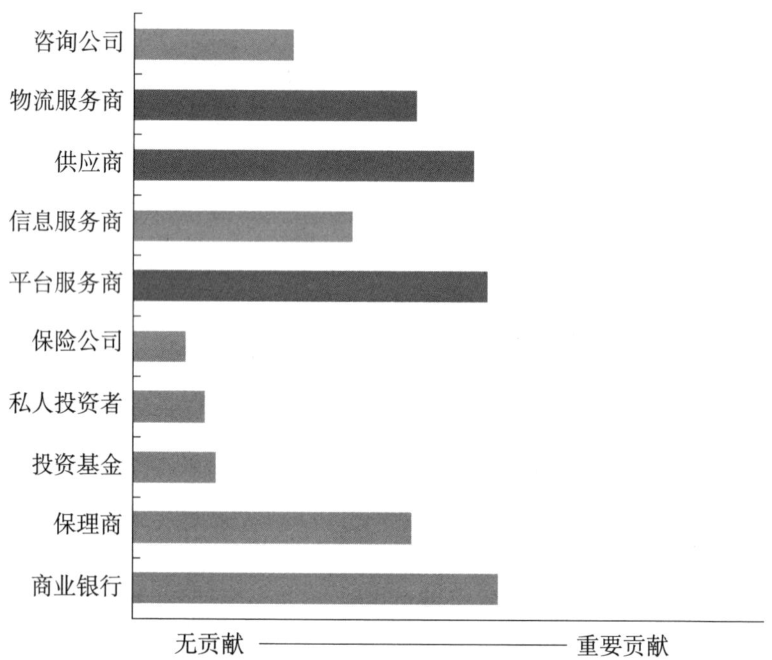

图 9-5　全球供应链金融推动者以及影响程度

二、供应链金融推进中的成本与收益

供应链金融推进中的成本与收益反映的是供应链金融发展中需要克服的主要活动成本以及供应链金融可能带来的收益评断，显然，成本要素越多、越高，供应链金融开展面临的问题越多，顺利开展的难度就会较大；同理，收益越明显，供应链金融开展的动力就越强。从该调查反映的状况看，在造成供应链金融活动开展过程中的成本中（见图9-6），全球企业反映最为明显的是财务资金成本较高，即如何获得充足的低成本资金是供应链金融面临的挑战，其次是合约管理成本和变革管理成本。从实施供应链金融给供需双方带来的收益看（见图9-7），供应链金融给供需双方带来的最重要的收益是运营资金的优化。对于供应商而言，供应链金融计划带来的收益更多地表现在债务成本下降、较低的违约以及融资的便捷性上，相反，供应链金融对于实现经济收益方面的作用并不是非常明显。对于买方而言，供应链金融实现的收益，除了运营资金优化外，更直接地表现在供应链关系绩效以及经济绩效的实现上。

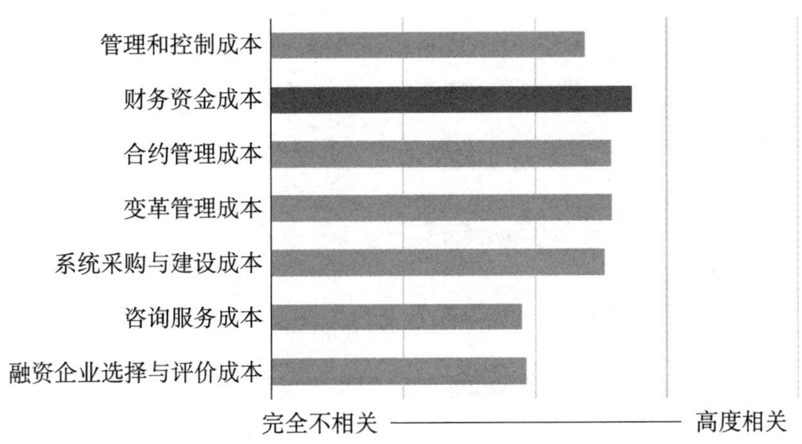

图9-6　供应链金融实施中涉及的成本及其影响程度

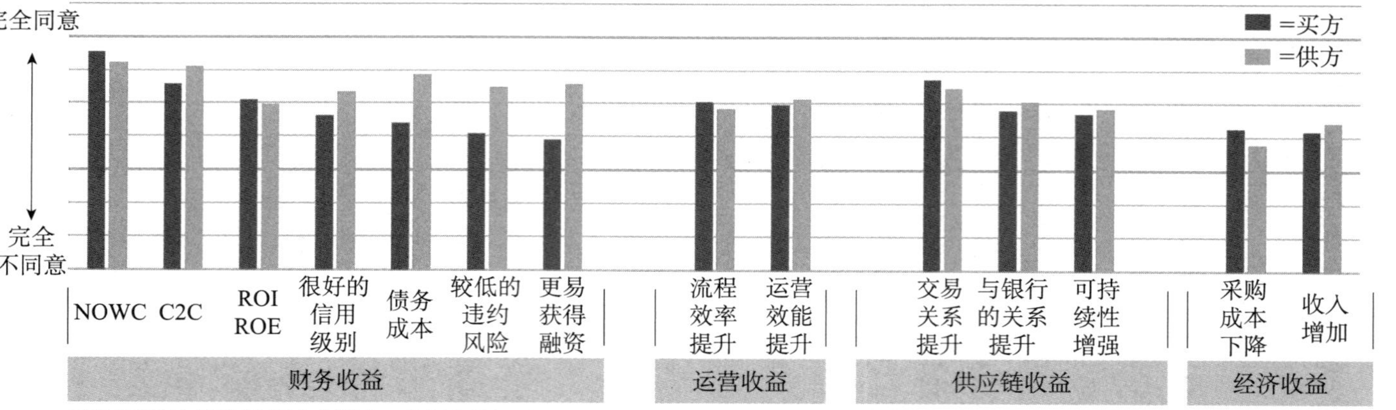

NOWC指的是净运营流动资金，即NOWC= Current Assets−(Current Liabilities−Note Payable)，其中Current Assets指流动资产。Current Liabilities−Note Payable为流动负债中不用支付利息的部分。包括应付账款和存留利息。

C2C为现金流量周期，即C2C=DIH+DSO−DPO，其中DIH为库存周转天数; DSO为应收账款周转天数；DPO为应付账款周转天数。

图9–7　开展供应链金融所带来的收益

三、供应链金融开展的驱动力和障碍

供应链金融开展过程中的动力和障碍体现的是供应链金融推动的驱动力和需要克服、解决的问题。从当今全球开展供应链金融的驱动力看（见图9-8），在市场驱动力方面，增强供需之间的合作关系显然是实施供应链金融最为重要的驱动力，由此可以看出，供应链金融推行的目标在于强化供需关系，稳定供应链运营。此外，在财务驱动力方面，优化运营资金成为众多企业开展供应链金融的核心驱动力。在供应链金融实施的障碍因素方面（见图9-9），该调查显示，在经济与金融要素方面，缺乏足够的交易量以及低利率的资金供应成为阻碍供应链金融的主要挑战。由此可以看出，如何引导更多的企业，特别是金融机构加入供应链金融中是全球供应链金融共同面临的问题。在供应链方面的障碍因素中，非常有趣的是其中最为典型的是企业内部缺乏合作的意识，这一因素反映的程度甚至超过了企业之间缺乏合作的意识，这无疑说明推动企业内部不同职能或环节之间的协作是决定供应链金融有效发展的关键。在文化方面的障碍因素方面，供需双方目标不一致成为供应链金融实施的障碍。

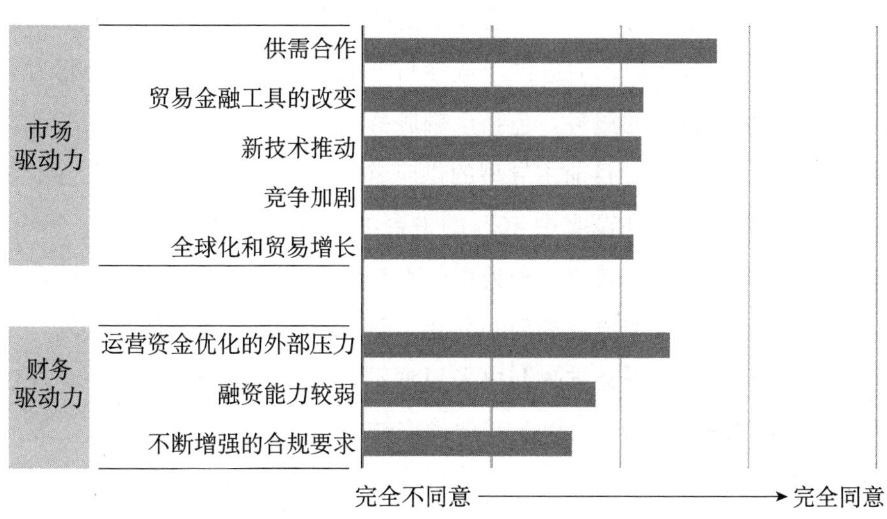

图9-8　实施供应链金融的主要驱动力

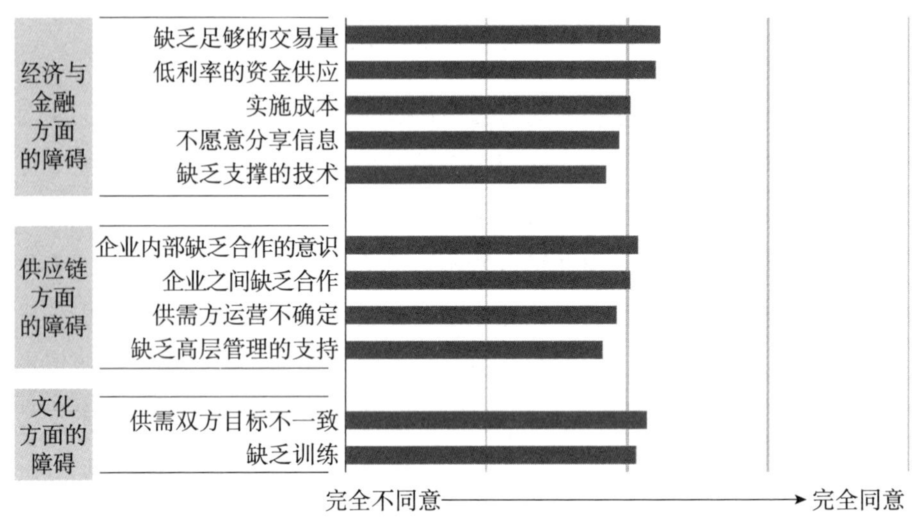

图 9-9　实施供应链金融的主要障碍

四、供应链金融运营平台类型和资金来源

供应链金融运营平台类型和资金来源反映的是新型供应链金融的主力以及金融的资金来源。从前面对供应链金融主要推动者的调查中可以看出，平台服务商成为供应链金融未来发展重要的形态，这类供应链金融主要通过交易和金融平台搭建，促进供应链参与方的交易和物流活动，从而为平台参与者提供全方位的服务，包括金融服务。根据该调查发现，在平台类型方面（见图 9-10），目前主导型的供应链金融形态仍然是商业银行主导的供应链金融平台，在调查中 46%的平台都是由商业银行运营的。然而，从调查中也可以看出，其他各种类型的平台已经呈现出较显著的发展，一方面，这些平台的类型愈益趋向多元化。除了商业银行运营的平台外，目前运营信息化平台、交易支付与电子票据平台、资产管理平台、企业自建平台、预付与动态折扣平台以及其他供应链金融平台都呈现出快速发展的态势。另一方面，这些新型的供应链金融平台所提供的供应链金融产品也趋创新性。从调查状况可以看出，其他各类供应链金融平台主要提供的产品包括订单融资、预付票据融资和动态折扣。

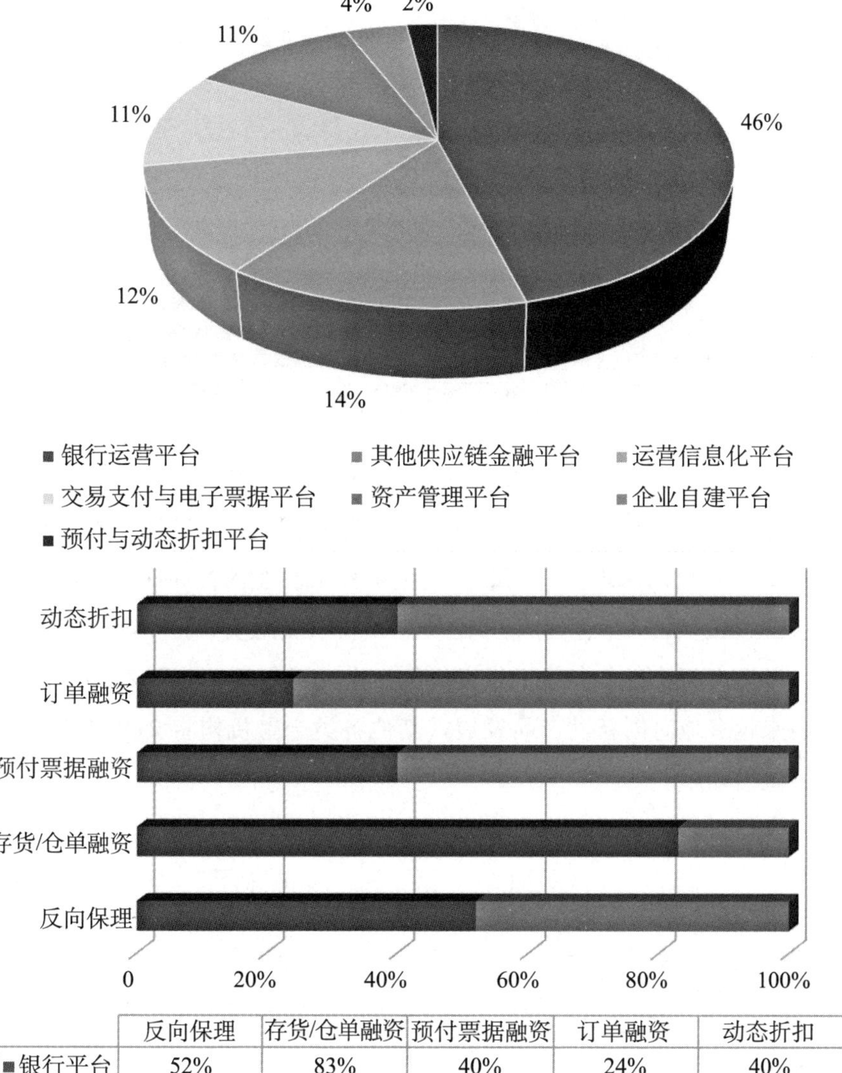

	反向保理	存货/仓单融资	预付票据融资	订单融资	动态折扣
■银行平台	52%	83%	40%	24%	40%
■其他平台	48%	17%	60%	76%	60%

图 9-10　供应链金融平台类型与主要产品

此外，从供应链金融平台发挥的功能看（见图 9-11），供应链金融平台发挥的功能主要是将供应链运营过程数字化，从而实现交易信息的整合、透明和可追踪，诸如历史信息追踪、报告自动化与数据分析、整合 ERP 与管理系统等。

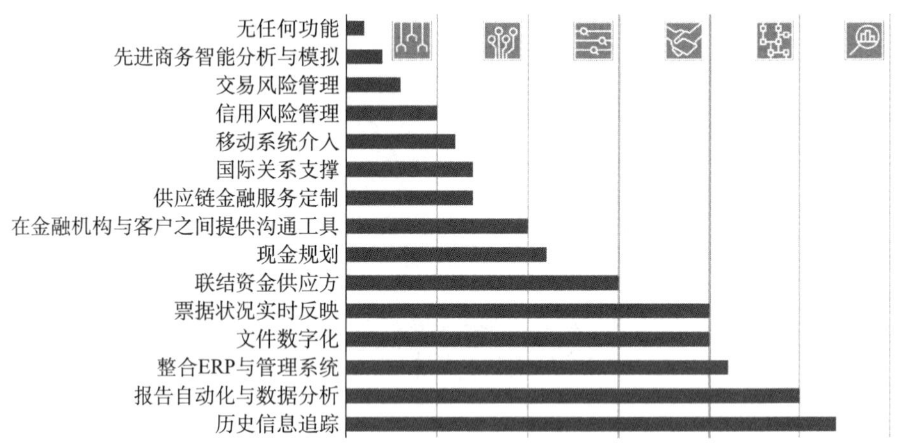

图9-11　供应链金融平台发挥的主要功能

供应链金融资金来源根据不同的供应链金融产品而呈现较大差异（见图9-12），在反向保理中，大部分资金来源于商业银行和保理商，但是其他供应链金融产品（如存货/仓单融资、预付票据融资、订单融资、动态折扣等）中，大部分资金来源于非银机构，由此可以看出，随着供应链金融产品越来越多地向创新性产品发展，其他各类金融机构将会更多参与到供应链金融活动中。

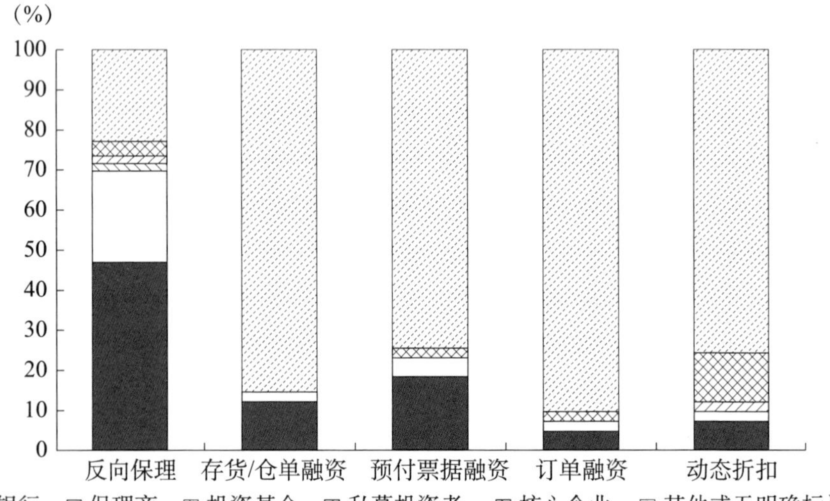

图9-12　供应链金融产品资金来源

五、供应链金融未来发展中的新兴技术

供应链金融未来发展中的新兴技术也是全球供应链金融发展中关注的重要话题，它反映的是技术与供应链金融融合的潜力。根据该调查（见图 9－13），未来供应链金融发展中最为关注的新兴技术主要是人工智能和区块链，之后才是物联网。

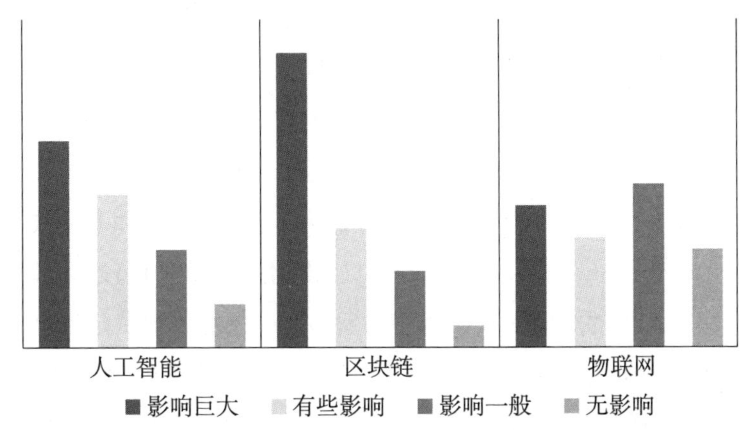

图 9－13　各类新兴技术对供应链金融未来发展的影响程度

从以上调查数据可以得出，全球供应链金融开展的内驱力在于强化供应链合作关系，实现整体竞争力提升。此外，优化运营资金是供应链金融的宗旨。因此，面向中小企业融资借贷只是供应链金融的手段，而非目的。在供应链金融涉及的主体或地域范围方面，全球供应链金融愈益从传统的金融机构（如商业银行、保理商）向新型专业化机构转化，特别是平台服务商成为推动供应链金融发展的重要新兴力量。在供应链金融方案成熟度和活动范围方面体现出了三个特征：一是供应链金融产品逐渐突破了传统的反向保理，创新了更多的金融服务，如订单融资、动态折扣等；二是供应链金融的资金供给方开始日益多元化，非银机构将会成为未来供应链金融的重要参与者；三是以人工智能和区块链为代表的技术将会极大地提升供应链金融的效率。

第2节　全球供应链金融的主要形态

供应链金融模式和产品反映的是供应链金融运用的纵深程度，即产品类别的丰富度以及供应链金融活动与供应链运营主体和经营活动融合互动的程度。具体而言，供应链金融模式指的是供应链金融组织的特定方式和运行规律，它具有一般性、简单性、重复性、结构性、稳定性、可操作性的特征。全球供应链金融的模式和产品如同前一节反映的那样，日益呈现多元化、多主体参与的态势。自供应链金融在全球得到广泛关注，特别是在产业和金融业界的不断推动和创新下，供应链金融模式经历了多个阶段。在国际学术界一般将供应链金融划分为金融导向阶段、供应链导向阶段（Luca Mattia Gelsomino，et al.，2016）和网络生态导向阶段。金融导向指的是基于应收应付的短期信贷，诸如保理、反向保理、福费廷等金融活动；供应链导向指的是基于供应链运营中的资产开展的供应链金融活动，诸如仓单质押、订单融资等；而网络生态导向则是依托产业网络和生态而开展的金融活动。从国际产业实践的视角以及供应链金融在全球的发展历程看，供应链金融的模式发展也可以划分为三个阶段，即供应商牵引的供应链金融、买方牵引的供应链金融以及上下游整合的供应链金融（见图9-14）。

一、供应商牵引的供应链金融

供应商牵引的供应链金融是最早出现的供应链金融形态，其开展的基础是上游供应商的应收账款，特别是在存在较长账期的情形下，这类金融产品能够有效满足供应商的运营资金需求，通常的产品模式是反向保理。然而，随着供应商对运营资金提出日益差异化的需求，特别是多级供应商的运营资金诉求，以应收票据为形式的融资模式得到了发展。

这一阶段供应链金融管理的核心和基础仍然是产业核心企业，即依托产业核心企业的能力和信用向其上游供应商提供金融服务。而提供金融服务的主体是商业银行，商业银行成功的关键在于了解所有融资解决方案及

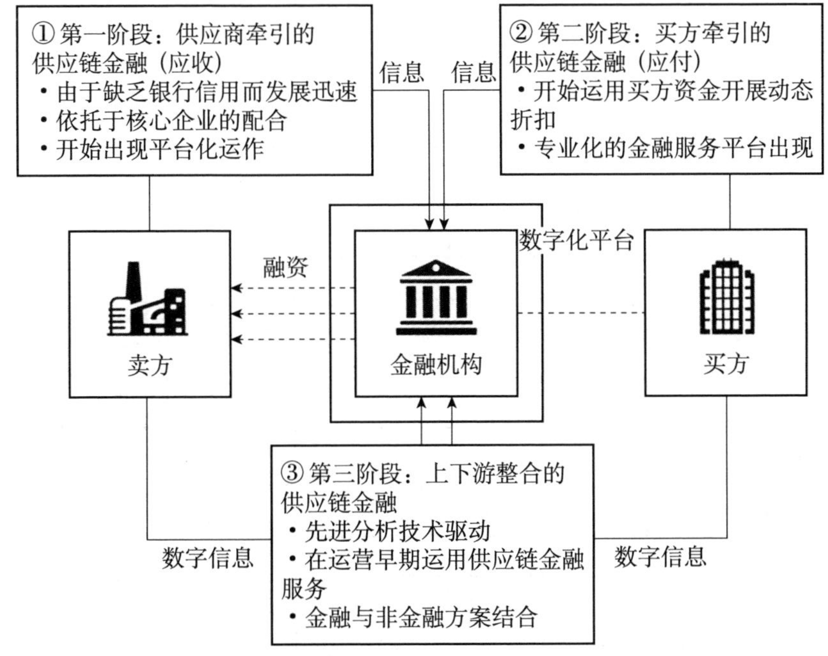

图 9-14　全球供应链金融模式发展三阶段

其对供应商以及下游客户的好处，并与供应链金融专家与核心企业紧密合作，在充分了解产业运营的基础上，为核心企业的上游供应商构建量身定制的解决方案。此外，风险管理能力也是商业银行能力构建的基础，具体讲，商业银行需要充分了解供应商财务状况和票据的真实性，确定适当的融资额度和利率，并准确地为风险定价。它们还必须能够评估商业风险（例如，买方由于商品有缺陷而未支付）、欺诈（例如虚假发票）以及应收账款的第三方索赔风险。

例如，2020 年全球最佳供应链金融银行服务商——花旗银行，其提供的供应商融资计划为 81 个国家的 850 家供应商提供了基于应收账款的预付融资服务。具体的运作特点是（见图 9-15）：核心企业与上游供应商签订采购协议，并达成付款账期，这样核心企业可以延期支付货款，与此同时，上游供应商可以到花旗银行系统上申请提前折扣支付，改进其运营资金，之后，花旗将在约定的日期从核心企业的账户中扣除相应的应收金额。值得指出的是，尽管银行仍然是应收账款融资的最大提供商，但近年来出现了许多新的金融模式，其中许多是基于平台的解决方案，将借款人和投资者联系起来，例如英国的 Market Invoice 和 Sancus 以及美国的 LiquidX（以前称为应收账款交易所）。随着这些参与者的不断发展，它们将对银行构成挑战，使得供应链金融资金提供方逐渐转为非银机构。

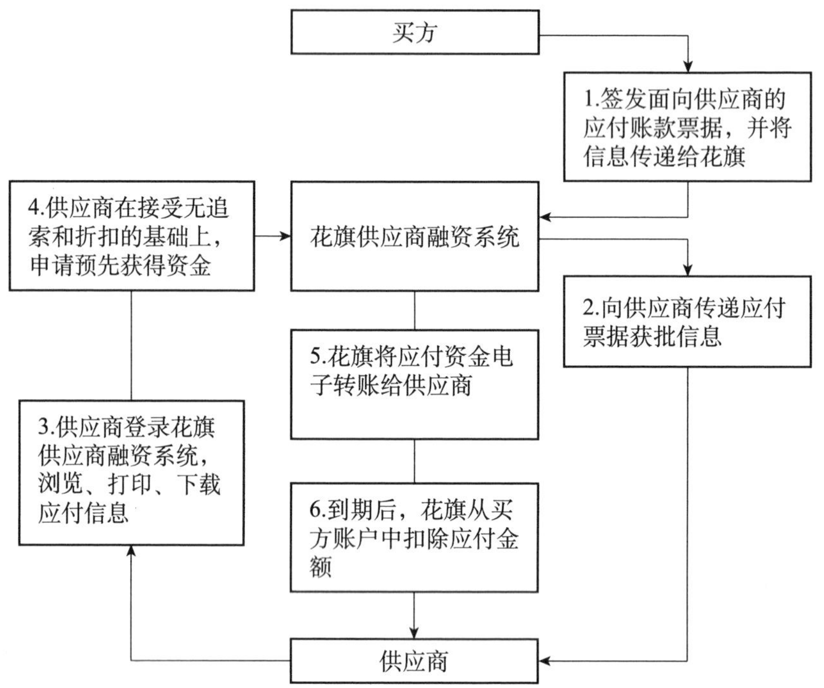

图 9-15　2020 年供应链金融服务最佳银行花旗的供应商融资计划

在这一阶段的供应链金融活动中，近年来在中国较为流行的一种模式是应收账款凭证的拆分流转。在现行的授信体系中，产业链核心企业由于实力雄厚、资产丰富、风险程度低，获得了大量银行的主动授信。然而，核心企业融资渠道广泛、成本低，且往往处于供应链供求关系的强势地位，自身资金压力不大，导致银行等金融机构给予核心企业的授信大部分被闲置。与此相反，产业链上的广大中小企业由于规模小、发展慢、缺乏资信积累，融资难、融资贵。供应链核心大企业与上下游企业作为供应链上的共生体，由于价值传导作用，大企业客观上背负了部分广大中小企业高昂的融资成本。供应链上的企业资金需求与金融机构资金供给出现错配，大量银行资金无法安全投入实体产业。为充分盘活银行等金融机构给予核心企业的授信和资金支持，发挥核心企业在实体经济中的行业领军地位和优质信用，一些供应链金融服务平台在严格遵循国家法律框架的基础上，创新推出应收账款凭证（一种可拆分、流转、融资的电子付款承诺函），为企业间应收应付往来款清算提供新选择。通过电子凭证实现核心企业信用流转和中小企业快速融资，让传统金融无法涉足的产业链末梢企业也能享受到产业链中核心企业的优质信用，充分发挥互联网金融带来的长尾效应，惠及产业链上下游的广大中小企业。

其具体运作流程是：核心企业首先从银行等资金方获取授信支持，而后由核心企业根据其所属子企业规模大小、经营状况、发展方向、市场导向等信息进行风险程度评定，经平台核实后，由核心企业分配并在平台设定所属的子企业可使用凭证最高额度，其可分配的总额度即该核心企业取得的银行专项授信额度。核心企业通过支付凭证向供应商支付货款，供应商收到凭证后有三种选择：一是选择部分或全额继续持有；二是选择部分或全额向平台进行保理融资变现；三是选择部分或全额继续支付给其他企业，实现凭证在产业链企业间的广泛应用。

从事这类供应链金融服务的典型平台之一——TCL 简单汇就是从事供应链应收账款凭证的拆分流转。简单汇平台是 TCL 集团旗下提供实体企业应收账款信息服务的互联网平台，其运营方为 TCL 集团全资控股公司“简单汇信息科技（珠海）有限公司”。简单汇平台成立的主要目的是通过搭建应收账款信息沟通桥梁，助力中小微企业在金融机构更便捷地开展应收账款融资业务，从而解决中小微企业融资难问题。简单来说，平台上有核心企业、供应商（1 级到多级）、资金方等角色，核心企业在平台上对其供应商的应付账款进行确权形成债权凭证“金单”，持单人根据自身的需求，可以在平台内进行金单的灵活流转，也可以在资金方进行融资（见图 9－16）。

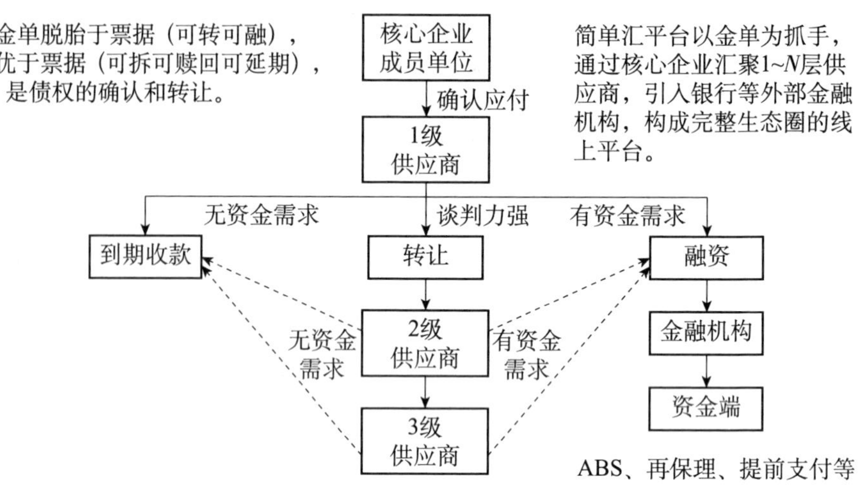

图 9-16　TCL 供应链金融简单汇示意图

该模式的基本流程是：当 TCL 与一级供应商签订采购合同后，TCL 在线确权，形成债权债务的凭证——金单，1 级供应商获得金单后，可以到期向 TCL 要求支付货款。在付款期之前的任何时间，1 级供应商也可以将金单分拆转让给 2 级供应商。2 级供应商获得拆分的金单后，有三种选择：一是持有金单，到期向 TCL 申请支付；二是进一步拆分金单，转让给 3 级供应商；三是向金融机构申请资金融通，金融机构提前支付给 2 级供应商，金单到期之后，TCL 将资金支付到银行账户。

显然，这一模式虽然有利于惠及 TCL 的多级供应商，但是对于金融机构和其他利益相关者而言，面临着对平台合法性的认知问题。这是因为平台对金单流转交易数据采用传统中心化方式存储，然而在这种状况下，企业如何能够信任平台，供应商如何能信任核心企业，资金方如何能信任核心企业与平台，都需要一种技术手段将核心企业的信用在其供应链条上无缝地传递，而区块链拥有的分布式存储、不可篡改、可追溯的技术特点就为供应链体系内核心企业的信用传递提供了可能。

由于金融行业的信息敏感性，对于金融机构而言，需要的是一个自主可控的系统，而公有链显然做不到这一点，所以简单汇平台的区块链项目更适合选择联盟链，简单汇平台作为基础，负责联盟成员的加入与授权，多个核心企业以及金融机构形成一个联盟组织，共同维护区块链账本。简单汇区块链项目选用全球影响力最大的开源联盟链，是以 Linux 基金会下面的超级账本（Hyperledger）项目作为底层技术架构，TCL 金融科技与深圳天农科技共同研发的区块链金单项目。系统架构如下（见图 9－17）：

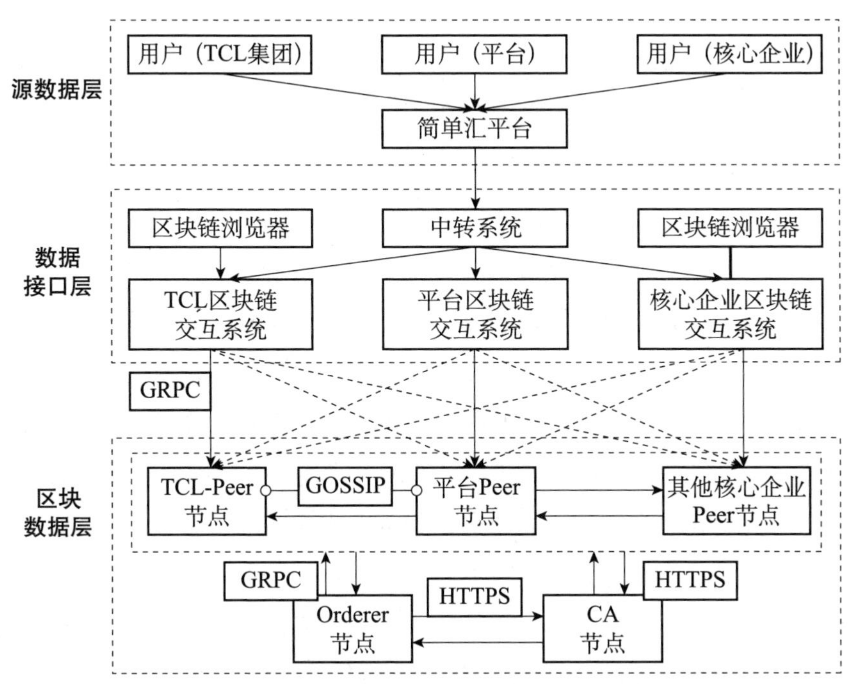

图 9－17　TCL 简单汇架构

第一层：源数据层，简单汇平台作为源数据层生成交易数据。

第二层：数据接口层，简单汇平台与中转系统交互，由中转系统转发数据上链。这一层根据简单汇平台的应用场景做个性化开发，屏蔽上层应用对区块链底层的依赖。

第三层：区块数据层，为区块链核心，由 Fabric 标准架构实现，其中多个 Peer 节点存储区块数据，可单独部署在核心企业本地，Orderer 节点负责对所有交易进行验证、达成共识并打包，然后广播 Peer 节点群上链，CA 节点负责对所有节点实现接入认证。

交易上链流程如下：

第一步：区块链系统开户，开户完成后，系统自动产生企业的密钥、公钥和私钥，其中，私钥存放在核心企业本地节点，由核心企业自己保管，公钥存在区块链上公开（若已开户，则可跳过第一步）。

第二步：企业在简单汇平台完成应收账款确权或转让交易，系统在中心数据库保存数据。

第三步：交易信息自动上链，结合AES和RSA加密算法完成签名和加密之后上链，各节点保存相同的数据副本。

第四步：企业可以在本地区块链节点查看金单交易信息、权益等信息。

上述信息化架构支撑的简单汇给供应链多利益相关方带来了巨大的价值。具体而言，对于中小企业而言，第一，高效确权。传统商业保理融资最大的痛点是买方企业确权难，而简单汇平台则是核心企业主动在平台进行确权。第二，融资成本低。平台对接了多方融资渠道，融资企业无须提供抵押、担保，资金方关注买方的企业信用，根据核心企业信用定价，所以利率更低。第三，融资效率高。应收账款的整个生命周期从金单的开立、转让、融资到托收全部线上化操作。第四，可拆分、可延期。传统商业票据最大的缺陷是不能拆分、期限不能变更，由于企业手上持有票据的金额和期限与其下级供应商应付的金额和账期不能匹配，企业只能将资产在银行质押，重新开立新票付给供应商，手续非常烦琐，导致效率低下，资源利用率低。而金单可以做到金额、期限灵活错配，使企业资产流转灵活高效，企业可以按需融资，节省融资成本。

对于核心企业而言，借助简单汇平台可以对其产业链的企业做穿透管理和供应商精细化管理。产业链上中小企业的成本最后会转化成核心企业的成本，链上企业的成本就是核心企业自身的成本，所以降本增效必须从整个产业链着手。简单汇平台上的中小企业受益后，整个供应链稳定性会增强，供应商对核心企业更加有黏性，核心企业对供应商的管控能力才会提升。核心企业在管理自身现金流的同时，通过“链主”的地位，保证整个产业链现金流的健康，让聚集在核心企业周边的企业共同发展。

对于资金方来说，简单汇为其带来的价值有二：第一，降低获客成本。

简单汇平台集中了优质产业资源、核心企业以及产业链上的客户资源，银行、保理、网贷等资金方可以借助简单汇平台这个通道快速获取客户资源，可批量获取客户，降低了获客成本。第二，降低出资风险。简单汇平台实现了核心企业 ERP 系统直连，拥有企业的原始经营数据，平台上集中了信息流、资金流等多方面信息，为金融机构提供真实可靠的风控数据，而且金融机构可以摆脱以往针对单个企业进行授信的弊端，改为对整个产业链进行风险控制，将风控落实到企业间贸易环节。

二、买方牵引的供应链金融

继供应商牵引的供应链金融业务出现后，买方牵引的供应链金融开始兴起，特别是 2007—2008 年左右，在国际市场上，这种模式的供应链金融异军突起，超越了单纯的反向保理和预付票据融资，逐步面向下游客户，要么为下游客户提供运营资金解决方案，要么推动下游客户和金融机构更为积极地参与供应商运营资金问题的解决。前者主要是依托产业供应链运营为下游企业提供采购运营资金，这类产品主要有存货/仓单融资、反向采购等。而后者则是聚合众多供应商的应收账款，推动下游客户提前支付，或者从多金融机构获得资金。这其中最为普遍的做法便是动态折扣。

动态折扣不像静态折扣采用“要么实施要么放弃”的做法，而是允许买卖双方通过互动确定预先支付条款，并且将这些条款放置在一个滑动的比例上（见图 9-18）。也就是说，动态折扣是一种可让买方更灵活地选择如何及何时向供应商付款的解决方案，以换取购买商品和服务的较低价格或折扣（Luca Mattia Gelsomino，et al.，2016）。“动态”组件是指根据付款日期向供应商提供折扣的选项，一般而言，付款越早，折扣就越大。动态折扣使采购方及其供应商既能够逐个发票启动提前支付折扣，也可以批量启动发票，获得综合折扣后的资金。它允许双方通过基于 Web 的平台查看发票，并选择已批准的发票提前付款。动态折扣的资金既可能来源于买方充足的自有资金，也可能来自金融机构。由此可以看出，如果通过买方自有资金实施动态折扣，一方面可以让买方在充分发挥资金效用的同时获取折扣利益；另一方面供应商则通过这种方式加速了现金流流动，解决了运营资金问题。

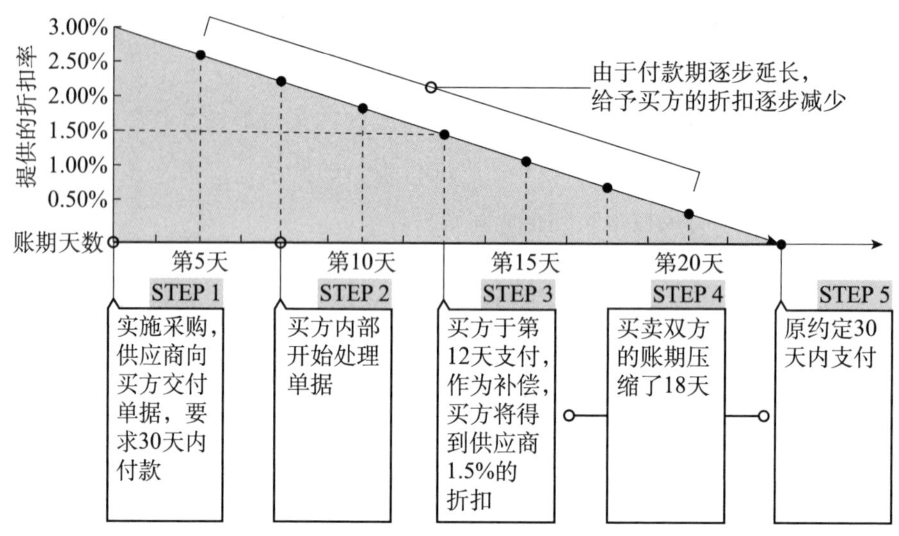

图 9－18　动态折扣示意图

动态折扣的操作流程如下（见图 9－19）：第一步，当采购订单发生时，供应商将所需要的产品发往买方，通过互联网将电子单证发往客户处，客户接收后予以确认，同意支付。第二步，买方发出预先支付函（Early Payment Proposal，EPP），供需双方确定修正的支付条款，如果支付条款未能达成一致，供方拒绝提议，买方可以再次修正预先支付函，直到双方能够就支付时间、价格等要素达成协议，供应商修正相应的单据。第三步，单据存档。在动态折扣中主要是对三个要件进行存档：一是预先支付函；二是买卖双方达成的支付条款协议；三是其他特别规定的要素。值得注意的是，在推动动态折扣的过程中，平台、系统以及提前支付的资金一般有两种配置：第一种就是供应商开发、提供和维护动态折扣 IT 平台，让买方运用自有资金实施动态折扣，或者说动态折扣中提前支付给供应商的资金主要来自买方的流动资金；第二种是供应商帮助买方解决资金来源问题，以便买方顺利实施动态折扣，在这种配置下，供应商同时扮演了动态折扣服务商或 IT 平台和金融服务提供者的双重角色。后一种配置就涉及供应链金融业务。在实际运作的过程中，两种配置往往是混合运用的，这是因为如果单一地运用第一种配置，往往要求买方具有充足的资金，这不仅增加了买方的资金持有，而且也间接加大了买方资金的机会成本。

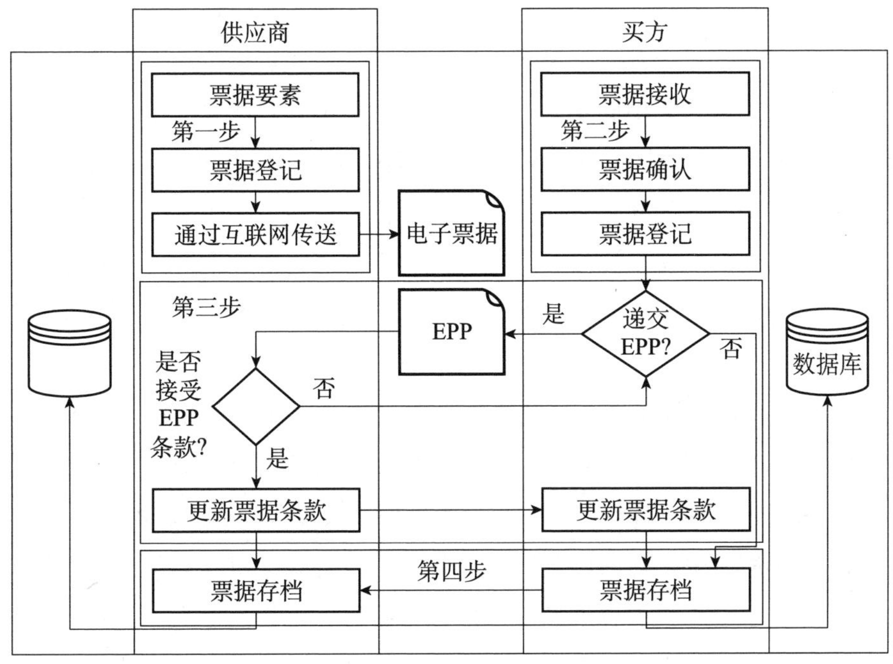

图 9-19　动态折扣流程

自从动态折扣模式兴起后，在国际市场上，专业从事供应链金融动态折扣服务的平台开始涌现，PrimeRevenue、Orbian、C2FO、Kyriba 和 Demica 等都将动态折扣作为平台供应链金融服务的主要模式。诸如 C2FO 通过建立动态折扣平台，每周有超过 10 亿美元的资金实现供需匹配，覆盖全球近 450 000 家供应商和 200 多个大型核心企业，目前累计匹配超过 1.2 万亿美元规模的应收和应付账款。2020 年最佳供应链金融动态折扣商 Kyriba，通过与 Scientist. com 合作开发了 SciPay，该平台于 2019 年年中启动，使制药研发服务供应商能够提前收到付款并动态打折发票，2019 年 12 月，Kyriba 宣布 SciPay 将用户的支付账期平均缩短了 60 天，并为供应商带来了 400 万美元的提前付款。

在中国越来越多的企业也开始开展动态折扣业务。通过动态折扣营运资金管理平台，李宁集团有效地将供应链金融与营运资金管理相结合，同时为供应商提供了灵活便捷的资金支持通道。在制造行业，由于采购生产周期长，供应商需要投入大量资金用于生产、加工、储存等环节，而在货款到期前，这些资金都处于锁定状态，导致供应商资金流动不畅。李宁集团通过平台打造“去中间化”的供应链营运资金管理解决方案，帮助自身和供应商双方以精确匹配计算后的市场利率加速应付/应收账款流转，在为自身创造现金收益的同时帮助供应商获取营运资金，从而帮助双方实现共赢。李宁集团采用动态折扣数字化营运资金管理解决方案后，参与项目的供应商的应收账款回收平均加速了 19.5 天，这又进一步加速了供应商的资金周转。

需要进一步强调的是，这些专业性的动态折扣平台的出现，推动了资金端的变革和发展，这主要是因为如今很多动态折扣面向众多银行和其他金融机构招标，即允许众多银行和金融机构介入平台，实施折扣支付资金。其结果是加剧了银行之间以及银行与其他非银机构之间的竞争，这不仅大大降低了资金成本，而且推动了供应链金融服务质量的提高。此外，专业化动态折扣平台的出现，也使得供应链金融风险管理模式发生了变化，有关供应链业务和金融活动的信息数据得以实时、透明、密集地呈现和反映。这是因为动态折扣业务要能吸引买方或者金融机构参与，就需要实时、透明化各类信息数据，让资金供应方充分了解应收的质量，以及最终支付方的状态，并且有着良好的用户界面。

三、上下游整合的供应链金融

近些年来，随着互联网和现代信息通信技术的发展，电子采购、电子票据等逐步渗透到产业供应链运营的各个环节，特别是随着电子商务平台和产业互联网平台的发展，数字化成为商业社会最为重要的资产和价值，也为全面联结上下游提供了契机，正是因为这种数字化商业模式的出现，上下游高度整合、数字化的供应链金融逐步登堂入室。尽管这一模式在全球市场正在发展过程中，但无疑已成为全球供应链金融发展的新模式和新方向（Abbasi，et al.，2019；Carnovale，et al.，2019；Song，et al.，2019）。具体讲，这种模式的供应链金融呈现出了三个特点：

一是数据分析驱动的供应链金融解决方案。新型的、更加丰富的数据使得更多金融机构能与供应链上下游高度合作，应用先进的技术和分析方法，更好地了解买方和供应商网络，利用这些数据识别新的客户机会，并定制化金融解决方案。此外，数字化也使得金融机构对生态系统中的风险有更好的理解（Rishehchi Fayyaz，et al.，2020），从而精准地为供应链金融产品定价。这些分析既依赖“硬”数据，如采购订单和发票数据，也依赖“软”信息，如买方对其最具战略意义的供应商的评估。需要指出的是，基于区块链技术的供应链金融解决方案正在成为一种新的发展模式，这种基于时间戳、共识算法、智能合约和分布式技术的区块链有效解决了多主体数据获取不实时、不透明、不可追溯、难以保证真实性的特点，为数字分析驱动的供应链金融提供了良好的基础设施。诸如，2020 年全球最佳供应链金融技术应用奖项颁给了新加坡星展银行，该银行与我国顺丰控股旗下的供应链金融科技平台融易联合作，推出了基于区块链技术的供应链金融服务。该业务通过区块链技术实时获取委托客户在物流服务商中的运营数据，通过供应链信用，向 1 000 多家上游供应商提供低利率的融资服务。

二是数据驱动的供应链金融服务已经延伸到供应链运营的早期阶段。基于买方和供应商数据的先进分析使得在生产周期的早期阶段提供金融服务成为可能。如今，在买方批准发票之前，大量“未融资”的可交易货物被存放在船舶或仓库中，新的预测分析——基于历史采购订单、发货、发票和付款等数据挖掘——可以允许在发票批准之前提供融资服务。这类供应链金融产品包括预付融资、战略融资等形态。

三是金融与产业解决方案的高度融合。将供应链金融解决方案与产业供应链优化方案过度结合也是当今全球供应链金融的发展趋势，这其中建立数字化的供应链平台是核心要素。一方面，通过产业供应链优化来更好地实现供应链金融；另一方面，通过供应链金融的能动作用推动产业供应链的优化。采购软件提供商 Ariba 最近与 PrimeRevenue 合作，在集成平台上提供融资解决方案。采购平台 TradeShift 已与汇丰银行、花旗和桑坦德银行合作，通过应用程序提供集成的融资解决方案。亚马逊和阿里巴巴已经为国际贸易推出了“一站式”解决方案，将采购、运输和融资整合为一个无缝流程。此外，将供应链金融与可持续供应链建设结合也是当今供应链金融发展的新型领域，诸如 2020 年全球最佳可持续供应链金融获得者法国巴黎银行，通过使用提早付款或更具吸引力的融资条款来激励供应商促进或支持环境、社会和治理的持续发展，例如，它与运动服制造商彪马（Puma）的合作致力于在 2020 年之前消除供应链中的有害物质，并为其合格供应商提供融资，以支持环境友好和可持续的行动。同样，2014 年李维斯与世界银行的国际金融公司（International Finance Corporation，IFC）以及供应链金融服务公司 GT Nexus 合作开始循环供应链金融，以扶持、促进中国供应商实施可循环经济。通过它们制定的全球贸易供应商融资（GTSF）计划，供应商可以根据李维斯制定的环境、健康和安全以及劳工标准［Levi Strauss & Co.'s Terms of Engagement（TOE）］获得具有竞争力成本的融资。供应商在可循环指标上得分越高，融资越有利，并且供应商可以通过不断提升 TOE 得分来增强从 IFC 融资的便利性，同时降低融资利率。

上述三大特点已经成为全球供应链金融发展的未来，这些趋势共同为那些可以利用其数据优势开发供应链金融新产品和解决方案的公司带来了第三次机遇。它们将推动全球供应链金融市场的发展，以满足如今难以满足的融资需求，消除客户在融资过程中的障碍，推动可持续的供应链金融发展。

第 3 节　供应链金融未来的发展趋势

从上述全球供应链金融模式发展可以看出，供应链金融发展至今，呈现出了如下几个特征：第一，金融活动是针对产业供应链的特定业务而开展的，不同的业务特点和不同的参与者都会对金融服务产生差别化的价值诉求。第二，供应链金融的宗旨在于优化整个产业的现金流，缩短现金流量周期，让利益各方都能用较低资金成本实现较高的经营绩效，因此，从这个意义上讲，供应链金融不仅仅是融资借贷，它包括更为广义的金融服务活动，通过各类金融机构和产品共同为产业供应链服务。第三，供应链金融具有优化和发展供应链的能动作用，良好的供应链金融服务不仅能解决资金问题，而且能帮助产业打造更具竞争力的供应链体系。第四，供应链金融的发展一定是金融科技助推的产物，即通过行之有效的互联网技术，使金融服务实体的效率大为提高。显然，所有这些特征的实现都有赖于从事供应链金融创新的推动者如何深刻地理解产业场景以及场景中各利益主体的价值诉求，并在此基础上建立实现这一价值的体系，这是金融活动开展的前提。正是基于上述特征，供应链金融在未来发展过程中呈现出了如下六大发展趋势。

一、对产业供应链场景的把握

供应链金融是立足于产业供应链的金融行为，因此，只有在吃透产业场景和产业供应链各参与主体价值痛点和价值诉诸点的基础上，才能有效地开展金融活动，实现“金融服务实体”的目标。尽管目前各类组织开始纷纷开展供应链金融业务，然而，如何切实地结合各个产业特点有针对性地开展供应链金融服务以及有效管控风险，成为目前众多探索者面临的挑战。也正是上述供应链组织形态的发展，使得对产业场景的解构能力和建构能力成为供应链金融发展的基础。供应链金融不是纯粹的金融性活动，其产生的绩效也不可能完全用金融收益来衡量，相反，由于供应链金融的复杂性和建设实施的长期性，导致金融回报与资源投入无法在短期内实现良好匹配，因此，供应链金融需要从供应链全局来看待金融活动的本质，供应链金融的核心在于加速供应链资金流，有效帮助上下游有竞争力的中小微企业发展，绩效衡量更多是以战略收益和产业交易成本下降为准则。

立足于这一评断准则，企业或各类组织在推动供应链金融的过程中，就需要从端对端的视角来探索，具体讲：一是从供应链金融发生的时间维度看，端对端供应链金融业务可以划分为寻源融资（Sourcing Finance）、装运前融资（Pre-Shipment Finance）、在途融资（In-Transit Finance）以及装运后融资（Post-Shipment Finance）几个阶段。寻源融资是一种较为特殊的金融行为，严格意义上讲，它是一种在这一时间点买卖双方并没有实际发生交易行为，但是为了稳定或培育战略性供应商，或者优化供应链运营，而对供应商或者其上游实施的融资行为。显然，这种供应链金融行为完全是基于供需双方之间长期交易所形成的信任和伙伴关系，相对而言，风险也最大，一旦这种信任关系丧失或者伙伴关系受到挑战，就有可能产生资金流中断，风险增大。装运前融资能够使供应商基于买方的采购订单从金融机构获得资金，从而在产品发运前满足其运营资金的需求，这一阶段供应链金融依赖的基础是采购订单而非票据，因此，信用风险也较高，这种类型的供应链金融也是基于供需双方所形成的信赖关系。在途融资使借方能够从金融机构处获得贷款，而贷款所产生的基础是运输过程中或者其他物流服务过程中的产品或库存。在途融资风险控制的依据是物流活动中的产品，因此，其信用风险要弱于装运前融资，利率通常偏低。装运后融资使得资金需求方能够基于应收账款从金融机构获得运营资金。这类供应链金融的保障是票据、装运单、提单等，因此，风险相对于前两类也较低。

二是按担保物可获得性划分，供应链金融业务也可以划分为市场型融资（Arm's-Length Finance）和关系型融资（Relationship Finance）。市场型融资工具是建立在可证实的信息或者有形担保物的基础上，诸如票据、交易订单、存货等。其规制机制是法律，也就是说，一旦没有能够履行上述行为，可以通过法规来追索相应的权利，因此，金融机构更容易评估市场型融资的信用风险。与此相反，关系型融资依赖于买卖双方建立的信任关系，而非具有约束性的契约关系，因此，没有任何有形的担保物作为风险控制的保障。通常这类供应链金融服务提供者是供应链运营中的成员或者平台服务商，其充分了解借方的信用状况、交易历史和供应链运营的能力，凭借这些信息和数据，贷方能够较为精确地评估借方的信用，从而做出融资决策。

二、综合风险管控能力建设

与产业场景解构建构能力相关联，另一个供应链金融服务能力体系涉及供应链金融综合风险管控能力。供应链金融尽管是立足于产业基础的金融服务，但是并不表明它天然地就能规避风险，相反，当众多企业和金融机构大量涌入供应链金融领域后，一旦供应链业务不能有效组织，信息不对称状况出现，违约和暴雷事件就会层出不穷。因此，打造供应链金融的风控能力成为供应链金融健康持续发展的关键。

供应链金融风险控制体系要能有效建立，需要采用有效的手段和措施保证贸易背景的真实性。很多供应链金融的风险源自贸易背景的非真实性，一旦所有的贸易行为、产生的单证、交易的对象等出现问题，金融必然产生巨大危机，因此，对交易主体的判别、交易行为的核实、交易过程的把握以及交易要素的确保成为供应链金融发展需要育成的内功。具体讲，要实现贸易背景真实性的管理，就需要在供应链结构、流程和管理要素三个维度上进行有效的分析和把控，供应链结构是多主体协同形成的供应链的组织方式，它包含了网络结构和业务结构两个方面，网络结构指的是各方参与者在供应链网络中的位置，如果焦点企业在供应链群体中处于关键的协调和管理地位，其特征就决定了供应链整体的特征。这些可以通过与核心企业的业务状态表现，诸如与前几位供应商和客户的交易的比例以及持续程度等来反映。业务结构是参与者各方业务往来形成的债权债务关系，供应链金融要能有效控制风险，也需要合理地设计业务结构，并且采用各种有效手段或组合化解可能存在的风险和不确定性。包括业务闭合性、业务的成长性（程度）、盈利结构、资产结构。

供应链流程是供应链运营过程中行为发生的先后顺序以及产生的结果，要实现有效的流程管理，一方面，要保证整体交易流程的收入自偿导向，即形成完整的自偿逻辑，将供应链金融活动植于每一条流程之中。包括交易的历史盈利率、品类覆盖程度、利息保障倍数、进项出项的状况等以税务为基础的财务数据。另一方面，供应链以及链上企业尤其是焦点企业的管理流程也是对供应链金融进行有效风险控制的手段，即保证管理的垂直化，使其遵循责任明确和流程可控，包括总资产周转、库存周转、风险控制手段、公司治理状态等。供应链管理要素主要指的是供应链运营信息的获取和运用，这涉及为信息的评价、创建、搜集、分析、传递、存储、运用和控制等创造环境和机会、规则与决策权，以回答“我们需要什么信息、如何运用这些信息、谁来为信息负责”等问题。此外，对融资者及其关联方信息数据的管理也是供应链金融风险管理的核心，这包括融资者的第三方信用（例如银行信用、行业资质）和供应链运营中的交易信用（例如是否存在经营违规等行为）。只有全面把握了供应链结构、流程和管理要素后，才能使贸易背景的真实性得以反映，在这种状况下，供应链金融才能有稳妥开展的基础。

三、建立多主体专业分工基础上的协同

以往供应链金融多是以单一金融机构或者组织推动的业务，诸如某一银行为核心企业提供保理、反向保理、仓单质押等业务，然而随着供应链业务的复杂化和多主体化，依靠单一金融机构来服务企业变得捉襟见肘，这是因为：一方面，依靠单一金融机构很难全面满足各类主体的金融服务需求；另一方面，单一金融机构由于能力的局限性，很难对全局供应链实施有效的监督和管理。同理，未来的供应链金融也不完全是某一垄断性核心企业自身推动的供应链金融，这是因为，尽管垄断性核心企业在供应链中具有强大的谈判力，但是这类企业并不完全熟稔金融的运作和管理，特别是如何通过金融工具来管理和控制风险。此外，供应链金融发展成熟之后，需要专业化的科技能力和多主体的连接能力，单一的垄断性核心企业较难做到。更为重要的是，封闭的垄断性核心企业搭建的供应链金融体系，较容易出现欺凌式流氓形态的供应链金融，即肆意拖延供应商账期，然后向供应商提供所谓的供应链金融服务。因此，专业化和平台化将成为未来供应链金融发展的方向。

具体讲，供应链金融的不断发展催生出了几种不同类型的参与主体：一是供应链中的业务参与主体，它们是供应链金融模式的基础主体，直接参与到供应链的经营贸易活动中。随着产业服务化的发展，这部分主体的范围由以往供应链运营中的上下游企业拓展为供应链上的核心企业、上下游的中小企业以及直接为链上经营活动提供服务的第三方企业或机构。二是流动性提供者，指供应链金融生态中提供资金的主体。包括银行、保理、基金、担保、小贷和信托等持牌经营的金融机构，负责提供资金和过程中的风险控制。此外，还有一些非银机构的参与，包括提供金融保障服务的保险公司、提供资产证券化（ABS）业务的证券公司和融资租赁公司等。随着新技术的不断发展和应用，这类主体在资金端不断创新融资模式和引入新主体，而在供应链金融生态中，则扮演着直接提供金融资源的主体角色，是资金的拥有方和贷款方，也是最终的风险承担者。三是交易平台服务提供商，指为各参与主体提供必要应用或基础设施的服务型主体，包括一些互联网平台企业和产业服务平台机构。四是综合风险管理者，这类主体能根据交易双方、金融机构以及平台服务商呈现出的结构化和非结构化信息，实现监控并管理生态中的潜在风险，现阶段以金融科技公司为典型代表。

基于上述四类主体，如今供应链金融出现了六类组织模式：第一类形态集四种主体于一身，也就是该企业本身就是供应链运营的参与者，同时自身搭建了供应链金融服务平台，并且根据供应链运营数据，挖掘和分析上下游的信用状况，提供供应链金融服务，而资金也来自自己的金融公司。通常这种形态的供应链金融组织方式只有大型企业才能实施。第二类形态是集前三种角色于一身，即本身是供应链运营参与者，同时建设了服务平台，也发挥了综合风险管理者的作用，但是流动性提供者是独立的银行等金融机构，它们相互协同配合，开展供应链金融服务。以上两类组织模式大多是大型核心企业推动的供应链金融，它们拥有足够的资源和能力，建设供应链服务平台，并且挖掘和分析数据。第三类形态是供应链参与企业搭建了供应链服务平台，它们将数据传递给金融机构，后者发挥了综合风险管理者的作用，同时资金来自金融机构。第四类形态是供应链金融专业服务商，发挥着平台服务商和综合风险管理者的作用，它们与产业供应链企业合作，同时从外部引入金融机构，为产业供应链企业提供融资服务。第三类和第四类均为专业化的供应链服务或金融科技公司，它们在组织服务的基础上，一端为产业赋能，一端为金融赋能，实现供应链金融的顺畅运行。第六类形态是一种特殊状况的组织形式，它们自身是流动性提供者，或者说是金融机构，但是自己也发挥了综合风险管理的作用，甚至有些还建构了供应链服务平台，试图抓取产业企业的供应链业务数据，为征信提供数据基础。这一类大多是金融机构主导的供应链金融模式。

四、金融科技赋能

伴随着供应链的智慧化，特别是信息通信技术对供应链运营的变革推动，供应链金融活动也开始呈现出与信息通信技术高度融合的趋势，并且使供应链运营基础上的金融活动变得日益高效、智慧，产生了金融科技。金融科技在供应链金融中之所以如此重要，是因为现代信息通信技术对于业务的再造而产生的高效过程。具有工具性、相互关联、智能化、自动化、整合性和创新性的融合性信息通信技术，诸如物联网、大数据、云计算、人工智能以及区块链等，同时推动了供应链运营和金融运营的变革，借助于综合性的信息、IT、流程自动化、分析技术以及活动的整合创新，使得两个领域高度融合，产生了供应链以及金融活动的决策智能化、主体生态化、活动服务化以及管理可视化，有效降低了产业活动以及金融活动中的信息不对称和道德风险问题，实现了用金融推动供应链生态发展，同时借助于供应链运营，实现金融生态的拓展和增值。金融科技赋能供应链金融需要关注如下几点：

首先需要明确的是，在供应链金融中，信息通信技术是一种融合性的体系，就是说要使各种科技手段真正服务于供应链金融的各个阶段或活动，需要合理建构功能各异、相互关联的技术体系并且能与经营的各类主体产生良好的交互。这意味着智慧化科技需要嵌入供应链金融场景中，脱离了供应链运营活动和金融活动的场景，技术是无法实现“赋能”的，因此，没有数据源的大数据建模、没有应用场景的区块链技术、没有解决方案的云计算平台等都是无价值的努力。另外，科技对供应链金融的赋能过程是具有差异性的，不存在同质性的赋能。换言之，信息通信技术对供应链金融的赋能是根据不同的业务差别化产生作用的，这是因为不同的业务往往涉及不同的主体、不同的活动，解决的问题和供应链金融试图实现的目标不尽一致。例如，战略融资买卖双方并没有发生真正的购销行为，融资方为了未来的战略关系或者提前锁定技术产品，而向合作方提供资金，用以支持对方的战略性投资行为，因此，这时更加关注的是合作方的潜在能力以及在行业或市场中的竞争力。相反，仓单质押则需要关注仓单对应的产品是否真实存在、是否具有价值、价值的稳定性是否很强等等，正是因为这种差别化的供应链金融的特点，就需要运用不同的技术手段和方法来获取相应的信息、做出相应的分析和决策。此外，在智慧供应链金融阶段，科技是一种解决方案，多种类型的科技手段组织成了有机化的基础设施，并且在统一的技术服务平台上，多家机构协作互动，形成了一个稳固的多边生态系统，以保障金融服务的高效和安全。

其次，在供应链金融中，科技服务的提供者不是产业信用的创造者，而是产业信用的传递者，即产业信用的媒介。信用是依附在经济主体之间、交易行为之间和商品物流之间形成的一种相互信任的生产关系和社会关系，从这一视角看，信用的创造者是供应链运营的参与者，它们之间产生价值互动（即所需价值的产生、价值的生产和传递）以及相应的交易过程、物流活动以及资金往来，并且因为这一运营过程，形成各自所需承担的责任和义务。而科技服务提供者只是通过融合性系统化的科技手段让信用更为透明，从而有效地在产业主体之间以及产业与金融机构之间传递信用。这就意味着当各种信息通信技术应用于供应链金融后，需要站在产业供应链参与者或者用户的角度来理解科技，而不是想当然地认为金融科技是颠覆所有商业模式或金融模式的掘墓者。站在供应链运营的角度，从用户的价值实现出发，才能看清科技之于各主体以及金融机构的价值。

五、可持续的供应链金融

供应链金融社会责任和可持续问题将会成为未来需要探索的问题。确切讲，供应链金融的社会责任和可持续包括了两层含义：第一层含义指的是供应链金融合规经营，以及保障中小微企业持续健康发展的责任。供应链金融的合规化既是金融监管的要求，也是可持续化发展的呼唤。产业和金融是供应链金融的两翼，相互融合推动了供应链金融的产生和发展，但是这并不表明两者可以混淆，需要关注的是，伴随着当前供应链金融的浪潮开始出现了产业和金融混同的状态，即产业企业热衷于金融活动，将供应链金融视同重要的投资收益或利润来源，直接介入资金借贷，或者充当"二银行"的角色（即利用自身的核心地位从银行等金融机构获取优惠的资金，然后以较高利率融资给企业，获取巨额利差），这种做法明显违背了供应链金融服务中小微企业的初衷，不利于供应链金融的持续稳定发展。事实上，产业端需要明确它们是信用的创造者，是资金流动的促进者。

在供应链金融中存在着分工明细但相互协同的主体，这包括前述的供应链业务参与者、平台服务提供商、流动性提供者，以及综合风险管理者（即科技服务提供方）。供应链业务参与者在于通过自身的资源和能力，与其他组织协作创造价值、传递价值；平台服务提供商在于通过系统的服务，帮助参与者有效实施业务，降低交易成本；科技服务提供方通过各种信息通信技术揭示风险，让投资者（包括交易风险管理者或流动性提供者）了解和管理风险，从而促进资金在供应链中的流动，但是这些主体本身并不是资金提供方，真正的资金提供方是银行、基金等持牌经营、接受金融监管的金融机构（即流动性提供者）。

此外，如何确实保障有竞争力的中小微企业获得运营资金，防范资金流向非经营性领域或者非效率领域也是供应链金融承担的责任和义务。目前国家和各地方政府都制定了一系列政策措施，推动金融机构服务于中小微企业，加大中小企业融资，这是让金融回归产业的重要制度保障。然而在落实这一政策的过程中，需要平衡服务与风险之间的关系，这也是实现供应链金融可持续的关键。一方面，真正让金融机构有效服务于有竞争力的中小微企业，让这些企业能够以较低的资金成本从事研究和生产经营，防范资金以服务中小微企业的名义进入，又以理财投资的形式被抽回，虚假实现小微企业的融资服务目标，这是金融机构应尽的社会责任；另一方面，监管方也不能不加区别地盲目要求金融机构对中小微企业放贷，不容否认的是，当前中小微企业存在着良莠不齐、竞争力不一、信用参差不齐的状态，在这种状态下，如果盲目要求金融机构不加区别地放贷，只会造成较高的违约率，因此，如何有效地区分管理中小微企业，有针对性地提供金融服务是供应链金融体现社会责任的另一个方面。

供应链金融的社会责任和可持续的第二层含义指的是能借助于供应链服务和金融真正服务于处于劣势地位的农户以及可循环行业，打造持续可循环、具有竞争力的农业供应链和再循环产业供应链。当今农业供应链建设是亟待解决的问题，首先，在组织结构上，产业链各类参与主体分散化，没有形成集约化组织形态；其次，在业务流程上，经营流程的低效率也是农业供应链建设需要解决的问题；最后，在产业服务上，一方面，分散化的客户无法有效对应市场，真正根据市场的需求进行农业生产，在保障农户自身利益的基础上有效供给农产品；另一方面，农资经营者、农业技术服务者以及金融机构等并没能渗透到农业生产的产前、产中和产后，实现有效的、风险可控的全程服务。因此，供应链金融的下一个蓝海是农业供应链服务和金融，即一方面组织分散的农户进入供应链运营，另一方面结合农资农具经营者，并且通过供应链服务（如农产品和订单标准化、冷链冷库服务）和金融支持，真正实现农业订单生产，实现生产与市场的有效结合，形成产业竞争力。除了农业供应链金融外，如何在绿色再循环产业通过供应链金融实现产业竞争力提升也是需要解决的问题，目前循环产业面临着诸多挑战，包括产废信息缺失造成监管不力、行业无序，行业标准缺失使得行业运营效率低下，企业信用体系缺失导致融资困难、资金利用率低等问题，因此，如何在解决这些问题的基础上，通过供应链服务和金融重塑产业竞争力是今后需要努力的方向。

六、金融生态的建构发展

供应链金融是基于产业供应链的金融活动，其基本特质是立足供应链带动金融活动，反过来通过金融活动优化产业供应链，宗旨在于帮助产业供应链中的中小微企业解决现金流问题，通过产业优化促进产业可持续发展，这一目标意味着供应链金融不仅仅是向中小企业提供资金融通，解决融资难、融资贵的问题，更在于通过供应链和供应链中的资金流优化，提升产业组织能力，促进产业的可持续发展。因此，供应链金融的可持续发展必然需要金融端实现系统化变革，形成良好的生态，全面服务产业。具体讲，金融生态的形成会呈现出两个特点：

第一个特点是银行类金融机构能形成协同合作网络，实现供应链金融的全面服务。目前供应链金融往往是产业端与特定银行结构之间的合作，但是受制于各家银行对风险的认知和管控能力不同，往往较难适应企业供应链各阶段、各种状况所产生的金融服务需求，因此，要推进供应链金融全面发展，就需要在两个方面形成金融服务生态。一方面，不同层级、不同状态的银行之间能形成有机的合作体系，寻找产业供应链服务空间，为产业端提供完整全面的资金解决方案。例如，政策性银行引导在工业化或商业化程度不完善的产业（如农业）中推进供应链金融，大型国有控股银行充分利用健全的网络为中小企业提供全局资金支付、结算、清算、结汇等各类金融服务解决方案，地方城商行，包括农村信用社能贴近地方产业特点，为产业纵深发展提供定制化的金融服务产品，当各类银行都能充分发挥各自的资源优势，从不同方面帮助产业端实现全局供应链资金优化时，供应链金融就会得到长足发展。另一方面，需要各银行之间能够形成有机、协调的风险管控体系。整合和共享供应链上中小微企业的数据信息资源，实现信息在线共享、产品在线服务、非标资产在线交易、政策发布及非现场监管等公共服务功能，特别是运用现代信息通信技术（如区块链、物联网）实现网络化、协同化的供应链信息分享、披露，才能从根本上遏制道德风险，使各家银行降低信息获取、处理的高昂成本，降低系统性风险。

第二个特点是多金融业态和机构之间能够形成良好的合作生态。在目前的供应链金融发展阶段，大多数业务仍然将金融视为资金借贷，而忽略了金融服务的多样性和生态性。多样性意味着金融服务本身是具有多种形态的，这包括银行、保险、证券、基金、信托、期货等，这些不同的服务发挥着各自的作用，这包括在市场上筹资从而获得货币资金，将其改变并构建成不同种类的更易接受的金融资产；代表客户交易金融资产，提供金融交易的结算服务；自营交易金融资产，满足客户对不同金融资产的需求；帮助客户创造金融资产，并把这些金融资产出售给其他市场参与者；为客户提供投资建议，保管金融资产，管理客户的投资组合等。生态性指的是这些不同业态的金融机构在把握全局供应链的基础上，相互协同和融合。由于产业供应链活动的复杂性和参与者的多主体性，往往单一的金融机构或金融产品较难满足产业供应链的运行需要，这时就需要不同的金融机构和金融产品能够充分协同组合，为产业供应链提供全面的金融解决方案，诸如通过投资将分散的行业内中小企业聚合在一起，在确立平台标准和作业标准的基础上，通过基金、信托提供产业资金，结合其他融资服务和保险等，促进产业供应链的顺利运行。这种多金融机构、多金融产品的协同融合，才能真正满足产业供应链运行差别化的价值诉求，促进产业供应链的持续发展。当然，要实现这一目标，需要改变各金融机构长期以来因为分业经营而导致的相互阻隔、缺乏协同的状态，共同在研究产业供应链的基础上，形成协调一致的产品组合，并且综合性地管控风险。

第 10 章
中国供应链金融的制度环境

自 21 世纪初，供应链金融的概念引入我国，供应链金融一直受到理论界和实业界的高度关注，除了企业和金融机构的创新推动外，制度创新也是供应链金融发展的助力。这些年国家出台了一系列针对中小企业的支持政策，特别是普惠金融发展，在这些政策的推动下，中小民营企业资金约束的问题得到较大的缓解。供应链金融的本质是借助于产业供应链运营的质量和信用，为上下游企业融通资金，进而优化整个产业链和供应链资金流。特别是在当今整个经济社会在强调“稳链、补链和强链”的过程中，供应链金融更是发挥了举足轻重的作用。因此，如何确保供应链金融制度环境的稳健成为中国供应链金融创新发展的关键。

第 1 节　中国供应链金融商业生态

得益于我国整体营商环境的优越性和全社会积极的创新创业文化，当前我国供应链金融领域蓬勃发展，催生了多样化的业态和各具创新特色的商业模式。在魏炜发表的《商业模式的经济解释》中，他强调“商业生态”这一核心概念，它被视为由焦点企业及其周围的竞争对手、合作伙伴以及上下游利益相关者共同构成的一个相互依存的整体系统。同时，“商业共生体”的理念则进一步延伸至以焦点企业为中心，囊括其自身商业模式以及与之关联的所有利益相关者的商业模式集成体。其中，“商业模式”实质上定义了各个利益相关方之间建立的交易结构框架。

鉴于供应链金融内在的复杂交互性与多元化特征，本节将运用商业生态学的理论基础和分析框架，细致勾勒出我国供应链所形成的商业共生图景。目标在于揭示供应链金融的整体架构，剖析该结构内部不同参与主体的功能定位与相互关系，并展现供应链金融模式所呈现的丰富多样性及独特性特点。

一、供应链金融商业共生体及运作逻辑

根据职能差异，供应链金融的主要参与者可划分为八大核心类别：核心企业、链属中小企业、金融机构、物流服务提供商、专业供应链管理公司、科技解决方案供应商、基础设施服务提供商以及政府监管机构与行业组织（见图 10－1）。通过深入剖析这些主要参与者的协同合作机制，我们可以将商业共生体系细分为三条职能各异却又紧密耦合的供应链维度，即商品/服务供应链、财务信息供应链和资本流动性供应链。

首先，商品/服务供应链作为供应链金融的基础载体，它深深植根于业务场景之中，并与财务流程相互交织，在资金流动性的支持下实现价值流转。这一链条上的持续交易活动创造了价值增值，构成了供应链金融得以构建并获取收益的根本源泉，其表现受制于行业周期波动、资金周转效率、净利率等关键经济指标的影响。

其次，财务信息供应链则立足于具体的贸易交易结构之上，通过对买卖双方信用状况和关系进行精细化评估，制定出不同的交易结算条款，并为每笔业务交易量身定制财务解决方案，包括是否引入外部融资或信用担

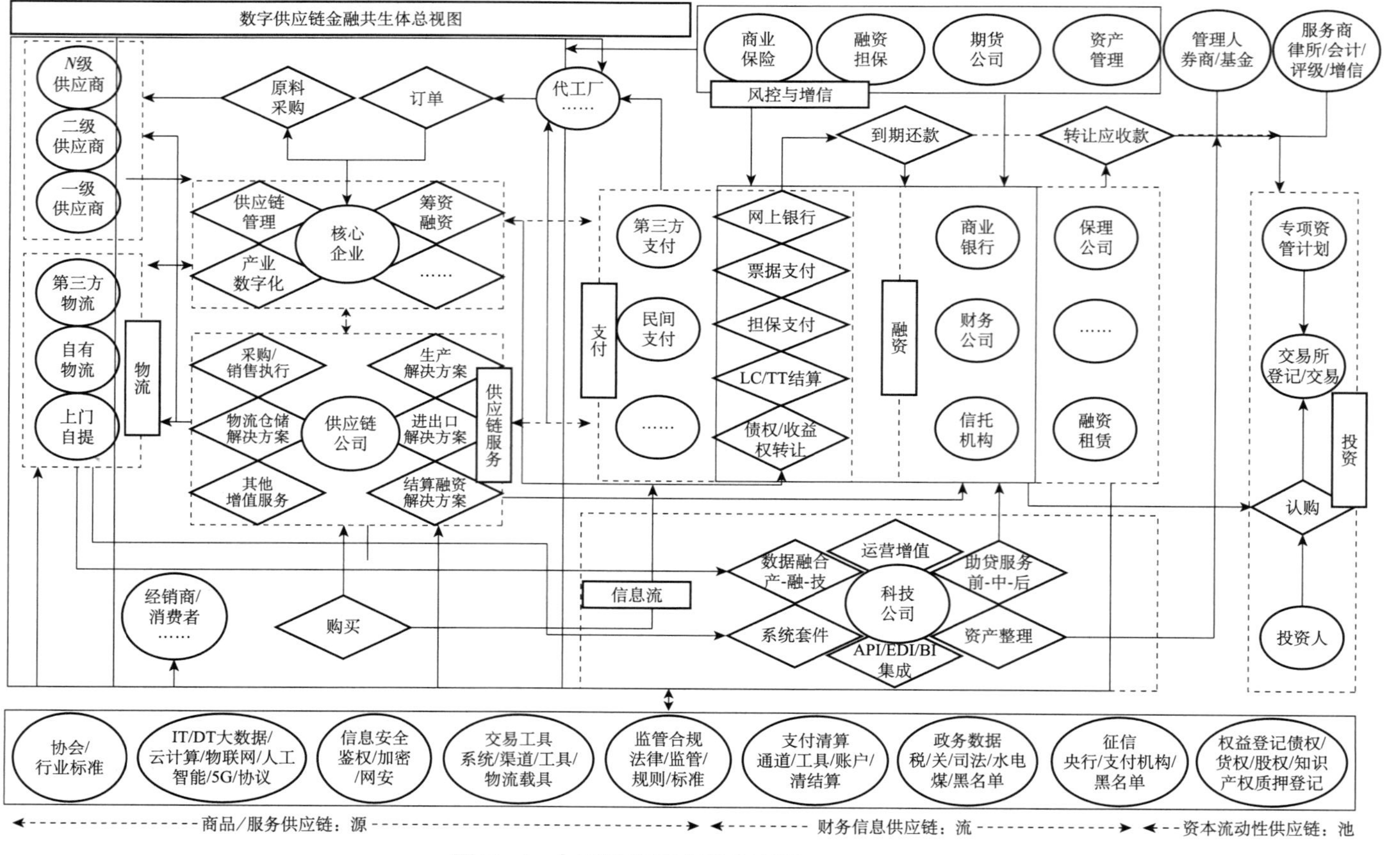

图10-1 中国供应链金融生态图

保手段。因此，在处理任何一笔供应链融资业务时，确保贸易背景的真实性及财务安排的合理性是不可妥协的基本原则。

最后，银行、小额贷款机构、保理公司等直接贷款实体，以及在后端提供流动资金支持的金融市场中的各类金融机构，共同构筑了供应链金融的资本流动性供应链。此外，风控机构和增信服务提供商在促进安全交易方面也发挥着至关重要的作用，这一层面的整体效能成为供应链金融能够吸引并调配低成本资金资源的核心保障。

“中国供应链金融生态图”揭示了共生体之间的逻辑关联和运作机制：

首先，在这一生态体系中，产业供应链被视为商流、资金流（包含支付结算）、物流及信息流四者交织融合的核心载体。近年来崭露头角的供应链“自金融”模式，则如同核心企业自行运营物流业务或设立供应链管理服务公司、科技子公司一样，是其深化一体化战略、强化内部协同效应的重要体现。

其次，商业银行在供应链金融的发展进程中扮演着至关重要的角色。作为金融业的核心力量，商业银行的独特优势在于它们拥有官方授权的独家支付结算功能以及提供低成本资金的能力。在优化财务供应链的过程中，商业银行作为基础账户合作金融机构发挥着不可或缺的作用，例如，实施集团现金管理策略、推行供应链动态付款优惠计划、构建供应链电子商务支付结算系统等非传统信贷业务场景，都离不开商业银行在账户管理体系、资金托管服务以及网络支付技术等方面的深度支持。

最后，数字金融基础设施在中国近来实体经济互联网化转型过程中起到关键支撑作用。诸如电子账户系统、大小额支付清算、网络支付平台、数字货币试点、电子票据、电子信用证、电子保函等一系列数字化工具与功能，已成为推进金融交易无纸化、智能化进程的基础要素。而央行贸易金融区块链平台、中国人民银行征信中心、证券登记结算机构（如中登）、中国金融认证中心（CFCA）等国家级金融科技设施，则构成了“线上供应链＋电子商务＋金融服务”深度融合所必须依托的关键基础设施资源。

二、中国供应链金融五大商业业态

国内供应链金融在发展过程中不断创新与探索，衍生出五大供应链金融商业业态。

（一）产业供应链转型业态

核心企业在供应链金融生态系统中扮演着至关重要的角色，其对供应链的整合效能与领导力直接影响了整个链条的市场竞争力和行业地位。通常情况下，作为供应链的核心企业是各自行业的领军者，并在该生态系统中承担着为上下游小微企业提供多元化信用支持的重要职能。

近年来，众多核心企业不断拓宽业务边界，在稳固商品流通这一主轴的同时，逐步将触角延伸至更为宏大的产业链生态系统建设。部分领先的核心企业正经历从单一产品或服务向综合服务平台的战略转型，通过构建生产性服务架构来赋能供应链整体效率提升及推动产业升级。随着企业发展壮大，往往衍生出一批实力雄厚且专业化的内部职能部门或独立子公司，这些部门或公司在达到一定成熟度后，具备了对外输出服务的能力。因此，不少核心企业选择将原有的供应链服务部门、物流团队、财务部门以及贸易机构等进行整合剥离，设立独立的供应链服务公司，使其服务范围突破原有体系界限，面向更广泛的市场提供服务。

这类新兴的供应链服务公司以深度融入产业、全方位服务产业链为宗旨，运用金融服务手段，有力支持产业链自采购环节始，贯穿生产、物流直至最终产品交付给客户的全价值链活动。其目标在于有效降低供应链的整体融资成本与难度，增强供应链稳定性，并在此过程中共享金融服务带来的经济效益。

（二）资金供应链服务业态

资金供应链服务业态是指那些持有金融牌照、专门为供应链金融需求者提供融资来源的金融机构集群，涵盖了银行、保理公司、小额贷款机构、信托公司、投资基金、投资类企业、担保公司、保险公司以及金融资产交易所等多种类型。

自供应链金融起步以来，这类金融机构始终扮演着至关重要的角色，不仅持续作为主要的资金供应方，还在业务创新和技术发展方面不断突破，并逐步向金融服务以外的产业领域延伸。例如，部分金融机构除了提供传统的资金支持外，还积极构建金融科技运营体系，或通过合资方式涉足供应链管理服务、物流服务、产业互联网等多元业务形态。与仅作为单纯资金供给者的金融机构相比，这类积极参与并深度融入供应链运作的机构，在供应链管理的参与度和控制力上表现得更为深入和显著。

（三）供应链综合服务业态

供应链综合服务业态的核心优势在于其卓越的资源整合与优化配置能力，能够积极响应并满足客户剥离非核心业务、实现外包的需求。通过运用强大的供应链管理技术及经验，该业态致力于确保供应链各个环节高效协同运作，从而为客户带来显著的价值提升。

具体而言，这类业态可接受客户的委托，针对企业供应链中的物流、信息流、资金流以及商流进行全面而深入的设计、规划和持续优化。由此衍生出一系列综合性解决方案，涵盖了订单管理、采购执行策略、精细化物流管理、报关退税服务、贸易商务代理、灵活资金融通方案、信息管理系统构建与维护，以及结算等一站式全方位服务内容。这些服务共同构成了一个无缝衔接且高效的供应链服务体系，助力企业在市场竞争中取得优势。

（四）科技赋能供应链业态

近年来，众多科技企业纷纷涉足供应链金融领域，诸如 ERP、SaaS 服务提供商以及各类数据软件公司等正积极投身于供应链金融生态系统的构建与发展。一方面，这些科技力量致力于推动体系的数字化升级，提供关键的运营与管理工具，如电子化运营整体解决方案、基于区块链技术的底层架构和综合性应用方案，以先进的科技手段为金融机构的日常运营和管理提供强大支撑。另一方面，它们运用金融科技的创新优势，助力提升供应链金融的核心能力结构，具体涵盖账户管理体系的智能化建设、支付清算体系的优化升级，以及上下游资金流管理系统的精密设计与实施。同时，协助搭建金融科技服务平台，赋能各方参与者提高运营效能，实现客户批量获取与精准服务，并通过深化风控模型与技术来强化风险管理。

这些科技公司在信息技术方面具有显著的优势，相较于其他类型企业，它们对数据和技术的驾驭能力尤为突出。在大数据时代背景下，软件企业通过对客户公司的深度数据挖掘，整合场景信息、交易数据资源，并借助大数据分析技术，逐步形成了多元化且高效的金融科技服务体系，从而有力地推进了科技赋能下的供应链业态革新。

（五）基础设施服务业态

供应链金融基础设施建设构成了该领域快速稳健发展的基石。近年来，一大批专注于信息技术服务的供应商如雨后春笋般涌现，它们虽不直接参与具体的金融融资操作，但在整个供应链金融体系中却起着至关重要的支撑作用。

首先，在国家级和公共基础设施层面上，包括但不限于权益登记机构、央行征信系统、地方政府搭建的公共服务平台以及各类交易所等，它们作为第一类基础设施服务商，为供应链金融提供了基础法律框架、信用信息支持与交易场所等不可或缺的服务。

其次，在能力工具供应层面上，第二类基础设施服务商涵盖了广泛的服务范围：例如提供征信数据服务以辅助信用评估的企业、支付清算通道的技术提供商、电子认证/电子签名/电子合同解决方案商，以及行业特定或应用场景化数据服务公司，还有负责实施实地尽职调查及合规咨询服务的基础服务提供商等。

最后，第三类基础设施服务商指向的是行业服务组织，主要包括各种行业协会、联盟以及研究咨询机构，它们通过制定行业规范、共享最佳实践和进行前瞻性研究，对供应链金融的发展方向和技术标准起到关键性的指导和推动作用。

第2节　供应链金融监管与法制建设

供应链金融中的监管与法制建设是确保供应链金融安全、稳定、高效运行的重要保障，特别是对于推动供应链金融风险防范、资金安全与合规性具有重要意义。

一、整治泡沫风险

我国的供应链金融正处于蓬勃发展的成长期，各种创新模式和产品如雨后春笋般涌现，充分展示了其活力和潜力。然而，在这一过程中，如何既能保护创新活力，又能有效运用政策工具进行审慎监管，成为一个亟待深入探讨的课题。

随着供应链金融的迅速发展，一些行业乱象和泡沫风险也逐渐显现，监管部门及时介入，以确保行业在稳定中求前进。2017 年，国务院办公厅明确提出了“积极稳妥发展供应链金融”的指导思想，强调了创新与安全之间的平衡。此后，银保监会、央行等监管部门也持续强调这一平衡，为我国供应链金融的可持续发展奠定了坚实的基础。为了促进供应链金融的健康发展，相关部门不断出台新的政策措施。一方面，它们积极推动供应链金融的发展，为行业提供必要的支持和引导；另一方面，它们也致力于做好监管工作，确保行业的稳健运行。这些举措不仅体现了政府对供应链金融的重视，也展示了其对创新和安全的双重关注。

（一）整治以供应链金融名义虚增收入、虚增利润

在监管部门通报的 2020 年、2021 年证券领域违法案件查处中多次提及这类案件。如某上市公司借供应链金融之名，虚增收入 562 亿元、虚构利润 47 亿元；有的企业则利用商业保理业务实施造假；另一企业以虚构大宗商品贸易虚增收入 129 亿元；还有的企业以涉密产品贸易垫资业务套取资金、虚增收入；有的企业虚构应收账款，以供应链金融名义，借金交所、产交所、伪金交所通道，违规发行理财产品募资。

以供应链金融名义虚增收入、虚增利润，这种行为在经济上行时期不会浮出水面，因为企业之间的关联交易不会只为了空转而空转，空转是有成本的，套出来的资金、花出去的成本，或者承诺的“灰色收益”都是要通过真实经营或者资本运作获得的收益来覆盖的。但在经济下行时，入不

敷出加上空转形成的杠杆，必然会导致出现很大的风险。降负债降杠杆，核心之一是“去空转”：企业回归主业、自我造血是唯一出路，空转形成的只是暂时的泡沫。而空转带来的金融风险通过一些交易所的违规操作或标准产品通道进一步扩散，更加大了社会风险。

（二）整治以供应链金融名义拉长账期、信用超发等行为

除了以供应链金融名义虚增收入、虚增利润外，还有以供应链金融名义拉长账期、盘剥供应商的行为，但随着应收账款票据化的推进、《保障中小企业款项支付条例》的落实、《应收账款电子债权凭证业务规范》的即将出台，此类行为将得到多方位的规范与监管。

近些年，应收账款票据化加速发展，2021年5月18日，上海票据交易所开始建设新一代票据业务系统，2022年5月1日，新一代票据业务系统投产上线；2021年8月27日，供应链票据平台正式上线；中国人民银行公告〔2020〕第19号称，商业承兑汇票信息披露的有关事宜自2021年8月1日起正式实施。票据有完善的法律、基础设施、监管制度，是商业信用体系建立的重要工具；2022年8月中国人民银行与银保监会联合发布了《商业汇票承兑、贴现与再贴现管理办法》，进一步明确了供应链票据的法律地位。

2021年12月31日，国资委发布《关于认真贯彻落实〈保障中小企业款项支付条例〉进一步做深做实清理拖欠中小企业账款工作的通知》，该文件比《保障中小企业款项支付条例》更具有落地性，针对企业为了绕开监管采取的一些措施，进行了更详细的规定，如：“各中央企业要针对当前应付账款和应付票据管控存在的问题，推进应收、应付‘一起管’，努力实现集团整体应付账款和应付票据增幅低于营业成本增幅。一是坚持按合同办事，严格按照合同约定的时间、方式及时足额支付款项，同时积极运用信息化手段规范应付账款特别是中小企业账款支付。二是加强合规管理，清理霸王条款，不得滥用市场优势地位设立不合理的付款条件、时限，占压中小企业资金。三是严控‘背靠背’付款条款，对于提前明示、合同约定‘背靠背’付款条款的，要加强上游款项催收，上游付款后及时对中小企业

付款。四是严格票据等非现金支付管理，新签合同要明确约定支付方式和时限，不得利用优势地位强迫中小企业接受非现金支付；新签合同未事先书面约定非现金支付的，事后原则上不得通过补充协议等方式约定或使用非现金支付，确需事后使用非现金支付的，应当承担资金成本；2022年起，除原有合同已有书面约定外，原则上不再开具6个月以上的商业承兑汇票和供应链债务凭证，防止变相延长付款时限。”

同时，据中国互联网金融协会消息，《应收账款电子债权凭证业务规范》《可信电子仓单业务规范》《贸易背景真实性审核规范》《企业身份认证规范》等多项标准的制定与发布也在稳步推进中，应收账款电子债权凭证业务也将得到进一步的规范。

除此之外，国资委整治“逃废债”、央行整治“信用评级行业”等等也给予市场明确的信号：我国正从多方位着手完善商业信用体系。

（三）整治以供应链金融名义收质价不符之费用

自2020年以来，金融科技行业已明显步入了严格的监管时代。随着金融科技的深入发展，一些不规范现象给我国金融体系的安全稳定带来了潜在威胁。一方面，部分中小银行曾经过度依赖第三方平台，导致信贷投放行为可能存在非理性趋势，对此，金融监管部门明确要求商业银行必须坚守核心风控环节不可外包的原则，并在营销层面亦需避免对第三方平台形成过度依赖。另一方面，部分科技助贷企业虽然在金融服务中承担的风险较低甚至微乎其微，却能按照融资额的一定比例获取高额服务收益，这在一定程度上揭示了“质价不符”的问题，即风险与收益之间并不成正比。

2020年堪称金融科技监管措施密集落地的关键一年，一系列重大举措如金融科技发展指标、金融科技监管沙盒机制、国家金融科技认证中心和国家金融科技风险监控中心等均在此期间逐步确立和完善。尤为值得关注的是，2021年3月15日，中央财经委员会第九次会议明确提出，所有金融活动都必须纳入金融监管范畴。在此之前，中国银保监会在2020年12月31日的答记者问环节中强调，“所有金融业务必须依法全面纳入监管范畴，坚持持牌经营原则，坚决杜绝违规监管套利行为”，并表示对于转型过渡期，可适当予以安排。

从具体出台的各项监管政策来看，无论是针对银行领域的《商业银行互联网贷款管理暂行办法》《关于进一步规范商业银行互联网贷款业务的通知》，还是针对平台经济、融资担保、征信行业的最新政策指导，均透露出一个明确信号：监管部门倾向于将直接关联金融业务的支付、征信、助贷等相关服务全面纳入监管框架之内，这一系列举措充分体现了当前严格防控金融系统性风险的整体态势。

综上所述，金融科技的监管导向旨在明晰业务边界，确保科技与金融的角色定位不能混淆不清，特别是对于那些直接参与金融业务运作的主体，应特别注重强化监管要求以及杠杆率控制。

（四）整治以供应链金融名义非法集资

近年来，部分企业借助供应链金融的名义，在缺乏真实贸易背景支持的情况下，向公众承诺高额回报和保底收益，并通过转让票据、应收账款等非标准化金融产品的方式，实质上从事了非法吸收公众资金的行为。此类活动已经引起了监管部门的高度关注，并已被纳入严格的监管范围之内。

二、监管沙盒机制创新

一直以来，监管与创新之间的关系犹如一对共生而又互为挑战的矛盾统一体。创新进程往往伴随着监管规则滞后与潜在的监管套利空间，而健康的金融生态则要求创新与监管两者并驾齐驱、相辅相成。如何妥善协调“监管与创新”的动态平衡，成为各级金融监管部门亟待解决的关键课题。广东省推行的“监管沙盒”机制为此提供了一个值得其他地区学习和参考的实践范例。

2020年3月，广东省地方金融监督管理局正式发布了《广东省以“监管沙盒”推进供应链金融平台创新试点实施方案》，标志着该省启动了供应链金融领域的创新试点工作。整个试点项目获得了由广东省地方金融监管局指导设立的“广东省供应链金融创新合规实验室”的全程专业服务支持。该试点项目秉持产业主导原则，充分激发产业链核心企业的内在活力，利用这些企业在产业链中的枢纽地位推动供应链金融创新实验。鼓励包括核心企业、金融科技公司、第三方交易平台以及类金融机构在内的多元主体积极申报参与试点，在经过严格审核后，在选定的试点城市成立专门的供应链金融服务机构，开展模式创新探索。

试点强调的原则是“非创新，不入盒，不试点”，即只有真正具有创新意义的项目才能纳入监管沙盒进行试运行。在新兴产业互联网技术和物联网基础设施建设的大背景下，这一举措旨在引导产业界与金融业共同携手，致力于探索基于数据和技术驱动的新型供应链金融服务模式，力求实现金融创新与风险防控的有机统一。

（一）试点目标

监管沙盒力争输出可持续的、数据驱动的、创新的供应链金融服务模式，最终目标是完成四个转型：

一是理念转型。从企业简单地寻求利润最大化、价值最大化到以生态、产业为中心，形成产业链和供应链互融共生的发展理念转型。

二是管理转型。从依靠管理规制、管理规范、管理经验到以数据驱动的更精准和更精益的管理提升。

三是风控转型。从基于“主体信用”，侧重抵质押物到产业端携手金融端共同依托良好的数据资产，基于但不限于“主体信用”，完成向“数据信用”和“物的信用”的转型。

四是监管转型。针对企业的创新需求、监管的空白或不适用创设弹性管理机制，引入“监管沙盒”理念，变滞后性监管为前瞻性监管，变刚性监管为响应性、适应性、前瞻性的监管，以此来促进企业的合规创新。

（二）试点价值

一是开展试点工作可以降低企业创新过程中的合规风险，采用“监管沙盒”的方式保护企业的创新；二是试点企业可以更好地借助政务数据等多方数据进行业务核验，做好风险防控；三是在试点工作过程中，政府的规范管理更有助于试点企业和金融机构之间各类资源的精准有效对接。

三、法律法规护航

我国法律制度越来越完善，合规管理也与时俱进，经营资质、数据与安全保护、税务、资金结算、征信合规、资金来源与使用等各方面的法律法规为企业可持续发展保驾护航。

（一）经营资质

目前，法律法规或部门规章对供应链管理服务企业主体均没有特别的资质要求，但对于经营保理业务、平台提供担保等服务的企业，主体则需具备相应的资质要求。但如果平台企业经营特定行业，例如危化品、医疗设备、进出口服务、食品等的，则需有从事特定产品或相关服务的资质要求。

若平台企业提供信息服务或交易撮合等服务，平台企业则需取得电信与信息服务业务经营（ICP）许可证或增值电信业务经营（EDI）许可证，并取得公安机关颁发的信息系统安全等级保护备案证明等。如果平台企业还涉及跨地区经营，还需取得跨地区增值电信业务经营许可证。

（二）数据与安全保护

供应链金融业务，尤其是供应链金融数字化平台，对于收集、储存和使用企业客户的经营数据和隐私等涉及商业秘密的信息，均应当注意在合法框架下进行，并对客户涉及的商业秘密负有保密义务。

在供应链经营中，往往还涉及收集个人信息，个人用户往往需要提供自身身份、账户情况以及征信情况等信息数据。根据《中华人民共和国网络安全法》第四十一条，网络运营者收集、使用个人信息，应当遵循合法、正当、必要的原则，公开收集、使用规则，明示收集、使用信息的目的、方式和范围，并经被收集者同意。因此，平台在收集、存储和使用用户信息时需要依法明确取得用户的同意，且仅在实际业务开展需要的最小范围内进行收集，并在使用过程中根据具体情形进行匿名化处理。同时，平台应当建立相应的信息风控制度，在未经被收集者同意或没有法律、法规或有权的监管部门要求的情形下，不向第三方提供、泄露或转让用户信息。

（三）税务

供应链管理服务企业在提供执行服务时，其作为受托方按照委托方的委托代理采购或代理销售，一般不承担货物品质和收付款等责任，其收益是服务费。但供应链企业有时为增加营业额，往往又作为买卖主体与上游供应商签订采购合同，与下游企业签订销售合同，在买卖关系中，既作为买方，又作为卖方，进行了收开票、收付款等行为，这种“名为买卖，实为代理”的交易行为与财务计税方式和税法的相关计税规则不符，存在税务合规风险。

同时，有些平台企业在提供撮合交易服务或自营服务时，平台上存在下单主体与付款主体不一致、与收票主体不一致的情形，不符合“四流一致”税务要求，税务总局在进行稽查时，会从四流是否一致的角度去检查是否存在虚开发票。虽然税务总局并未强制要求“四流一致”，但是从便于配合税务稽查的角度，建议能做到一致的，就尽量保持一致，如果做不到一致，需要提前准备好相关资料来证明业务的真实性。

（四）资金结算

平台企业在提供交易撮合过程中，平台下游企业的付款一般都付至平台指定账户后，再由平台企业与上游企业进行结算，对于这种情形，平台企业实际上提供的是资金结算服务。根据《支付结算办法》的规定，平台企业若在未取得支付牌照的情况下，扮演了资金清算的角色，即为未经国家有关主管部门批准从事资金结算业务，违反《非金融机构支付服务管理办法》，中国人民银行及其分支机构有权责令其终止支付业务；涉嫌犯罪的，依法移送公安机关立案侦查；构成犯罪的，依法追究刑事责任。因此，建议平台企业采用“支付机构服务商模式”提供资金结算服务，平台企业不参与资金结算，上下游企业的结算资金不经过平台企业，由支付机构服务商为上下游企业的在线交易提供分账、结算以及代收代付等多样化的支付服务。

（五）征信合规

平台企业因提供平台交易数据处理服务，因此平台上拥有大量的经营数据与用户数据，包括平台上下游企业的付款、交货、品质等信息，有时平台企业会将平台上的客户逾期信息提供给其他金融机构，该种行为属于“对企业、事业单位等组织的信用信息和个人的信用信息进行采集、整理、保存、加工，并向信息使用者提供的活动”，属于《征信业管理条例》规定的“征信业务”。除“采集、整理、保存、加工”应遵守《中华人民共和国数据安全法》等有关数据安全的规定，确保数据合规外，还应当具备征信业务资质。

因此，平台企业若既没有个人征信业务经营许可证，也未办理经营企业征信业务的备案，而将平台的客户逾期信息提供给其他第三方，则涉嫌非法经营征信业务。建议平台企业在取得权利人书面同意的前提之下仍谨慎向第三方提供可能构成征信信息的相关数据，避免非法经营征信业务。

（六）资金来源与使用

在经营供应链金融业务时，资金提供方主要有金融机构、保理企业、供应链管理服务企业，金融机构属正规军，一直在国家的强监管下，因此，其合法合规性在此不做分析论述。以下主要分析保理企业与供应链管理服务企业的资金来源与使用的合规风险。

1. 资金来源的合法合规性问题

对于作为类金融机构的保理企业，在2019年10月18日生效的中国银保监会办公厅《关于加强商业保理企业监督管理的通知》明确规定：保理企业可以向银保监会监管的银行和非银行金融机构融资，也可以通过股东借款、发行债券、再保理等渠道融资；不得吸收或变相吸收公众存款；不得通过网络借贷信息中介机构、地方各类交易场所、资产管理机构以及私募投资基金等机构融入资金；不得与其他商业保理企业拆借或变相拆借资金。

供应链管理服务企业的资金主要来源于自有资金、银行授信、担保、小贷等，虽然目前暂时没有限制性规定，但企业自身应有合规意识，在进行创新、不断拓宽资本市场融资渠道的同时，对于可能包含合规性风险的资金来源应当高度注意和警惕，例如非法集资或试图非法或灰色收入合法化的洗钱资金等。

2. 资金使用的合法合规性问题

在 2019 年 10 月 18 日生效的中国银保监会办公厅《关于加强商业保理企业监督管理的通知》，明确要求保理企业“回归本源，专注主业”，不得发放贷款或受托发放贷款。目前不少保理企业经营着“名为保理，实为借贷”的业务，与上述通知的精神是严重相背离的。

某些供应链管理服务企业或提供供应链金融服务的企业在获得银行授信或从其他渠道获得资金后，也存在资金利用不充分或违规使用的情形。因此，对于供应链管理服务企业或提供供应链金融服务的企业在获得融资后的资金用途，应当建立具体且定期的合规性审查制度，包括其融资目的、融资必要性和实际的资金流向，防止出现供应链金融机构借供应链金融融资之名，实际进行投资、理财，尤其是违法放贷等非法业务。

第 3 节　应收账款票据化

一、供应链票据的意义

应收账款票据化有利于明确企业间债权债务关系，固定还款期限，规范企业商业信用，可引导资信度高的企业以电子商业汇票为预付款或应付款工具。这样做既有助于中小企业解决在商品或服务贸易中的三角债问题，也有助于其降低融资成本。

发展供应链票据对于推动应收账款票据化有着重要的意义。

（一）供应链票据有利于企业持续加强商业信用自我约束

按照《票据法》的规定，票据承兑人有到期无条件付款的责任，但长期以来，一方面，由于缺少有效制度和信息渠道去评价企业的商业承兑票据履约记录，部分企业缺少对票据履约的重视和敬畏，进而影响整个票据市场商业信用的建立；另一方面，由于电子票据业务规则允许纯票过户（FOP），这就存在票据结清但线下并未付款的情况，一旦出现这种情况，就会影响企业用票的信心，再加上各种各样的操作问题导致的逾期兑付，票据的商业信用传递一直困难重重。

上海票据交易所充分考虑了现行票据市场的运行情况，创新性地推出了三项制度安排：

（1）信息披露的要求和业务规则。无论持票人是否向金融机构办理供应链票据的贴现、质押、保证等业务，均要求按时完成信息披露；并且，持票人经由供应链平台向金融机构发起业务申请时，系统会自动校验其信息披露状况，若尚未披露或者披露信息不符的，则业务发起失败。

（2）到期应答提示付款的要求。供应链票据到期，由票据交易所自动代所有持票人发起提示付款申请，避免因操作造成的票据权益的损失，而承兑人将被设定为自动应答提示付款申请，即是指不存在操作上的拒付，仅存在因为清算账户资金不足以付款的信用拒付；一旦拒付，将同步到票据信息披露平台。

（3）付款清算规则。供应链票据除同一法人银行办理贴现业务时可以选择纯票过户外，其他所有涉及资金清算的环节均规定为票款对付（DVP），包括跨行的贴现、到期和未到期付款、线上追索付款等，即是指供应链票据不存在因为操作问题而产生收付款风险。

以上制度安排在强化了持票人收款权利的同时，也强化了付款人的付款义务，进一步确保了票据权利的独立性，避免发生之前各类型的合理拒付、合同争议拒付等情况。在这些配套制度和业务规则的加持下，虽然增加了对供应链票据承兑人的约束，但是也为其自身商业信用的建立和传递奠定了坚实基础。

（二）供应链票据有利于将商业信用传递给中小企业

传统上，企业境内贸易融资金融产品会采用银行承兑汇票、商业承兑汇票、国内信用证等手段，但就整体而言，这些手段都不便于核心企业将商业信用传递给上下游企业。

（1）银行承兑汇票传递的不是开票企业的商业信用，而是承兑银行的银行信用，对开票企业而言成本较高。银行承兑汇票是企业间最传统的交易工具之一，不过，大多数企业通过银行开立承兑汇票都需要缴纳保证金；同时，开立银行承兑汇票必须通过银行的网银平台，而企业一般会拥有多个银行账户，企业财务人员需登录各个银行的平台开立，操作成本和管理成本较高。

（2）商业承兑汇票无法有效传递商业信用，长期实践中效果不佳。由于传统商业承兑汇票对出票人的信用约束机制存在一定缺陷，导致商业承兑汇票的市场接受程度较低，更不必说传递商业信用给核心企业的上下游。

（3）国内信用证本质上传递的是开证行的信用。同时，虽然按照 2016 年最新《国内信用证结算办法》的规定，国内信用证能由第一受益人部分或全部转由第二受益人兑用，但仅可转让这一次，信用传递范围有限。并且，转让行须由开证行指定，所以实践中转让行一般为开证行，第二受益人则需到开证行按要求办理交单，操作成本高、业务效率低。

而从供应链票据机制设计来看，供应链票据贴现人能够有效享受开票人的信用背书，开票人能够通过定价更有效地发现自身信用水平，某种程度上开辟了场外的主体信用评级基础。

二、供应链票据发展状况

2020 年 4 月由上海票据交易所推出的供应链票据平台上线试运营，又将我国应收账款票据化进程向前推动了一大步。2021 年 8 月 27 日上海票据交易所供应链票据平台正式上线。

截至 2021 年末，全市场供应链票据累计交易规模达 671.63 亿元，3 000 余家大中小型企业开展了此项业务。其中，供应链票据贴现金额和承兑金额的比值为 65.96%，供应链票据单笔贴现金额在 1 000 万元以下的笔数占比 47.96%，面额最小的为 891.15 元。截至 2022 年 2 月底，简单汇供应链票据业务规模超过 250 亿元，占全国此业务规模的 1/4；服务企业数量超过 1 000 家，合作金融机构数超过 70 家，业务覆盖 14 个省（市、自治区），在上海票据交易所官方发布的各项评价指标中名列第一。

随着参与供应链票据市场的企业、机构及供应链平台不断增加，签发、背书、贴现等交易规模呈逐步上升势头。可见，供应链票据正式推出市场以来，不到两年时间，已经取得了较好的发展势头，但占全市场票据业务量的比例还非常小。据中国人民银行《2021 年第四季度中国货币政策执行报告》的数据，2021 年，企业累计签发商业汇票 24.2 万亿元，年末商业汇票未到期金额 15.0 万亿元，其中由中小微企业签发的银行承兑汇票占比 67.8%。展望未来，供应链票据有广阔的发展空间。

三、基础设施不断完善

2021 年上海票据交易所启动票据基础设施升级，将电子商业汇票系统（即“ECDS”）和中国票据交易系统合并为新一代票据系统，并于 2022 年 5 月 1 日正式进行投产试运行，首批试点市场成员同步完成投产上线，上海票据交易所与包含供应链平台在内的首批接入机构上线新一代票据系统。

新一代票据系统将统一票据全生命周期的业务规则、功能架构、接口规范，以及将供应链平台与金融机构、财务公司等纳入、接入机构管理，同时加入了票据信息披露、票据账户主动管理、线上贴现等提高票据风险管理水平和提升票据流转效率的业务规则和系统功能，实现了票据业务流程、风险管理和资产交易的线上化、智能化。

新一代票据系统基本继承 ECDS 和票据交易系统的处理规则和功能逻辑，对部分业务功能进行了优化升级，主要变化有：（1）新增企业信息报备等业务办理前的准备流程；（2）支持以创新方式签发票据并分包流转使用；（3）统一提示付款流程；（4）实现资金的批量结算；（5）接入的供应链平台业务与资金结算分离；（6）优化追索流程；（7）增加“保贴”增信；（8）供应链票据业务须进行交易背景信息登记；（9）贴现无须开户。

其中，新一代票据系统最显著的变化是实现了票据拆分，支持出票人签发以标准金额（最小单位为 0.01 元）票据组成的票据包，持票人可依业务需要，将所持票据包按实际支付金额分包流转使用。

新一代票据系统的上线将极大推动商业承兑汇票的流转。因电子商业汇票可拆分、可流转，票据在供应链场景下易于流转、易于归集、易于贴现。对于供应链票据来说，供应链票据的质押、保证、线上追索等功能也将进一步得到完善。供应链票据的信用叠加将会更加灵活、存续管理将会更加稳健，将更加有利于适用场景的扩展和风险管理的强化。而随着新一代票据系统的逐步上线，到期清分、线上贴现及签约等商业银行配套体系也将持续完善，可以有效消除清算异常，提高融资效率。

四、供应链票据差异化

第一，与传统银行承兑汇票、商业承兑汇票相比，供应链票据极大地提升了企业对供应链的全链条管理，且操作便利性显著提升。

新一代票据系统下，供应链票据既可以为银行承兑，也可以为商业承兑，其与传统电子汇票的不同之处在于，企业用票的接入系统不同，通过供应链平台签发、流转的票据为供应链票据。

由此，一方面，企业可以在供应链平台一个系统中使用其所有银行账户（使用了票据账户主动管理的账户除外）办理供应链票据，无须登录各家银行系统办理对应的票据业务，同时信息披露也无须对银行账户逐一披露，而仅对供应链票据账户披露即可。

这不但提高了企业用票的便捷度，更重要的是，不同于传统票据信息因背书流转而分割在各家银行系统，供应链票据信息能够在供应链平台中统一管理，使得承兑人能够将票据融资相关信息，如保贴银行及利率等，有效传递给每一个持票人，减少了承兑人与持票人、持票人与贴现机构之间的信息不对称，进而使得票据商业信息能够真正、有效地在供应链中无损传递。

第二，与国内信用证相比，供应链票据更能满足中小企业的融资需求。

首先，与供应链票据适用的《票据法》不同，国内信用证适用于《国内信用证结算办法》，证内要素可以根据买卖双方进行约定修改，标准化程度不及票据；其次，国内信用证操作流程比较复杂，业务办理若涉及跨行交单等环节，一般快则要 T＋1 日（电开），慢则需 T＋5 日（信开），整体效率远不如票据业务；最后，国内信用证流转操作复杂，且只能转让一次，不如供应链票据能够灵活“拆分”背书，便利且不限背书次数。另外，国内信用证议付也基本为线下商定和操作，效率不及供应链票据贴现，所以，国内信用证融资金额普遍较大，基本不可能满足中小企业的小额融资需求。

第三，与流动资金贷款相比，供应链票据整体信用风险有可能更低。

为了规范流动资金贷款用途，银行一般要求对超过一定金额的用款采取受托支付，以及持续跟踪信贷资金流向。但在实务中，存在自主支付较难控制、跨行资金难以监测等问题。而供应链票据在签发环节有交易背景审核，能够便捷管控第一手的用信流向；票据流转均在票据交易所供应链票据平台中，能够支持银行便捷追寻后续的用信流向，进而减少操作风险和道德风险。

第四，与近年来市场新兴的电子债权凭证相比，供应链票据适应的场景不同，但同样具有广阔的应用空间。

电子债权凭证与供应链票据从本质上都是为解决传统应收账款“流动性差”、商业承兑汇票“灵活度低”等问题而开发的创新工具，两者由于在法律关系、会计政策等方面的不同，所以必然会共存互补。

法律关系方面，供应链票据基于《票据法》的统一标准，在二级市场流通性更好一些；而电子债权凭证基于《民法典》合同篇的自愿、灵活，能够满足供应链场景中的企业或机构的特定需求。

会计政策方面，按照新金融工具准则，供应链票据除“6＋9”（六家国有大型商业银行和九家上市股份制银行）银行承兑外，应计入AC（以摊余成本计量的金融资产）项，如无特殊约定，背书和贴现均不能终止确认资产；而电子债权凭证应计入FVOCI（以公允价值计量且其变动计入其他综合收益的金融资产）项，按市场常规的产品设计转让和无追保理融资后能终止确认资产，所以，企业会因差异化管理需求进行不同的产品组合。

第4节　供应链金融中的数据信用建设

一、基于数据信用的产品创新

（一）政府数据进一步开放，数据交易所成为数字经济的基础设施

政府数据正在不断开放，国家要建立全国性的融资信用信息体系来整

合征信相关数据，根据国办发〔2021〕52 号文件《国务院办公厅关于印发加强信用信息共享应用 促进中小微企业融资实施方案的通知》的要求，省级人民政府要在充分利用现有地方信用信息共享平台、征信平台、综合金融服务平台等信息系统的基础上，统筹建立或完善地方融资信用服务平台，鼓励有条件的市县结合实际建立相关融资信用服务平台。依托已建成的全国中小企业融资综合信用服务平台，横向联通国家企业信用信息公示系统和有关行业领域信息系统，纵向对接地方各级融资信用服务平台，构建全国一体化融资信用服务平台网络，与全国一体化政务服务平台等数据共享交换通道做好衔接。以中小微企业、个体工商户融资业务需求为导向，在依法依规、确保信息安全的前提下，逐步将纳税、社会保险费和住房公积金缴纳、进出口、水电气、不动产、知识产权、科技研发等信息纳入共享范围，打破“数据壁垒”和“信息孤岛”。鼓励企业通过“自愿填报＋信用承诺”方式加入平台网络，支持有需求的银行、保险、担保、信用服务等机构（以下统称“接入机构”）接入融资信用服务平台。各级融资信用服务平台要建立完善中小微企业信用评价指标体系，对中小微企业开展全覆盖信用评价，供银行等接入机构参考使用。鼓励接入机构依法依规将相关信息向融资信用服务平台和有关部门开放共享。国家发展改革委、工业和信息化部、人民银行、银保监会要会同有关部门和单位建立健全加强信用信息共享应用促进中小微企业融资工作协调机制，做好与国家政务数据共享协调机制的衔接。

2021 年 11 月 25 日，上海数据交易所成立仪式在沪举行。上海数据交易所通过“数商体系、数据交易配套制度、全数字化数据交易系统、数据产品登记凭证、数据产品说明书”等一系列创新安排，破解数据交易“五难”问题。上海数据交易所致力于实现“汇天下数据而通之、聚天下数据而用之”。国务院在《中共中央 国务院关于支持浦东新区高水平改革开放打造社会主义现代化建设引领区的意见》中明确，浦东要建设国际数据港和数据交易所，推进数据权属界定、开放共享、交易流通、监督管理等标准制定和系统建设。

总结而言，从数据来源视角，政府数据的统筹与进一步开放以及数据的合法合规交易都将为供应链金融相关企业提供更多的、更合法合规的、更便捷的数据渠道。将这些数据与场景数据结合，更有利于发挥数据信用的作用，发展基于大数据的供应链金融产品。

（二）数据信用正在发挥越来越大的作用

从应收账款类融资业务创新的角度来看，这类产品的创新已不仅仅局限于信用的多级传递，还有基于数据的“无须确权、收货/上产线即可确权”的应收账款融资创新，这类融资产品依赖的是对采购、生产、销售、物流等各环节的精细化管控，将单纯依赖主体信用转变为依赖“主体信用＋物的信用＋数据信用”，进而真正实现风控的前置、实现过程风控。简言之，此类融资产品授信的启用无须等待发票开具完成，更不用等核心企业签署确权书，在时效性、便捷性以及客户融资期限需求的满足方面极大地提升了用户体验。

从预付类融资业务创新的角度来看，越来越多的银行开始接受无须核心企业提供担保的下游融资模式。其风控逻辑是：基于对下游供应链的数字化赋能，金融机构能与核心企业掌握下游一批、二批甚至到零售商的进销存各方面的经营数据及物流、资金流数据；通过数据分析，核心企业转变供应链协作模式，实现以需定产、拉式供应链，实现供应链的全面协同、降本增效提质增收，实现以需求牵引供给、以供给创造需求，提升供应链整体造血能力，从根本上保障下游客户的还款能力和意愿。基于四流数据、造血能力，再结合核心企业诸如“取消经销商资格、扣押返利、调剂销售”等辅助措施，开展纯信用的下游经销商供应链金融业务逐渐被一些银行接受。

上述产品都已摆脱了对主体信用的强依赖。除此之外，如网商银行、微众银行等更是把数据信用作为供应链金融的基石。如网商银行的采购贷采取“经销商先申请采购贷资金进货，卖完货后再还款”的模式；分月付产品既不依赖买方信用和确权，又不依赖卖方担保，也不依赖控货，本质是基于数据的担保支付分期还款；面向供应商的融资则可前置到投标、中标、合同签署/订单环节，不仅仅是满足应收账款形成后的融资需求。

二、科技基础设施补位

在数字化发展早期，各家体系都是独立发展的，但到了一定时期，一定需要底层基础设施，实现各家体系之间的互联互通，将小生态融合成全国性的大生态，做到“全国一盘棋”。全国性的工业互联网标识解析体系就是一种科技基础设施。供应链金融领域也在逐渐形成一些全国性的科技基础设施，典型的如前文所述的票据交易所供应链票据平台与新一代票据系统、全国性可流转仓单体系、全国融资信用服务平台，还有“星火・链网”。这些基础设施的主要特征是建立在 ABCDI 等新一代信息技术之上。

其中，“星火・链网”是由中国工信部指导，由中国信息通信研究院牵头发起，联合北航、北邮、中国联通等多家大型企事业单位建设的唯一的国家区块链新型基础设施。“星火・链网”以代表产业数字化转型的工业互联网为主要应用场景，以网络标识为突破口，推动区块链的应用发展（见图 10-2）。“星火・链网”从 2020 年 8 月正式启动部署。2021 年 8 月 3 日，中国信息通信研究院正式发布了“星火・链网”底层区块链系统（BIF-Core），标志着“星火・链网”主链正式启动运行并开始向全球提供服务。

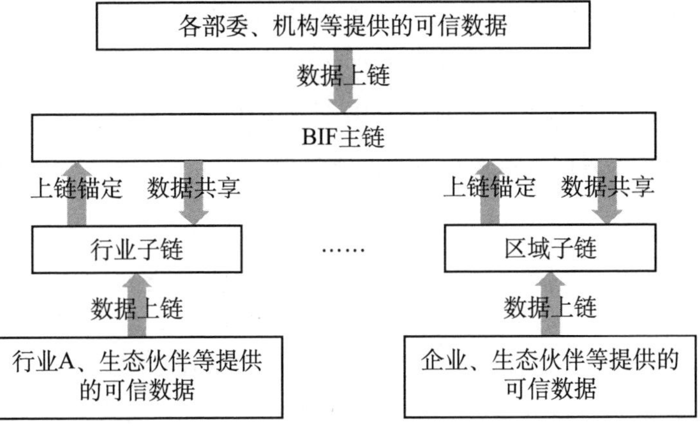

图 10-2　“星火・链网”架构

“星火·链网”的体系架构分为两层——上层是由超级节点构成的主链，用于管理标识、公共数据或未来国家提供的相关法定资产，也包括监管规则的实现；下层是通过骨干节点连接的各类型既有的区块链应用，包括行业/区域的各类应用，可从主链获得标识、数据、服务等，同时为工业互联网打通生产和消费的动力转换提供手段。

“星火·链网”的骨干节点是整个“星火·链网”双层体系架构中的关键角色，目前采用“开放生态建设”的原则及发展模式。

“星火·链网”系统计划在全国布局10个超级节点、30个骨干节点、若干业务节点。10个超级节点由各地政府机构牵头，共同组网搭建BIF星火主链。30个骨干节点由各省市科技企业牵头，通过锚定超级节点的形式并对接星火主链，实现各地市、行业与各部委之间的数据共享，进而实现全链路价值交换。

截至目前，全国已明确的“星火·链网”超级节点建设城市有9个，包括北京、上海、广州、重庆、武汉、贵阳、南京、济南、珠海等9大数字经济高速发展的城市。未来不管什么样的供应链平台，不管供应链平台上承载的是什么产品，最终都需要接入一个大的数字化网络中，实现广泛的互联互通。数字经济与互联网经济的根本不同在于，数字经济是需要信任机制的，任何一个人都不可能脱离体系去快速信任另一个人。而这个建立在信任机制上的数字化网络底层技术一定是区块链技术，并且网络需要一个公共的基础设施，“星火·链网”就是这种基础设施。除了基于信任机制的互联互通外，供应链平台还需要围绕产业数字化、业务数字化，妥善地解决数据跨主体、跨业务、跨时空的采集、认证、流转、使用、安全等方面的问题，以最大限度地挖掘数据的价值。

三、制度创新

2020年7月间，央行先后发布《区块链技术金融应用评估规则》和《关于发布金融行业标准推动区块链技术规范应用的通知》，以推动区块链技术在金融体系的规范发展。这是国内官方权威部门首次发布有关区块链的规范文件。根据文件要求，金融机构应结合实际、认真落实《区块链技术金融应用评估规则》，建立健全区块链技术应用风险防控机制，推动区块链技术在金融领域的规范应用；金融机构应在满足金融相关标准和规定的基础上，开展区块链技术应用备案工作。

2020 年 11 月 2 日，央行正式发布《金融科技创新应用测试规范》《金融科技创新安全通用规范》《金融科技创新风险监控规范》等三项金融行业标准，对于在依法合规、风险可控的基础上充分运用大数据、区块链、人工智能等手段，具有重要意义。其中，《金融科技创新应用测试规范》为金融管理部门、自律组织、持牌金融机构、科技公司等开展创新测试提供依据；《金融科技创新安全通用规范》的执行为金融科技创新应用健康上线把好安全关口；《金融科技创新风险监控规范》旨在实现对潜在风险动态探测和综合评估，确保金融科技创新应用的风险总体可控。

2021 年 11 月，无锡物联网产业研究院牵头制定的第一个国际标准《物联网和分布式账本/区块链融合：用例》正式向全球发布。为我国夯实了在新基建方面的标准化成果，也进一步提升了我国在物联网及相关领域的国际“话语权”。

2022 年初，中国人民银行印发《金融科技发展规划（2022—2025 年）》（以下简称《规划》），《规划》对我国金融行业数字化转型的总体思路、发展目标、重点任务和实施保障进行了明确规定，是监管机构对银行类金融机构科技发展的顶层规划。《规划》提出八项重点任务，并指明金融科技治理居任务首位，监管科技应用迎来迫切发展需求。与三年前的规划相比，新版《规划》更加强调“数据”在金融科技发展中的重要地位，将金融数据升级为“生产要素”，对金融数据安全作出全方面部署。

四、科技公司复合能力建设

面对同质化日益明显、投资回收难等问题，金融科技公司不断创新，寻求突围。不同起点的金融科技公司有不同的先天优势，目前市面上大体有五种类型的金融科技公司：

第一种是以金融资源、金融牌照起家，典型的如一些金融控股公司或者央国企旗下持牌金融机构发起建立的金融科技公司，优势在于可以自有金融资源驱动其他业务快速起步。

第二种是由核心企业、供应链服务公司、平台公司发起建立的金融科技公司，优势在于自带供应链场景。

第三种是以强大的技术研发能力起家的金融科技公司，优势在于基础设施级别的技术。

第四种是以强大的技术整合与运营能力起家的金融科技公司，优势在于团队拥有丰富的“金融＋科技＋供应链场景”的跨界经营经验，能在跨境融合中找到独特定位。

第五种是以数据驱动的金融科技公司，优势在于其在一定程度上独占某种数据资源。

不同的金融科技公司根据自身资源和能力禀赋找到了适合自身的发展节奏，从金融、科技、数据、运营、场景五大方向有节奏地构建复合的、有机的护城河——上述五种竞争力是相辅相成、相互加持的，但需要把握投入节奏。

第5节　供应链金融公共平台建设

各地政府积极响应中央号召，顺应国家监管导向，根据各地情况、因地制宜发展区域供应链金融生态。深圳、广州、山东、浙江、珠海先后发布了一系列供应链金融专项文件，此外，天津、山西、青岛、南通、滨州、潍坊、临沂、厦门、甘肃、广西等多地政府均出台了具有自身特色的有关政策，并在此基础上发起成立了若干公共服务平台。不同的平台模式适合不同特点的地区与政府机构。目前主要的平台模式及相应范例如下。

一、“征信＋融资平台”模式

根据国办发〔2021〕52号文件《国务院办公厅关于印发加强信用信息共享应用 促进中小微企业融资实施方案的通知》的要求，各省级人民政府要在充分利用现有地方信用信息共享平台、征信平台、综合金融服务平台等信息系统的基础上，统筹建立或完善地方融资信用服务平台，鼓励有条件的市县结合实际建立相关融资信用服务平台。“征信＋融资平台”模式强调数据，适合数据治理较扎实的地区。

早在 2016 年 10 月，泰州市政府办、泰州人行、中诚信征信三方即发起共建了“泰州企业征信融资 E 网通”。因涉及面广、结构复杂、工程量大、业务专业性强，因此该建设采取政府主导的“三方共建、共营”模式：

(1) 政府负责信用信息采集整合（涵盖工商、税务、人社、环保等)、政策指导、安全管理、招投标和验收等工作。

(2) 中国人民银行主要负责运营推广以及金融机构的日常管理、考核，同时提供当地的金融不良信息等。

(3) 中诚信征信主要负责系统搭建、运营以及信用信息归集、信用产品开发及服务、模型搭建、征信技术输出等，同时针对当地数据进行补充。

这是国内第一个“征信＋融资平台”一体化的大型综合性服务平台，构建了“融资服务＋征信查询＋信用评价＋风险预警”的“互联网＋征信＋信贷”融资服务链，旨在重塑“信用金融”体系，以打破“信息孤岛”。

随后，中诚信征信将征信＋融资平台模式复制到了杭州（杭州 e 融）和武汉（汉融通）。

另外，德方智链给娄底市政府构建的链企银平台、壹账通搭建的广东省中小企业融资平台、中金支付搭建的“湘信融”湖南中小微企业金融服务平台、浪潮集团为济南搭建的“泉贸通”平台等都是类似的模式。

总结而言，平台主要链接融资企业、银行、政府，风控则依赖大数据、区块链等技术，是强数据风控的逻辑。

二、“平台的平台”模式

该模式强调生态（各司其职)，适合地方供应链金融生态比较繁荣、市场主体比较丰富和活跃，但是市场主体需要政府解决共性痛点的地区；需要主导政府部门站在生态的高度来统筹发展，权衡好市场与政府的边界。

1. 深圳供应链金融公共服务平台

2020年12月31日，深圳供应链金融协会搭建的深圳市供应链金融公共服务平台上线，该平台的定位是“平台的平台、资源的资源、节点的节点”，致力于供应链金融五大业态，包括供应链综合服务业态、产业供应链转型业态、资金供应链服务业态、科技赋能服务业态和基础设施服务业态的链接，激活供应链金融商业生态。

该平台基于“增信、运营、风控和处置”等能力，向供应链金融各节点企业和金融机构赋能，提供信息展示、资产整理等服务，实现供应链金融资产的快速流转（包括非标资产的交易、标准化资产的流通）和盘活。

2. 广州供应链金融公共服务平台

广州供应链金融公共服务平台是为在供应链系统上开展业务的各类中小微企业提供融资服务，为各类金融机构提供从获客、授信、贷后管理到风险处置等综合服务的平台。公共服务平台功能包括数字资产交易、监管功能、大数据风控、征信服务、纠纷化解，关键是设立供应链数字资产交易平台。

3. 江苏政银易企通

江苏省地方金融监督管理局联合多部门开发“江苏政银易企通”系统。该系统贯通了政府部门、银行机构、企业客户三方主体，金融机构与公安、税务、市场监管、通信管理等部门实现数据共享，集“涉企数据信息实时共享、账户资料影像传输与处理、异常信息监测”等功能于一体，打通政府与银行、企业间的“信息孤岛”，实现了数据共享全维度。

银行机构通过该系统可获取市场监管数据，较好地解决了银行机构涉企信息查询渠道少、要素不够全、时效性不高等问题。中国人民银行可根据监测情况将风险账户推送至开户银行，并将核实信息共享至全省银行机构，实现了风险监控全流程。企业可提升开户体验度，实现了“数据多跑路、企业少跑腿”，进一步提高了金融机构的服务效率。

三、“政企合作赋能产业集群”模式

该模式强调场景，适合当地产业集群亟须升级，但当地又缺乏相关市场主体来整合资源、重构产业的地区；需要主导政府部门重视产业链、供应链的稳定循环和优化升级。

我国块状经济的特征非常明显，各地有很多特色产业集群，通过国家发展改革委、科技部公布的产业集群就有 174 个，另外还有许多大大小小的产业集群。通过政企合作赋能产业模式可围绕各地区产业集群、产业生态搭建产融平台。

南通市政府指导打造的“长三角产融公共服务平台”是一个典型案例。2021 年 1 月，在南通市政府与中国人民银行南通市中心支行的牵头下，由海安地方国企控股、多家龙头民营企业参股的南通贸融科技有限公司（以下简称“贸融公司”）成立。贸融公司立足南通，围绕长三角产业集群，打造长三角产融公共服务平台，通过平台打造南通经济。平台首先以南通的主导产业建筑业切入，推动建筑业产业链修复重构和优化升级，促进其固链、补链、强链和延链。2021 年 6 月 30 日，线上化、数字化、场景化的“长三角产融公共服务平台”正式上线试运行。截至 2021 年底，入驻核心企业 18 家，供应商 81 家，完成钢材采购 909 笔、12 万吨、金额 7 亿元；平台实现融资 528 笔，4.3 亿元；系统完成与工农中建在内的 14 家银行线上对接，真正实现线上数字化融资申请放款。2022 年，贸融公司持续推进供应链金融业务模式创新：在应收账款融资的基础上，往动产质押融资、预付款融资延展；以建筑企业为试点完善平台建设，提升开放性、共享性、包容性，结合南通、海安当地的主要经济支柱企业，逐步向家纺、仓储、活体种养殖等主导产业拓展，向支持乡村振兴拓展，向政府采购拓展，向绿色金融拓展，以期最终构筑起供应链金融的生态体系。

2021 年 9 月，苏州新建元和融科技有限公司（以下简称“新建元和融”）在苏州工业园区注册成立，一步步构建起一个政、企、银相互加持、多方共赢的开放生态。其发展模式是：

第一步，整合国有资本与市场化运营的力量成立建设及运营公司。

第二步，基于政府赋能，结合产品设计、技术应用提高金融机构的意愿和能力——利用核心企业＋区块链形成信用流解决上游供应商融资问题，利用大数据（政府公共数据＋园区场景中的四流数据）＋模型＋保险/担保增信解决下游经销商融资问题。

第三步，新建元和融、金融机构及其他配套服务商形成“联盟”，帮助政府更好地精准施策，包括贴息、风险补偿、招商引资等政策的落实。

最后，各方、各环节良性循环、相互加持、多方共赢。

同时，新建元和融正在探索数据资产管理、交易、服务模式，希望构建地区金融数据资产交易大生态（交易所模式），基于第一阶段的业务驱动数字化、资产金融化升级为更大范围的数据资产化、资产交易化。

虽然是市场化运营的平台，但这种模式为地方政府提供了另一种服务和治理“当地供应链＋金融生态”的思路。即可由国有企业统一对接政府，将政府的数据、政策、服务或监管要素导入平台，再由国有企业代表政府深度参与到市场和场景中，帮助地方政府更精准、安全、深入、可控地服务实体经济、监管金融风险，同时，政府也可扎实地推进当地细分供应链、产业链、产业集群的优化升级。

四、“基金＋投贷联动”模式

昆明市螺狮湾采用政府引导基金与市场主体共同形成产业基金，再以产业基金与银行投贷联动的方式扶持当地跨境电商产业升级。由政府引导基金和企业联合出资形成产业基金，其中政府引导基金作优先，企业作中间和劣后；再用产业基金扶持具体的供应链项目，基金的企业类出资方直接参与供应链项目的具体运营。

五、“票据平台”模式

此模式强调主体信用，需地方大型企业的深度参与，支持应收账款票据化和电子商票货币化支付，需主导政府部门结合行政引导和市场机制来激发大企业的积极性。

深度票据网在山东摸索出了一套创新的票据区域应用与发展模式，为地区票据模式创新提供了经验。深度票据网不仅推动和帮助核心企业建立商票应用体系，还帮助供应链上下游企业付款、拆分、置换、融资，也可以帮助监管部门实现穿透式监管。

六、“存货/仓单基础设施”模式

青岛等具有大宗贸易优势的地区构建存货/仓单融资的基础设施、标准、联盟生态，这种模式是强资产模式，特别强调资产的量与质，与前述仓单体系的发展逻辑类似。

第 11 章

供应链金融风险管控

与单个企业相比，供应链管理和供应链金融服务有其内在的脆弱性，特别是在动态经营环境下，它就如同一把双刃剑，在使企业运营更加精益与高效的同时，也增加了企业运营的风险。这种脆弱性和风险主要体现在两个方面：传导性和依赖性。

首先，供应链并不是一个自上而下链接上下游企业的简单链条或管道，而是由众多管理活动和各种关系组成的复杂网络，特别是在从事供应链金融业务时，往往涉及多种不同的经济主体，包括供应链上下游、平台服务商、风险管理者以及流动性提供者。同时，就单个企业而言，绝大多数企业都不可能只处于某一个供应链网络中，而是置身于由多个供应链网络交叉形成的错综复杂的网络关系之中。网络中的每个企业都会直接或间接地影响这一网络关系中其他企业或组织的绩效，并最终影响整个供应链的绩效。这种传导性导致供应链管理方式下的企业经营风险加大，正是因为如此，供应链管理成功与否最终取决于企业整合复杂供应链关系网络的管理能力。

其次，随着经济全球化趋势的不断加快、产品生命周期的缩短以及技术创新的加速，企业面临着更加动态和竞争的经营环境。为了应对环境的不确定性，供应链中的企业越来越多地采用外包、全球采购、JIT生产、存货持续改善等管理方式，通过与供应链其他企业更加紧密地合作，使企业内部流程和供应链更加有效地响应市场的变化。这些供应链管理创新活动在给供应链及其成员企业带来效率和效益的同时，也使供应链中的企业更加依赖于外部环境与供应链中的其他企业，从而变得更加脆弱，一旦在供应链运营中出现这样和那样的问题，不仅供应链运营会中断，而且相应的服务的风险，特别是金融风险就可能放大，严重危害供应链经营的环境。

因此，供应链管理的有效实施要求供应链企业之间能够共担风险与共享收益，从而形成单个企业管理方式下所不具有的竞争优势。风险共担与收益共享是供应链成员合作需要长期关注的问题。如何识别供应链管理中的各类风险驱动因素，尤其是影响供应链金融有序运行的关键要素，成为供应链管理和供应链金融能否真正发挥作用的核心。本章正是基于这一理解，将详细分析供应链金融风险的驱动因素，从动态管理的视角简要探讨供应链金融风险防范的流程和管理趋势。

第1节　供应链金融风险因素

供应链金融作为供应链参与者之间依托金融资源实现商流、物流结合的一种创新行为，必然会受到各种影响供应链运营因素的影响，进而产生各类风险，这包括信用风险、操作风险、交易风险、技术风险、供应链风险、环境风险、人的风险和物的风险（见图11-1），并且会对融资量、融资周期和融资费率产生作用。

具体来讲，影响供应链金融风险的因素按照不同的来源和层次划分，可以分为供应链外生风险、供应链内生风险和供应链主体风险三大类。

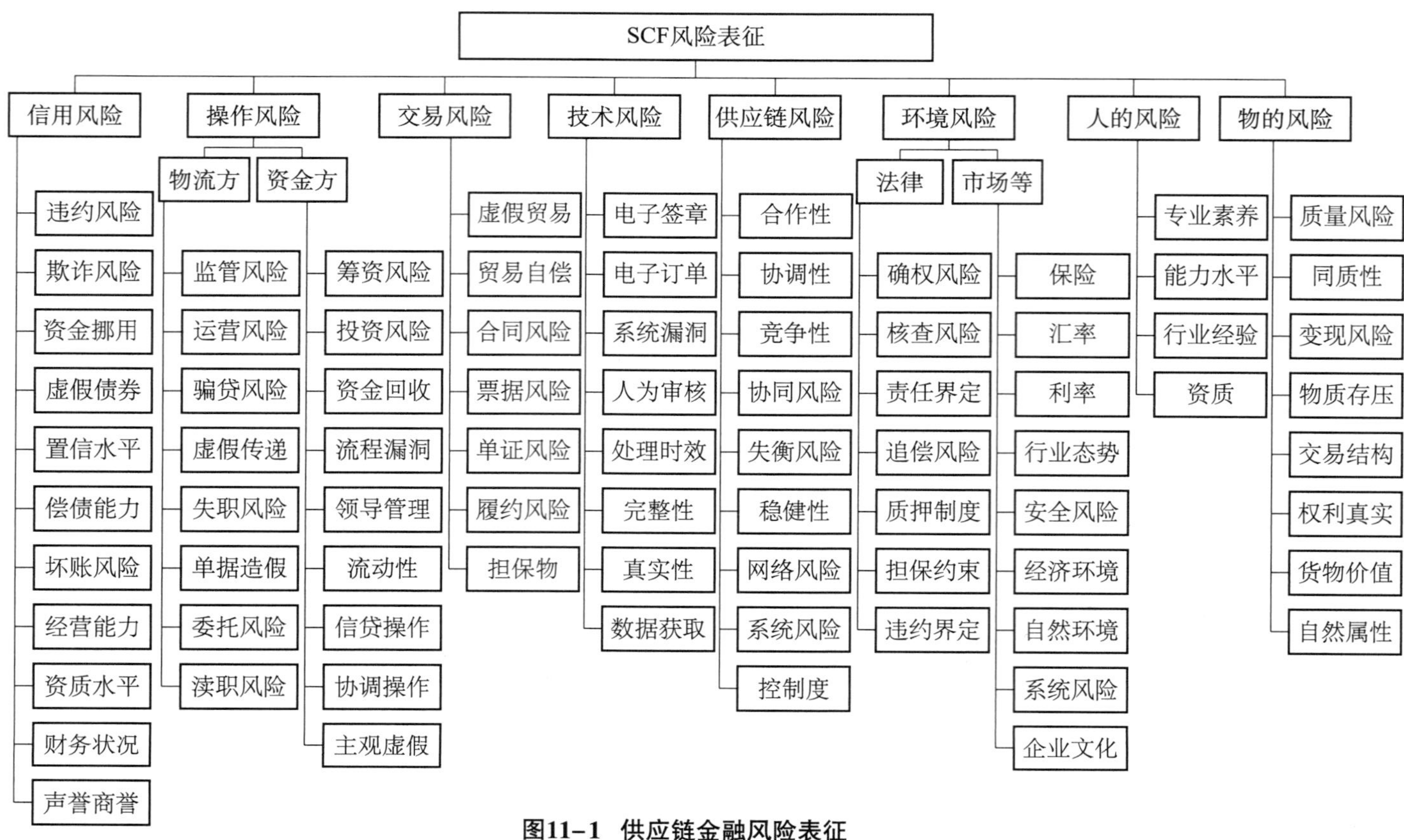

图11-1 供应链金融风险表征

一、供应链外生风险

供应链外生风险主要是外部经济、金融环境或产业条件的变化影响供应链资金流与物流商流协调顺畅的潜在风险。主要来源于市场利率、汇率变动而导致的供应链上企业融资成本上升，或者宏观经济政策调整、法律修订、产业组织等因素导致产品需求中断、供应链增值难以实现，由此引起资金循环迟缓甚至中断的风险。这一类风险尽管不是完全由供应链运营管理者所能决定和管理的，但是在实际的供应链金融业务的开展过程中，供应链金融的综合管理者需要实时关注这些因素的变化，以及这些变化对供应链金融运行可能存在的正面或负面影响，进而根据这些因素调整或决策供应链金融业务绩效的三个维度。总体上讲，如果外生风险越大，融资的周期和总量就会越小，费率相应就会偏大。在供应链外生风险的分析过程中，除了自然灾难、战争等不可抗拒的风险因素外，很多风险驱动因素往往与供应链运营的行业、领域密切相关，因此，进行供应链外生风险判断，首先需要对供应链业务所在的领域进行识别，进而确立融资对象（客户）所在的行业，并基于行业领域进行各种外生风险要素分析，形成供应链外生风险程度分析报告，并考虑供应链融资三维决策（见图 11－2）。

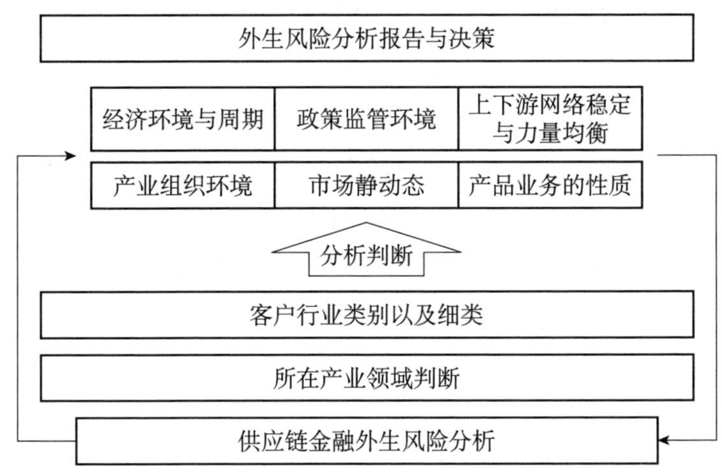

图 11－2　供应链金融外生风险流程

具体讲，主要可能的供应链外生风险包括：

（一）经济环境与周期

经济性因素，特别是经济周期性波动是供应链金融活动中应当关注的外生因素之一。任何供应链的运行都是在一定的经济环境下展开的，特别是金融性活动涉及上下游企业之间，以及平台服务商、综合风险管理者和流动性提供者之间密切的合作和经济往来，一旦整个经济状况出现波动，必然使得其中的环节或者主体风险增大，从而加剧整个供应链的资金风险。经济周期波动是指总体经济活动沿着经济增长的总体趋势而出现的有规律的扩张和收缩。在经济的复苏和繁荣阶段，经济上可能出现的一般特征是：伴随着经济增长速度的持续提高，投资持续的增长，产量不断的提高，市场需求旺盛，就业机会增多，企业利润、居民收入和消费水平都有不同的提高，但也常常伴随着通货膨胀。同样，当经济出现下行或者衰退时，投资减弱、产量压缩，市场需求开始出现疲软，与此同时，很多不具有强大实力的企业就会面临破产倒闭的风险。造成经济周期波动的原因既有外部的因素，诸如行业创新性行为、政府政策决策等，也有内部的因素，像银行信用的扩张紧缩、投资、消费、心理等因素，众多成因之间存在错综复杂的交互影响。在不同的社会条件下，众因素之间会产生不同的组合与作用，故周期的具体进程多有不同，经济周期的具体进程对成因亦有重要影响。而所有这些都会对供应链金融活动产生正反两方面的作用，诸如钢铁行业融资业务可能在前几年经济持续上升、基础设施投资巨大、房地产行业发展繁荣时期是一项很好的供应链金融创新，而在目前经济发展放缓、房地产行业萧条时期，此类业务的开展就需要谨慎处理，没有真正良好的市场、信用担保，此类金融就会较容易产生巨大的风险。因此，全面细致地分析行业随周期波动程度、波动方向和波动时间对于控制此类风险就显得尤为重要。

（二）政策监管环境

政策监管环境是制度环境的一部分，管制维度和社会中的法律、政策、规定等具有法律权威或者和法律权威类似的组织所颁布的细则有关，它会通过奖励或惩罚来约束行为，这个维度属于工具性质的制度系统。具体来讲，政策监管环境是指国家或地方的法律和政策对行业的支持或限制，以及其变动的可能性。这对行业的发展有很大的影响，进而会进一步影响到供应链融资的风险。政策监管环境对供应链金融的影响是比较确定的，一般而言，应该避免将信贷投放到监管不健全，或是国家地方政策限制发展的行业或领域。相关的法律和政策环境对一个行业的发展有着重要的影响，同时也影响着企业的生存环境，并可直接或者间接地体现在企业的财务报告中。如果是处于法律和政策限制的行业，必然会对企业的发展有极大的消极影响；而如果是国家鼓励发展的行业，则可能享受诸如税收等多方面的支持。

（三）上下游网络稳定与力量均衡分析

在外生分析的因素中，上下游网络的稳定与力量均衡也是需要关注的要素。波特在分析产业结构的过程中就曾指出，“供应商们可能通过提价或降低所购产品或服务质量的威胁来向某个产业中的企业施加压力。供应商压力可以迫使一个产业因无法使价格跟上成本增长而失去利润”。显然，上下游之间的力量均衡和稳定对供应链金融具有很大的影响，如果行业对其他行业依赖性过大，则此行业的信贷风险此时不仅包括该行业的风险，还应包括其关联行业的风险，因此，依赖性对行业分析的影响也比较大。具体讲，上下游网络稳定与力量均衡分析应当包括上下游集中化的程度和对比、替代品的程度、上下游相互之间的重要程度、上游投入业务的重要程度、上游差异化程度或转换成本的程度以及上游向下游延伸一体化的程度等等。

（四）产业组织环境

产业特征是对供应链活动有重要影响的因素之一，在集中度高的产业中，大多数企业都掌握着较为广泛的资源，能够完成技术进步与技术创新活动，而在集中度低的产业中，企业控制的资源相对较少，为了获取市场势力、提高市场控制力，企业往往会进行横向和纵向的资源整合，因此，环境中的产业特征是决定企业提供服务类型的重要因素。特别是在供应链金融活动中，越接近完全竞争的行业，其企业规模相对越小，产品同质性越高，价格控制能力也越低，信贷的风险也相对越高。根据产业理论的“结构-行为-绩效”模型，产业和市场的结构特征决定了企业所能采取的行为，同时企业的行为进一步决定了其在产业中取得的绩效。一个产业的结构特征包括规模经济性、市场进入的壁垒、产业的多样化程度、产品的差异化程度以及产业集中度等。

（五）市场静动态分析

在外生因素的分析中，融资对象的市场静动态分析也是一个非常重要的要素，因为这些也是决定融资风险的驱动因素。市场静态分析指的是融资对象产品和业务的竞争程度分析，市场竞争度被认为是影响企业行为的重要环境性因素。产品或业务竞争性是一组企业在特定领域内的竞争程度，在一个高度竞争的市场中，企业一般倾向于高度利用资源，提高效率、降低成本，同时企业之间的模仿性很强，在这种状况下，如果供应链融资的总量过大或者周期过长，就会产生巨大的潜在风险。市场动态分析指的是市场的变化性以及环境的不稳定性，与业务竞争性相比，环境的动态性使得原有的产品或业务被淘汰，而不断开发新的产品和业务。显然，市场的变化性越大，对于供应链金融业务来讲风险越大，因为业务的自偿性就会受到负面影响。因此，上述两个方面也是需要详细加以考察和探索的。

（六）产品业务的性质

与上述要素紧密相关的一个因素是产品业务的性质，特别是产品业务的价值程度、质量的稳定性和价值的变动性等方面。供应链金融尽管是依托供应链运营中的商流、物流和信息流与资金流进行结合，但是从根本的基础看，仍然是交易本身的产品业务。如果产品业务的价值不大，就会对融资的总量和周期产生负向影响，因为产品交易承载的基础不厚，这时一旦过量融资或周期较长，出现任何问题，就很难利用产品业务本身的价值覆盖风险。同理，质量的稳定性和价值的变动性也是需要考察的要素。质量的稳定涉及随时间推移，物流性能和化学性能的保证程度，而价值变动涉及随时间推移，商品价值的保全程度，这两个方面均会对金融活动产生作用。质量和价值越稳定，供应链金融的风险程度相对越小，反之，就会越大。

二、供应链内生风险

供应链内生风险主要是供应链内在的结构、流程或要素出现问题而导致的潜在金融风险，显然，这是供应链组建和运行不当所产生的风险。供应链上的各个环节、流程、要素以及参与主体相互关联、相互依存，一旦中间出现问题或障碍，就可能涉及整个供应链体系。

供应链内生风险的产生有三个原因：一是由于供应链中企业的供需界限变得模糊，为了集中于核心能力，企业大量采用外包获取外部的生产资源、分销资源和物流资源，这种网络化的行为可能会混淆责任的界限，出现断货或过度仓储等现象。二是供应链中复杂的力量有时会导致供应链"混乱效应"（Chaos Effects），这种"混乱效应"来自供应链的过度反应、非必要性的介入、不信任以及信息扭曲等原因。三是供应链结构和系统的惯性（Inertia），亦即固有供应链体系的运作使得供应链的结构和运作模式难以应对环境和市场的变化，因为供应链新体系的建立往往是以成本的上升为代价的。而整个供应链体系运行的状态又会对企业信用评价产生影响。供应链的运营状况良好，交易风险较小，就可以弱化链内企业的综合信用风险，使得融资的总量放大、融资周期延长，而费率下降；反之，则会加剧链内企业的综合信用风险，使其信用状况恶化，融资的代价增大，而融资量下降、融资周期缩短。

从流程上讲，首先，需要对产业链进行分析，产业链是一个行业上下游的经营结构和状况，它反映了一个产业纵横向发展的程度，也是价值链和供应链分析的基础和前提；其次，在产业链分析的基础上进行价值链分析，价值链最早由波特提出，即企业的价值是由相互不同但是互为关联的价值活动组成的。也就是说，需要分析产业链中价值产生、形成和流动的状态。在此基础上，进一步深入分析为了实现价值过程而组织化的供应链网络状况。要了解供应链体系和状态，需要从供应链的客体体系和主体体系两个方面进行，客体体系是供应链客观建构和运行的体系，这可以从网络结构、业务流程和管理要素三个方面来分析。主体体系是供应链参与者之间关系的紧密程度和发展程度，供应链管理从本质上讲是企业之间的关系创新与互动，是组织和企业通过相互之间的信任、依存和承诺实现关系绩效的过程。具体讲，这种关系的建立和维系往往涉及相互之间目标的一致性、利益分享和补偿机制以及合作的经验与期限等因素。上述两个大方面的供应链分析，直接对融资总量、融资周期和融资费率产生作用（见图11－3）。

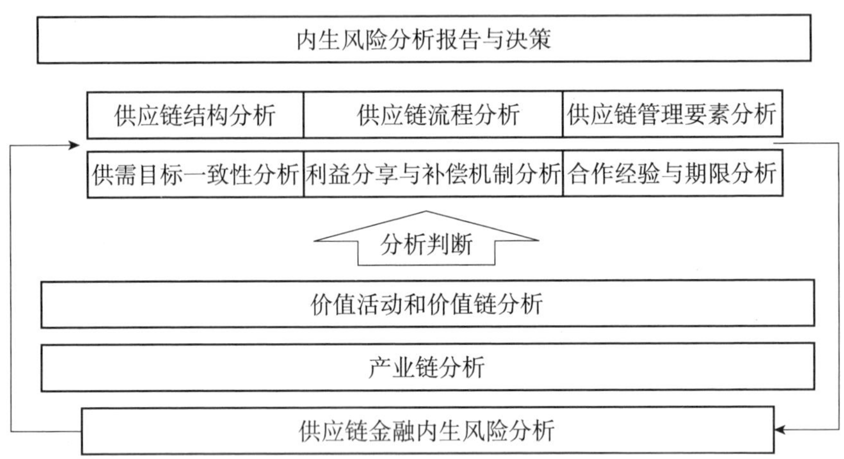

图11－3　供应链金融内生风险分析流程

（一）供应链结构分析

供应链结构分析主要是对企业供应链的组织方式和各自的空间位置进行分析，也就是说，一个企业的供应链是如何构成的，采用什么样的方式，供应链参与者以及供应链金融的推动者（平台服务商、综合风险管理者以及流动性提供者）所处的位置和作用。供应链的结构是开展供应链金融的基础，如果供应链结构设计有问题，金融性活动就会存在巨大的风险。在供应链结构分析中，一方面需要对供应链中的上下游企业结构进行分析，特别是融资对象在供应链生态中的作用。如果焦点企业在供应链群体中处于关键协调和管理地位，其特征就决定了供应链整体的特征。一般来说，供应链内焦点企业具有实力雄厚、产品开发能力强、市场占有率高和信誉良好等特点，因此其所在的供应链群体在行业与市场中相应地处于优势地位。另一方面还需要分析供应链金融活动推动者在供应链结构中的地位，诸如平台服务商能否真正为企业供应链运行提供完整、全面的信息化服务，切实地掌握供应链运行的细节。此外，综合风险管理者能否了解到供应链运营参与方的状况，把握其收益的来源，掌握潜在风险的程度等等，都对供应链金融的有效开展发挥着重要的作用。

（二）供应链流程分析

除了技术上的信息系统和网络平台的支持外，供应链金融高效和持久运作还依赖于综合需求和客户关系管理体系、供应商关系管理、物流服务传递管理、复合型的能力管理、资金和融资管理等主要流程的整合与协调，达到有效控制客户需求、生产过程及供应商绩效的目的。能力管理基于对成员的技术能力和服务质量进行组织的过程，它是企业供应链实现竞争差异化的要素之一。而要实现对客户需求的快速反应，还依赖于需求管理中对客户多变的需求进行预测和计划。关系管理包括客户关系管理和供应商关系管理两方面。客户关系管理（CRM）需要全面地开发和理解客户需求，同时集中资源和能力来满足这些需求，包括客户细分和客户关系的监管。供应链运作的推动力还应该包括快速的响应和应变能力，以确保客户的需求得到及时和全面的满足。

当然，客户价值的实现还需要整个链条上参与方的合作和协同，需要供应商关系管理来辅助，包括从供应商的选择、评价、协约到管理的多项管理活动。此外，为了实现整条服务供应链的共同发展和进步，供应链焦点企业还必须具备有效协调各节点间的竞合关系的复合型能力，同时协调内部能力与外部资源，使各参与方在整个供应链获益的基础上实现自身的发展，及时有效地传递集成化服务。所有上述要点都是需要评价的关键流程，否则供应链流程上的失误就会导致供应链金融的巨大风险。

（三）供应链管理要素分析

供应链运营的水平以及流程的顺畅性还与供应链的组织管理能力密切

相关，组织管理能力越强，供应链越趋于稳定、运营的质量较高，反之，即便初始的供应链结构和流程设计较好，之后也会产生诸多问题。这些能力包括计划与控制、组织结构、管理方法、领导力、风险与收益管理、企业文化等等。一方面，对运营的计划与控制是使组织或者供应链向理想的方向前进的关键，联合计划的程度被认为对供应链的成功有很大影响，而控制方面则是衡量供应链成功与否最好的绩效工具。另一方面，组织结构涉及个人、企业和供应链，其中交叉功能小组的运用更多体现了一种流程方法。当这些小组跨越组织边界时，也就从更大程度上整合了供应链。此外，权力的运用、风险和收益的共享都会影响到渠道成员的长期承诺，对于员工评价以及如何使他们参与到企业管理过程中的文化也很重要。以上这些可以归纳为两类：一类是物质和技术方面，包括有形的、可测得和容易改变的部分；另一类是管理和行为方面，这些部分是无形的，而且通常不易评估和改变。两方面互相影响，都对供应链结构和流程实现起着重要的支持和辅助作用，进而影响到了供应链金融运行的风险。

（四）供需目标一致性分析

在供应链内生要素的分析中，除了上述客观性的网络分析外，供应链主体网络之间的行为也是需要详加考察的因素，因为从本质上讲，供应链管理和供应链金融是行为主体之间的一种互动。供应链能否稳定和持续，其中一个很重要的因素在于供需双方是否具有目标一致性，或者是否为了实现目标的一致性而进行日常性的投入。在组织间的合作关系中，由于组织之间存在目标差异性，通常需要对它们之间的活动进行协调，以保障组织之间的目标一致性。在协调活动过程中产生的成本称为协调成本。从交易成本经济学来看，企业与其他组织之间订立、执行与维护采购契约是有成本的。供应链中的组际协调成本就是企业与其他组织在建立、维持双赢关系或者仅仅是顺利完成交易的过程中相互协调而产生的成本。从焦点企业的角度来看，选择、考核、评价、改善供应商或其他合作者都需要负担协调成本。因此，如果协调成本较高或者投入的资源和精力不足，就会造成目标的不一致，而这种不一致最终使得供应链运营绩效受到威胁，同时伴随着的金融活动难以为继。

（五）利益分享与补偿机制分析

供应链是战略、运作、收益一体化与成员企业利益独立化的统一体。供应链成员企业要为供应链总体收益的最大化而协同行动，与此同时，供应链成员企业为供应链整体利益所做出的各种贡献和支付，以及承担的各种风险，又都必须按照市场原则而得到等价的经济补偿。因此，在供应链金融运行的过程中，需要考虑三类利益分享与补偿机制：一是供应链运营体系中参与各方的利益分享与补偿，如果在供应链运行中某一方的利益得不到保证，就会使供应链受到极大挑战，供应链中断就会成为必然；二是供应链金融组织者之间的利益分享与补偿，即平台服务商、综合风险管理者和流动性提供者之间的利益分享与补偿；三是供应链运营参与者与供应链金融组织者之间的利益分享与补偿。只有这三个方面的机制得以确立，供应链金融的风险才能得到有效控制。

（六）合作经验与期限分析

合作经验与期限体现为供应链中焦点企业以往合作的历史和经验，以及各种合作项目的维系长度。以往很多联盟和供应链研究都提出，以往的合作经验会对之后联盟的有序进行产生正面影响。供应链成员企业在进行合约期限决策时所需要考虑的因素包括：供应链整体保持稳定和活力所需要的合作期限、供应链各成员企业的可靠性、市场的稳定性、本企业对供应链的依赖程度以及寻找新交易伙伴和建立新交易关系的成本。合作期限的调查主要是看供应链企业之间是否签订有长期稳定的合作协议，是否规定了供应链合作模式等。

三、供应链主体风险

供应链主体分析主要是对供应链焦点企业（或者说融资需求方）本身的调查和分析，其目标是为了防止在供应链金融活动中，融资需求方或关联企业采用机会主义行为，从而对金融活动组织者或者某一方造成巨大的损失。机会主义行为普遍存在于商业交易中。威廉姆森将机会主义定义为

“为了追求自我利益最大化，主动或被动、事前或事后之说谎、欺骗，或是提供不完全或扭曲信息的欺骗行为”。机会主义是驱动交易成本理论的一个重要的行为变量。交易成本理论将组织理论与契约理论结合在一起，用来预测和解释伴随着企业间的交易出现的各种不同的组织治理结构，以及发展和理解不同系统的比较优势。威廉姆森解释了机会主义产生的原因——交易者的有限理性和市场环境的不确定性，由于交易双方存在认知环境和交易事项的差异，交易者随时随地都会有机会主义的冲动。因此，机会主义“直接或间接导致信息不对称问题，从而使经济组织中的问题极大地复杂化了”。

需要指出的是，供应链金融中的主体分析既包括供应链运营中的客户企业，也包括供应链金融中的组织者，对这些主体的分析，既要看其自身的运营情况和资源、经营实力，是否具备履行供应链合作义务的能力，更重要的是要对供应链背景下客户企业或合作者真实的业务运作状况进行分析，了解企业的盈利能力与营运效率的优劣，掌握企业的资产结构组成和各项资产流动性的强弱，并针对流动性弱的资产进行融通可行性分析；此外，还要了解企业经营者或合作对象的素质和信用，看其是否符合供应链金融长期合作的要求（见图11－4）。

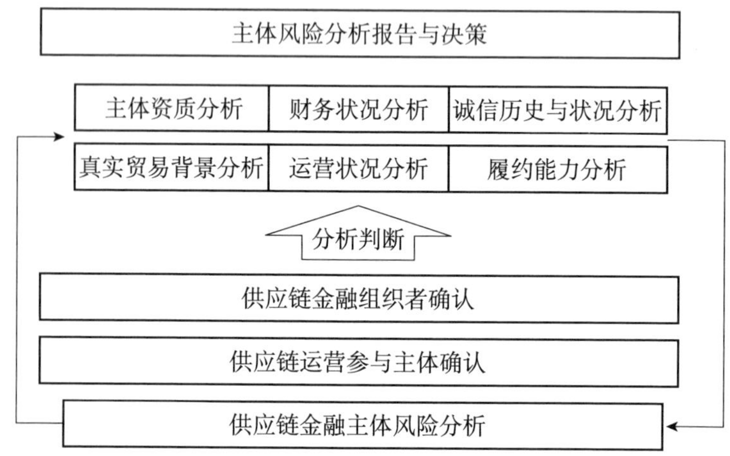

图11－4　供应链金融主体风险分析流程

（一）主体资质分析

主体资质指的是行为主体的资源能力，以及其在行业或领域中的地位。从供应链融资的服务对象讲，主要是该企业的经营资源和能力，特别是该企业抗拒行业变动和风险的能力，如果融资对象的能力有限（包括技术、生产等能力），而融资总量过大，或者融资周期过长，相应的风险就会很大。诸如 2008 年受全球金融危机的影响，某省钢铁生产企业 A 公司资金链断裂，企业资产被法院保全。这对下游钢铁经销商 W 公司打击巨大，A 公司是某省一家民营钢铁企业，年产量为 90 万吨，是 W 公司的钢材供应商之一，9 月底 W 公司刚向 A 公司预付了第四季度钢材款 2 500 万元，而当时只提货了 500 多万元，尚有 1 900 多万元未提货。W 公司的融资银行也同时得到了此信息，因为 W 公司以厂商银业务模式（称为“厂商一票通业务”）向银行取得了融资 1 750 万元。W 公司和融资银行当天派人赶往某省，可是为时已晚，A 公司所有资产已被其他债权人通过法院保全。显然在这一事件中，融资对象的选择不够慎重，A 公司是民营钢铁企业，年产量仅为 90 万吨，在钢铁行业中排名靠后，没有竞争优势，经受不起行业洗牌。从供应链金融的组织者来讲，主体资质涉及不同参与者的能力，诸如平台服务提供商是否具有信息整合、管理和沟通的能力，综合风险管理者是否具备连接各方利益，周密设计融资流程和管理，控制交易和物流过程，管理风险的能力；流动性提供者是否具有与综合风险管理者沟通、协调并且参与风险管理的能力等等。

（二）财务状况分析

在供应链金融中，尽管金融产生的基础是供应链运营中的贸易过程和物流过程，而不完全依据企业的财务报表和财务指标，特别是对于很多中小型企业，往往很难凭借财务报表进行风险判断和管理，但是必要的财务状况分析仍然是要有的，包括企业的盈利率和资金运作效率。财务状况分析中的一项关键任务是对客户企业的资产状况进行全面分析，了解企业的资产组成，并确定各项资产的流动性状况，尤其是流动资产的各项内容，分析企业各项资产的流动性是否满足企业正常运营的需求。一旦资产不能满足流动性要求，或者融资的资金总量和周期超越了正常生产经营所需要的程度，就需要加以关注。甚至企业的财务表现大大超过了行业平均利润率或业绩，也需要深入加以调查，防止企业套取资金用于其他非正常性投资或活动。

（三）诚信历史与状况分析

诚信是开展供应链金融的基础和前提，供应链参与方或金融组织者如果没有良好的诚信，供应链金融活动就会产生巨大的危机。然而这一问题也是目前中国开展供应链金融的最大障碍，一是目前在资金市场上尚无完善的征信和信用管理体系，特别是中小企业的征信较为困难；二是由于政策执行上的不尽完善，违约的代价不足以抵补违约驱逐的利益。所有这些都使诚信管理变得异常困难，然而即便如此，建立有效的信用识别体系仍显得尤为重要，而这种诚信体系的建构不仅包括对中小企业基本素质、偿债能力、营运能力、盈利能力、创新能力、成长能力、信用记录以及行业状况等影响因素的考察，还包括对企业所处供应链的整体运营绩效、上下游企业的合作状况、供应链的竞争力及信息化共享程度等因素的综合评价，甚至还包括中小企业主在社会网络中的地位、关系等，也就是管理学中所说的“社会资本”，它是一个企业为了实现其商业价值所构建的企业与其外部利益相关者之间的各种关系网络的统称，这种关系网络的状况也反映了一个企业为利益相关者所接受的程度，以及可以运用社会资源的程度。只有建立起这样的信用管理体系，才能更加全面、系统、客观地反映处在供应链中的中小企业的综合信用状况。

（四）真实贸易背景分析

对供应链运营主体真实贸易背景的评断和掌握是供应链金融风险管理的重要要素，很多供应链金融风险的产生，就在于平台服务商，或综合风险管理者、流动性提供者没有能够切实地把握供应链运行中的真实贸易过程。这种贸易过程的把握不仅仅涉及融资对象某一笔生意的交易方式、付款方式等，还包括它与供应链中其他企业或组织之间的贸易背景、贸易方式、收付汇情况以及上下游企业占客户企业销售的比例等等。诸如在研究调研中，我们发现的一个事件就是因为融资方对真实贸易背景了解不够。

其基本情况是：某直辖市 H 材料有限公司系一家钢材贸易企业，成立于 2000 年 3 月，注册资金为人民币 5 000 万元，法定代表人为 A，实际控制人为 B（A 与 B 为兄弟关系）。H 材料有限公司与几家国内钢厂建立了合作关系，终端客户主要为同行业贸易类企业和建筑施工类企业。该公司业务主要集中在该市本地市场。H 公司的关联企业是某直辖市 S 金属材料有限公司，注册资本为 2 000 万元，法定代表人为 C（与 A、B 也为兄弟关系），主要经营品种与 H 材料有限公司一致。A、B、C 三兄弟通过两个钢贸平台进行经营，互相之间存在关联交易，同时通过两个平台以货押、担保公司担保、厂商银、房产抵押、企业互保等多种方式进行融资，总计敞口约 2.5 亿元。2010 年 11 月，实际控制人 B 用信贷资金违规参与期货交易所天然橡胶的期货投机交易，强制平仓估计共亏损 5 亿元，公司资不抵债 4 亿元左右。显然，虚构贸易背景、挪用信贷资金是供应链金融最大的风险之一，实际控制人的授信规模与其真实贸易不匹配，因此，可判断授信资金实际用途应为其投资需求，最终资金挪用到期货投机中，导致风险产生。所以，供应链金融服务平台对真实交易背景了解透彻，有利于判断这项供应链金融服务的合理性，有利于服务平台对全过程进行监管和对风险资产及时预警，并及时采取合法有效的措施保全资产。

（五）运营状况分析

运营状况分析指的并不仅仅是融资需求方的经营状况分析，还包括其上下游的运营状况分析，以及金融组织者对整个供应链运营的了解和掌握，尤其是供应链运营中的商流（贸易往来）和物流，特别是物流运营的监管和把握是供应链金融管理中的重要方面。没有坚实的物流管理，无论是信息流还是商流都会出现问题，诸如，A 模具有限公司的主营业务为特钢标准件的生产和销售，自有厂房，销售收入结构为国内销售占 2/3、国外销售占 1/3。该公司与银行授信合作情况如下：一是 S 银行某市分行，授信额度敞口为 2 000 万元，其中 1 500 万元敞口由模具钢作现货抵押，抵押率为 70%，由 ZY 公司驻场监管，500 万元敞口由 P 提供保证担保。二是 G 银行贷款2 000 万元，以土地厂房抵押。受金融危机影响，加上自身经营不善，A

公司经营大幅下滑，资金紧张，第一还款来源不足，并出现股东撤资，抽离资金，资金状况进一步恶化。由于监管仓库是企业自有仓库，因此出现了该公司私自挪用银行抵押物的情况。后来S银行向法院申请财产保全，由于司法程序时间较长，抵押物市场价格变动较大，致使最后处理抵押物时出现抵押不足的情况，导致银行坏账。由此可以看出，由于ZY公司没有严格执行实地走访制度，日常台账登记混乱，与实际无法对应，加上缺乏风险意识和警惕性，监管形同虚设，致使企业“钻空子”挪用抵押物，产生了风险和损失。因此，加强对供应链主体的运营监管是控制风险的首要措施。

（六）履约能力分析

企业的履约能力既可以反映企业经营风险的高低，又可以反映企业利用负债从事经营活动能力的强弱。供应链融资以供应链各渠道内的成长型中小型企业为服务对象，这些企业履约能力的好坏直接决定了其能否按渠道内企业的要求提供合格的产品和服务，进而影响融通资金的顺利收回。对企业履约能力的判断可以从企业的盈利能力、产品技术成熟度、产品质量可靠性、产品形象及市场稳定性等多个方面进行分析。需要指出的是，履约能力分析除了要分析供应链运营中的产业企业之外，还要分析判断供应链金融组织者的履约能力，以往在履约能力分析中过于强调供应链运营中参与企业的履约能力，而忽略了供应链金融组织者的履约能力分析。供应链金融活动往往涉及不同的组织者和协调者，它们相互之间通过互动和协调，共同为供应链运营中的企业提供资金，并且管理资金风险，诸如平台服务商和综合风险管理者/流动性管理者之间进行合作，而一旦某一方不尽职或者行为失当，就会直接影响到供应链金融运行的质量和风险程度。

第2节　供应链金融风险控制

一、供应链金融风险管理的原则

通过以上研究可以看出，导致供应链金融不确定的因素应当有三类：供应链内生风险、供应链外生风险与供应链主体风险。内生风险一方面来自供应链企业之间的互动，任何因为企业间不当的互动行为所导致的供应链损失都可以归结为供应链内生风险。供应链外生风险一般指的是供应链中所产生的外部不确定性因素，也可以称为系统性风险。这种风险往往会对供应链网络和网络中的组织产生负面影响。而供应链主体风险则是由供应链行为主体本身的原因造成的风险和不确定性。以上三类风险均会影响融资的绩效，为此，在供应链金融风险管理的过程中，应当充分认识到上述三类风险的状况，合理地建构供应链和供应链金融运行体系。具体来讲，供应链金融风险管理的原则如下：

（一）业务闭合化

闭合原意是使首尾相合形成环路，从而最大程度上提高效率、降低消耗。供应链金融运行的首要条件就是要形成业务的闭合，也就是说，供应链的整个活动是有机相连、合理组织、有序运行的，并且从最初的价值发现到最终的价值传递和价值实现，形成完整的循环（见图 11－5）。这是因为供应链金融的核心和前提是供应链运营，一旦供应链活动和环节难以实现闭合，或者价值产生和实现过程产生偏差，必然就会产生潜在问题，导致金融风险产生。

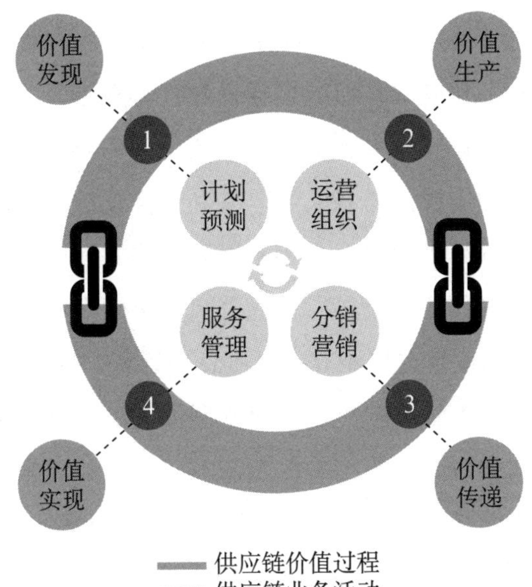

图 11－5　供应链金融业务闭合化

具体来讲，从供应链价值实现的角度看，如何从价值发现，经价值生产、价值传递，到价值实现形成完整的价值环路，决定着供应链金融的基础——供应链运营的竞争力和收益。从业务流程的角度看，从供应链参与者以及金融组织者之间如何协同计划和预测市场，到具体的供应链运营组织和开展金融活动，并且有效地管理分销和营销活动，最终实施高效的服务管理，是供应链金融风险管理的基本要求。当然，值得提出的是，业务的闭合化不代表业务是封闭化的，业务的封闭意味着所有的价值活动以及运营活动都是在某一企业内部实现，诸如某企业融资给供应链中的上下游，不仅要求融资需求方使用自己组织生产的资源和要素，甚至要求合作者定点供应给自身的渠道。这样的封闭虽然能控制融资风险，但是由于将合作者绑定在自己的体系中，必然会产生潜在的利益冲突和矛盾。而闭合化是充分利用社会性资源来实现金融价值，只是融资平台商和综合风险管理者能全面地组织和协调、管理供应链价值和活动，这样的模式更加有利于供应链生态的打造，也较易为合作者所接受。

（二）管理垂直化

供应链金融管理的垂直化意味着各个管理活动和领域实施专业化管理，并且相互制衡，互不从属或重叠。这样做的优势在于，一方面有利于细分管理领域或活动，明确责任，满足流程服务化的需要；另一方面，可以建立基于市场和业务的明确的考核机制，有利于强化战略风险管理。具体来讲，对于供应链金融活动而言，主要是做到四个方面的垂直管理：一是形成业务审批与业务操作相互制约、彼此分离、协同发展的“审批与操作分离”的管控与运营制度，这样能有效规避急功近利、盲目扩张带来的风险。二是交易运作和物流监管的分离，亦即从事供应链交易的主体不能同时从事物流管理，特别是对交易中商品的物流监管。三是实施三权分立，即在经营单位组织机构设置上，采取开发（金融业务的开拓）、操作（金融业务的实施）、巡查（金融贸易活动的监管）三分开原则，并对各部门的职责按照“目标一致、相互制约、协同发展”的思路进行明确分工。四是经营单位与企业总部审议制度。对供应链金融业务审批要实行经营单位与总部两级集体评审制度。经营单位必须设立评审委员会，对具体项目进行评审，具体内容包括合法性、合规性、可操作性和风险防控措施等方面。公司层面，对特定业务指定专门评审员进行评审，或由管理部门负责人组织集体评审，并根据风险等级不同，报请公司领导审批，必要时由企业领导层集体决策。通过层层审批，了解工商企业、相关合作方及金融机构等各方面的情况，最大限度地规避金融业务风险。

（三）收入自偿化

收入自偿化原则是供应链融资的基本条件，它指的是根据企业真实的贸易背景和供应链流程，以及上下游综合经营资信实力，向供应链中的企业提供短期融资解决方案，并且以供应链运营收益或者所产生的确定未来现金流作为直接还款来源的融资过程。

自偿性贸易融资与流动资金贷款具有相似的地方，都是满足企业经营活动的短期融资，但在授信理念、授信管理方式上，两者区别十分明显。从授信理念看，流动资金贷款注重企业的财务实力、担保方式、企业规模、净资产、负债率、盈利能力、现金流等指标的考核，还款来源主要是企业利润、综合现金流，确定贷款额度和期限依靠授信人员根据财务状况测算，准确性较差；授信额度和授信期限一般难以科学准确地加以确定，且容易产生资金挪用风险。而自偿性贸易融资业务注重贸易背景的真实性和企业物流资金流的有效锁定，期限严格与贸易周期匹配，具有明显的自偿性。从授信管理方式看，自偿性贸易融资注重客户的债项评级结果，注重结合特定产品等进行授权控制，授权控制相对宽松。从授信结果看，流动资金贷款多为单笔授信，而自偿性贸易融资为满足贸易时效性、批量性和周转性的要求多为额度授信。

自偿性贸易融资产品设计本身即包含较强的风险控制，主要工具有：动产质押和抵押、单据控制（退税托管、国内信用证）、个人无限连带责任以及关联方责任捆绑等。其他风险控制措施还包括：（1）根据货物状况、买卖价格、同品质货物市场价格、评估价格以及市场行情等因素审慎确定货物价值，也就是货物或品种的准入制度；（2）根据货物变现难易程度和价格稳定程度按货物价值的一定折扣发放贷款，同时书面约定信贷债权存续期货物价值下降的防范措施，如规定在货物价值下降约定幅度时，申请授信客户应当及时追加货物或另行追加担保等，这一点在手机等货物的贸易融资中体现得尤为明显；（3）增加客户股东或主要管理层的个人连带保证和资产担保责任；（4）根据归还贷款金额情况释放控制货物；（5）随着贸易关系链的延伸，将授信偿还与贸易关系中有实力的关联方进行责任捆绑，以实现风险控制。对于以动产质押作为主要控制货物方式的，必须注意一是审核出质动产的权属；二是慎重选择动产保管的第三方，必须有拥有所有权的仓储场所，有完善的管理制度、专业的管理设备和技术；三是规范质押物出入库的管理。同时，还应该逐步建立贸易产品市场行情动态监测和分析机制，做好贸易产品的市场运行监测，一定程度上可以避免道德风险和虚假贸易风险。

（四）交易信息化

供应链金融风险管理有赖于高度的信息化管理，这种信息化不仅仅表现为企业生产经营系统和管理系统的信息化，更在于企业或组织内部与企业或组织之间的信息化沟通，以及供应链运营过程管理的信息化。企业或组织之间的信息化主要包括两个方面：一是供应链运行中不同部门和领域之间的信息化，即企业内部跨职能的信息沟通，例如，在从事供应链金融的过程中，企业销售部门能否及时提供项目执行情况反馈表，会计核算中心能否及时按月提供资金到款表，生产制造或供应部门能否及时反馈项目运行情况，物流管理部门能否提供客户发货、物流等信息等等，企业内部如果不能做到信息化、数字化，并且有效进行传递，风险必然就会产生；二是企业或组织之间的信息化，亦即供应链上下游企业之间，或者金融服务组织者之间的信息沟通，诸如焦点企业能否与配套企业积极地进行信息交换、金融机构与产业企业之间能否及时有效地协调、服务平台商和整合风险管理者以及流动性提供者之间能否顺畅沟通等等都决定了供应链金融风险的大小，如果异产业之间做不到信息的标准化和交换，供应链运行就会名存实亡，伴随着的金融收益就会面临挑战。

除了企业或组织内部以及相互之间的信息化之外，供应链运营过程的信息化也是需要关注的，因为它涉及能否及时掌握供应链运行的状况和信息的正确性。这包括金融业务的网上审批和联网管理、使用物流金融业务现场操作软件系统，实现监管点账目的无纸化、监管物网上仓库的数码化、监管报表的自动化和银行查询端口的实用化等功能，使用互联网远程监控技术，移动通信系统的“全球眼”“电子眼”等通信工具，实现异地可视化监控、GPS、物联网技术在物流金融领域的应用等等。

（五）风险结构化

风险结构化指的是在开展供应链金融业务的过程中，能合理地设计业务结构，并且采用各种有效手段或组合化解可能存在的风险和不确定性。供应链金融业务往往会因为主体行为失当、作业环节中的差错等产生各种风险，为此，在供应链金融产品的设计过程中需要考虑缓释各种风险的途径和手段。

风险的结构化需要考虑四个方面的要素：一是保险，保险是业务风险分散的首选方案之一。一个完善的金融保险分散方案应该是客户信用险、客户财产险以及第三方的监管责任险和员工真诚险等的有效组合，这在市场经济发达国家较为普遍，但我国仍处在市场经济初期，诚信经济尚未建立，这种综合性保险尚需探索和发展。二是担保与承诺。供应链金融业务中需要考虑到各类不同的参与方和主体所能做出的担保与承诺，这不仅包括直接的融资需求方、连带保证方和一般保证方，还需要考虑其他利益相关者的担保承诺，从而最大程度上缓释风险。三是协议约定，供应链金融业务责任的承担，应本着既有利于业务开展又切实符合公开、公平、公正的原则。要想实现这一业务持续、健康和较快地发展，就必须客观地界定合作各方的权利和义务，约定相应风险承担的方式及范围。四是风险准备金的建立。供应链金融的高风险使得金融服务提供商以及参与监管的企业面临巨大的挑战，为了有效避免高风险业务出现损失的不确定性，可以借鉴期货市场的风险准备金制度和某些中介行业的职业风险基金制度，计提一定比例的高风险业务风险准备金。这样，即便出现风险损失，也可将其控制在预期范围内，对经营期间的影响也能得到一定程度的缓解。

（六）声誉资产化

声誉资产也称为声誉资本（Reputation Capital），声誉长期以来一直被认为是一种稀有、有价值、可持续以及难以模仿的无形资产，因而是实现战略性竞争优势的有用工具。声誉的丧失意味着企业或组织具有较高的道德风险，可能会因为恶意的行为破坏供应链金融所必须要求的生态环境和秩序，从而产生巨大危害。从目前中国供应链金融活动实践看，有四种恶意的融资行为非常典型，即“三套行为”“重复或虚假仓单”“自保自融”“一女多嫁”。“三套行为”指的是为了获得金融收益而实施的套利、套汇和套税。“重复或虚假仓单”是指借款企业与仓储企业或相关人员恶意串通，以虚假开立或者重复开立的方式，就他人货物或者同一货物开立多张仓单，以供借款企业重复质押给不同金融机构获取大量仓单质押贷款，并从中牟取暴利。“自保自融”是在从事供应链融资过程中亲属、朋友或者紧密关联人为借款企业进行担保，或者由同一人或关联人实际控制的物流仓储进行货物质押监管、套取资金的行为。“一女多嫁”是近年来供应链金融风险中非常突出的一种现象，即借款企业凭借自身的资产或业务从多方骗取资金，增大融资风险的行为。为了实现上述目标，在声誉资产化评估中对借款企业应更加全面、系统、客观地反映其综合声誉和信用，这包括对借款企业基本素质、偿债能力、营运能力、盈利能力、创新能力、成长能力、信用记录以及行业状况等影响因素的综合考察评价。

二、供应链金融风险控制体系

供应链中上下游之间的交易需要通过一定的控制手段进行约束才能达

到最初的交易目标。根据经典的控制理论，一般存在着两种控制方式：正式控制和非正式控制。正式控制是基于测量的外部控制，非正式控制则是基于价值的内部控制。正式控制，也称为客观控制（Objective Control），强调正式法规、流程和政策的建立和利用，以对实现预期绩效进行监控和获得相应的回报，从交易成本经济学角度来看，则是采用契约和科层的机制对合作进行控制。非正式控制，又称为小团体控制、社会控制（Social Control）或规范控制（Normative Control），则是通过强调社会规范、价值、文化及内在化目标的建立来鼓励所期望的行为和结果，依靠承诺、名誉和信任等因素从协作角度出发对合作关系进行管理。

（一）正式控制体系

正式控制包括两种主要形式：（1）结果控制，也叫做绩效控制，采取绩效测量的方法对行为所产生的结果进行监控。基于结果的控制手段，可以直接实现委托方的目标，要使结果控制切实发挥作用，必须建立在融资方行为的结果可以准确测量的基础上。由于结果控制能够通过把双方的利益建立在一致的行动基础上统一交易双方的偏好，提高目标一致性，因此能够减少双方自利的冲突，从而更好地减少交易中的机会主义行为。（2）行为控制，也叫做过程控制，关注的是把合适的行为转变成预期结果的过程。基于行为的控制手段，可以使融资方的活动在预设的规程内进行，而要使行为控制切实发挥作用，必须建立在融资方的行为信息可以有效监控的基础上。有效的行为控制可以减少流动性提供者面临的道德风险，因此，紧密的关系、信息分享和行为监控都是行为控制的一部分。

基于上述两种控制的特点，在供应链金融的运营过程中，可以按照流程分析风险的关键控制点（结果控制），并且以该控制点进行供应链金融运营前期、中期和后期的全程管理（行为控制）。具体讲，首先将供应链金融的运营信息绘制在三维解析图中，图 11 - 6 中的三维坐标分别代表供应链流程、主体和运营要素。供应链流程是供应链金融运营的所有相关环节和步骤，供应链主体是执行流程中的某一环节或活动时可能涉及的经济主体，供应链要素是分析在执行某一环节活动、涉及某一主体时，可能出现的管理行为和风控的前提和基础。诸如在应收账款保理融资业务中（见图 11－7），供应链流程是操作该项业务的所有活动，包括供需双方签约、供货—需方向融资方申请保理融资—对融资需求方的征信调查—转让应收账款—贴现融资等。供应链主体指的是在执行某一环节诸如征信调查时会涉及的买卖的供方、需方、第三方物流、信息平台服务商等。供应链运营要素是针对征信调查中平台服务商需要提供的信息，像买卖合约的真实性信息、物权的情况、融资需求方历史绩效以及其他各类信息。这时可以分析判断，假如平台商不能提供上述信息或者信息不全面甚至不真实，能否从其他渠道获得相应信息，或者补充、证实平台商的信息，如果难以实现，那么该环节就成为风险控制的关键节点。

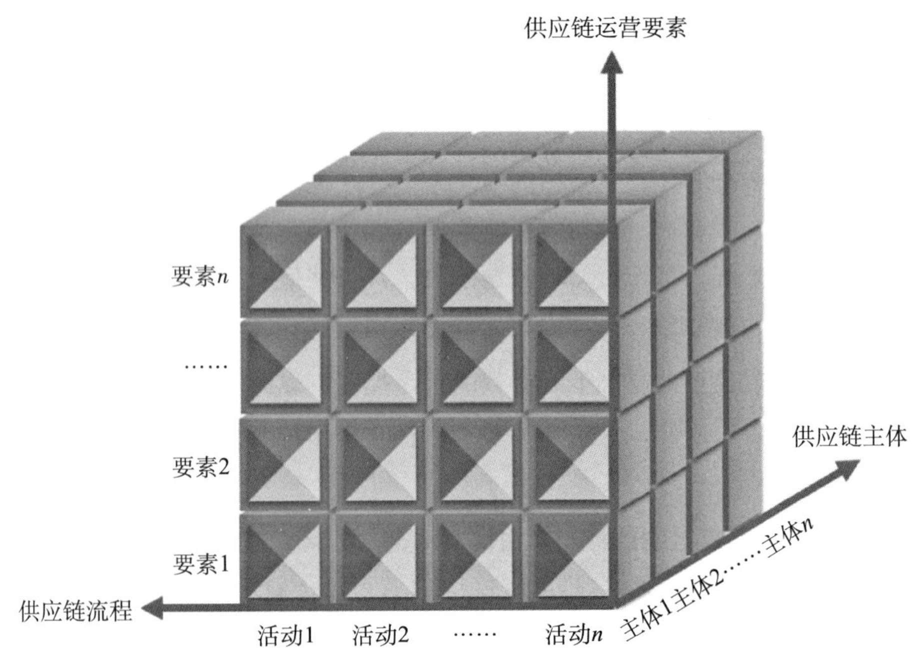

图 11－6　供应链金融风险控制三维图

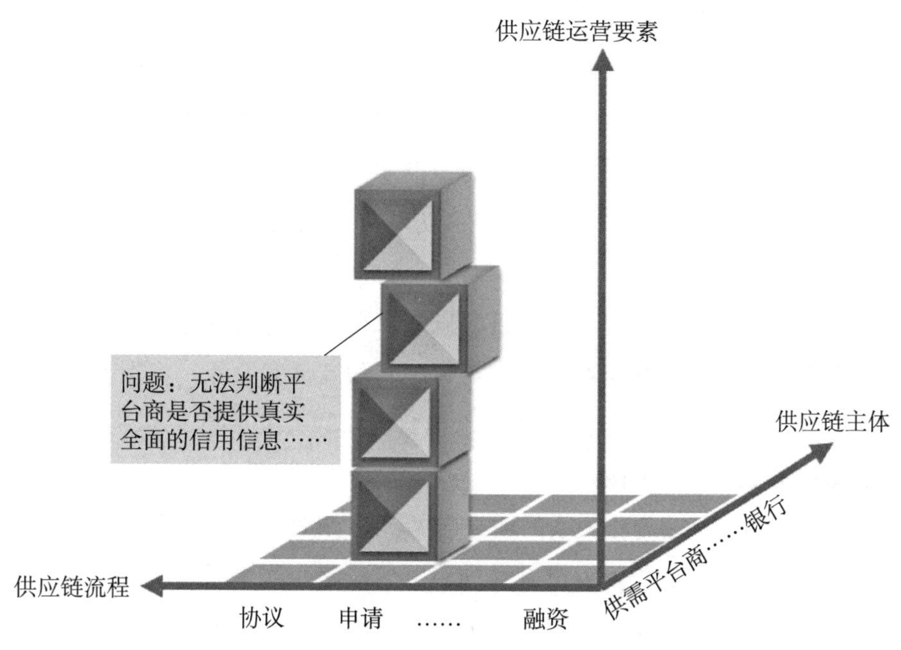

图 11－7　分析风险控制点示例

基于上述风险控制点，确立供应链金融运营前期、中期和后期管理体系。前期管理一般指的是供应链金融业务运作前规范体系的建立和前提条件确立的状态，包括制度体系建设、管理运作的组织结构以及品种准入体系等。制度体系建设是从业务管理、额度及经营授权、业务评审、品种准入、协议文本管理、风险管理、机构及人员管理等方面做出严格规定，在此基础上订立金融业务操作规范；组织结构是执行关键控制点的参与人员和权限配置；品种准入是建立监管物风险评估制度和品种目录制度，对监管物品种实行准入制，对未进入监管物品种目录的，不进行操作，进入目录的，严格按照风险等级对应的配套流程进行操作。中期管理是在供应链金融运营过程中的管理体系，包括标准化现场操作的规范、核查流程与方式。后期管理是指出现风险时实现高效稳定的应对和处理，将损失降低到最小，包括风险预警机制的建立、危机事件应急预案以及替代或互补的操作方式等。

（二）非正式控制体系

非正式控制也包括两种主要形式：信任和资产专用性。信任是关系规范中的一种重要表现形式，因此，信任是非正式控制中的重要方式。信任指的是在风险状态下一方对另一方的积极期望，信任也可以指一方在风险状态下对另一方的信赖。信任有信任行为结果和积极期望的主观状态之分，也有信任信念（Trusting Belief）和信任意向（Trusting Ineention）之分，总之，信任是一个多维度、多层级的概念。在供应链金融运营过程中，信任来源于金融主导者与所有相关参与者之间的互动和合作，特别是明确各方的法律关系，提供服务的企业只承担自己可以承担和能够承担的责任，超出范围的业务坚决不做。

总的来讲，战略合作关系的建立包括几个方面：一是与金融机构或流动性提供者之间的合作，若没有长期稳定的战略合作关系，就较容易发生金融机构或流动性提供者转嫁风险的状况，因此，如何确立与金融机构或流动性提供者之间的战略合作，并且强化操作管理部门与金融区域风控部门之间的沟通也非常重要。二是与关键客户建立起稳定的合作关系，供应链金融服务提供者需要对客户生产经营（侧重行业成熟度、企业成长性）、财务状况（侧重现金流）、业务扩张、出入库管理（侧重货物流）、管理层变动、工资发放、其他监管公司入驻、配合程度、控货措施以及费用结算等情况进行分析评价，作为客户管理与服务改进的依据。此外，还需要对客户进行等级考核评定，考核结果与项目风险等级挂钩，作为对客户进行分类管理以及后续业务合作的依据。三是与合格子服务供应商之间的合作，包括货运代理人、第三方物流企业以及其他合作者之间的沟通和管理等，对上述合作主体评定等级，考核等级评定结果与项目风险等级挂钩，作为经营单位对相关供方进行管理以及后续业务合作的依据，这样也可以有效地降低风险，建立起稳定、长期的合作和信任机制。

资产专用性是指资源一旦用作特定投资后，很难再移作他用的性质。相应的专用性资产就是用作支持某些特定交易的资产，一旦终止该资产所指向的交易，该资产无法全部或部分地挪作他用，就成为沉没成本。基于交易成本理论，资产专用性包括场地专用性、物质资产专用性、人力资产专用性以及专项资产，顾名思义，分别与场地、物质资产、人力资产和累积资产相关，其共同特征就是一旦形成，很难用于其他用途。资产专用性程度越高，交易双方就具有越强的依赖性，任何一方违约都会给另一方造成巨大损失。

基于资产专用性的非正式控制表明，通过专用性资产的投资将合作双方的利益紧紧捆绑在一起，无论是供应商更换买方，还是买方更换供应商的能力都受到制约。在高度动态化和异质化的市场中，资产专用性会损害合作的柔性，但是有利于双方长期合作的伙伴关系的建立，从而规避关系风险。因此，高水平的资产专用性导致了长期的合作关系以及科层和集成特性的治理形式，由于资产专用性可能导致的沉没成本也会计入交易成本，因此，从节约成本的角度出发，资产专用性会促使双方组织内部化。但当保持独立的合同关系时，相对于外部市场成本而言，资产专用性会通过导致长期的合作关系，降低搜寻和选择成本，从而降低交易双方内部的交易成本。在供应链金融中，资产专用性既可以体现为质押物、担保的存在，也可以体现为为了维系特定的关系或者业务而投入的资产，诸如信息系统，包括协同管理系统（实现了金融业务网上审批和联网管理）、金融业务现场操作软件系统（实现了监管点账目的无纸化、监管物网上仓库的数码化、监管报表的自动化和银行查询端口的实用化等功能）、互联网远程监控技术（实现了异地可视化监控），以及 GPS、物联网技术在供应链金融领域的应用。

第 3 节　供应链金融风险管理趋势

供应链金融发展的核心是信用与风险管理，没有良好的信用与风险管理，任何金融行为都会转化巨大的风险，这也就是金融机构即便在政策的鼓励下仍然对于中小微企业融资犹犹豫豫、谨小慎微的原因。因此，要有效推进供应链金融，一定要建立良好的信用与风险管理框架。面对产生供应链金融风险的信息不对称和潜在的机会主义，要有效地控制和管理供应链金融风险，就需要建立体系化的风险管理体系，并且充分运用数字平台，遏制可能带来金融风险的各类因素。具体讲，供应链金融风险的控制与管理有三个不同的维度或方向，这三个维度形成了不同的着眼点和方式，并且产生了逐渐融合的态势（见图11－8）。

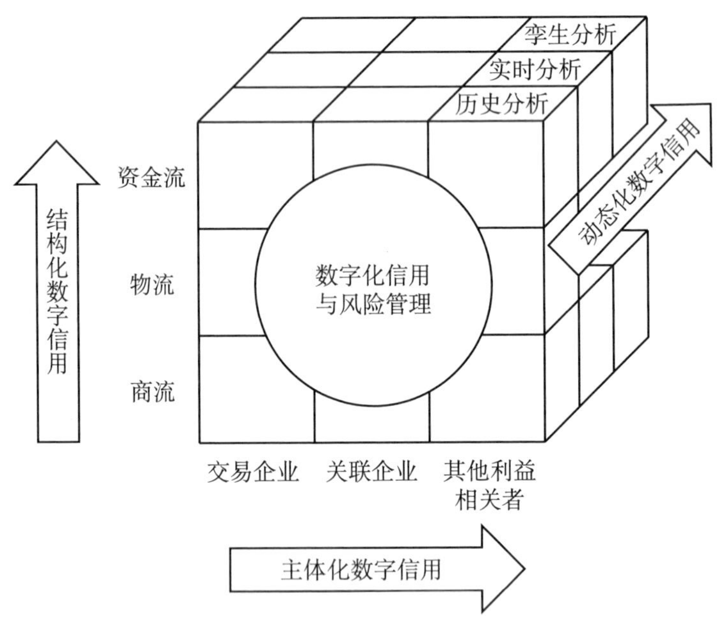

图11－8　基于数字平台的信用与风险管理框架

供应链金融风险控制与管理的一个维度是供应链结构和供应链运营中的要素，即在全面把握供应链交易过程和资产的基础上，有效地防范金融借贷的风险。这种风险控制与管理，正是供应链金融出现的本来含义。在传统的资金借贷状况下，由于金融机构无法了解借款方的真实信息，因而产生了怕贷拒贷的状态。而供应链金融立足于真实的供应链运营场景以及其中的资产状态，使得金融机构能够直接凭借供应链中的信息和数据，顺利实施金融活动。这是因为供应链中的资产，如第三方管理的库存为金融机构评估产品和价值提供了最为直接的途径，从而促进了资金在供应链中的流动。或者通过供应链运营中的交易形成了良好的交易信用，从而促进了资金流动效率。

此外，供应链运营中形成的合作关系、信息分享等因素，都使得信息不对称的程度下降，风险得以有效控制，也使金融机构能够凭借供应链运营的体系和影响因素，在扩展金融服务市场的同时，控制相应的风险（宋华、卢强，2017）。因此，可以看出，这种风险控制的基础是债项评级，即在充分把握因为交易而产生的债权债务关系结构的基础上，通过控制和管理行为过程而有效地控制潜在的金融风险。

供应链金融之所以能有效解决中小企业的融资问题，在于其在借贷前更注重交易信息和交易信用，借贷后更强调结构嵌入和行为控制。因此，这种风险控制是建立在结构化信用基础上的，相反，它对于参与供应链运营的主体的特征并不是非常关注，或者说即便参与者的资质可能存在一定的问题，只要能更好地嵌入供应链业务中，也能够使金融机构有效开展金融服务，控制潜在风险。

与债项评级相对应的另一个风险管理的维度是基于经营主体的画像，或者说主体数字评级。这种风险控制的基础是通过给参与主体定义一系列的属性，对其进行全方位的描述。这种方式随着大数据分析技术以及机器学习的发展，已经成为商务智能领域最为重要的技术化手段。特别是在金融领域，由于大多数中小企业很难有健全的财务报表和可抵质押的资产，因此，通过有效的用户画像来刻画客户的状态和信用程度，进而为金融服务决策提供依据。例如，小企业信用画像可以用标签的集合来描述，标签的数据来源可以以税务数据为主，税务数据能动态地反映企业经营情况。另外，标签的设计还可以充分结合工商、法院等政府部门的数据和互联网数据。显然，这种风险控制与管理的手段主要是主体化数字信用，即通过对围绕用户发生的数据进行深度挖掘和分析，来间接反映用户的信用状态，进而为信贷提供支撑。

当然需要指出的是，主体信用数据分析不仅包括对直接的借款方进行数字刻画，还包括对与其交易的关联方或其他利益相关者进行数字刻画，这是因为，供应链金融中发生的风险有时不一定是直接借款方行为所致，而是关联方或其他利益相关者的行为波及导致。

供应链金融信用与风险管理的第三个维度是时间轴维度的信用分析和管理，或者说动态化的信用风险管理。这是指运用数字来源和数字分析的方法来进行信用和风险分析。传统的手段是基于历史数据进行的信用分析与风险刻画，诸如对中小企业的财务数据和历史经营数据进行挖掘，来判定特定对象的能力和质量。然而这种信用风险分析具有巨大的局限性，一方面是因为商业环境不断变化，使得利用历史数据无法正确评判中小微企业的能力和质量变化；另一方面，这种静态的信用刻画无法反映运营行为和正在进行的业务的状况。因此，借助于数字平台，一种接近实时或者完全及时化的数字信用刻画和风险分析应运而生，诸如运用物联网获得的实时数据，或者区块链分布式、加密的可信数据建立信用、管理风险。这种数字信用建立的结果具有预测性效应，即能够预见企业可能的行为和运营状况，从而有针对性地开发和操作金融活动。目前这种信用与风险管理正是很多组织推动供应链金融活动时追寻的一种模式。

除了实时数据获取、分析外，未来基于数字孪生的信用与风险管理将成为一种新的手段和途径。数字孪生是充分利用物理模型、传感器更新、其他各类数据，集成多学科、多物理量、多尺度、多概率的仿真过程，在虚拟空间中完成映射，从而反映相对应的实体供应链运营和金融活动的全生命周期过程（Marmolejo-Saucedo，et al.，2020）。这种基于数字孪生的信用与风险管理更加具有洞见性，即通过映射实际物理状况可以预警、预判风险产生的环节、时间，进而实现更为主动的风险防范及供应链运营和金融活动的计划。

随着数字平台赋能的供应链金融不断发展，基于供应链结构和运营的结构化信用与基于经营者画像的数字信用，在历史、现实与未来时间节点开始发生融合。一方面，完全依赖于结构化信用来控制供应链金融风险，无法更加有效地了解参与者的特征状况。特别是当供应链运营越来越趋向于网络化和生态化后，不是所有的业务都能为核心企业所掌控和了解，这时单一运用结构化信用就不能使供应链金融服务于更多网络中的中小企业，尤其是多级供应商或客户。另一方面，完全凭借客户画像来控制风险，也限制了供应链金融服务的规模化发展。供应链金融中的风险不仅来自主体或者借款方，也来自供应链运营环境、行业和业务活动，以及与特定任务相关的因素。结构化信用与数字信用的结合又推动了动态化的信用风险管理，即充分运用先进分析技术、机器学习、区块链等现代信息通信技术，既能够历史和现实地刻画供应链业务的风险程度以及各参与者的信用，又能够借助于数字孪生系统地控制供应链金融可能产生的风险，推进供应链金融持续发展。

参考文献

第1章

Berger, A. N., & Udell, G. F. (1998). "The Economics of Small Business Finance: The Roles of Private Equity and Debt Markets in the Financial Growth Cycle," *Journal of Banking & Finance*, 22 (6-8), 613-673.

Blackman, I. D., Holland, C. P., & Westcott, T. (2013). "Motorola's Global Financial Supply Chain Strategy," *Supply Chain Management: An International Journal*, 18 (2), 132-147.

Boot, A. W., & Thakor, A. V. (1994). "Moral Hazard and Secured Lending in an Infinitely Repeated Credit Market Game," *International Economic Review*, 35 (4), 899-920.

Camerinelli, E. (2009). "Supply Chain Finance," *Journal of Payments Strategy & Systems*, 3 (2), 114-128.

Chen, X., & Hu, C. (2011). "The Value of Supply Chain Finance," *Supply Chain Management-Applications and Simulations*, 111-132, Prof. Dr. Md. Mamun Habib (Ed.) ISBN: 978-953-307-250-0, Intech.

Gietzmann, M. B. (1996). "Incomplete Contracts and the Make or Buy Decision: Governance Design and Attainable Flexibility," *Accounting, Organizations and Society*, 21 (6), 611-626.

Grosse-Ruyken, P. T., Wagner, S. M., & Jönke, R. (2011). "What Is the Right Cash Conversion Cycle for Your Supply Chain?," *International Journal of Services and Operations Management*, 10 (1), 13-29.

Hofmann, E., &Kotzab, H. (2010). "A Supply Chain-oriented Approach of Working Capital Management," *Journal of Business Logistics*, 31 (2), 305-330.

Klapper, L. (2006). "The Role of Factoring for Financing Small and Medium Enterprises," *Journal of Banking & Finance*, 30 (11), 3111-3130.

Lambert, D. M., & Cooper, M. C. (2000). "Issues in Supply Chain Management," *Industrial Marketing Management*, 29 (1), 65-83.

Moore, J. F. (1993). "Predators and Prey: A New Ecology of Competition," *Harvard Business Review*, 71 (3), 75-86.

More, D., &Basu, P. (2013). "Challenges of Supply Chain Finance: A Detailed Study and a Hierarchical Model Based on the Experiences of an Indian Firm," *Business Process Management Journal*, 19 (4), 624-647.

Pfohl, H.-C., & Gomm, M. (2009). "Supply Chain Finance: Optimizing Financial Flows in Supply Chains," *Logistics Research*, 1, 149-161.

Scott, W. R. (2008). *Institutions and Organizations: Ideas and Interests*, Sage.

Timme, S. G., & Williams-Timme, C. (2003). "The Real Cost of Holding Inventory," *Supply Chain Management Review*, 7 (4) (July/Aug. 2003), 30-37: ILL.

Wuttke, D. A., Blome, C., & Henke, M. (2013). "Focusing the Financial Flow of Supply Chains: An Empirical Investigation of Financial Supply Chain Management," *International Journal of Production Economics*, 145 (2), 773-789.

姜超峰．供应链金融服务创新．中国流通经济，2015 (1)：64-67.

胡跃飞，黄少卿．供应链金融：背景、创新与概念界定，财经问题研究．2009 (8)：76-82.

宋华．中国供应链金融的发展趋势．中国流通经济，2019，33 (3)：3-9.

宋华，卢强．什么样的中小企业能够从供应链金融中获益?：基于网络和能力的视角．管理世界，2017 (6)：104-121.

闫俊宏，许祥秦．基于供应链金融的中小企业融资模式分析．上海金融，2007 (2)：14-16.

第2章

Agyekumhene, Christopher, Jasper R. de Vries, Annemarie van Paassen, Philip Macnaghten, Marc Schut, & Arnold Bregt (2018). "Digital Platforms for Smallholder Credit Access: The Mediation of Trust for Cooperation in Maize Value Chain Financing," *NJAS-Wageningen Journal of Life Sciences*, 86-87, 77-88.

Ali, Z., Gongbing, B., & Mehreen, A. (2020). "Does Supply Chain Finance Improve SMEs Performance? The Moderating Role of Trade Digitization," *Business Process Management Journal*, 26 (1), 150-167.

Abbasi, W. A., Wang, Z., Zhou, Y., et al. (2019). "Research on Measurement of Supply Chain Finance Credit Risk Based on Internet of Things," *International Journal of Distributed Sensor Networks*, 15 (9), https://doi.org/10.1177/1550147719874002.

Auken, H. V. (2005). "Differences in the Usage of Bootstrap Financing among Technology-based versus Nontechnology-based Firms," *Journal of Small Business Management*, 43 (1), 93-103.

Bal, A. B., Elliot, V., Lindblom, T., Malmberg, L. G., Rajput, T., & Woxenius, J. (2018). "Different Perspectives on Supply Chain Finance—In Search of a Holistic Approach," *Finance and Risk Management for International Logistics and the Supply Chain*, Jan. 1, 35-54.

Baltensperger, E. (1978). "Credit Rationing: Issues and Questions," *Journal of Money, Credit and Banking*, 10 (2), 170-183.

Beka Be Nguema, J. N., Bi, G., Ali, Z., Mehreen, A., Rukundo, C., & Ke, Y. (2021). "Exploring the Factors Influencing the Adoption of Supply Chain Finance in Supply Chain Effectiveness: Evidence from Manufacturing Firms," *Journal of Business and Industrial Marketing*, 36 (5), 706-716.

Berger, A. N., & Udell, G. F. (2002). "Small Business Credit Availability and Relationship Lending: The Importance of Bank Organisational Structure," *The Economic Journal*, 112 (477), F32-F53.

Bhidé, A. (1992). "Bootstrap Finance: The Art of Start-ups," *Harvard Business Review*, 70 (6), 109-117.

Boot, A. W., & Thakor, A. V. (1994). "Moral Hazard and Secured Lending in an Infinitely Repeated Credit Market Game," *International Economic Review*, 35 (4): 899-920.

Caniato F., Gelsomino L., Perego A., et al. (2016). "Does Finance Solve the Supply Chain Financing Problem?," *Supply Chain Management: An International Journal*, 21 (5), 534-549.

Caniato, F., Henke, M., & Zsidisin, G. A. (2019). "Supply Chain Finance: Historical Foundations, Current Research, Future developments," *Journal of Purchasing and Supply Management*, 25 (2), 99-104.

Carnovale, S., Rogers, D. S., & Yeniyurt, S. (2019). "Broadening the Perspective of Supply Chain Finance: The Performance Impacts of Network Power and Cohesion," *Journal of Purchasing and Supply Management*, 25 (2), 134-145.

Camerinelli, E. (2009). "Supply Chain Finance," *Journal of Payments Strategy & Systems*, 3 (2), 114-128.

Carter, R. B., & Van Auken, H. (2005). "Bootstrap Financing and Owners' Perceptions of Their Business Constraints and Opportunities," *Entrepreneurship & Regional Development*, 17 (2),

129－144.

Chen，X.，Liu，C.，& Li，S.（2019）．“The Role of Supply Chain Finance in Improving the Competitive Advantage of Online Retailing Enterprises，” *Electronic Commerce Research and Applications*，33.

Chen，L.，Chan，H.K.，& Zhao，X.（2020）．“Supply Chain Finance：Latest Research Topics and Research Opportunities，” *International Journal of Production Economics*，229.

Chen，L.，Moretto，A.，Jia，F.，et al.（2021）．“The Role of Digital Transformation to Empower Supply Chain Finance：Current Research Status and Future Research Directions（Guest editorial），” *International Journal of Operations & Production Management*，41（4），277－288.

Cingano，F.，Manaresi，F.，& Sette，E.（2016）．“Does Credit Crunch Investment Down? New Evidence on the Real Effects of the Bank-Lending Channel，” *The Review of Financial Studies*，29（10），2737－2773.

Henry，C.（2011）．“Bringing Open Innovation to Services，” *MIT Sloan Management Review*，52（2），85－90.

Cunningham，R.B.（1999）．“From Here to E-eternity，” *Operations & Fulfillment*，November / December，available at www. opsandful. llment. com/.

Fiedler，A.（2022）．“An Agent-based Negotiation Protocol for Supply Chain Finance，” *Computers & Industrial Engineering*，168，108－136.

Gelsomino，L.M.，Mangiaracina，R.，Perego，A.，et al.（2016）．“Supply Chain Finance：A Literature Review，” *International Journal of Physical Distribution & Logistics Management*，46（4），348－366.

Gomm，M.L.（2010）．“Supply Chain Finance：Applying Finance Theory to Supply Chain Management to Enhance Finance in Supply Chains，” *International Journal of Logistics Research and Applications*，13（2），133－142.

Gornall，W.，& Strebulaev，I.A.（2018）．“Financing as a Supply Chain：The Capital Structure of Banks and Borrowers，” *Journal of Financial Economics*，129（3），510－530.

Greenbaum，S.I.，Kanatas，G.，& Venezia，I.（1989）．“Equilibrium Loan Pricing under the Bank-client Relationship，” *Journal of Banking & Finance*，13（2），221－235.

Hua，S.，Xiaoye，Y.，&Yuanfang，S.（2022）．“Dynamic Discounting Program of Supply Chain Finance Based on a Financial Information Matching Platform，” *Annals of Operations Research*，331（1），1－30.

Heuven，J.，& Groen，A.（2012）．“The Role of Social Networks in Financing Technology-based Ventures: An Empirical Exploration," *Venture Capital*, 14 (2-3), 131-149.

Hodgman, D. R. (1960). "Credit Risk and Credit Rationing," *The Quarterly Journal of Economics*, 74 (2), 258-278.

Hofmann, E., & Zumsteg, S. (2015). "Win-win and No-win Situations in Supply Chain Finance: The Case of Accounts Receivable Programs," *Supply Chain Forum: An International Journal*, 16 (3), 30-50.

Huang, C., Chan, F. T. S., & Chung, S. H. (2021). "Recent Contributions to Supply Chain Finance: Towards a Theoretical and Practical Research Agenda," *International Journal of Production Research*, 1-24.

Hung, J.-L., He, W., & Shen, J. (2020). "Big Data Analytics for Supply Chain Relationship in Banking," *Industrial Marketing Management*, 86, 144-153.

Jia, F., Blome, C., Sun, H., et al. (2020). "Towards an Integrated Conceptual Framework of Supply Chain Finance: An Information Processing Perspective," *International Journal of Production Economics*, 219, 18-30.

Jonsson, S., & Lindbergh, J. (2013). "The Development of Social Capital and Financing of Entrepreneurial Firms: From Financial Bootstrapping to Bank Funding," *Entrepreneurship Theory and Practice*, 37 (4), 661-686.

Kouvelis, P., & Xu, F. (2021). "A Supply Chain Theory of Factoring and Reverse Factoring," *Management Science*, mnsc. 2020. 3788.

Lam, H. K. S., & Zhan, Y. (2021). "The Impacts of Supply Chain Finance Initiatives on Firm Risk: Evidence from Service Providers Listed in the US," *International Journal of Operations & Production Management*, 41 (4), 383-409.

Lamoureux, J. F., & Evans, T. A. (2011). "Supply Chain Finance: A New Means to Support the Competitiveness and Resilience of Global Value Chains," available at SSRN 2179944.

Lekkakos, S. D., & Serrano, A. (2016). "Supply Chain Finance for Small and Medium Sized Enterprises: The Case of Reverse Factoring," *International Journal of Physical Distribution & Logistics Management*, 46 (4), 367-392.

Liebl, J., Hartmann, E., & Feisel, E. (2016). "Reverse Factoring in the Supply Chain: Objectives, Antecedents and Implementation Barriers," *International Journal of Physical Distribution & Logistics Management*, 46 (4), 393-413.

Liu, B., Ju, T., & Chan, H. K. (2022). "The Diverse Impact of Heterogeneous Customer Characteristics on Supply Chain Finance: Empirical Evidence From Chinese Factoring," *International*

Journal of Production Economics, 243, 108321.

Liu, X., Wang, S., Yao, K., et al. (2021). "Opportunistic Behaviour in Supply Chain Finance: A Social Media Perspective on the 'Noah Event'," *Enterprise Information Systems*, 1-28.

Lu, Q., Chen, J., Song, H., & Zhou, X. (2022). "Effects of Cloud Computing Assimilation on Supply Chain Financing Risks of SMEs," *Journal of Enterprise Information Management*, 35 (6), 1719-1741.

Ma, H. L., Leung, L. C., Chung, S. H., & Wong, C. W. H. (2023). "Insurance Incentive to Shippers by a Container Port: Issues of Risk Management in Supply Chain Finance," *Annals of Operations Research*, 331 (1), 121-139.

Malmström, M. (2014). "Typologies of Bootstrap Financing Behavior in Small Ventures," *Venture Capital*, 16 (1), 27-50.

Martin, J., & Hofmann, E. (2017). "Involving Financial Service Providers in Supply Chain Finance Practices: Company Needs and Service Requirements," *Journal of Applied Accounting Research*, 18 (1), 42-62.

Neeley, L., & Auken, H. V. (2009). "The Relationship Between Owner Characteristics and Use of Bootstrap Financing Methods," *Journal of Small Business & Entrepreneurship*, 22 (4), 399-412.

Olan, F., Liu, S., Suklan, J., et al. (2021). "The Role of Artificial Intelligence Networks in Sustainable Supply Chain Finance for Food and Drink Industry," *International Journal of Production Research*, 60 (14), 4418-4433.

Pellegrino, R., Costantino, N., & Tauro, D. (2019). "Supply Chain Finance: A Supply Chain-oriented Perspective to Mitigate Commodity Risk and Pricing Volatility," *Journal of Purchasing and Supply Management*, 25 (2), 118-133.

Pfohl, H. C., & Gomm, M. (2009). "Supply Chain Finance: Optimizing Financial Flows in Supply Chains," *Logistics Research*, 1, 149-161.

Protopappa-Sieke, M., & Seifert, R. W. (2017). "Benefits of Working Capital Sharing in Supply Chains," *Journal of the Operational Research Society*, 68 (5), 521-532.

Randall, W. S., & Theodore, F. M. (2009). "Supply Chain Financing: Using Cash-to-Cash Variables to Strengthen the Supply Chain," *International Journal of Physical Distribution & Logistics Management*, 39 (8), 669-689.

Roosa, R. V. (1951). "Interest Rates and the Central Bank," *Money, Trade, and Economic Growth: In Honor of John Henry Williams*, Macmillan, 270-295.

Shane, S., & Cable, D. (2002). "Network Ties, Reputation, and the Financing of New

Ventures," *Management Science*, 48 (3), 364-381.

Silvestro, R., & Lustrato, P. (2014). "Integrating Financial and Physical Supply Chains: The Role of Banks in Enabling Supply Chain Integration," *International Journal of Operations & Production Management*, 34 (3), 298-324.

Song, H., Li, M., & Yu, K. (2021). "Big Data Analytics in Digital Platforms: How Do Financial Service Providers Customise Supply Chain Finance?," *International Journal of Operations & Production Management*, 41 (4), 410-435.

Song, H., Lu, Q., Yu, K., & Qian, C. (2019). "How Do Knowledge Spillover and Access in Supply Chain Network Enhance SMEs' Credit Quality?," *Industrial Management & Data Systems*, 119 (2), 274-291.

Song, H., & Wang, L. (2013). "The Impact of Private and Family Firms' Relational Strength on Financing Performance in Clusters," *Asia Pacific Journal of Management*, 30 (3), 735-748.

Song, H., Yang, X., & Yu, K. (2020). "How Do Supply Chain Network and SMEs' Operational Capabilities Enhance Working Capital Financing? An Integrative Signaling View," *International Journal of Production Economics*, 220, 107447.

Song, H., Yu, K., & Lu, Q. (2018). "Financial Service Providers and Banks' Role in Helping SMEs to Access Finance," *International Journal of Physical Distribution & Logistics Management*, 48 (1), 69-92.

Stanko, M. A., & Bonner, J. M. (2013). "Projective Customer Competence: Projecting Future Customer Needs That Drive Innovation Performance," *Industrial Marketing Management*, 42 (8), 1255-1265.

Stein, J. C. (2002). "Information Production and Capital Allocation: Decentralized versus Hierarchical Firms," *The Journal of Finance*, 57 (5), 1891-1921.

Stiglitz, J. E., & Weiss, A. (1981). "Credit Rationing in Markets With Imperfect Information," *The American Economic Review*, 71 (3), 393-410.

Ta, Ha, Terry L. Esper, Kenneth Ford, & Sebastian Garcia-Dastuge (2018). "Trustworthiness Change and Relationship Continuity after Contract Breach in Financial Supply Chains," *Journal of Supply Chain Management*, 54 (4), 42-61.

Tang, C. S., Yang, S. A., & Wu, J. (2018). "Sourcing from Suppliers with Financial Constraints and Performance Risk," *Manufacturing & Service Operations Management*, 20 (1), 70-84.

Tao, Z., Li, X., Liu, X., et al. (2019). "Analysis of Signal Game for Supply Chain Finance (SCF) of MSEs and Banks Based on Incomplete Information Model," *Discrete Dynamics in Nature and Society*, 2019 (1), 3646097.

Tarn, J. M., Muhammad, A. R., Joseph, W. and Angel, A. P., Jr. (2003). "E-fulfillment: The Strategy and Operational Requirements," *Logistics Information Management*, 16 (5), 350 - 362.

Timme, S. G., & Williams-Timme, C. (2003). "The Real Cost of Holding Inventory," *Supply Chain Management Review*, 7 (4) (July/Aug. 2003), 30 - 37: ILL.

Uzzi, B., & Gillespie, J. J. (2002). "Knowledge Spillover in Corporate Financing Networks: Embeddedness and the Firm's Debt Performance," *Strategic Management Journal*, 23 (7), 595 - 618.

Villena, V. H., Revilla, E., & Choi, T. Y. (2011). "The Dark Side of Buyer-supplier Relationships: A Social Capital Perspective," *Journal of Operations Management*, 29 (6), 561 - 576.

Wandfluh, M., Hofmann, E., & Schoensleben, P. (2016). "Financing Buyer-supplier Dyads: An Empirical Analysis on Financial Collaboration in the Supply Chain," *International Journal of Logistics Research and Applications*, 19 (3), 200 - 217.

Williamson, O. E. (1989). "Chapter 3 Transaction Cost Economics," in *Handbook of Industrial Organization*, Elsevier, 135 - 182.

Williamson, S. D. (1986). "Costly Monitoring, Financial Intermediation, and Equilibrium Credit Rationing," *Journal of Monetary Economics*, 18 (2), 159 - 179.

Winborg, J., & Landström, H. (2001). "Financial Bootstrapping in Small Businesses," *Journal of Business Venturing*, 16 (3), 235 - 254.

Wu, Z., Wang, S., Yang, H., et al. (2021). "Construction of a Supply Chain Financial Logistics Supervision System Based on Internet of Things Technology," *Mathematical Problems in Engineering*, 2021 (1), 1 - 10.

Wuttke, D. A., Blome, C., & Henke, M. (2013). "Focusing the Financial Flow of Supply Chains: An Empirical Investigation of Financial Supply Chain Management," *International Journal of Production Economics*, 145 (2), 773 - 789.

Yu, W., Wong, C. Y., Chavez, R., et al. (2021). "Integrating Big Data Analytics into Supply Chain Finance: The Roles of Information Processing and Data-driven Culture," *International Journal of Production Economics*, 236, 108 - 135.

Zhang, M., Huang, Q., Zhao, X., et al. (2021). "The Impact of Information Integration on Purchase Order Finance and New Product Launch: A Case Study," *International Journal of Operations & Production Management*, 41 (4), 359 - 382.

Yu, Z. Q., Vonderembse, M. A., & J. -S. Lim (2002). "Value Chain Flexibility: A Dichotomy of Competence and Capability," *International Journal of Production Research*, 40 (3), 561-583.

Yu, Z. Q., Vonderembse, M. A., & Cao, M. (2006). "Achieving Flexible Manufacturing Competence: The Roles of Advanced Manufacturing Technology and Operations Improvement Practices," *International Journal of Operations & Production Management*, 26 (6), 580-599.

Zhou, Z., Xiao, S., Ho, Y.-C. (Chad), et al. (2018). "The Persuasive and Informative Effects of Information Disclosure: Evidence from an Online Supply Chain Finance Market," *SSRN Electronic Journal*, 1-35.

何娟，王建，蒋祥林．存货质押业务质物组合价格风险决策，管理评论，2013，25（11）：163-176.

李健，王亚静，冯耕中，等．供应链金融述评：现状与未来．系统工程理论与实践，2020，40（8）：1977-1995.

骆温平．高端物流服务．北京：中国人民大学出版社，2012.

金香淑，袁文燕，吴军，等．基于收益共享-双向期权契约的供应链金融风险控制研究．中国管理科学，2020，28（1）：67-78.

宋华．服务供应链．北京：中国人民大学出版社，2012.

宋华．困境与突破：供应链金融发展中的挑战和趋势．中国流通经济，2021，35（5）：3-9.

宋华．供应链金融：从金融导向、供应链导向到网络生态导向、金融科技导向的演进．研究与发展管理，2020，32（5）：1-2.

宋华，陈思洁．供应链金融的演进与互联网供应链金融：一个理论框架．中国人民大学学报，2016，30（5）：95-104.

宋华，于亢亢．集群环境下影响中小企业银行融资质量的因素研究．财贸经济，2008（10）：55-60.

宋华，杨雨东．现代ICT赋能的智慧供应链金融创新与发展．中国流通经济，2019，33（12）：34-41.

潘永明，侯然然．基于主体关系的集群融资演化博弈．商业经济研究，2015（14）：98-100.

王峰娟，安国俊．集群融资：中小企业应对金融危机下融资困境的新思路．中国金融，2009（21）：33-34.

王海芳，张笑愚，祖楠楠．基于知识图谱的国内外供应链金融比较研究．研究与发展管理，2020，32（5）：42-57.

徐熙淼，陈昊旻，袁强．国际外汇市场无风险套汇路径的优化搜索．数量经济技术经济研究，2006（2）：76-85.

张茉楠．警惕跨境资本双向波动风险．社会观察，2013（6）：43-45.

张文君．集群融资：破解欠发达地区中小企业“融资难”——兼谈鄱阳湖生态经济区建设融资问题．江西农业大学学报（社会科学版），2010，9（3）：70－73.

第3章

陈祥锋，朱道立．现代物流金融服务创新：金融物流．物流技术，2005（3）：4－6，15.

刁叶光，任建标．供应链金融下的反向保理模式研究．上海管理科学，2010，32（1）：47－50.

李毅学，汪寿阳，冯耕中．一个新的学科方向：物流金融的实践发展与理论综述．系统工程理论与实践，2010，30（1）：1－13.

刘佳．中国商业银行中间业务发展现状及对策．大连海事大学学报：社会科学版，2011，10（6）：56－59.

刘利民，王敏杰，詹晓旭．反向保理在小微企业供应链融资中的应用．物流科技，2014，37（1）：65－68.

胡愈，柳思维．物流金融及其运作问题讨论综述．经济理论与经济管理，2008（2）：75－79.

黄湘民，陈雪松．我国物流金融业务的实践．物流技术与应用，2008，13（1）：98－101.

彭微．供应链金融及其风险防范中应用金融衍生工具问题研究．对外经贸，2012（2）：97－98.

王佳．基于供应链金融融资模式研究．物流工程与管理，2013，35（5）：113－115.

伊志宏，宋华，于亢亢．商业银行金融供应链创新与风险控制研究：以中信银行的金融创新服务为例．经济与管理研究，2008（7）：54－60.

Dunham，A.（1949）．“Inventory and Accounts Receivable Financing，” *Harvard Law Review*，62（4），588－615.

Lacroix，R.，& Varangis，P.（1996）．“Using Warehouse Receipts in Developing and Transition Economies，” *Finance and Development*，33，36－39.

Koch，A.（1948）．“Economic Aspects of Inventory and Receivable Financing，” *Law and Contemporary Problems*，13（4）：566－578.

Miller，R. A.（1982）．“Mas Consultant's Role Asset-based Financing，” *The CPA Journal*（pre-1986），52，24－29.

第4章

Baines，T. S.，Lightfoot，H. W.，Benedettini，O.，& Kay，J. M.（2009）．“The Servitization of Manufacturing：A Review of Literature and Reflection on Future Challenges，” *Journal of Manufacturing Technology Management*，20（5），547－567.

Edvardsson，B.，Holmlund，M.，& Strandvik，T.（2008）．“Initiation of Business Relationships in Service-dominant Settings，” *Industrial Marketing Management*，37（3），339－350.

Martinez，V.，Bastl，M.，Kingston，J.，& Evans，S.（2010）．“Challenges in Transforming Manufacturing Organisations into Product-service Providers," *Journal of Manufacturing Technology Management*, 21 (4), 449-469.

Matthyssens, P., & Vandenbempt, K. (2008). "Moving from Basic Offerings to Value-added Solutions: Strategies, Barriers and Alignment," *Industrial Marketing Management*, 37 (3), 316-328.

Pekkarinen, S., & Ulkuniemi, P. (2008). "Modularity in Developing Business Services by Platform Approach," *The International Journal of Logistics Management*, 19 (1), 84-103.

Schilling, G. (1996). "Working Capital's Role in Maintaining Corporate Liquidity," *TMA Journal*, 16 (5), 4-7.

Stremersch, S., Wuyts, S., & Frambach, R. T. (2001). "The Purchasing of Full-service Contracts," *Industrial Marketing Management*, 30 (1), 1-12.

Yadav, M. S., & Varadarajan, R. (2005). "Interactivity in the Electronic Marketplace: An Exposition of the Concept and Implications for Research," *Journal of the Academy of Marketing Science*, 33 (4), 585-603.

Wakolbinger, T., & Nagurney, A. (2004). "Dynamic Supernetworks for the Integration of Social Networks and Supply Chains with Electronic Commerce: Modeling and Analysis of Buyer? Seller Relationships with Computations," *Netnomics: Economic Research and Electronic Networking*, 6 (2), 153-185.

Wynstra, F., Axelsson, B., & van der Valk, W. (2006). "An Application-based Classification to Understand Buyer-supplier Interaction in Business Services," *International Journal of Service Industry Management*, 17 (5), 474-496.

宋华，于亢亢．服务供应链的结构创新模式：一个案例研究．商业经济与管理，2008 (7)：3-10.

第5章

Altman, E. I., Brady, B., Resti, A., & Sironi, A. (2005). "The Link Between Default and Recovery Rates: Theory, Empirical Evidence, and Implications," *The Journal of Business*, 78 (6), 2203-2228.

Bain, J. S. (1956). *Barriers to New Competition: The Character and Consequences in Manufacturing Industries*, Harvard University Press.

Barney, J. B. (1995). "Looking inside for Competitive Advantage," *Academy of Management Perspectives*, 9 (4), 49-61.

Buzacott, J. A., & Zhang, R. Q. (2004). "Inventory Management with Asset-based Financing," *Management Science*, 50 (9), 1274 - 1292.

Day, G. S. (1994). "The Capabilities of Market-driven Organizations," *Journal of Marketing*, 58 (4), 37 - 52.

Dyer, J. H., Cho, D. S., & Cgu, W. (1998). "Strategic Supplier Segmentation: The Next 'Best Practice' in Supply Chain Management," *California Management Review*, 40 (2), 57 - 77.

Fairchild, A. (2005). "Intelligent Matching: Integrating Efficiencies in the Financial Supply Chain," *Supply Chain Management: An International Journal*, 10 (4), 244 - 248.

Hill, N. C., & Sartoris, W. L. (1995). *Short-term Financial Management: Text and Cases*, Prentice Hall.

Hofmann, E. (2005). "Supply Chain Finance: Some Conceptual Insights," *Logistik Management - Innovative Logistikkonzepte*, 80, 203 - 214.

Holdren, D. P., & Hollingshead, C. A. (1999). "Differential Pricing of Industrial Services: The Case of Inventory Financing," *Journal of Business & Industrial Marketing*, 14 (1), 7 - 16.

Ling-yee, L., & Ogunmokun, G. O. (2001). "The Influence of Interfirm Relational Capabilities on Export Advantage and Performance: An Empirical Analysis," *International Business Review*, 10 (4), 399 - 420.

Min, H. (2002). "Outsourcing Freight Bill Auditing and Payment Services," *International Journal of Logistics Research and Applications*, 5 (2), 197 - 211.

Rabinovich, E., & Knemeyer, A. M. (2006). "Logistics Service Providers in Internet Supply Chains," *California Management Review*, 48 (4), 84 - 108.

Selviaridis, K., & Spring, M. (2007). "Third Party Logistics: A Literature Review and Research Agenda," *The International Journal of Logistics Management*, 18 (1), 125 - 150.

Tibben-Lembke, R. S., & Rogers, D. S. (2002). "Differences Between Forward and Reverse Logistics in a Retail Environment," *Supply Chain Management: An International Journal*, 7 (5), 271 - 282.

Tracey, M., Lim, J., & Vonderembse, M. A. (2005). "The Impact of Supply-chain Management Capabilities on Business Performance," *Supply Chain Management: An International Journal*, 10 (3), 179 - 191.

Wilson, J. M. (1991). "Supplier Credit in the Economic Order Quantity Model," *International Journal of Operations & Production Management*, 11 (9), 64 - 71.

陈祥锋，石代伦，朱道立，等．仓储与物流中的金融服务创新系列讲座之二 融通仓系统结构研究．物流技术与应用，2005，10 (12)：103 - 106.

陈祥锋，石代伦，朱道立，等．仓储与物流中的金融服务创新系列讲座之三　融通仓运作模式研究．物流技术与应用，2006，11（1）：97－99.

陈祥锋，石代伦，朱道立．仓储与物流中的金融服务创新系列讲座之五　金融供应链与融通仓服务．物流技术与应用，2006，11（3）：93－95.

李毅学，汪寿阳，冯耕中．一个新的学科方向：物流金融的实践发展与理论综述．系统工程理论与实践，2010，30（1）：1－13.

任文超．物资“银行”及其实践．科学决策，1998（2）：18－20.

罗齐，朱道立，陈伯铭．第三方物流服务创新：融通仓及其运作模式初探．中国流通经济，2002，16（2）：11－14.

宋华．中国第三方物流研究脉络及其模型构建：一个理论框架．中国人民大学学报，2014，28（4）：116－125.

第6章

Michael Bickers. *World Supply Chain Finance Report 2022*. BCR Publishing Ltd.，2022.

程祖伟，韩玉军，全如琼．国际贸易结算与融资．3版．北京：中国人民大学出版社，2012.

戴小平．商业银行学．上海：复旦大学出版社，2007.

胡跃飞，黄少卿．供应链金融：背景、创新与概念界定．金融研究，2009（8）：194－206.

胡跃飞．供应链金融：极富潜力的全新领域．中国金融，2007（22）：38－39.

姜学军．国际贸易融资新论．北京：中国社会科学出版社，2009.

汤曙光，任建标．银行供应链金融：中小企业信贷的理论、模式与实践．北京：中国财政经济出版社，2010.

姚遂．中国金融史．北京：高等教育出版社，2007.

原擒龙．商业银行国际结算与贸易融资业务．北京：中国金融出版社，2008.

第7章

Arslanian，H.，& Fischer，F.（2019a）．“Fintech and the Future of the Financial Ecosystem，” in *The Future of Finance*（pp. 201－216）. Springer.

Arslanian，H.，& Fischer，F.（2019b）．“The Changing Structure of the Financial Ecosystem，” in *The Future of Finance*（pp. 77－79）. Springer.

Bals，C.（2019）．“Toward a Supply Chain Finance（SCF）Ecosystem—Proposing a Framework and Agenda for Future Research，” *Journal of Purchasing and Supply Management*，25（2），105－117.

Boniface，M.，Nasser，B.，Papay，J.，Phillips，S. C.，Servin，A.，Yang，X.，Zlatev，Z.，Gogouvitis，S. V.，Katsaros，G.，Konstanteli，K.，Kousiouris，G.，Menychtas，A.，&

Kyriazis, D. (2010). "Platform-as-a-Service Architecture for Real-time Quality of Service Management in Clouds," 2010 Fifth International Conference on Internet and Web Applications and Services, 155-160.

Brown, T. C., Bergstrom, J. C., & Loomis, J. B. (2007). "Defining, Valuing, and Providing Ecosystem Goods and Services," *Natural Resources Journal*, 47 (2), 329-376. JSTOR.

Chakkol, M., Johnson, M., Raja, J., & Raffoni, A. (2014). "From Goods to Solutions: How Does the Content of an Offering Affect Network Configuration?," *International Journal of Physical Distribution & Logistics Management*, 44 (1/2), 132-154.

Colangelo, G., &Borgogno, O. (2018). "Data, Innovation and Transatlantic Competition in Finance: The Case of the Access to Account Rule," *SSRN Electronic Journal*, April 15, 1-34.

Ellram, L. M., Tate, W. L., & Billington, C. (2004). "Understanding and Managing the Services Supply Chain," *The Journal of Supply Chain Management*, 40 (4), 17-32.

Farris, M. T., Hutchison, P. D., & Hasty, R. W. (2005). "Using Cash-to-Cash to Benchmark Service Industry Performance," *Journal of Applied Business Research*, 21 (2), 113-124.

Fu, W., Wang, Q., & Zhao, X. (2017). "The Influence of Platform Service Innovation on Value Co-creation Activities and the Network Effect," *Journal of Service Management*, 28 (2), 348-388.

Hazen, B. T., Boone, C. A., Ezell, J. D., & Jones-Farmer, L. A. (2014). "Data Quality for Data Science, Predictive Analytics, and Big Data in Supply Chain Management: An Introduction to the Problem and Suggestions for Research and Applications," *International Journal of Production Economics*, 154, 72-80.

Ketchen, D. J., Crook, T. R., & Craighead, C. W. (2014). "From Supply Chains to Supply Ecosystems: Implications for Strategic Sourcing Research and Practice," *Journal of Business Logistics*, 35 (3), 165-171.

Lusch, R. F., Vargo, S. L., & O'Brien, M. (2007). "Competing Through Service: Insights from Service-dominant Logic," *Journal of Retailing*, 83 (1), 5-18.

Patnayakuni, R., Rai, A., & Seth, N. (2006). "Relational Antecedents of Information Flow Integration for Supply Chain Coordination," *Journal of Management Information Systems*, 23 (1), 13-49.

Rishehchi Fayyaz, M., Rasouli, M. R., & Amiri, B. (2021). "A Data-driven and Network-aware Approach for Credit Risk Prediction in Supply Chain Finance," *Industrial Management & Data Systems*, 121 (4), 785-808.

Rubiano Ovalle, O., & Crespo Marquez, A. (2003). "The Effectiveness of Using E-collaboration Tools in the Supply Chain: An Assessment Study with System Dynamics," *Journal of Purchasing and Supply Management*, 9 (4), 151-163.

Song, H., Yu, K., Ganguly, A., & Turson, R. (2016). "Supply Chain Network, Information Sharing and SME Credit Quality," *Industrial Management & Data Systems*, 116 (4), 740-758.

Strumeyer, G. (2017). *The Capital Markets: Evolution of the Financial Ecosystem*, John Wiley & Sons.

Suresh, J., & Ramraj, R. (2012). "Entrepreneurial Ecosystem: Case Study on the Influence of Environmental Factors on Entrepreneurial Success," *European Journal of Business and Management*, 4 (16), 95-101.

Zetsche, D. A., Buckley, R. P., Arner, D. W., & Barberis, J. N. (2017). "From FinTech to TechFin: The Regulatory Challenges of Data-driven Finance," *NYUJL & Bus.*, 14, 393.

第8章

Ben-Daya, M., Hassini, E., & Bahroun, Z. (2017). "Internet of Things and Supply Chain Management: A Literature Review," *International Journal of Production Research*, 1-24.

Butner, K. (2010). "The Smarter Supply Chain of the Future," *Strategy & Leadership*, 38 (1), 22-31.

Christopher, M. (2016). *Logistics & Supply Chain Management*, Pearson UK.

Hessman, T. (2013). "The Dawn of the Smart Factory," *Industry Week*, 14, 14-19.

Lambert, D. M., & Cooper, M. C. (2000). "Issues in Supply Chain Management," *Industrial Marketing Management*, 29 (1), 65-83.

Levi, D. S., Kaminsky, P., & Levi, E. S. (2003). *Designing and Managing the Supply Chain: Concepts, Strategies, and Case Studies*, McGraw-Hill.

Lusch, R. F. (2011). "Reframing Supply Chain Management: A Service-dominant Logic Perspective," *Journal of Supply Chain Management*, 47 (1), 14-18.

Spagnoletti, P., Resca, A., & Lee, G. (2015). "A Design Theory for Digital Platforms Supporting Online Communities: A Multiple Case Study," *Journal of Information Technology*, 30 (4), 364-380.

Wu, L., Yue, X., Jin, A., & Yen, D. C. (2016). "Smart Supply Chain Management: A Review and Implications for Future Research," *The International Journal of Logistics Management*, 27 (2), 395-417.

宋华．数字平台赋能的供应链金融模式创新．中国流通经济，2020，34 (7)：17-24.

盘红华．基于物联网的智慧供应链管理及应用．中国物流与采购，2012（12）：74－75.

汪传雷，胡春辉，章瑜，等．供应链控制塔赋能企业数字化转型．情报理论与实践，2019，42（9）：28－34.

第9章

Abbasi，W. A.，Wang，Z.，Zhou，Y.，& Hassan，S.（2019）．"Research on Measurement of Supply Chain Finance Credit Risk Based on Internet of Things，" *International Journal of Distributed Sensor Networks*，15（9），155014771987400.

Hawser，A.（2020）．"World's Best Supply Chain Finance Providers 2020，" *Global Finance*，February.

Carnovale，S.，Rogers，D. S.，&Yeniyurt，S.（2019）．"Broadening the Perspective of Supply Chain Finance：The Performance Impacts of Network Power and Cohesion，" *Journal of Purchasing and Supply Management*，25（2），134－145.

Gelsomino，Luca M.，Mangiaracina，R.，Perego，A.，& Tumino，A.（2016）．"Supply Chain Finance：Modelling a Dynamic Discounting Programme，" *Journal of Advanced Management Science*，4（4），283－291.

Gelsomino，L. M.，Mangiaracina，R.，Perego，A.，& Tumino，A.（2016）．"Supply Chain Finance：A Literature Review，" *International Journal of Physical Distribution & Logistics Management*，46（4），348－366.

Gomm，M. L.（2010）．"Supply Chain Finance：Applying Finance Theory to Supply Chain Management to Enhance Finance in Supply Chains，" *International Journal of Logistics Research and Applications*，13（2），133－142.

Martin，J.，& Hofmann，E.（2017）．"Involving Financial Service Providers in Supply Chain Finance Practices：Company Needs and Service Requirements，" *Journal of Applied Accounting Research*，18（1），42－62.

Bickers，M.（2019）．*World Supply Chain Finance Report 2019：Expert Views and Opinions on Today's Global Supply Chain Finance Market*，BCR.

PWC & Supply Chain Finance Community（2019）．*SCF Barometer 2018/2019：Entering a New Era of Maturity and Solutions*，Report.

Fayyaz，M. R.，Rasouli，M. R.，& Amiri，B.（2020）．"A Data-driven and Network-aware Approach for Credit Risk Prediction in Supply Chain Finance，" *Industrial Management & Data Systems*，ahead-of-print（ahead-of-print）.

Song，H.，Chen，S.，& Ganguly，A.（2019）．"Innovative Ecosystem in Enhancing Hi-tech

SME Financing：Mediating Role of Two Types of Innovation Capabilities，" *International Journal of Innovation Management*，24（2），2050017.

Song，H.，Yu，K.，& Lu，Q.（2018）. "Financial Service Providers and Banks' Role in Helping SMEs to Access Finance，" *International Journal of Physical Distribution & Logistics Management*，48（1），69－92.

宋华．智慧供应链金融．北京：中国人民大学出版社，2019.

第10章

魏炜．商业模式的经济解释．中欧商业评论，2011（10）：50－55.

宋华．如何理性地发展供应链金融，助力经济高质量发展．金融时报，2023－10－09（007）.

第11章

Azadeh，A.，Atrchin，N.，Salehi，V.，& Shojaei，H.（2014）. "Modelling and Improvement of Supply Chain with Imprecise Transportation Delays and Resilience Factors，" *International Journal of Logistics Research and Applications*：*A Leading Journal of Supply Chain Management*，17（4），269－282.

Bode，C.，Hübner，D.，& Wagner，S. M.（2014）. "Managing Financially Distressed Suppliers：An Exploratory Study，" *Journal of Supply Chain Management*，50（4），24－43.

Bode，C.，Wagner，S. M.，Petersen，K. J.，et al.（2011）. "Understanding Responses to Supply Chain Disruptions：Insights from Information Processing and Resource Dependence Perspectives，" *Academy of Management Journal*，54（4），833－856.

Borge，D.（2002）. *The Book of Risk*，John Wiley & Sons.

Christopher，M.，& Peck，H..（2004）. "Building the Resilient Supply Chain，" *International Journal of Logistics Management*，15（2），1－13.

Cruz，J. M.（2013）. "Mitigating Global Supply Chain Risks Through Corporate Social Responsibility，" *International Journal of Production Research*，51（13），3995－4010.

Dinh，L. T. T.，Pasman，H.，Gao，X.，et al.（2012）. "Resilience Engineering of Industrial Processes：Principles and Contributing Factors，" *Journal of Loss Prevention in the Process Industries*，25（2），233－241.

Fischl，M.，Scherrer-Rathje，M.，& Friedli，T.（2014）. "Digging Deeper into Supply Risk：A Systematic Literature Review on Price Risks，" *Supply Chain Management*：*An International Journal*，19（5/6），480－503.

Fombrun，C.，& Shanley，M.（1990）. "What's in a Name? Reputation Building and Corporate Strategy，" *Academy of Management Journal*，33（2），233－258.

Golgeci, I., & Ponomarov, S. Y. (2013). "Does Firm Innovativeness Enable Effective Responses to Supply Chain Disruptions? An Empirical Study," *Supply Chain Management: An International Journal*, 18 (6), 604-617.

Gotsi, M., & Wilson, A. M. (2001). "Corporate Reputation: Seeking a Definition," *Corporate Communications: An International Journal*, 6 (1), 24-30.

Gualandris, J., & Kalchschmidt, M. (2014). "A Model to Evaluate Upstream Vulnerability," *International Journal of Logistics Research and Applications: A Leading Journal of Supply Chain Management*, 17 (3), 249-268.

Harland, C., Brencheley, H., & Walker, H. (2003). "Risk in Supply Network," *Journal of Purchasing and Supply Management*, 9 (9), 51-62.

Hartmann, E., & Herb, S. (2014). "Opportunism Risk in Service Triads—A Social Capital Perspective," *International Journal of Physical Distribution & Logistics Management*, 44 (3), 242-256.

Hofmann, H., Busse, C., Bode, C., et al. (2014). "Sustainability-related Supply Chain Risks: Conceptualization and Management," *Business Strategy and the Environment*, 23 (3), 160-172.

Hora, M., & Klassen, R. D. (2013). "Learning from Others' Misfortune: Factors Influencing Knowledge Acquisition to Reduce Operational Risk," *Journal of Operations Management*, 31 (1), 52-61.

Ivanov, D., Sokolov, B., & Dolgui, A. (2014). "The Ripple Effect in Supply Chains: Trade-off 'Efficiency-flexibility-resilience' in Disruption Management," *International Journal of Production Research*, 52 (7), 2154-2172.

Jüttner, U., & Maklan, S. (2011). "Supply Chain Resilience in the Global Financial Crisis: An Empirical Study," *Supply Chain Management: An International Journal*, 16 (4), 246-259.

Jüttner, U., Peck, H., & Christopher, M. (2003). "Supply Chain Risk Management: Outlining an Agenda for Future Research," *International Journal of Logistics: Research and Applications*, 6 (4), 197-210.

Jüttner, U. (2005). "Supply Chain Risk Management: Understanding the Business Requirements from a Practitioner Perspective," *The International Journal of Logistics Management*, 16 (1), 120-141.

Klewes, J., & Wreschniok, R. (2009). "Reputation Capital Building and Maintaining Trust in the 21st Century," in *Reputation Capital* (pp. 1-8), Springer Berlin Heidelberg.

Knight, F. H. (1921) . *Risk, Uncertainty and Profit*, Houghton Mifflin, Boston, MA and New York, NY.

Leat, P., & Revoredo-Giha, C. (2013) . "Risk and Resilience in Agri-food Supply Chains: The Case of the ASDA PorkLink Supply Chain in Scotland," *Supply Chain Management: An International Journal*, 18 (2), 219 - 231.

Lefley, F. (1997) . "Approaches to Risk and Uncertainty in the Appraisal of New Technology Capital Projects," *International Journal of Production Economics*, 53 (1), 21 - 33.

Lemke, F., & Petersen, H. L. (2013) . "Teaching Reputational Risk Management in the Supply Chain," *Supply Chain Management: An International Journal*, 18 (4), 413 - 429.

March, J. G., & Shapira, Z. (1987) . "Managerial Perspectives on Risk and Risk Taking," *Management science*, 33 (11), 1404 - 1418.

Marmolejo-Saucedo, & Antonio, J. (2020) . "Design and Development of Digital Twins: A Case Study in Supply Chains," *Mobile Networks and Applications*, 25 (6), 2141 - 2160.

Rao, S., & Goldsby, T. J. (2009) . "Supply Chain Risks: A Review and Typology," *The International Journal of Logistics Management*, 20 (1), 97 - 123.

Roehrich, J. K., Grosvold, J., & Hoejmose, S. U. (2014) . "Reputational Risks and Sustainable Supply Chain Management," *International Journal of Operations & Production Management*, 34 (5), 695 - 719.

Scholten, K., Scott, P. S., & Fynes, B. (2014) . "Mitigation Processes-antecedents for Building Supply Chain Resilience," *Supply Chain Management: An International Journal*, 19 (2), 211 - 228.

Sheffi, Y., & Rice, J. B., Jr. (2005) . "A Supply Chain View of the Resilient Enterprise," *MIT Sloan Management Review*, 47 (1), 41 - 48.

Sodhi, M. M. S., Son, B. G., & Tang, C. S. (2012) . "Researchers' Perspectives on Supply Chain Risk Management," *Production and Operations Management*, 21 (1), 1 - 13.

Spence, M. (1974) . "Competitive and Optimal Responses to Signals: An Analysis of Efficiency and Distribution," *Journal of Economic Theory*, 7 (3), 296 - 332.

Tang, C. S. (2006) . "Perspectives in Supply Chain Risk Management," *International Journal of Production Economics*, 103 (2), 451 - 488.

Tang, C. S. (2006) . "Robust Strategies for Mitigating Supply Chain Disruptions," *International Journal of Logistics: Research and Applications*, 9 (1), 33 - 45.

Tomlin, B. (2014) . "Managing Supply-demand Risk in Global Production: Creating Cost-effective Flexible Networks," *Business Horizons*, 57 (4), 509 - 519.

Vilko，J.，Ritala，P.，& Edelmann，J.（2014）．“On Uncertainty in Supply Chain Risk Management，” *The International Journal of Logistics Management*，25（1），3－19.

Wagner，S. M.，& Bode，C.（2006）．“An Empirical Investigation into Supply Chain Vulnerability，” *Journal of Purchasing and Supply Management*，12（6），301－312.

Waters，D.（2007）．*Supply Chain Risk Management：Vulnerability and Resilience in Logistics*，Kogan Page Publishers.

Weigelt，K.，& Camerer，C.（1988）．“Reputation and Corporate Strategy：A Review of Recent Theory and Applications，” *Strategic Management Journal*，9（5），443－454.

Yates，J. F.，& Stone，E. R.（1992）．*The Risk Construct*.

Zhao，L.，Huo，B.，Sun，L.，et al.（2013）．“The Impact of Supply Chain Risk on Supply Chain Integration and Company Performance：A Global Investigation，” *Supply Chain Management：An International Journal*，18（2），115－131.

Zhou，Z. Z.，& Johnson，M. E.（2014）．“Quality Risk Ratings in Global Supply Chains，” *Production and Operations Management*，23（12），2152－2162.

Zsidisin，G. A.（2003）．“A Grounded Definition of Supply Risk，” *Journal of Purchasing and Supply Management*，9（5－6），217－24.

余高明，陈立峰．供应链金融中法律问题研究，2015 年 8 月.

张涛，张亚南．基于巴塞尔协议Ⅲ我国商业银行供应链金融风险管理．时代金融（下旬），2012（12）：148－149.

宋华，卢强．产业企业主导的供应链金融如何助力中小企业融资——一个多案例对比研究．经济理论与经济管理，2017（12）：47－58.

图书在版编目（CIP）数据

供应链金融 / 宋华著．-- 4 版．--北京：中国人民大学出版社，2024.8. -- ISBN 978-7-300-33006-8

Ⅰ．F252.2

中国国家版本馆 CIP 数据核字第 2024N0T297 号

供应链金融（第 4 版）

宋华　著

Gongyinglian Jinrong

出版发行	中国人民大学出版社		
社　　址	北京中关村大街 31 号	**邮政编码**	100080
电　　话	010－62511242（总编室）		010－62511770（质管部）
	010－82501766（邮购部）		010－62514148（门市部）
	010－62515195（发行公司）		010－62515275（盗版举报）
网　　址	http://www.crup.com.cn		
经　　销	新华书店		
印　　刷	北京联兴盛业印刷股份有限公司	**版　　次**	2015 年 3 月第 1 版
开　　本	720 mm×1000 mm　1/16		2024 年 8 月第 4 版
印　　张	31.25 插页 2	**印　　次**	2024 年 8 月第 1 次印刷
字　　数	441 000	**定　　价**	99.00 元